# तलाश खुद की

# तलाश खुद की

एकता सिंह

राजकमल पेपरबैक्स

राजकमल पेपरबैक्स में
**पहला संस्करण :** 2024



**राजकमल पेपरबैक्स :** उत्कृष्ट साहित्य के जनसुलभ संस्करण

राजकमल प्रकाशन प्रा. लि.
1-बी, नेताजी सुभाष मार्ग, दरियागंज
नई दिल्ली-110 002
द्वारा प्रकाशित

**शाखाएँ :** अशोक राजपथ, साइंस कॉलेज के सामने, पटना-800 006
पहली मंजिल, दरबारी बिल्डिंग, महात्मा गांधी मार्ग, प्रयागराज-211 001
1, अनमोल सोराबजी सन्तुक लेन, धोबी तलाव, मरीन लाइंस, मुम्बई-400 002

वेबसाइट : www.rajkamalprakashan.com
ई-मेल : info@rajkamalprakashan.com

विकास कंप्यूटर एंड प्रिंटर्स
ट्रॉनिका सिटी-201 102
द्वारा मुद्रित

**मूल्य :** ₹399

TALASH KHUD KI
by Ekta Singh

ISBN : 978-93-6086-888-8

यह प्रयास समर्पित है 'आत्मा' को
आत्मा—आप
आत्मा—मैं
आत्मा—सर्वोच्च (परमात्मा)

# क्रम


*एक डॉक्टर की कलम से* — *9*

रात जगमगाती सी — 11
एक दिन केजीएमसी का — 14
मिशन गर्लफ्रेंड — 19
विनाशकारी भँवर — 27
पहली धूप — 37
दिन : जिसने एक सवाल पूछा — 40
कायनात — 49
मैं कौन हूँ? — 54
पुरुष, प्रकृति और माया — 65
मन, बुद्धि और मस्तिष्क — 77
चेतन बनाम अवचेतन मन — 89
हमारा अवचेतन — 97
विश्वास — 111
कायनात और मेरे बीच सम्बन्ध — 121
सार्वभौमिक नियम — 130
कर्म बनाम भाग्य — 137
विचार से सृजन — 147
मैं हूँ अपने संसार का रचयिता — 156
आख़िर जीवन में दर्द क्यों? — 166

बेहतर नियति के लिए प्रयास 171

सकारात्मक सोच : जीने का बेहतर तरीका 179

अवचेतन री-प्रोग्रामिंग : यह कठिन और थकाऊ
काम करना क्या सार्थक है? 186

अन्तर्ज्ञान 194

दिन-प्रतिदिन के काम में अच्छा महसूस करें 199

अवचेतन री-प्रोग्रामिंग 208

मन की अल्फा अवस्था 213

हमारे मन और शरीर पर ध्यान का प्रभाव 218

ध्यान 223

ब्रह्मचर्य : एक मुद्दा 233

अध्यात्म बनाम धर्म 239

विज्ञान और अध्यात्म 244

शुरुआत कैसे करें? 248

फाइनल मैच 254

आगे बढ़ते रहें 261

जॉर्जियंस मीट 274

*टिप्पणियाँ* 277

# एक डॉक्टर की कलम से

दोस्तो,

यह किताब मेरी एक कोशिश है—भागते-दौड़ते जीवन की उधेड़बुन में रौशनी देखने की। यह बताने में मुझे कोई संकोच नहीं है कि सोलह-सत्रह साल पहले मैं स्ट्रेस और एंग्जाइटी का शिकार हुई थी। बेकार की बातें सोचकर परेशान होना जैसे मेरा सबसे पसन्दीदा काम था। मैं दौड़ रही थी। जी तो रही थी पर जीना आता नहीं था। व्यस्तता इस कदर कि सोना-जागना, खाना-पीना सब मुहाल। जीवन में सब कुछ था—पति, बच्चे, पैसा और ख़ुशियाँ। पर कोई कमी थी, शायद सुकून की और उन ख़ुशियों की जो परिस्थितियों की मोहताज ना हों। डॉक्टरी करना जारी रहा और साथ ही शुरू हुआ जीवन जीने का सलीका सीखना।

बात लगभग चौदह वर्ष पहले की है। एक छोटी और सामान्य-सी लगने वाली घटना मेरे जीवन में बदलाव का माध्यम बनी। मेडिकल कॉलेज में मैंने बच्चे को बचाने के लिए एक गर्भवती स्त्री का ऑपरेशन किया, परन्तु बच्चे की दो दिन में ही मृत्यु हो गई। मन व्यथित था कि बच्चा बच न सका। यह बात मेरे मन को परेशान किये थी कि यदि मैं बच्चे को न बचा सकी तो उस स्त्री का ऑपरेशन ही बचा लेती। उन्हीं दिनों एक वरिष्ठ ने मुझे भगवद्गीता पढ़ने की सलाह दी। शुरू में मैंने इस सलाह को व्यर्थ माना। लेकिन बहुत दिनों बाद पढ़ना शुरू किया। पहले तो कुछ भी पल्ले नहीं पड़ा, फिर धीरे-धीरे एक-दो बातें समझ आईं। उसके बाद तो एक के बाद एक कई रास्ते खुलते गए,

कहते हैं ना—'जहाँ चाह, वहाँ राह'। जगह-जगह से मार्गदर्शन मिला जैसे माइंड बॉडी मेडिसिन कॉन्फ्रेंस, गोल्डन इंस्पिरेशन वर्कशॉप, योगा अलायन्स कोर्स इत्यादि, इत्यादि ।

मुझे तब ये समझ आया कि मैं अपना सारा ध्यान व शक्ति बाहरी संसार को सुधारने में लगा रही हूँ जबकि स्रोत तो मेरे भीतर ही निहित है। तथ्यों को जानना पहली सीढ़ी थी, पर अनुभव करने के लिए अपने ऊपर काम करने की ज़रूरत थी। पहली बार यह लगा कि मुझमें कितने परिवर्तन की आवश्यकता है! पहले लोगों से शिकायत रहा करती थी पर अब अपनी ख़ामियाँ नज़र आने लगीं। खुद पर काम शुरू करते ही परिस्थितियाँ बदलने लगीं। समय के साथ जीवन ख़ूबसूरत होता चला गया। काम पहले से कहीं ज़्यादा करने के बाद भी सुकून भरा जीवन!

मुझमें आए बदलाव से खुश होकर एक मित्र ने मुझे अपना अनुभव सबसे बाँटने की सलाह दी। फिर मैंने ना-नुकर किया लेकिन कुछ दिनों बाद एक के बाद एक, अनेक विचार मन में आने लगे, कभी ओपीडी में मरीज़ों को देखते हुए तो कभी राउंड लेते हुए, कभी ऑपरेशन के बाद नोट्स डालते हुए, कभी नहाते और खाते हुए। और फिर इस किताब का जन्म हुआ। यह किताब मात्र एक कहानी नहीं, जीवन जीने की कला सीखने की यात्रा है।

हमारे आसपास दो तरह के लोग हैं, एक वह जो कुछ पाना चाहते हैं पर हासिल नहीं कर पा रहे हैं, दूसरे सब कुछ पाकर भी कहीं कोई कमी महसूस करते हैं। यह किताब आपकी मदद करेगी, वह हासिल करने में जो आप पाना चाहते हैं। और यदि आप सब कुछ पाकर भी कहीं कोई कमी महसूस करते हैं तो यह किताब उस ख़ालीपन को भरने की क्षमता भी रखती है।

शुभकामनाएँ!

**—डॉ. एकता सिंह**

जनवरी, 2024
नोएडा (उ.प्र.)

# रात जगमगाती सी

रात की खुमारी डीजे की इन झिलमिलाती, रंगीन, नशीली रोशनियों में जैसे कहीं गुम हो गई है! थिरकन हवा में घुल रही है।

पर कहीं इन रोशनियों से ज़्यादा रंग और कशिश तो यहाँ नज़र आ रहे जवां चेहरों पर हैं। क्या ये वही चेहरे हैं जो दिन के उजालों में इतने शान्त और शालीन नज़र आते हैं? क्या इतने रंग इनके अन्दर छिपे थे? अगर इतना कुछ अन्दर है तो उसे बाहर आने का पूरा अवसर मिलना तो बनता है न!

ऐसा न होता तो क्या यह रात इनका साथ देती? यूँ लाइब्रेरी व एकेडमिक ब्लॉक पर काली चादर डालकर जैसे कि ये इमारतें यहाँ कभी थीं ही नहीं—न कोई कल था, न होगा। जो है, वह बस यही एक पल है; और इस पल में हैं रात की काली चादर पर थिरकते, चमकते, इठलाते जुगनू से ये जवां चेहरे।

"क्यों बे, सोना नहीं है क्या? दो बज गए," इरफ़ान की आवाज़ म्यूज़िक को चीरते हुए दिसम्बर की सर्द हवा में कौंधी।

"अरे यार, इरफ़ान, ठंड रख। जीने दे। यही तो लाइफ है। मज़ा ले और लेने दे," आँखों में मस्ती लिये पाँच फीट ग्यारह इंच के गठीले व आकर्षक बदन पर लाल टी-शर्ट और नाइक हैरिंगटन की काली जैकेट डाले कुन्दन के होंठों से भाप में पगे शब्द निकले।

"सालो, पी-पीकर कब तक झूमोगे?" इरफ़ान ने थोड़ा खीजकर तेज़ आवाज़ में कहा।

"अबे, यह किताबों में घुसने को बेचैन है। दो पेग और पिला इसे," जैकेट उतारते हुए कुन्दन की आँखों ने वासू को इशारा किया, और सोलह इंच बाइसेप्स पर वोक्सवैगन टैटू नज़र आने लगा।

"इतनी मोहब्बत बे? वो भी वोक्सवैगन के लिए?" वासू ने कुन्दन को छेड़ा।

"नहीं, मेरी जान, यह है वोदका और वुमेन (कुड़ियों) के लिए; हमारी बास्केटबॉल टीम, विक्ट्री विंग्स के लिए और सबसे बढ़कर तो वासू, तेरे लिए," आँख मारते हुए कुन्दन ने आगे कहा, "हर उस बात के लिए जिसके बिना मेडिकल कॉलेज की ज़िन्दगी उबाऊ हो जाती।"

"परमानेंट है क्या यार?" अर्नव टैटू को घूरते हुए बोला।

"सालो, परमानेंट होता ही क्या है? मज़ा बदलने में है। टैटू, सिगरेट के ब्रांड, शराब और यहाँ तक कि कुड़ियाँ भी, सब बदलते रहा कर।" कुन्दन बोला।

कुन्दन का मानना था कि 'मौज-मस्ती ही ज़िन्दगी है' और उस मस्ती की तलाश में वह कहीं भी जा सकता था—चाहे वह पास के चौक वाला पब हो या फिर दूर हज़रतगंज वाला डांस बार।

जहाँ तक मेडिकल की हड्डी-तोड़, बोरिंग पढ़ाई का सवाल है, आप सोच सकते हैं कि क्या मेडिकल की किताबें, जो हर एक सनी देओल के ढाई किलो के हाथ से भी ज़्यादा भारी होती हैं, उसे टेंशन नहीं देती होंगी?

नहीं देतीं। पूछिए, कैसे? वह हर रोज़ अपनी सारी टेंशन टॉयलेट में बहा दिया करता है। बिलकुल 'जब वी मेट' के आदित्य की तरह। इन सब बातों से ऐसा लग सकता है कि कुन्दन एक बहुत ही लापरवाह, सतही या कहिए, छिछला इनसान है।

लेकिन, वास्तव में कुन्दन अलग-अलग भावनाओं का सम्मिश्रण है, जिसमें उसका आन्तरिक व्यक्तित्व शायद ही कभी उभरकर सामने आ सका हो। और, जब यह सामने आया तो ऐसा लगा, जैसे विस्मृत स्मृतियाँ उभर आई हों! कई बार वह गहराई में जाकर सोचता, लेकिन आखिरकार वह हमेशा अपने ही विचारों के चक्रव्यूह में उलझते हुए उबड़-खाबड़ राह में भटककर रह जाता।

और क्या आपको पता है कि उसका फेसबुक प्रोफाइल बायो क्या है?

'रेड बुल × वोदका = आपमें लगाते हैं पंख।'

अंडर ग्रैजुएट हुड़दंगियों की बातचीत का एक बार फिर गवाह बन रही थी वह नशीली रात।

"कुन्दन, यार, इस इरफ़ान को छोड़, ये कश खींच और उधर देख, तेरी जान क्या मस्त लग रही है!" अर्नव आँखों में शरारत भरे बोल रहा था।

"तू देख उसे, मेरी जान तो आज वह वाली है," कुन्दन ने डांस फ्लोर पर कुछ दूरी पर थिरकती हिन्दुस्तानी बार्बी की ओर अपनी नज़रों से अर्नव को इशारा किया।

"कौन सी, वह रेड वाली?" डांस फ्लोर की ओर देखते हुए अर्नव बोला।

"ज़रा पता तो कर, किस बैच की है?" कुन्दन के लहज़े से उसकी मंशा साफ नज़र आ रही थी।

आज की रात इन कमीनों की मस्ती खत्म होने का नाम ही नहीं ले रही। पैर थिरक रहे हैं—'वाय दिस कोलावेरी कोलावेरी डी...' पीकर झूमना शायद आसान है—हैंड ला ग्लास, ग्लास ला स्कॉच, आइज़ फुल ला टियर... एम्पटी लाइफ़ (हाथ में ग्लास, ग्लास में स्कॉच, आँखों में आँसू... ज़िन्दगी है खाली... )।

# एक दिन केजीएमसी का

सर्दियों की सुबह की धुँधली किरणें बॉयज़ हॉस्टल में खड़े लड़कों पर पड़ रही थीं जो बाथरूम के दरवाज़ों के बाहर कई कतारों में खड़े थे। यही इस समय उनका सामूहिक गंतव्य प्रतीत हो रहा था।

"वासू, आज दोपहर बारह से एक में कौन सा लेक्चर है?" टूथब्रश करते हुए कुन्दन ने पूछा।

"याद नहीं यार," ऊँघते वासू ने बगल की कतार से जम्हाई ली।

यश कतार में लगा, मुँह में ब्रश और हाथ में अख़बार लिये कुछ देख रहा था। वह अख़बार पढ़ रहा था या वास्तव में उसकी नज़रें 'लखनऊ टाइम्स' में कोई चटपटी तसवीर खोज रही थीं, जिससे वह अपने कमरे की दीवार सजा सके। बीच-बीच में वह टूथब्रश इधर से उधर कर लेता।

"जल्दी कर भाई, सो गया क्या?" हर चौथे से पाँचवें मिनट में कतार में से कोई बाथरूम का दरवाज़ा खटखटाता।

"वासू, फटाफट आ, मैं जा रहा हूँ," कुन्दन पीले गरम टी-शर्ट और काले कार्गो में था। बालों में ढेर सा हेयर जेल काफ़ी हद तक उसके नहाए होने का आभास करा रहे थे। इरफ़ान के साथ कुन्दन मेस की तरफ जा रहा था। आख़िर आज आलू-पराँठे का दिन था। हफ्ते में सिर्फ दो बार ही मिलते थे ये आलू-पराँठे।

"तुम्हें नहीं लगता इरफ़ान कि यह विडम्बना है, कि उत्तर प्रदेश आलू का इतना बड़ा उत्पादक और लखनऊ की इस मेस में आलू-पराँठा केवल दो बार सप्ताह में?" गर्म पराँठे पर पिघलते, फिसलते अमूल मक्खन को काटते हुए कुन्दन बोला।

"कुन्दन, यह कितना हैवी है यार! तुझे क्यों पसन्द आता है इतना?" इरफ़ान ने पूछा।

"यार, ज़ाहिर सी बात है, क्या सच में तू नहीं जानता?" इरफ़ान को चिढ़ाते हुए कुन्दन बच्चों सा हँसा, "मैं इसे इसलिए पसन्द करता हूँ, क्योंकि यह आलूपराँठा है। बस।"

नाश्ता खत्म कर कुन्दन इरफ़ान के साथ लेक्चर थिएटर की तरफ बढ़ चला। एनाटमी (एमबीबीएस के पहले सेमेस्टर का विषय) लेक्चर थिएटर के पास से गुज़रते वक्त फर्स्ट ईयर के कुछ छात्रों के पास आते ही, कुन्दन की कर्कश आवाज़ गूँजी, "ओए, कितने दिन हुए बाल कटाए हुए? ज़ीरो नम्बर मशीन याद रखना।"

पीठ से झुके समकोण की सी अवस्था में, ससम्मान जवाब आया, "यस सर!"

लेक्चर शुरू हो चुका था। फार्माकॉलजी (एमबीबीएस चौथे सेमेस्टर का एक विषय) के भारी भरकम प्रोफेसर की भारी भरकम आवाज़ लेक्चर थिएटर में गुँजायमान थी।

थिएटर में जड़ा पुराना ब्लैकबोर्ड आज पूरी तरह से ऊब रहा था। अव्वल तो आज उसे अपने पसन्दीदा चेहरे नज़र नहीं आए। मिष्ठी और उसकी पूरी टीम आज वहाँ नहीं थी। क्रिसमस फेस्ट के लिए बंक मारा है सम्भवत:। दूसरी बात, डिजिटल बोर्ड का यह जनक, पढ़ाए जा रहे विषय, 'हार्मोंस एंड रिलेटेड ड्रग्स' के लिखे हुए जटिल बिन्दुओं का भार सँभालने में स्वयं को अक्षम महसूस कर रहा था। लेक्चर जारी था। वहाँ उपस्थित छात्रों में से कुछ विद्वान तो इन बिन्दुओं की बोझिलता से अप्रभावित थे, क्योंकि वे बेहद शक्तिदायक झपकी ले रहे थे। परन्तु कुछ नि:सन्देह सचेत थे, जिनमें से कुन्दन व अर्नव भी थे। इनके द्वारा एक हल्के, नाज़ुक कागज़ के टुकड़े पर आड़ी-तिरछी लाइनों से शब्द उभर रहे थे, जो इन दोनों के बीच फार्माकॉलजी से ज़्यादा गम्भीर मुद्दों पर जानकारी के आदान-प्रदान का माध्यम बन रहे थे।

"वह तेरी रेड वाली, अहाना है, मिष्ठी की कज़िन।"

"अबे क्या कह रहा है, डॉक्टर नहीं है?"

"न भाई, बी.ए. सेकंड ईयर में है।"

"ठीक है यार, चलेगी।"

"पक्का?"

"और नहीं तो क्या? कौन सा उसे तेरी भाभी बनाने वाला हूँ!"

"मिष्ठी नाराज़ तो नहीं होगी न? उसकी कज़िन है।"

"हाँ, नाराज़ तो होगी ही, उसे छोड़ उसकी कज़िन को लाइन जो दूँगा।"

"सोच ले।"

"बकवास बन्द कर, यह बता, मिलवा कब रहा है? या छोड़, मैं ख़ुद देख लूँगा।"

लेक्चर थियेटर एक बार पुनः अपने निर्धारित समय बारह से एक के बीच फॉरेंसिक मेडिसिन पर लेक्चर के लिए तैयार था। लेकिन हमेशा की तरह लेक्चर बंक करते हुए कुन्दन और उसके साथी कैंटीन में आराम फरमा रहे थे।

"सुन छोटू, चार मसाला चाय लेकर आ," भट्ठी से कुछ मीटर दूर प्लास्टिक की एक कुर्सी खींचते हुए वासू बोला।

न जाने कितने मौसम, जाड़ा, गर्मी, बरसात झेली हुई वह गुलाबी कुर्सी जो मूलतः सुर्ख लाल हुआ करती थी, चौरानवे किलो के वासू का भार सहन करने के दर्द के पूर्वानुमान से सहमकर कराह उठी। पिछली बार वासू को साधने की कोशिश में उसकी कमर में आई मोच उसे अब तक सता रही है।

"कुन्दन, तूने फिर बंक की क्लास?" वासू बुरा सा मुँह बनाते हुए कुर्सी पर बैठ गया।

"ओ मैन, उस भयानक वॉर्ड टीचिंग (हॉस्पिटल वॉर्ड में मरीज़ों के बीच प्रैक्टिकल क्लास) के बाद लेक्चर के लिए जाना, वह भी फॉरेंसिक मेडिसिन। तू सोच भी कैसे सकता है?" कुन्दन ने भट्ठी की ओर अपनी लम्बी टाँगों को फैलाया। भट्ठी की आँच, खुशी में झूमकर, दिसम्बर की सर्दी को अस्तित्वहीन सा कर देने की कोशिश में और तीव्र हो उठी।

"वासू, मेरी जान, इस मसाला चाय की मनमोहक ख़ुशबू को महसूस तो कर। दिसम्बर के इन शुरुआती दिनों की गुलाबी ठंड में लेक्चर सुनने से तो कहीं बेहतर है यह," कुन्दन खौलती चाय की महक लेने को जैसे ही आगे भट्ठी की ओर हुआ, उसकी नुकीली नाक आगे की ओर थोड़ी झुक सी गई।

चाय भरकर भट्ठी पर चढ़ा, तकरीबन पूरी तरह से काला पड़ा, अलुमिनियम पैन कुन्दन को सुन गौरवान्वित हो उठा। ख़ुशी में उबलते हुए वह क्षण भर को भूल गया कि कितना पुराना और दबा, पिचका है वह कई जगहों से।

"और हासिल क्या होगा वासू, 'फीटिसाइड एंड चाइल्ड एब्यूज़' पर लेक्चर सुनकर?" अर्नव ने विशेष टिप्पणी दी।

"लोगों को बेटों की ख़्वाहिश है, इसलिए वे लड़की को मार देते हैं। उन्हें गर्भ में ही मार देना बेहतर है। यह आसान भी है," कुन्दन ने बिना किसी अनुभूति के कहा।

"लोग चाइल्ड एब्यूज़ करते हैं, क्योंकि उन्हें इसमें मज़ा आता है। इसका हमसे क्या लेना-देना? हम यह सब नहीं कर रहे। बस..." यश के चेहरे पर भी कोई भाव नहीं था।

"लेकिन..." वासू ने जैसे ही थोड़ा झिझकते हुए कुछ कहना चाहा, कुन्दन ने उसे टोक दिया, "अब चुप कर यार वासू, अगली बार से तू इरफ़ान के साथ लेक्चर के लिए जाना। तू उसी लायक है।"

"यह रही आपकी गरमा-गरम कड़क चाय," चाय भरे गिलास रखते हुए छोटू, कुछ-कुछ 'मैं तेरा हीरो' के वरुण धवन सा लग रहा था, जो फ़िल्म प्रमोशन के लिए मुम्बई बाज़ार में चाय वाला बन गए हों! हालाँकि उसका नाम छोटू, उसकी कम उम्र और कद को दर्शा रहे थे। आसमानी स्वेटर जो छोटू ने पहन रखा था, वह लगभग काले भूरे रंग का हो गया था, पर आस्तीन के अन्दरूनी हिस्सों में, कुछ जगहों पर अभी भी नीला रंग देखा जा सकता था। एक-दो जगह से स्वेटर ऊन के इधर-उधर जाते धागों का रूप ले रहा था, फिर भी दिसम्बर की यह ठंड, इस लिलिपुट जैसे दिखने वाले लड़के के उत्साह को फीका करने में असमर्थ थी। छोटू कुन्दन और उसकी टीम के लिए तरह-तरह की सूचनाओं का स्रोत था। हालाँकि वह यह मुफ़्त में नहीं किया करता था। होशियार व बुद्धिमान था वह। जानकारियों के बदले वह उनसे नाइट स्कूल की फीस व मुफ़्त ट्यूशन लिया करता था।

"एक अच्छी ख़बर है," थोड़ा झुककर हौले से बोला छोटू, "जिला स्तरीय बास्केटबॉल प्रतियोगिता इस साल हमारे कॉलेज में होने जा रही है। हफ्ते भर में इसकी घोषणा होगी।"

यह ख़बर वासू के पढ़ाकू होने के कारण उसे नहीं भायी, "इस ख़बर में ऐसा भी अच्छा क्या है—खास कर उनके लिए, जो बास्केटबॉल टीम में हैं ही नहीं? छोटू, तुम्हें इस ख़बर के लिए कुछ भी नहीं मिलने वाला।"

"वासू भइया, ज़रा मामले की गहराई में तो जाइए, मैच को मारिए गोली। यह सोचिए कि सेक्सी चीयर लीडर्स के साथ आनन्द लेने का एक अवसर मिलने जा रहा है। वह भी एकदम मुफ़्त! मैच भी सप्ताहांत, शाम को ही होने हैं। इसलिए उन

नशीली रातों का आनन्द लेने के बाद आपके लेक्चर्स पर भी कोई असर नहीं होगा," छोटे छोटू के शब्दों में पर्याप्त वयस्कता शोभायमान थी, मानो उसके सामने से गुज़रने वाले विभिन्न एमबीबीएस बैच उसे समय से पहले ही परिपक्व कर चुके हों!

बास्केटबॉल टीम के कैप्टन, कुन्दन ने, अर्नव व यश के साथ इस ख़बर को गम्भीरता से लिया। वे जानते थे कि ख़बर महत्त्वपूर्ण है, क्योंकि प्रतियोगिता-स्थल उनका खुद का कॉलेज है। इसलिए उनके प्रदर्शन से ज़्यादा उनका स्वाभिमान दाँव पर लगने वाला है।

उनके भावों को शब्द देता हुआ सा वासू बोला, "तुम सबकी बुरी तरह से लगने वाली है। अपने कोर्ट में, अपने ही बैचमेट्स के सामने खेलने में, मिलने वाला कुछ भी नहीं है," हताश हँसी के साथ वासू उठ खड़ा हुआ।

# मिशन गर्लफ्रेंड

अहाना के साथ डेट फिक्स करना कोई बड़ी बात नहीं थी।

एक-दो हफ्ते ही बीते होंगे कि कुन्दन ने उसे अपना दोस्त बना लिया था। अहाना का साथ उसे अब भाने लग गया था। हर बार जब वह अहाना से मिलता, तो वह उसे और जानने को तरस जाता। उसकी डव मॉस्चराइज़र की भीनी खुशबू उसे रोमांचित कर देती। रणवीर कपूर की मूवी देखते वक्त या कोई पोर्न देखते हुए अहाना उसे नज़र आने लगी। अनजाने में ही कहीं वह उसका जुनून बनती जा रही थी और शायद उसकी यौन-प्रवृत्ति के लिए सबसे महत्त्वपूर्ण साधन। कुन्दन की यह भरसक कोशिश रहती कि अहाना से उसकी हर मुलाकात यथासम्भव उपयोगी हो। लेकिन न जाने क्यों, हर बार अहाना से मिलने के बाद उसके अन्दर की बेचैनी बढ़ती जाती। शायद दोनों के मिलने पर भी कुछ है जो मिल नहीं पा रहा—उनके दिल... शायद।

कुन्दन का सैमसंग गैलेक्सी फोन का वॉलपेपर उनतीस दिसम्बर दिखा रहा था। सूरज लम्बी छुट्टी पर प्रतीत हो रहा था। उसकी किरणें सूखती नदी के प्रवाह सी मद्धिम थीं। सिहरती सर्द दुपहरी पर अँधेरी शाम इस कदर उतर रही थी, जैसे ओपेरा का मखमली पर्दा! गुनगुनी गरम दुपहरी फीकी स्मृति सी लग रही थी। ठिठुरती रात कार्यभार लेने को तैयार खड़ी थी। शाम इस तरह आई और गई, जैसे मेडिकल वॉर्ड में सीनियर रेज़िडेंट, घड़ी भर को आकर राउंड ले जाता हो!

तापमान गिरना शुरू हो गया था। कॉलेज परिसर वीरान सा लग रहा था। मात्र कुछ युगल हॉर्मोनल गर्मजोशी का आनन्द उठाते, यहाँ-वहाँ देखे जा सकते थे।

शनिवार की रात थी। समय बहुत धीमी गति से चलता प्रतीत हो रहा था—खास कर उनके लिए, जो नये वर्ष में प्रवेश करने को बेताब थे। कुन्दन उनमें से एक

था। पर उसे यह बात खाए जा रही थी कि नये वर्ष की पूर्व संध्या पर वह अकेला कैसे रह सकता है, जो मात्र दो दिन दूर है?

उसने अहाना से हज़रतगंज स्थित एक डिस्क पर डेट के लिए चलने का आग्रह किया, जहाँ अनेक युगल आते हैं अन्तरंगता का अनुभव करने—चाहे वह शारीरिक ही क्यों न हो, जानबूझकर हो या हो बस कोरी कामुकता। हालाँकि अहाना काफ़ी समझदार और जानकार थी, परन्तु ऐसी जगह की बारीकियों से वह कुछ कम परिचित थी।

डांस फ्लोर मदहोश थिरकते युवा जोड़ों से भरा हुआ था। हर कुछ क्षण उपरान्त अलग-अलग रंगों की नृत्य सी करती प्रकाश-रश्मियाँ गहरे नीले हॉल को पल भर के लिए रौशन कर देतीं और वह क्षणिक रोशनी लखनऊ के उस जीवन का प्रदर्शन करती नज़र आती जो यहाँ की तहज़ीब से लबालब भरी उस संस्कृति का विरोधाभास देती जिसके लिए यह शहर जाना जाता था। शराब और हुक्के ने सभ्यता के मुखौटे को तार-तार कर रखा था। लोग अपनी दबी आकांक्षाओं को पूरा करने की कोशिश करते देखे जा सकते थे।

फैशन की ऊँचाइयों ने कपड़ों की लम्बाई को कुछ कम सा कर दिया था, विशेषत: युवतियों के। रॉक म्यूज़िक की लय पर उनके ऊपर-नीचे, दायें-बायें आन्दोलित स्तन झलकती पोशाक के नीचे से लगभग दिखाई से दे रहे थे, जो पुरुषों को उस रॉक युग में ले जा रहे थे जहाँ अंडरगार्मेंट्स पहनना हमारे लिए अज्ञात था।

अहाना बार के पास ड्रिंक लिये, पहली बार लखनऊ की ज़िन्दगी के इस पहलू का अनुभव कर रही थी। उसका गिलास एप्पल जूस से भरा था। शुरुआती पलों में उसके चेहरे पर बेचैनी देखी जा सकती थी, क्योंकि उसकी यह डेट उसकी उम्मीद से कहीं ज़्यादा थी। पर शुक्रिया मध्यम वर्ग के उस पालन-पोषण का, जो हर नारी को जीवन की अजीब परिस्थितियों में भी सामंजस्य बैठाने की क्षमता देती है। वह अब रात का आनन्द लेने लगी थी—उन लोगों के चेहरों के भाव पढ़कर, जो म्यूज़िक बीट्स के साथ अपने कदमों को मिलाने की जद्दोजहद में थे।

पर बस, इसलिए तो कुन्दन अहाना को यहाँ नहीं लेकर आया था! कॉकटेल गटकते हुए कुन्दन ने अहाना से डांस की गुज़ारिश की। अहाना को डांस पसन्द था। उसने नृत्य सीखा भी था और पॉकेट मनी के लिए बच्चों को डांस सिखाया भी करती थी।

कुन्दन को उसका लचीलापन व पैरों की तेज़ गति पसन्द आई। उसने निष्कर्ष

निकाला कि अवश्य अहाना के अन्दर बिस्तर में लम्बे समय तक टिकने की शक्ति होगी। कुन्दन उसे छूने की हर सम्भव कोशिश में था, पर अहाना अन्य पेशेवर डांसर की तरह, कुन्दन को एक भावुक प्रेमी के बजाय एक रोबोट साथी समझती हुई डांस में पूरी तरह डूबी हुई थी।

'शायद एक ड्रिंक काम कर जाए!' कुन्दन ने इस विचार के साथ अहाना को, स्प्राइट के साथ वोदका पीने के लिए मना ही लिया।

वोदका की कुछ बूँदें रगों में मिलते ही अहाना ने कुन्दन को आवेशित हो गले लगा लिया।

'आखिरकार मैंने उसे पा ही लिया!' कुन्दन यह सोचकर पुलकित हो उठा। वह उसे चूमना चाहता था पर पहल अहाना की तरफ से होनी चाहिए। ज़ाहिर तौर पर वह अहाना को बेकरार नहीं दिखना चाहता था।

इस समय का अधिकतम लाभ कैसे उठाया जाए, कुन्दन का दिमाग इसके लिए तीव्र गति से दौड़ रहा था। वह उसे बार के एक अँधेरे एकान्त कोने में ले गया कि शायद यहाँ अहाना की शर्म कुछ हद तक पिघल सके। अगर यह न भी हो तो कम से कम अगली बार के लिए उसे बेहतर ढंग से तैयार तो किया ही जा सके।

"शुक्रिया कुन्दन, इतने प्यारे डांस के लिए। क्या तुम्हें नहीं लगता, हमें आगे भी इसकी प्रैक्टिस करनी चाहिए?" अहाना की धीमी मद्धिम आवाज कुन्दन को चुभ सी गई।

'क्या बकवास है! क्या इसे इतनी समझ नहीं कि हमारे बीच इस मूर्खतापूर्ण डांस के अलावा भी कुछ हो सकता है?'

शायद यह आधुनिक भारतीय परिवेश में पले बढ़े युवकों की आनुवंशिक प्रवृत्ति में था कि उनकी मर्दानगी स्त्री को मात्र एक ही उद्देश्य के लिए देख पाती है। वह यह कि स्त्री उनके नीचे विनम्रतापूर्वक उपलब्ध हो—वह भी लुभावने व मैत्रीपूर्ण तरीके से। पर जो घट रहा था, वह ठीक इसके विपरीत था।

कुन्दन अपनी हताशा को नियंत्रित न कर पाने और किसी भी तरह का जवाब देने की असमर्थता को छिपाने के लिए मुड़ा और एक नई ड्रिंक लेने लग गया। तभी कुन्दन को उसकी एक्स नज़र आई। आदतन वह उसके साथ छेड़छाड़ करने लगा। एक्स ने भी उसका भरपूर साथ देना शुरू किया। दोनों होंठों में होंठ लिये, उस अँधेरे कोने का बेहतरीन इस्तेमाल करते नज़र आ रहे थे। तभी कुन्दन के मस्तिष्क में अहाना का खयाल आया, कि शायद मुझे किसी और के साथ ऐसे देखकर अहाना

पिघल सके। अपने एक्स से लिपटा बेचारा कुन्दन, अहाना को प्रभावित करने की कोशिश में, यहाँ भी अपना सर्वश्रेष्ठ देने में अक्षम रहा। ज़ाहिर तौर पर एक्स को यह न भाया और वह एक बेहतर साथी की तलाश में उसे छोड़ गई।

स्वयं को अपमानित महसूस करता कुन्दन क्रोधित हो उठा। ऐसे कैसे जा सकती है!

वह यह देख ही नहीं पा रहा था कि उसने खुद ही अहाना को अपने व अपनी एक्स के बीच लाया था और शायद उसे यह ज्ञात नहीं था कि हर स्त्री में एक छठी इन्द्रिय होती है, जो अपने और अपने महबूब के बीच उपस्थित दूसरी स्त्री का अस्तित्व सूँघ सकती है।

कुन्दन के विचारों की व्यग्रता और उसके मस्तिष्क में चल रही उथल-पुथल से बेखबर अहाना रात का भरपूर आनन्द ले रही थी, जो उसके लिए मधुर भंडारकर की 'पेज थ्री' से कम नहीं थी।

उसके प्रति उदासीन व अपने आप में मगन अहाना को देख कुन्दन की झुँझलाहट बढ़ती जा रही थी। कुछ ही देर बाद कुन्दन जब अहाना को एक अनमने व औपचारिक अलविदा के साथ उसके हॉस्टल छोड़ने को था ही कि कुन्दन की उदासी भाँपते हुए अहाना ने उसका हाथ थामकर कहा, "कुन्दन, तुम कमाल हो। अलविदा... शुभ रात्रि!"

कुन्दन ने अपनी बाइक घुमाकर बर्फीले अन्धकार में दौड़ा दी, जैसे वह अहाना और अपनी हताशा, दोनों से दूर भाग जाना चाहता हो! तीस... चालीस... पचास... बाइक की बढ़ती गति के साथ कुन्दन के हृदय का अवसाद गहरा और गहरा होता गया।

वह कमाल है, पर नहीं होना चाहता वह कमाल। वह तो बस अधिकतम इस्तेमाल चाहता था, अहाना का। क्योंकि वह मुक्त होना चाहता था। भावनाओं के उस तार को तोड़ना चाहता था जो उसे अहाना की तरफ खींच रहा था, जिसका एकमात्र तरीका था—उसे अपने बिस्तर पर ला, उस पर पूरा प्रभुत्व प्राप्त कर लेना। वह अहाना को लेकर अपनी भावनात्मक उलझनों से थक चुका था। वह चाहता था, खुद को अहाना के ऊपर देखना। और फिर उसे छोड़ देना हमेशा के लिए।

हालाँकि काफ़ी देर हो चुकी थी, कुन्दन जब कोर्ट पहुँचा। पर यश, अर्नव और इरफ़ान अब भी बास्केटबॉल का अभ्यास कर रहे थे। कुन्दन अपनी स्लिम फिट ग्रे डेनिम जींस और ब्लैक वुडलैंड जैकेट में था। उसने बॉल ले ली। उसके हाथ काँप रहे थे—पता नहीं ठिठुरती ठंड से, अन्दर रगों में खौलते प्रचंड क्रोध से, या उन ड्रिंक्स के प्रभाव से, जो उसने ले रखी थी!

वह बॉल ड्रिबल तो कर रहा था, पर वह कुन्दन नहीं था। यह उसकी अदा थी ही नहीं। शायद उसका क्रोध और हताशा बेकाबू हो खेल पर निकल रहे थे। यह सब उसके बॉल फेंकने की लय को उग्र और क्रूर बना रहे थे।

"क्या हुआ कुन्दन?" ये बदलाव इतने स्पष्ट और प्रत्यक्ष थे कि चन्द मिनटों में ही इरफ़ान को नज़र आ गए।

कुन्दन गुस्से में बॉल यश पर फेंक कोर्ट से बाहर निकल गया। इरफ़ान कुन्दन के पीछे दौड़ा, यह जानने को कि आख़िर हुआ क्या है? पर कुन्दन बात करने के मूड में ही नहीं था।

"मैं सोना चाहता हूँ," कुन्दन के कर्कश रूखे शब्द इरफ़ान के कानों में पड़े।

इरफ़ान ने कुन्दन को नहीं रोका। वह उसके अन्दर उठ रहे भावनाओं के तूफान को देख सकता था। तो भी उसे कहीं अन्दर बुरा लग रहा था, क्योंकि आज से पहले कुन्दन उसके साथ इस तरह से कभी पेश नहीं आया था।

जिम 'चार बोतल वोदका, काम मेरा रोज़ का' की धुन पर झूम रहा था। लड़के और कुछ लड़कियाँ भी वर्कआउट करने में व्यस्त थे। अर्नव बीस किलो के डम्बल की मदद से कड़ी मेहनत कर रहा था। वहीं कुन्दन कुछ उखड़ा-उखड़ा सा था।

"आज वार्म अप के आगे न बढ़ेगा," ट्राइसेप्स मारते हुए अर्नव, कुन्दन की ओर बिना देखे बोला।

"हाँ, अभी पुशअप्स पर आता हूँ।"

"क्या बात है, बोल भी?"

"समझती क्या है खुद को? अजीब लड़की है। कितनी भी कोशिश कर ली, टस से मस ही नहीं हो रही। ज़िद्दी और असम्भव लड़की है। मेरे झुकाव की कोई प्रतिक्रिया ही नहीं। मुझे बर्दाश्त नहीं, बिलकुल भी नहीं," कुन्दन उबल रहा था।

"क्या तूने फार्मूला नम्बर छह आज़माया?"

"अबे, कुछ न छोड़ा, यहाँ तक कि उसे नज़रअन्दाज़ कर दूसरी को तवज़्ज़ो भी दी, तो भी।"

"यार, तब या तो वह हद दर्जे की बेवकूफ है या फिर बेहद समझदार। दोनों ही मामलों में वह तेरे लेवल की नहीं है। छोड़ न उसे, कोई और पटाते हैं," अर्नव खिलखिलाया।

"साले, बकवास बन्द कर। यहाँ मेरी लगी पड़ी है, और तुझे मज़ाक सूझ रहा है? अब तू देख, उसे अपने लेवल तक कैसे लाता हूँ। साम, दाम, दंड, भेद—कैसे भी करके उसे पाकर दिखाता हूँ, नहीं तो नाम बदल देना मेरा," कुन्दन अपने आपे में ही नहीं था।

"अबे, जा कहाँ रहा है, जिम तो पूरी मार ले!" अर्नव के पुकारने पर भी कुन्दन न रुका।

"कुन्दन, क्या ज़बरदस्त लग रहा है भाई, मस्त डियो! क्या आज शाम कोई किला फतह करने जा रहा है?" शाम की चाय के बाद मेस से निकलते समय यश ने कमेंट किया।

टिप्पणी पर अपनी झुँझलाहट छिपाते हुए कुन्दन बस मुस्करा दिया। उसकी मुस्कान दीवार पर अभी-अभी हुए उस ताज़े पेंट की तरह लग रही थी जिसकी ऊपर-नीचे उभरी हुई सतह अपने नीचे की गन्दगी को छुपाने की भरपूर कोशिशों के बावजूद साफ नज़र आ रही थी। कुन्दन यश के अगले कमेंट की प्रतीक्षा किये बिना ही हॉस्टल से निकल गया।

कुछ घंटों बाद कुन्दन अहाना के साथ चल रहा था। जनवरी की सर्द हवा रात को बर्फीली बना रही थी। कोहरा इतना घना था कि कुछ कदम दूर देखना भी मुश्किल लग रहा था।

"अहाना!" कुन्दन की आवाज़ में विनम्रता नहीं थी।

"हाँ, बोलो कुन्दन।" अहाना नीली कुर्ती और सफेद सलवार में टॉलीवुड की किसी किरदार की सी दिख रही थी, जिसके साथ बच्चे खेलना चाहे, लड़के शादी करना और माँ-बाप को ऐसी बेटी होने पर गर्व हो।

उसकी शान्त शालीन आँखें उसके दिल के सुकून की झलक देती हुई सी

लगती थीं। पर उसकी इधर-उधर झूमती कमर तक लम्बी चोटी की शरारती गति उसकी शान्त आँखों के ठीक विपरीत थी।

"हम कई बार मिल चुके हैं, कुछ घंटे तो अब साथ बिताने चाहिए हमें।"

"हम साथ ही तो हैं कुन्दन! और किस तरह का साथ?" अहाना खिलखिलाई।

"इस तरह का साथ," कुन्दन का हाथ अहाना की कलाई को कसने लगा था।

स्तब्ध अहाना की आँखें कुन्दन की आँखों में झाँकते हुए कुछ पढ़ने की कोशिश कर रही थीं और उसके हाथ कलाई से कुन्दन की गिरफ्त को ढीला करना चाहते थे कि अचानक अहाना ने अपने चेहरे पर कुन्दन के होंठों की छुअन महसूस की। कितना अप्रत्याशित था यह अहाना के लिए, यह अँधेरे सन्नाटे के सिवा शायद और कोई जान न सका। वह अँधेरी रात एकमात्र गवाह थी।

"कुन्दन, तुम पागल हो गए हो!" भर्रायी सी आवाज़ थी अहाना की। ऐसा आने वाले अगले पल के डर से था या एक दोस्त की ऐसी हरकत के दुख से, यह खुद सहमे अँधियारे को भी समझ न आया।

"हाँ, मैं पागल सही," और कुन्दन के हाथ जबरन अहाना के कपड़ों को उधेड़ने लगे।

"कुन्दन, रुक जाओ। तुम यह क्या कर रहे हो?" अहाना का ज़ोर-ज़ोर से धड़कता हृदय वह मानने को तैयार नहीं था, जो उसके साथ होता दिखाई पड़ रहा था।

"तुम ऐसा कैसे कर सकते हो कुन्दन?" अहाना कुन्दन की पकड़ को जितना ढीली करने की कोशिश करती, उसकी पकड़ उतनी ही कसती जाती।

"क... कुन्... दन... क्या तुम मेरे साथ ज़बरदस्ती करोगे...? रेप करोगे मेरा...?" अहाना की हाँफती साँसें उसके शब्दों के मध्य के अन्तराल को भर रही थीं।

व्यथित रात अहाना के ज़र्द, सफेद पड़ते चेहरे को देख सिसक पड़ी—खुद को धिक्कारते हुए मूक द्रष्टा मात्र होने को। पूरी तरह से थक चुकी अहाना ज़मीन पर गिर पड़ी।

लेकिन अगले ही पल अहाना के निढाल पड़े शरीर में एक सिहरन सी दिखाई दी—एक सूखे पत्ते की तरह टूटकर बिखर जाने को या फिर से एक बार अपनी पूरी ताकत के साथ आखिरी कोशिश करने को।

"कुन्दन, तुम यह शरीर पा सकते हो पर इसे पाना, क्या पाना! पा सकते हो

तो मुझे पाकर दिखाओ," सिहरती अहाना का सिहरता, मगर शान्त, दृढ़ और गहरा स्वर रात के अँधेरे सन्नाटे में गूँज उठा।

जाने क्या हुआ! जैसे रात की ठंडी खामोशी बर्फ के ग्लेशियर सी जम गई और साथ ही कुन्दन के हाथ भी। दो पल भी न हुए और कुन्दन झटके से अलग हो गया, जैसे गहरी नींद से जाग होश में आया हो! अगले ही पल घने अँधेरे को चीरते हुए कुन्दन, अहाना की आँखों से ओझल हो गया। पता नहीं, यह उसकी शर्मिंदगी थी, अपराध-बोध या पश्चात्ताप! यह तो वह रात ही जाने।

# विनाशकारी भँवर

अहाना के साथ इस छोटे से एपिसोड का फ्लैशबैक कुन्दन के अन्दर लगातार चलने लगा। अहाना की आवाज़ पिघले शीशे की तरह कुन्दन के अन्दर बार-बार उतरती और उसका अन्तर् धधकने लगता, जैसे ढेरों ज्वालामुखी का गर्म जलता हुआ लावा फूट रहा हो! समझ नहीं पा रहा था वह कि क्या हुआ उसके साथ! क्यों चला आया वह अहाना के पास से? और जो चला ही आया, तो अब भी उसका मन वहीं क्यों है? वे चन्द लमहे उसके मन के लैपटॉप पर इस कदर स्क्रीन सेवर बन चिपक गए हैं कि कुछ और नज़र आ ही नहीं रहा है। कोई एंटीवायरस काम नहीं कर रहा। पर हाँ, स्विच ऑफ तो किया ही जा सकता है। और कुन्दन ने व्हिस्की की दूसरी बोतल भी खोल ली। वह पीता रहा, जब तक बेसुध न हो गया।

सुबह की धवल किरणें खिड़की से घुसपैठ कर कुन्दन की पलकों को छेड़ रही थीं, जैसे उसे उठाने की कोशिश में हों! कुन्दन ने दूसरी तरफ करवट बदल ली और पल भर को लगा कि कुन्दन की इस एक करवट ने उन किरणों को परास्त कर दिया। लेकिन यह क्या? अगले ही पल कुन्दन बेड पर बैठा था। स्क्रीन सेवर अब भी वहीं था।

घड़ी सुबह के दस पैंतीस दिखा रही थी। ओह, कुन्दन सुबह का अपना लेक्चर और मेडिकल वार्ड मिस कर चुका था।

कुन्दन फ्रेश होने के लिए बाथरूम की ओर गया ही कि कुन्दन के बिस्तर ने आलस्य भरी अंगड़ाई ली। हल्के हरे रंग की प्लेन चादर तरह-तरह के धब्बों से प्रिंटेड नज़र आ रही थी। आभार उन धब्बों का, चाहे वे हों अंडा करी के, टमाटर सॉस, न्यूडल्स या फिर सीमेन और रक्त के भी! वास्तव में अकल्पनीय हैं ये सारे

धुरंधर! ग्रे रंग का कंबल, बिस्तर से नीचे आधा लटक रहा था। वास्तव में यह हल्का नीला था, ग्रे सा तो मात्र गन्दा हो जाने से लग रहा था।

कुन्दन के बिस्तर के ऊपर की खिड़की से आती हुई सूरज की रोशनी, बगल वाली दीवार पर जड़े शीशे से प्रतिबिम्बित हो वासू के बिस्तर पर पड़ रही थी। कोई भी ध्यान से देखे, तो चादर पर धूल की चमकती सूक्ष्म परत देख सकता था, जो कुछ दिनों के लिए घर गए वासू की बाट जोह रही थी।

कुन्दन अपने कमरे में बन्द, बेचैन इधर से उधर घंटों घूमता रहा। फिर थककर बिस्तर पर गिर पड़ा।

दरवाज़े पर हुई आहट ने कुन्दन की नज़रों को टेबल पर पड़ी घड़ी पर टिकाया—छह बजकर बीस मिनट, दिन शाम में बदल गया था।

"कितनी देर लगती है बे, दरवाज़ा खोलने में? और तू किसी लेक्चर में नहीं आया आज?" इरफ़ान कुर्सी खींचते हुए बोला।

"कुछ नहीं, तबीयत ठीक नहीं लग रही थी," कुन्दन चादर ठीक करते हुए बोला। इस वक्त वह इरफ़ान से नज़रें नहीं मिला पा रहा था।

"यह कमरे का क्या हाल कर रखा है, यार कुन्दन? और वासू कब तक आएगा? क्या अब उसके डैड ठीक हैं?" इरफ़ान ने पूछा।

"हाँ, अगले कुछ दिनों में आ जाना चाहिए," कुन्दन ने कमरे के लगभग बीच में पड़े हीटर को अपने पैरों से बिस्तर के नीचे धकेल दिया।

चाय, कॉफी और नूडल्स के गिरने से, उस पर पड़ने वाले निशानों से पहले से ही खफा हीटर और नाराज़ हो उठा।

टेबल पर लैपटॉप के बगल में पड़े दो कॉफी मग, न जाने कब से कुन्दन द्वारा अपने को साफ किये जाने की प्रतीक्षा कर रहे थे। एक में तो कॉफी पूरी तरह सूखकर नीचे चिपक गई थी। दूसरे मग में थोड़ी अधिक कॉफी बची थी, जिसकी सतह सूखकर, मग के किनारों से लिपट उन्हें चूमती सी प्रतीत हो रही थी।

टेबल पर पड़ा लैपटॉप स्क्रीन सेवर मोड में था। शायद कुन्दन उसे बन्द करना भूल गया था।

बेतरतीब ढंग से व्यवस्थित किताबें आधी बन्द अलमारी से झाँक रही थीं। बिना तहे कपड़ों के ढेर के बीच मैन फोर्स स्ट्रॉबेरी कॉन्डम के पैकेट खेल रहे थे।

इरफ़ान के कमरे से बाहर निकलते ही कुन्दन ने लाइट बन्द कर दी और बिस्तर पर गिर पड़ा।

अँधेरा कमरे में है या मन में ज़्यादा, कहा नहीं जा सकता।

उसके अन्दर कहीं कुछ डूब रहा था। कैसी घुटन है, पता नहीं। नहीं पता कि वह आख़िर चाहता क्या है... शायद रोशनी? पर कमरे की लाइट भी भा नहीं रही। शायद खुशी? पर सब कुछ तो है, क्या नहीं है खुशी के लिए! शायद शान्ति? पर कमरे में तो एक आवाज़ भी नहीं। हाँ, मगर अन्दर मन में शोर है—कोलाहल, भयानक कोलाहल।

'कितनी लड़कियों से मिला मैं, कितनी रातें गुज़ारीं; नाम, तारीख का भी हिसाब नहीं। ढेरों आईं और गईं; अहाना कोई पहली तो नहीं। पर क्या था अहाना के शब्दों में, या अहाना में, जो मेरे हाथ आगे ही न बढ़ सके?

'और यह अहाना कौन? क्या वह अहाना नहीं थी जिसे मैं छू रहा था?

'अहाना मेरी बाँहों में थी, मैं उसे पाने को था...' अहाना के शब्द फिर से गूँज उठे, 'तुम यह शरीर पा सकते हो, लेकिन इसे पाना क्या पाना...'

अहाना के शब्द जैसे रिकॉर्ड प्लेयर की सुई की तरह एक जगह पर अटक गए थे। बिना रुके लगातार ध्वनित हो रहे थे।

'अहाना के शरीर को मैं छू रहा था और अहाना मुझसे अनछुई कहीं दूर थी। क्या फर्क है कोई? अहाना या अहाना का शरीर?'

घड़ी की मद्धिम टिक-टिक के साथ मन के स्क्रीन सेवर पर यूँ ही अहाना चलती रही। रात के बाद सुबह, और फिर शाम कब बीती, पता ही नहीं चला।

इरफ़ान, यश और अर्नव आज फिर कमरे में आ गए थे। उन्होंने कुर्सियाँ लीं और कुन्दन के बिस्तर के पास बैठ गए, "यार, कुन्दन, तुझे हो क्या गया है? इतने लेक्चर्स बंक कर रहा है?" इरफ़ान के लहज़े में अचरज था।

"कम से कम मैच पर ध्यान दे, दोस्त। मुझे पता है कि तू प्रैक्टिस के बिना भी क्वालीफाइंग मैच निकाल सकता है, फिर भी..." यश कुन्दन के रवैये से निराश लग रहा था।

"कोई तो बड़ी गड़बड़ है गुरु, वरना तू कभी कोई पार्टी मिस करने वालों में से नहीं है। वह भी मिष्ठी की जन्मदिन ट्रीट मिस की तूने," अर्नव बोल रहा था, "अब कुछ बकेगा भी?"

"तुम लोग तो पहले बोल लो, फिर मैं बोलूँ," कुन्दन ने पानी की बोतल उठाते

हुए कहा। शायद वह अपने दोस्तों से नज़रें मिलाने से बचना चाहता था।

"पता है, मिष्ठी क्या मस्त लग रही थी?" अर्नव के स्वर में कुन्दन को बहलाने की कोशिश थी।

"हम्म," कुन्दन के स्वर थे, भाव ही बस नहीं थे।

"आगे बोल बे, बस 'हम्म' पर ही रुक गया! और यह ज़बरदस्ती की स्माइल देना बन्द कर," कुन्दन के 'हम्म' कहने पर इरफ़ान ने बनावटी गुस्सा किया।

"हाँ, क्या बोलूँ?" कुन्दन जैसे कहीं खोया सा था।

"क्या बोलूँ? बोल या पूछ, मेज़रमेंट, कपड़ों की साइज़ और कट के बारे में, लाइनर और लिपस्टिक के रंग के बारे में... तू तो गया यार कुन्दन!... यह हमारा लव गुरु ही फ्लर्ट करना भूल गया... ओके, गुड नाइट! कल मिलते हैं," जाते-जाते अर्नव और इरफ़ान की आवाज़ भारी हो चुकी थी।

"अच्छा, चल, तू सोने जा," यश ने लाइट्स ऑफ कर दीं। और कुन्दन का स्क्रीन सेवर ऑन हो गया।

लगभग एक हफ्ता बीत गया, कुन्दन की दिनचर्या वैसी ही रही; कोई लेक्चर्स नहीं, न बास्केटबॉल, न ही किसी से मिलना-जुलना।

कुन्दन का जीवन उसके कमरे, बिस्तर और शराब की बोतलों तक ही सिमट गया था। उसका दिन कमरे में शुरू होता और वहीं खत्म हो जाता। वासू अपने घर से वापस नहीं आया था, क्योंकि उसके डैड अभी भी ठीक नहीं थे।

आधी रात हो चुकी थी, और कुन्दन की आँखों से नींद कोसों दूर थी। अँधेरे कमरे की छत निहारता हुआ कुन्दन बिस्तर पर लेटा हुआ था कि तभी पसीने से लथपथ, विक्ट्री विंग्स की जर्सी में, इरफ़ान और यश उसके कमरे में आए।

कुन्दन जब तक उनके निराश और पसीने से लथपथ चेहरों को देख कुछ समझ पाता कि आख़िर हुआ क्या, उसके चेहरे पर इरफ़ान का ज़ोरदार थप्पड़ लगा।

कुन्दन अपना होश सँभालने की कोशिश कर ही रहा था कि यश चिल्लाया, "हम अपना पहला मैच हार गए, कमीने!"

कुन्दन पूरी तरह से हैरान था कि वह मैच के लिए जाना भूल कैसे गया?

"मैंने सुबह लेक्चर के लिए जाने से पहले तुझे मैच के बारे में याद दिलाया था, बेवकूफ," इरफ़ान गुस्से से फट पड़ा। उसका चेहरा गुस्से से तमतमा रहा था,

और आँखें लाल हो, कैंटीन की भट्ठी जैसी जल रही थीं—इस कदर कि जनवरी की सर्द रात में भी वह पसीने से तर-ब-तर था।

पल भर को यश ने कुन्दन को गुस्से में घूरा और फिर कमरे से बाहर निकल गया। इरफ़ान भी दरवाज़ा पटक उसके पीछे हो लिया।

सुबह जब इरफ़ान ने कुन्दन को मैच के बारे में बताने को दरवाज़ा खटखटाया, तो कुन्दन सो रहा था। इरफ़ान को लेक्चर के लिए देर हो रही थी, इसलिए उसने जल्दी में कुन्दन को मैच के बारे में बताया और चला गया। कुन्दन ने शायद व्हिस्की के हैंगओवर के कारण उसकी बात अनसुनी कर दी।

अगर वासू यहाँ होता, तो निश्चित रूप से वह उसे मैच मिस नहीं करने देता। इरफ़ान और यश ज़रूर लेक्चर थियेटर से सीधे बास्केटबॉल कोर्ट चले गए होंगे। लेकिन कोई और भी तो आ सकता था उसे याद दिलाने के लिए?

'उन्होंने कैसे मान लिया कि मैं मैच के लिए आ जाऊँगा? वे जानते हैं कि मैं लेक्चर्स में भी नहीं जा रहा हूँ। लेकिन मैं उन्हें ही क्यों दोष दे रहा हूँ? यह सब मेरी गलती है। मैं क्यों नहीं आ पा रहा हूँ, अहाना एपिसोड के ब्लैक होल से बाहर?'

कुन्दन के चारों ओर उसके विचारों की दुनिया भँवर सी घूम रही थी। सब कुछ बेकाबू सा, उसकी पकड़ के बाहर; जैसे वह एक गहरे तूफानी समुद्र में फँसा एक पतवार रहित जहाज़ हो!

'कितना बड़ा गधा हूँ मैं, सफा मूर्ख हूँ। अपनी खुद की चीज़ों को सुलझाने में सक्षम क्यों नहीं हूँ? किस बात ने मुझे अहाना से पीछे हटने पर मजबूर कर दिया था, और अगर मैं उसके पास से वापस आ ही गया तो फिर उन लमहों से बाहर क्यों नहीं आ पा रहा हूँ? मैं अब भी इस अँधेरे में क्यों हूँ? मैं इससे अपना दिमाग क्यों नहीं हटा सकता?' कुन्दन अपने अन्दर के कोलाहल से थक गया था।

'मैं, कुन्दन मल्होत्रा, इतना मूर्खतापूर्ण व्यवहार कैसे कर सकता हूँ? भगवान के लिए, कोई मुझे बताओ...' कुन्दन आईने के सामने भड़क रहा था।

'यह मुझे क्या हो रहा है?' कुन्दन लगभग टूट चुका था।

कुन्दन को बिना बताए आई आँसुओं की एक पतली परत ने उसकी दृष्टि को धूमिल करना शुरू कर दिया था। उस धुँधली दृष्टि से कुन्दन उस आईने में कुछ देखने लगा। उस सर्द रात का पूरा दृश्य फिर से कुन्दन के सामने आईने में एक लाइव ऑर्केस्ट्रा की तरह दिखने लगा। सर्द हवा, घना कोहरा... नीली कुर्ती

में अहाना... उसकी शान्त, मासूम आँखें... अहाना की कलाई पर उसका कसता हाथ... अहाना के ठंडे, जमे हुए गालों को छूते उसके होंठ... अहाना को तार-तार कर देना... थकी हुई, सफेद पड़ी अहाना... कुन्दन अपने सिर को फटने से रोकने के लिए दोनों हथेलियों के बीच दबा रहा था।

हालाँकि वह कई लड़कियों के साथ सोया था, पोर्न वीडियो के ज़रिये उन्हें उकसाया था। लेकिन इस तरह कभी भी शारीरिक बल का प्रयोग नहीं किया था। अपराध-बोध का सर्प कुन्दन के मन में अपना विष फैला रहा था। अचानक कुन्दन के मन के शोर से भी तेज़, आईना चीख पड़ा, 'तुम यह शरीर पा सकते हो लेकिन इसे पाना क्या पाना...।'

'अहाना!' कुन्दन ने जैसे ही अपने हाथ से दर्पण की अहाना को पकड़ने की नाकाम कोशिश की, वैसे ही आईने सहित सब कुछ कुन्दन के मन को छोड़कर प्राणहीन हो गए। अब उसके मन में केवल एक धड़कता हुआ सन्नाटा शेष था, जो उसकी इन्द्रियों को भेद रहा था।

उसने आवेश में आकर अपना दाहिना हाथ शीशे पर दे मारा। क्षण भर में शीशे के छोटे-बड़े टुकड़े यहाँ-वहाँ बिखर गए। कुछ टुकड़े उसके हाथ को खून से लथपथ करते हुए उसमें धँस गए। कुन्दन बेसुध फर्श पर गिर पड़ा।

अपने पीछे हुई हर अराजकता से अनजान, वासू ने लखनऊ रेलवे स्टेशन पर बिहार सम्पर्क क्रान्ति एक्सप्रेस से नीचे कदम रखा, और मेडिकल कॉलेज के महिमामंडित संसार में प्रवेश करने के लिए एक ऑटो रिक्शा लिया। हालाँकि ट्रेन करीब छह सात घंटे लेट थी, लेकिन जनवरी के पहले पखवारे में इससे ज़्यादा और क्या उम्मीद की जा सकती है! उत्तर और मध्य भारत में कोहरा इससे कहीं बड़ी आपदाओं के लिए कुख्यात था। वासू खुश था, उसके पिता अब ठीक हैं और साथ ही कि वह सुबह आठ बजे के लेक्चर में भी शामिल हो पाएगा, क्योंकि अभी साढ़े चार भी नहीं बजे हैं।

वह अब सरदार पटेल बॉयज़ हॉस्टल पहुँच गया था। आज से करीब दो-तीन साल पहले की बात है जब यह हॉस्टल उसे किसी नर्क से कम नहीं लगता था। वह इतना तंग आ गया था रैगिंग से कि मौका मिलता तो एक या दो सीनियर्स की जान तक ले सकता था। लेकिन वही सीनियर्स अब उसके सबसे अच्छे मार्गदर्शक

हैं; वही हॉस्टल उसे अपने घर जैसा दिखता है। वह कल्पना कर सकता है कि कैसे उसके सीनियर्स, बैच के साथी और निश्चित रूप से कुन्दन भी उसकी माँ द्वारा स्नेह से बनाए बेसन के लड्डू निगल जाएँगे।

वासू ने कुन्दन को आवाज़ दे, कमरे का दरवाज़ा खटखटाया, लेकिन दरवाज़ा अपने आप खुल गया। इससे पहले कि वह सोच पाता कि कुन्दन ने दरवाज़ा क्यों नहीं बन्द किया, खुले दरवाज़े से आती हुई मद्धिम रोशनी में कमरे का नज़ारा देख उसके होश खोने से लगे।

पूरा कमरा अस्त-व्यस्त था। उसने खुद को आश्वस्त किया क्योंकि वह कमरे के लगभग इसी तरह होने की उम्मीद कर रहा था। कुन्दन से और ज़्यादा क्या आशा की जा सकती है?

अन्दर थोड़ा अँधेरा था, इसलिए वासू की आँखों को हल्की रोशनी से तालमेल बिठाने में थोड़ा समय लगा। फर्श दिखते ही उसकी नज़र वहाँ पड़े कुन्दन पर अटक गई। एक पल के लिए उसने सोचा कि शायद कुन्दन ने पी रखी है। ज़रूर वह इतने नशे में रहा होगा कि फर्श पर ही सो गया। लेकिन जैसे ही वह नीचे झुक उसे जगाने को हुआ, इधर-उधर बिखरे शीशे के टूटे टुकड़ों को देख उसकी आँखें भय से फैल गईं। वासू ने जैसे ही बिजली का स्विच ऑन किया, उसके होश उड़ गए। हाथ खून से सने, कुन्दन सामने बेजान पड़ा था। वासू अपने आपको चीखने से नहीं रोक पाया। फिर याद नहीं, क्या हुआ आगे!

वासू के हॉस्टल पहुँचने के करीब एक घंटे बाद कुन्दन अस्पताल के बिस्तर पर था। अर्नव और यश कुन्दन के बिस्तर के पास बैठे थे। वासू अपने अल्पकालीन चिकित्सकीय ज्ञान के अनुसार, जूनियर डॉक्टर से बात कर कुन्दन की स्थिति को समझने की कोशिश कर रहा था। वह इतना समझ सका कि कुछ भी गम्भीर नहीं था। कुन्दन के दाहिने हाथ में चोट लगी थी—टूटे हुए शीशे के टुकड़ों में से एक के गहरे धँस जाने से।

इरफ़ान मेडिकल स्टोर पर कुन्दन के लिए दवा, जो अस्पताल में उपलब्ध नहीं थी, लेने के लिए अपनी बारी का इन्तज़ार कर रहा था। अपनी आँखों से छलक रहे आँसुओं को वह रोक नहीं पाया। निश्चय ही यह उसकी गलती है। कुन्दन की इस हालत के लिए इरफ़ान लगातार खुद को ही ज़िम्मेदार ठहरा रहा था।

कोई नहीं जानता था कि आख़िर हुआ क्या—सिवाय उसके, जो अभी अस्पताल के बिस्तर पर लेटा हुआ है। निश्चल शान्त पड़ा कुन्दन जिस दर्द के चक्रवात से गुज़र रहा था, उस दर्द को उसके दोस्त या रेज़िडेंट डॉक्टर समेत कोई नहीं पहचान पाया—दर्द, निराशा और अपराधबोध का, अपनी ही आँखों में गिरने का, और अर्थहीन होने का।

दोपहर तक कुन्दन को होश आ गया था, लेकिन उसके दाहिने हाथ में लगे काँच ने उस हाथ को गतिहीन कर दिया था। हाथ पट्टी से ढका हुआ था।

बहुत से दोस्त उससे मिलने आए लेकिन वह नहीं, जिसका कुन्दन इन्तज़ार कर रहा था। हालाँकि दोस्तों की नज़रों में सवाल थे पर कुन्दन चट्टान की तरह खामोश था। उसी शाम कुन्दन हॉस्टल में शिफ्ट हो गया।

खाना खाकर वासू मेस से वापस आने ही वाला था। प्लेट और पैन पर सूख रहे यिप्पी नूडल्स के लच्छे उत्सुकता से कुन्दन की ओर देख रहे थे। पर शायद उसका पेट भर गया था।

'सुना!' दरवाज़े पर दस्तक हुई, 'निश्चित रूप से कोई हमारा आनन्द लेने के लिए आ रहा है,' नूडल्स के सूखते लच्छे ने चैन की साँस ली।

कुन्दन ने वासू के इन्तज़ार में दरवाज़े की तरफ देखा लेकिन उसकी जगह इरफ़ान था।

"हाँ, इरफ़ान, बोल?"

"अब कैसा महसूस कर रहा है?" पूछते हुए इरफ़ान ने आगे कहा, "मैं अपनी मूर्खता के लिए खुद को कभी माफ नहीं कर सकता।" इरफ़ान की आँखें फिर से गीली हो गईं।

"ये सब तुम्हारे कारण नहीं हुआ इरफ़ान..." कुन्दन और कुछ नहीं कह सका।

"एक अच्छी ख़बर है और एक बुरी भी। पहले कौन सी सुनेगा, बता?" इरफ़ान ने पूछा।

"चल, बुरी ख़बर पहले बता," कुन्दन ने अपनी बोझिल आवाज़ में कहा।

इरफ़ान ने धीरे से, कुन्दन के दाहिने कंधे पर अपना हाथ रखकर कहा, "यश अब विक्ट्री विंग्स का कैप्टन है," इरफ़ान ने कुन्दन के हाथ पर अपनी नज़रें गड़ा दीं। वह कुन्दन के चेहरे पर दर्द और हताशा नहीं देखना चाहता था।

कुन्दन शान्त था; आखिरकार कहे क्या? बस, यही होना बाकी रह गया था उसके साथ।

"कुन्दन, मैंने तुमसे कहा था न कि एक अच्छी बात भी है," इरफ़ान ने बात बदलने की कोशिश की।

परन्तु व्यर्थ। इरफ़ान की बातें कुन्दन की चुप्पी को नहीं तोड़ पाईं।

"मैं तुमसे कुछ कहना चाहता हूँ, क्या तुम मेरी बात मानोगे?" इरफ़ान ने कुन्दन की आँखों में उम्मीद के साथ देखा।

"हाँ, बोल!"

"क्यों नहीं तुम जाकर यह क्लास करते हो?" इरफ़ान ने अपने पर्स से विज़िटिंग कार्ड निकाला और कुन्दन को दे दिया।

कुन्दन ने कार्ड देखा, 'बी अवेयर एंड सी द मिरेकल', और इसके ऊपर एक बिन्दु। पीछे उस जगह का पता था।

"इसमें अच्छा क्या है?" कुन्दन चिढ़ गया। निराश होकर और भी परेशान लग रहा था वह।

"यह एक तरह की मॉर्निंग क्लास है। हर कोई इसे योगा क्लास कहता है।"

"मॉर्निंग क्लास! यह क्या बात हुई?" कुन्दन का मुँह पहले से भी ज़्यादा बुरा बन गया था।

"मुझे लगता है, तुम्हें वहाँ जाना चाहिए," इरफ़ान की आवाज़ अडिग थी।

"लेकिन क्यों...?" कुन्दन झुँझलाता सा बोला।

"क्या क्यों? क्योंकि... जिम में अपना चेहरा दिखाए हुए तुझे हफ्ते हो गए हैं। और अपने शरीर का हाल देख यार, तूने इसे खराब कर लिया है..." इरफ़ान का हाथ कुन्दन के कंधों पर था, "बस, वहाँ जा; तेरा तन और मन, दोनों बेहतर होंगे। इसे आज़मा, बात मान दोस्त!" इरफ़ान अपनी पूरी कोशिश में था।

"ओह, मैं कल से जिम फिर से शुरू करूँगा, यार," कुन्दन ने मुस्कराने की कोशिश की।

"बस, एक बार वहाँ जा, मेरी खातिर। और हाँ, तेरी वह 'रेड वाली' भी वहाँ जाती है। यार, ना मत कहना। कम से कम एक बार उस जगह पर जाकर तो देख—सुबह साढ़े छह से साढ़े सात, ठीक? चल, अब सो जा!"

बिना किसी जवाब का इन्तज़ार किये इरफ़ान कमरे से निकल गया।

कुन्दन की नींद और स्क्रीन सेवर के बीच पूरी रात तकरार चलती रही। 'हाँ' और 'ना' के बीच घोर संघर्ष था। कई बार उसने 'ना' को लॉक किया था।

'मैं इस क्लास-व्लास में नहीं जा रहा हूँ और अगर अहाना वहाँ आने वाली

है, तो बिलकुल भी नहीं,' ये शब्द बार-बार उसके उनींदे मन के दृश्य-पटल पर उभर रहे थे। इन प्रकट और लुप्त होते शब्दों के बीच, कुन्दन की आँखें खुलती और बन्द होती रहीं। उन खुली आँखों से उसने नाइट बल्ब की मंद रोशनी में घड़ी की सुई को दो से तीन बार देखा होगा।

खिड़की से झाँकती सुबह की नर्म, कोमल रोशनी कुन्दन को, मेज पर पड़ी घड़ी में, समय की एक झलक देने के लिए पर्याप्त थी। सुबह के छह बजकर पाँच मिनट हो रहे थे।

थोड़ी देर बाद, उसने खुद को अपने कमरे और हॉस्टल की इमारत के बाहर पाया, हाथ में इरफ़ान का दिया विज़िटिंग कार्ड था। और वह अनायास उस पते की ओर जा रहा था।

'मैंने मन बना लिया था कि मैं वहाँ नहीं जाऊँगा, फिर यह क्या है? क्या पूरी रात बार-बार 'नहीं' कहना, एक भ्रम मात्र था?... क्या मैं अपनी ही भावनाओं को समझ नहीं पा रहा हूँ?... मेरा जाने का मन नहीं था, और मैं यहाँ हूँ। आख़िर मेरा मन 'हाँ' कह रहा था या 'नहीं'?... वह क्या है जो मुझे वहाँ ले जा रहा है? मानो कोई अज्ञात आवेग मुझे उस पते की ओर खींच रहा हो!... क्या यह अहाना है?'

कुन्दन के विचार उसके पैरों से भी तेज़ दौड़ रहे थे।

# पहली धूप

कार्ड हाथ में लिये कुन्दन, उसमें लिखे पते के अनुसार, एक अपार्टमेंट के सामने था। अगले ही पल वह सीढ़ियों पर चढ़ रहा था—दूसरी मंज़िल तक पहुँचने के लिए।

दरवाज़ा पूरी तरह से खुला हुआ था। दरवाज़े के दोनों ओर लगे हरे, आनन्दित पाम के पौधे, कुन्दन का ध्यान अपनी ओर आकर्षित करने की कोशिश में थे। लेकिन अपने ही विचारों में खोया कुन्दन उनके स्वागतोत्सुक मनोभाव पर ध्यान न दे सका। दरवाज़ा सीधे एक बड़े हॉलनुमा कमरे में खुल रहा था। हॉल में कोई नहीं था।

"मैं नहीं जानता कि मैं यहाँ क्यों हूँ," कुन्दन बुदबुदाया।

कुन्दन ने अपने आसपास के नज़ारे का जायज़ा लिया। हॉल की हल्की बैंगनी नीले से रंग वाली दीवारें अजीब लग रही थीं।

एक दीवार पूरी तरह से शीशे से ढकी हुई थी जो कुछ ठीक-ठाक दिख रही थी। फर्श एक बड़े घेरे में व्यवस्थित रंग-बिरंगे मैट्स से ढका हुआ था।

"हम्म... इतना भी बुरा नहीं," कुन्दन कुछ बेहतर महसूस करने लगा था।

जैसे ही कुन्दन ने दाईं ओर दिख रहे कमरे में प्रवेश करने के बारे में सोचा, यह देखने के लिए कि कहीं कोई है भी या नहीं, कि तभी एक काफ़ी आकर्षक दिखने वाली युवती ने हॉल में प्रवेश किया।

वह कुन्दन को पूरे हॉल से ज़्यादा दिलचस्प लगी। वह उसे घूरते रहने से खुद को रोक नहीं पाया।

"हाय, मैं जैस्मीन हूँ, सर ऑफिस में होंगे," उसने उसी दाईं ओर के कमरे की तरफ इशारा किया।

कुन्दन ने कमरे में प्रवेश किया। कुछ क्षण औपचारिक पहचान का सिलसिला चला।

"कुन्दन! वास्तव में उत्कृष्ट नाम है तुम्हारा। अच्छा, बताओ, क्यों ज्वाइन करना चाहते हो ये क्लासेज़?" प्रभावपूर्ण लहज़े में प्रश्न आया।

यह तय करना कठिन था कि आवाज़ अधिक ज़ोरदार थी या चेहरा। एक पूरा पैकेज, बॉस! उस आदमी में कुछ तो था।

कुन्दन उन्हें उस किशोर की तरह देख रहा था, जिसे अपनी जीवविज्ञान की शिक्षिका पर क्रश हो गया था। लेकिन उसका ईर्ष्यालु, बचकाना मन कुछ मीटर दूर खड़े उस इनसान के व्यक्तित्व में कुछ खामियाँ खोजने की भी कोशिश कर रहा था।

जो बात उसके दिमाग को परेशान कर रही थी, वह यह कि उसे उस व्यक्ति की कोई तुलनात्मक छवि नहीं मिल रही थी, जिसे वह अपने सामने देख रहा था। उसके दिमाग के चलचित्र पर कई चेहरे चल रहे थे, जैसे कि चालीस की उम्र के एक आकर्षक, गठीले, चुस्त-दुरुस्त शरीर लिये एक फुटबॉल कोच, चेहरे पर तेज़ के साथ एक प्राचीन ऋषि, गांधार की एक दर्शनीय मूर्ति या जॉर्ज क्लूनी...!

न यार! आखिरकार उसके दिमाग को एहसास हो ही गया, जो उसका हृदय लम्बे समय से कह रहा था—इस आदमी की किसी और के साथ समानता हो ही नहीं सकती। जैसे वह हैं, उन्हें अपनी स्मृति में हूबहू वैसा ही बसाया जाना चाहिए। कुन्दन की नज़र उनके चेहरे पर ठहर सी गई।

वह प्रभावशाली आवाज़, स्पीड ब्रेकर की तरह उसके खयालों को रोकते हुए, एक बार फिर गूँजी, "क्या मुझे अपना प्रश्न दोहराने की ज़रूरत है?"

"उम्म... फिटनेस... मेरा मतलब है, बॉडी फिटनेस के लिए।' कुन्दन ने अपनी विचार-श्रृंखला से बाहर आते हुए जवाब दिया।

"ठीक, पर मैं कहूँगा, 'फिटनेस' बेहतर जवाब था।"

"कुन्दन, क्या तुम इन क्लासेज़ के बारे में कुछ और भी जानते हो?" आवाज़ पहले की तरह ही गहरी और करिश्माई थी।

"जी नहीं... सर," कुन्दन ने 'सर' सम्बोधन की उपयुक्तता को तौलते हुए उत्तर दिया।

"कुन्दन, तुम मुझे सिर्फ 'शिखर' कह सकते हो। जैस्मीन पाठ्यक्रम के बारे में तुम्हें पूरी जानकारी देगी। तो कल सुबह साढ़े छह मिलते हैं।"

कुन्दन अब सुनहरे बालों और हल्की नीली आँखों वाली उस खूबसूरत स्त्री के सामने था।

जैस्मीन पाठ्यक्रम का विवरण बता रही थी। लेकिन कुन्दन उसे देख-देखकर अपनी आँखें सेंकने में व्यस्त था। और इसी चक्कर में वह जैस्मीन द्वारा दी गई जानकारी को काफ़ी हद तक नज़रअन्दाज़ कर चुका था। अन्त में, उसने कुन्दन को अभी-अभी शुरू हुए बैच में रजिस्ट्रेशन करने के लिए कहा।

बाहर जाते समय कुन्दन की नज़रें, अहाना की तलाश में अपने आप उठ गईं। उन नज़रों ने एक सेकंड के लिए अहाना को देखा और फिर सीढ़ियों से नीचे उतरने में उसकी मदद करने लगीं।

## दिन : जिसने एक सवाल पूछा

"गुड मॉर्निंग, सर!" कुन्दन ने कमरे में घुसते हुए, जहाँ शिखर क्लास ले रहे थे, कहा। उसने अपनी घड़ी की ओर देखा, सुबह के छह बजकर पैंतीस मिनट हो रहे थे।

कमरे में प्रवेश करते समय कुन्दन ने वहाँ मौज़ूद चेहरों को उड़ती नज़र से देखा, शायद अहाना की तलाश में। एक पल के लिए दोनों की नज़रें मिलीं, इससे पहले कि वे एक दूसरे की आँखों में उठते भावों को महसूस कर पाते, आवाज़ सुनाई दी—

"आओ कुन्दन, बैठो। हमने अभी-अभी शुरुआत की है!" फिर शिखर ने अपनी नज़र कमरे में पहले से उपस्थित लोगों की ओर की, "जैसाकि हम जानते हैं, आज से कुन्दन भी हमारे साथ होंगे, तो आइए, क्यों न हम सब अपने-अपने बारे में बताएँ और यह भी कि आप यहाँ क्यों हैं। चूँकि कुन्दन देर से आए हैं, इसलिए सज़ा के तौर पर हम कुन्दन से शुरू करते हैं।"

'यह क्या मूर्खता है? क्या मैं कोई स्कूल की क्लास में हूँ? न जाने क्यों मैं इस बकवास में शामिल हो गया?' कुन्दन सोचने लगा, जब तक उसने अपना नाम फिर से नहीं सुना।

"मैं कुन्दन, एमबीबीएस तृतीय वर्ष का छात्र हूँ। मेरे एक दोस्त की वजह से मैं यहाँ हूँ," ग्रे रीबॉक स्वेटर और लेवाइस के कार्गो में कुन्दन के चेहरे पर झुँझलाहट स्पष्ट थी। लेकिन उसने काफ़ी हद तक शान्त स्वर में उत्तर दिया।

"मैं रेयान हूँ, एमबीए। आपकी टैगलाइन, 'बी अवेयर एंड सी द मिरेकल' ने मुझे इन सत्रों में शामिल होने के लिए सम्मोहित किया। मैं यहाँ उस चमत्कार का अनुभव करने के लिए हूँ," बड़े करीने से, आवश्यक स्थिरता के साथ, सोचे-समझे

तरीके से उसने कहा। उसने कुन्दन को पॉवर पॉइंट प्रस्तुति देने वाले किसी व्यक्ति की याद दिला दी। उसने ट्रैक सूट पहन रखा था जिसे हाल ही में एक ऑनलाइन स्टोर से खरीदा गया था। कोई भी उसके अजीबोगरीब लुक के साथ डिओडरेंट की अच्छी खुशबू से, उसके सात अंकों के वार्षिक पैकेज की श्रेष्ठता के आत्मविश्वास का अनुमान लगा सकता है।

"मैं ध्रुव हूँ, और मैंने अभी-अभी अपनी कंप्यूटर इंजीनियरिंग पूरी की है। किसी ने मुझसे कहा कि ये क्लासेज़ मेरी कमियों को दूर करने में मेरी मदद कर सकती हैं—जैसेकि मेरा संवेदनशील स्वभाव, धूम्रपान की आदत और गुस्से की समस्या। इसके अलावा, मैं अपना कुछ वज़न भी बढ़ाना चाहता हूँ," सिल्वर के पतले फ्रेम वाले चश्मे से देखते हुए, उस फ्रेम से भी पतले ध्रुव ने कहा। उसने कैज़ुअल रीबॉक पहनी थी। लेकिन कुल मिला-जुलाकर वह किसी कंप्यूटर प्रोग्राम की तरह ही नीरस दिख रहा था।

"नमस्कार, मैं मौली हूँ—पेशे से एक डॉक्टर, स्त्री-रोग विशेषज्ञ। मैंने यहाँ के बारे में लोगों के अनुभवों की अद्भुत कहानियाँ सुनी हैं। मैंने अब तक इंटरनेट सहित विभिन्न स्त्रोतों से योग सीखा है, लेकिन मैं योग के बारे में और जानना चाहती हूँ। जब भी मैं इसका अभ्यास करती हूँ तो इससे मुझे शान्ति मिलती है," सफेद कुर्ती और नारंगी-पीले रंगों की बहुरंगी सलवार में मनमोहक छवि वाली मौली ने थोड़ी श्रेष्ठता के स्वर में कहा। फिगर कुछ हद तक 'मैं हूँ न' की सुष्मिता सेन से मिलता-जुलता था, और भूरे काले बालों के बीच कहीं-कहीं एक-दो चाँदी से चमकते सफेद बाल मौली की परिपक्वता दर्शा रहे थे।

"मैं अहाना, बीए सेकेंड ईयर में पढ़ रही हूँ। मेरी एक प्रोफेसर ने बहुत पहले आपकी कक्षाओं में भाग लिया था। उन्होंने मुझे बताया कि उसके बाद जीवन के प्रति उनका दृष्टिकोण बदल गया। मुझे स्कूल के दिनों से ही अपने स्वयं के बारे में जानने में दिलचस्पी रही है। यह मुझे आकर्षित करता है, पता नहीं क्यों? मैंने अपनी जिज्ञासाओं का उत्तर पाने के लिए, दो साल पहले 'भगवद्गीता' भी पढ़ी थी," ढीली सफेद शर्ट और फॉन रंग के पाजामे में अहाना काफ़ी हद तक पड़ोस में रहने वाली एक आम लड़की लग रही थी, जिसकी ढीली शर्ट सभी को और अधिक जिज्ञासु बना उनका ध्यान अपनी ओर आकर्षित करने की क्षमता रखती थी। उसके साधारण से दिखने वाले चेहरे पर छोटी मगर गहरी काली आँखें चमक रही थीं; कमर तक की लम्बाई के बाल पोनीटेल में थे। इस आम सी दिखने वाली

लड़की में कुछ तो था जो उसे करिश्माई चित्रित करता था। क्या सादगी में कभी इतनी सम्मोहक सुन्दरता हो सकती है?

"हाय दोस्तो, मैं आपकी योग प्रशिक्षक, जैस्मीन।" लगभग अट्ठाइस-तीस की उम्र वाली जैस्मीन अपने बेहतरीन सुडौल शरीर के ऊपर, सभ्य लेकिन उत्तेजक पोशाक में थी, जो किसी भी किशोर लड़की के अन्दर ईर्ष्या जगा सकती थी। नीली आँखों और सुनहरे बालों ने उसे हनी सिंह के हिट 'ब्लू आइज़, हिप्नोटाइज़' के लिए एक आदर्श लड़की बना दिया था।

जैस्मीन पर नज़र गड़ाए कुन्दन के कानों में शिखर के शब्द पड़े, "बढ़िया! तो चलो, आगे बढ़ते हैं। दोस्तो, यहाँ हम केवल एक ही नियम का पालन करते हैं, और वह है—'खुद के प्रति ईमानदार रहना'। यह क्लास आपके लिए है। इसलिए, जितना हो सके, उतना लाभ प्राप्त करने का प्रयास करें।"

"हम कोशिश करेंगे सर," रेयान बोला।

"एक बात और मैं यहाँ बताना चाहूँगा। आपको ये क्लासेज़, पहले की हुई अन्य क्लासेज़ से थोड़ी अलग लग सकती हैं। आपको यह उबाऊ लग सकती हैं और कभी-कभी नीरस। कुछ बातें दोबारा आ सकती हैं, क्योंकि सत्य एक है और सब कुछ उससे जुड़ा है; या कभी यह काफ़ी जटिल लग सकती है," पता नहीं, शिखर ने समझाया या धमकाया।

"चूँकि हम कंप्यूटर नहीं सीखने जा रहे हैं, बल्कि हम जा रहे हैं अपने बारे में जानने, जिसने कंप्यूटर का आविष्कार किया," जैस्मीन ने अपनी खनकती आवाज़ में टिप्पणी की।

"चिन्ता न करें, मुझे चुनौतियाँ पसन्द हैं," कुन्दन के स्वर में अहंकार की बू आ रही थी।

"उत्तम!" शिखर ने कुन्दन के बचकाने रवैये पर उसे मुस्कराते हुए देखा, और आरम्भ किया, "चलो दोस्तो, एक सवाल से शुरू करते हैं। यह पता लगाने की कोशिश करते हैं कि हम अपने जीवन से चाहते क्या हैं? हर इनसान अपने जीवन में कुछ न कुछ हासिल करना चाहता है। क्या कभी आपमें से किसी ने अपनी प्राथमिकताओं की लिस्ट तैयार की है?" शिखर ने पूछा।

"पैसा, रुपया और समृद्धि," रेयान ने कहा।

मौली ने कहा, "अच्छा स्वास्थ्य।"

"मुझे लगता है कि खुशहाल परिवार," अहाना ने कहा।

"कैरियर में एक ऊँचा स्थान," कुन्दन ने उदासीनता भरे लहज़े में कहा।

ध्रुव ने कहा, "समाज में एक सम्मानजनक स्थिति।"

रेयान ने आगे कहा, "विला, अपार्टमेंट या फ्लैट।"

"और उसमें सजे खूबसूरत असबाब," मौली ने कहा।

"बाइक या कार, जैसे जैगुआर," कुन्दन की आँखों में अचानक क्षण भर को एक चमक आ गई थी।

"शारीरिक आराम के संसाधन," जैस्मीन बोली।

और हर कोई उन विकल्पों के साथ सामने आया जो उनके दिमाग में थे।

"विकल्प अन्तहीन हो सकते हैं, लेकिन हमें ये सब क्यों चाहिए?" शिखर ने उन सभी को ध्यान से सुनने के बाद पूछा।

"सर, यह स्पष्ट है, मुझे धन और समृद्धि चाहिए, क्योंकि मुझे यह चाहिए। सीधे शब्दों में कहें, मुझे यह पसन्द है। हम सभी एक सुखी परिवार, उच्च पद, एक विला और एक जैगुआर चाहते हैं," रेयान व्यंग्यात्मक लग रहा था।

"लेकिन क्यों...? हम यह सब क्यों चाहते हैं? अपनी लिस्ट के किसी भी विकल्प के बारे में सोचो," शिखर ने स्थिर स्वर में कहा।

ऊपरी तौर पर प्रश्न सरल लग रहा था, लेकिन अगले ही पल यह कुछ गूढ़ दिखाई दिया। हॉल में सन्नाटा छा गया, मानो क्लास में कोई मौज़ूद ही न हो!

'बात में दम तो है। हम जीवन के सभी क्षेत्रों में प्रगति कर रहे हैं; सुबह से देर रात तक खुद को व्यस्त रखते हैं, क्योंकि अभी हमें बहुत कुछ हासिल करना है। हम इतना व्यस्त रहते हैं सब कुछ हासिल करने में कि हमारा ध्यान कभी इस बात पर गया ही नहीं—हम यह सब चाहते क्यों हैं,' कुन्दन सोचने लगा था।

अहाना की कोमल आवाज़ ने सन्नाटा तोड़ा, "मुझे लगता है, यह सब हम अपनी खुशी के लिए चाहते हैं।"

"बिलकुल अहाना। अरस्तू ने लगभग चौबीस सौ साल पहले कहा था—'खुशी या कहा जाए, सुख जीवन का अर्थ एवं प्रयोजन है, मानव अस्तित्व का सम्पूर्ण उद्देश्य और अन्त है,'" जैस्मीन ने मुस्कराते हुए कहा।

"आज पहली बार मुझे यह अहसास हो रहा है कि यह हमारे जीवन का महत्त्वपूर्ण और व्यावहारिक प्रश्न है कि आख़िर हम अपने जीवन में क्या चाहते हैं?" मौली ने कहा।

शिखर ने तब कहा, "तो हम कह सकते हैं कि हम जो चाहते हैं, वह है

खुशी—असीमित और अनन्त; और इसलिए, हम इसे प्राप्त करने के लिए अपने सभी प्रयास करते हैं।"

"लेकिन हकीकत क्या है? क्या हम वाकई खुश हैं?" मौली ने पूछा।

"हमारी हर कोशिश के बावजूद, वास्तविकता यह है कि हम 'कोलावेरी डी' पर डांस कर रहे हैं," कुन्दन ने अपने बैंडेज बँधे हाथ को देखा, "पल-पल हम महसूस करते हैं कोलावेरी, भयानक गुस्सा और गहरा दर्द," कुन्दन कहता रहा, जैसेकि वह अहाना को बताना चाहता था कि उस रात के बाद वह किस दौर से गुज़रा। पिछले कुछ हफ्तों में उसने कितना कुछ झेला है।

शिखर ने यह समझने के लिए कुन्दन की ओर देखा कि वह क्या कहने की कोशिश कर रहा है और आगे कहा, "हाँ, कुन्दन, हम सभी हमेशा के लिए अन्तहीन खुशी की स्थिति में रहना चाहते हैं, लेकिन हम अक्सर बदले में महसूस करते हैं—दुख और दर्द।"

"ए. आर. रहमान ने भी अपने एक गीत में यही सवाल किया था, 'क्राय क्राय, इतना क्राय करते हैं काहे को, इतना डरते हैं काहे को, पल पल मरते काहे को..?'" जैस्मीन को ध्यान आया।

यह सब सुनकर ध्रुव ने कहा, "अपने स्कूल के दिनों में, हम सब परीक्षा की तैयारी करना और अच्छे अंक लाना सीखते हैं, लेकिन कितना अच्छा होता अगर हम बचपन में यह भी सीख सकते कि कैसे हम चिरस्थायी खुशी पा सकते हैं!"

शिखर ने ध्रुव को जवाब दिया, "हाँ, तुम सही हो और यह न जानने के कारण, हम जो चाहते हैं और जो हम वास्तव में अनुभव करते हैं, दोनों में काफ़ी अन्तर है।"

"हाँ, हम पाना चाहते हैं खुशी या सुख, लेकिन वास्तव में पाते हैं दर्द और गुस्सा!" कुन्दन ने दोहराया।

शिखर ने आगे कहा, "दोस्तो, क्या आपमें से किसी ने 'ओम शान्ति ओम' मूवी देखी है जिसमें चरित्र 'ओम' कहता है, 'कहते हैं कि अगर किसी चीज़ को दिल से चाहो तो पूरी कायनात उसे तुमसे मिलाने की कोशिश में लग जाती है?' इसलिए, यदि आप सुख चाहते हैं, तो कायनात या ब्रह्मांड इसे प्राप्त करने में आपकी मदद करने के लिए अपना पूरा प्रयास करना शुरू कर देगा।"

"यह वास्तव में तो व्यावहारिक नहीं लगता, यहाँ तक कि हास्यास्पद लगता है। मैंने भी 'अल्केमिस्ट' किताब पढ़ी है। उसका प्रसिद्ध उद्धरण ऐसा ही कुछ कहता है कि जब आप कुछ चाहते हैं, तो पूरा ब्रह्मांड उसे हासिल करने में आपकी मदद

करने की साजिश रचता है," रेयान ने अपना मत दिया।

"दरअसल, यह कुछ ज़्यादा ही आसान और साधारण लग रहा है और अगर हम इसे सच मान भी लें, तो खुशी हासिल करना इतना मुश्किल क्यों है?" ध्रुव ने शान्त चेहरे से पूछा।

शिखर बोर्ड की ओर बढ़े और कहा, "तुमने अभी कुछ देर पहले ही तो कहा था ध्रुव, कि हमने कभी सीखा ही नहीं, इस संसार में रहते हुए खुशी का अनुभव कैसे किया जाए। आओ, आज कोशिश करते हैं। इसके लिए हमें इन तीन आधारभूत बातों को समझने की आवश्यकता है—

पहला—मैं कौन (हमारा सच्चा स्व),

दूसरा—कायनात (ब्रह्मांड, हमारे आसपास का संसार),

तीसरा—इनके बीच का कनेक्शन (सम्बन्ध)।"

मौली समझने की कोशिश कर रही थी, "बात तो सही लग रही है। पर क्या आप इसे थोड़ा और स्पष्ट कर सकते हैं?"

"मुझे सुख चाहिए लेकिन बदले में दुख का अनुभव होता है, क्योंकि मुझे 'मेरे स्व', 'कायनात' और 'उनके बीच के कनेक्शन या सम्बन्ध' के बारे में सही जानकारी नहीं है। दूसरे शब्दों में, हमारे जीवन में 'ओम शान्ति ओम' या 'अल्केमिस्ट' की उपरोक्त बात सही या अनुकूल ढंग से काम करे, इसके लिए सबसे महत्त्वपूर्ण बात यह है कि हमें 'मैं', 'कायनात'—इनके बीच के 'सम्बन्ध' और यह सम्बन्ध किस तरह काम करता है, इसकी सही जानकारी, ज्ञान या बोध होना चाहिए। इस जानकारी की कमी के कारण ही हम इस कनेक्शन को वाजिब तरीके से संचालित व नियंत्रित नहीं कर पाते और इस तरह, हम जो चाहते हैं 'असीमित खुशी', वह प्राप्त करने में सक्षम नहीं हैं," शिखर क्लिष्ट होकर भी स्पष्ट थे।

जैस्मीन भी कुछ कम न थी, "हमें जो ज्ञान मिलता है, वह हमारी समझ का निर्माण करता है। समझ से जागरूकता आती है। जागरूक होने के बाद हमारे सोचने के तरीके, हमारे दृष्टिकोण, व्यवहार के साथ साथ हमारा व्यक्तित्व सहित सब कुछ बदलना शुरू हो जाता है। सबसे पहले जीवन के बारे में हमारी दृष्टि और धारणा बदल जाती है, जो बदले में हमारे आसपास की भौतिक दुनिया को बदल देती है। यहाँ अगर मैं अपनी बात कहूँ, तो मेरे सवालों के जवाब पाने से पहले मुझे ऐसा लगता, जैसे मैं एक बन्द, अँधेरे और घुटन भरे कमरे में थी, उसकी हदें और अँधेरा ही मुझे हकीकत प्रतीत होता था। जब सच्चाई का भान हुआ और जागरूकता का

दरवाज़ा खुला, प्रकाश से भरा एक सुन्दर, असीमित संसार मुझे दिखाई दिया।"

शिखर—"बिलकुल जैस्मीन, मात्र सत्य को जानने व अहसास करने की आवश्यकता है। कभी-कभी मात्र एक क्षण चाहिए होता है, इस अनुभव के लिए।"

कुन्दन—"कुछ-कुछ जीवन के टर्निंग पॉइंट जैसा!"

रेयान—"बी अवेयर एंड सी द मिरेकल..."

जैस्मीन ने महावीर को उद्धृत करते हुए कहा—"'सभी मनुष्य अपनी अज्ञानता के कारण दुखी हैं और उचित ज्ञान प्राप्त करके वे खुश रह सकते हैं'।"

शिखर—"बिलकुल, तो क्या हम सभी अपने खुद के बारे में, इस संसार और दोनों के बीच सम्बन्ध को जानने की यात्रा शुरू करने के लिए तैयार हैं?"

खुशी की तलाश करने के लिए मनुष्य की निर्विवाद इच्छा प्रकट करती हुई, 'हाँ सर, हम तैयार हैं' की सर्वसम्मत ध्वनि गूँज उठी।

"यह पहला दिन है, इसलिए मुझे लगता है कि इससे आगे कल जारी रखना बेहतर होगा। आइए, योग की एक झलक लेते हैं, जो आपको इस नये मार्ग को आत्मसात करने के लिए तैयार करेगी," शिखर ने आज की क्लास समाप्त की।

कुछ देर बाद सभी मद्धिम वाद्य संगीत की सुरीली धुन वाले योग हॉल में मौजूद थे। संगीत सुकून देने वाला था। उनमें से अधिकांश पहली बार योगा मैट को महसूस कर रहे थे। योग हॉल के प्रति उनके भाव में विविधता थी, जैसे एक किशोर को अपना पहला मोबाइल फोन पिता से मिला हो! किसी महानगर के युवक ने पहली बार किसी ऐसे गाँव में प्रवेश किया, जहाँ उसने कालीन के स्थान पर हरी घास का मैदान देखा हो या एक यूरोपियन ने पहली बार लस्सी चखी हो!

"मैं शब्दों के बीच में कुछ देर का अन्तराल लिया करूँगी। निर्देशों का पालन करने के अलावा, मेरे शब्दों को देखने और महसूस करने के लिए समय का उपयोग करें; क्योंकि दृश्य और भावनाएँ इस अभ्यास को प्रभावी बनाएँगे। आप चाहें तो अपनी आँखें बन्द कर सकते हैं। अब हम दो मिनट शान्त बैठेंगे।"

जैस्मीन की आवाज़ का ऐसा असर हुआ कि हॉल बिलकुल शान्त हो गया। वह शान्त आवाज़ एक बार फिर गूँजी, "एक व्यक्ति के रूप में आप जीवन में क्या चाहते हैं, इसकी खोज करें। उन्हें अपनी प्राथमिकताओं के रूप में सूचीबद्ध करें...। यह सूची केवल आपके लिए है। मूल्यांकन करें कि आप क्या चाहते थे और आपको क्या मिला...।"

कुन्दन बहुत दिनों बाद कॉलेज में था।

हर किसी के अपने प्रति सहानुभूति भरे रवैये से वह तंग आ गया था। वे उसके साथ मित्रवत् थे, लेकिन फिर भी पहले मैच की हार का क्रोध और आक्रोश उनकी आँखों में साफ झलक रहा था।

कुन्दन अकेला रहना चाहता था, इसलिए वह सुबह लेक्चर थियेटर की आखिरी पंक्ति में बैठ गया। दोपहर बारह से एक बजे भी, कैंटीन में अपने दोस्तों का सामना करने की तुलना में, लेक्चर में उपस्थित होना उसने बेहतर समझा। उसका हाथ दुख रहा था। टाइम पास के लिए हमेशा के विपरीत आज वह अपनी नोटबुक पर डूडल कर मज़ाकिया चेहरे बना अपनी रचनात्मक क्षमता भी नहीं दिखा सकता था, न ही बेंच पर नग्न लड़कियों के अश्लील चित्र बनाने की विशेषज्ञता। आज फोन पर मैसेज टाइप करने में भी वह सहज महसूस नहीं कर रहा था। एचआईवी पर लेक्चर सुनने के अलावा और कोई रास्ता नहीं था उसके पास। लेक्चर का समापन 'इलाज से बेहतर है बचाव' नोट के साथ हुआ। कुन्दन को पहली बार लगा कि लंच से पहले के लेक्चर में शामिल होना इतना भी बुरा विकल्प नहीं है।

शाम उसने अपने कमरे में बिताई। वह अब अपना हाथ थोड़ा हिला सकता था, लेकिन वह यह नहीं समझ पा रहा था कि कोच या खिलाड़ियों का सामना कैसे करे। इसलिए उसने खुद को कमरे में कैद कर लिया और उस दिन कॉलेज में जो कुछ भी पढ़ा था, उसे दोहरा लिया। पूरे कॉलेज की सवालिया निगाहों से बचने का यही एकमात्र तरीका था।

कुछ घंटे ही बाद वासू की गहरी नींद में डूबी साँसों की आवाज़ अँधेरे सन्नाटे में गूँज रही थी—मात्र कमरे के पूर्वी कोने को छोड़कर, जो एक टेबल लैंप से रौशन था।

कुन्दन अपनी डायरी लिख रहा था—'बहुत दिनों बाद बात कर रहा हूँ न? शायद एक सप्ताह से अधिक। इस बात का बहुत दुख है मुझे डार्लिंग! पूरी तरह से बेसुध, बदहाल और बदहवास दिन थे वे, जीवन में पहली बार। 'अहाना एपिसोड' जानती हो न तुम?

'आज मैं बेहतर महसूस कर रहा हूँ, और देखो, मैं यहाँ हूँ।'

लिखावट बेहद बुरी थी। कुन्दन बायें हाथ से लिख रहा था। दाहिने हाथ का दर्द उसे अपनी डायरी के साथ बातें करने से नहीं रोक सका।

'कुन्दन, लिखावट की फिक्र मत करो। मैं तुम्हें देखकर खुश हूँ,' डायरी इतने दिनों के बाद कुन्दन के शब्द पाकर झूम उठी थी।

'आज कुछ ज़्यादा दिलचस्प नहीं हुआ। शाम वासू और उसके उबाऊ चुटकुलों ने बर्बाद की। लेकिन हाँ, आज की सबसे बड़ी बात कि मैं बहुत दिनों के बाद लेक्चर्स के लिए गया। और एक बात और, मैं आज सुबह, इरफ़ान के कहने पर, एक अलग सी क्लास में गया था। वह थोड़ी अजीब और धीमी थी लेकिन एक बात मैंने नोटिस की कि मैं उस जगह पर बेहतर महसूस कर रहा था, शायद अहाना की वजह से? पता नहीं।

'आज पहली बार मैंने महसूस किया कि सब कुछ हासिल करने की दौड़ में मैं उस मुकाम पर पहुँच गया जहाँ मुझे केवल दर्द, पीड़ा और खोखलापन मिला। कहीं न कहीं मैंने अपने जीवन को जीने का असली मज़ा, अपने जीवन का मूल उद्‌देश्य ही खो दिया है। विडम्बना यह है कि मैंने जीवन का आनन्द लेने के लिए हर सम्भव प्रयास किया—चाहे धूम्रपान, शराब... यहाँ तक कि लड़कियाँ भी। हर हद पार कर दी, लेकिन वास्तविक खुशी पाने में शायद मैं असफल रहा। सुबह की क्लास में इस साधारण प्रतीत होते पर बेहद मौलिक विषय को छुआ गया था। उनके अनुसार, मैं असफल हो गया क्योंकि मुझे अपने वास्तविक स्व, संसार व स्वयं और संसार के बीच सम्बन्ध के बारे में सही जानकारी नहीं है।

'मुझे ज़्यादा तो समझ नहीं आया, लेकिन मैं अगली क्लास का इन्तज़ार कर रहा हूँ कि देखूँ, वे ज़िन्दगी की कौन सी पहेली सुलझाना चाहते हैं। ठीक है तो, गुड नाइट डियर! जानती हो न कि यह क्लास मेरे रुटीन क्लास से पहले है इसलिए मुझे सुबह जल्दी उठना है।'

कुन्दन ने अपनी डायरी बन्द कर दी।

# कायनात

कुन्दन ने हॉल में प्रवेश किया। कुन्दन और हॉल, दोनों ने एक दूसरे का अभिवादन स्वीकार किया। कुन्दन कमरे में पहुँचा, जहाँ क्लास होने वाली थी। लेकिन शिखर वहाँ नहीं थे। कुन्दन की नज़र अपनी फास्ट ट्रैक पर पड़ी, जो सुबह के छह बजकर पच्चीस मिनट दिखा रही थी। वह समय से कुछ पहले पहुँच गया था। वह उसी कुर्सी पर बैठ गया, जहाँ कल था। उसके दोनों ओर की कुर्सियों पर कल मौली और ध्रुव बैठे थे। ध्रुव के बगल में बैठे हुए रेयान, अहाना और जैस्मीन—शिखर की कुर्सी के सामने वाली मेज के चारों ओर—एक आधे चाँद की सी संरचना बना रहे थे। शिखर की घूमने वाली कुर्सी के पीछे की दीवार पर लगी पेंटिंग भव्य लग रही थी। धवल बर्फ से ढकी चोटियों वाली काले रंग की पर्वत-श्रृंखला के साथ गहरा नीला आसमान इसे खूबसूरत कंट्रास्ट दे रहा था। अन्त में कुन्दन की निगाह माटी के दीये की लौ पर अटक गई, जो शिखर की बाईं ओर कोने की मेज पर विराजमान था। उससे आती सोंधी खुशबू बता रही थी कि इसे हाल ही में प्रज्वलित किया गया था।

कुन्दन लौ की चमक में कुछ ढूँढ़ता सा लगा, जब उसने सुना, "गुड मॉर्निंग, कुन्दन!"

कुछ समय बाद शिखर ने शुरुआत की, "क्या हम आज संसार, ब्रह्मांड या कायनात से शुरुआत करें? स्व के विषय में इसके बाद बात करते हैं। मुझे लगता है, संसार या कायनात पर पहले बात करना बेहतर होगा।"

"हाँ, सर, हमें अपने आपसे ज़्यादा बाहरी दुनिया को देखने की आदत जो है!" रेयान सहमत था।

"ठीक है, आओ, शुरू करते हैं। संसार को जानने के लिए हम अपने आसपास

देख सकते हैं। दो ही तरह की चीज़ें हैं—एक, भौतिक चीज़ें या पदार्थ, जिन्हें हम देख और छू सकते हैं; जो साकार और मूर्त हैं, स्पर्श योग्य हैं, जैसे..." शिखर क्षण भर को रुके।

"जैसे ये कुर्सियाँ, जिन पर हम बैठे हैं। यह प्याला, जिसमें स्वादिष्ट लेमन ग्रास चाय है," मौली ने वाक्य पूरा किया।

"पौधे और जानवर," अहाना बोली।

"हमारा शरीर, मस्तिष्क, आँख और कान, जिसके माध्यम से हम सुन रहे हैं, साकार और मूर्त हैं। क्यों, हैं कि नहीं?" शिखर ने पूछा।

"हाँ, सर, क्योंकि हम इन्हें देख और छू सकते हैं," रेयान बोला।

शिखर ने आगे कहा, "और दूसरी तरफ ऐसी चीज़ें हैं जिन्हें हम देख और छू तो नहीं सकते, लेकिन हम उनकी उपस्थिति को महसूस कर सकते हैं और वास्तव में वे मौज़ूद हैं। क्या इसका कोई उदाहरण सोच सकते हो?"

"बिजली का प्रवाह दिखाई नहीं देता, लेकिन यह यहाँ है, हम सभी जानते हैं," ध्रुव ने इंजीनियरिंग पृष्ठभूमि का उपयोग किया।

"हालाँकि इतनी आवाज़ें हैं जिन्हें हम सुन सकते हैं, लेकिन अल्ट्रासाउंड भी है, जो हम सुन नहीं सकते। प्रकाश के साथ भी ऐसा ही है। इसे अन्तरिक्ष में नहीं देखा जा सकता है, लेकिन हम इसे वायुमंडलीय कणों से टकराने पर देखते हैं। पराबैंगनी, एक्स-रे और गामा किरणें नग्न आँखों के लिए अदृश्य हैं। इसी तरह, तापमान को महसूस तो कर सकते हैं, लेकिन देख नहीं सकते," मौली ने भी वैज्ञानिक दृष्टिकोण अपनाया।

"बढ़िया!" शिखर ने ध्रुव एवं मौली की सराहना की, "ये सभी दूसरी श्रेणी 'ऊर्जा' के अन्दर आते हैं। तो हम कह सकते हैं कि ब्रह्मांड 'दृश्य पदार्थ' एवं 'अदृश्य ऊर्जा' का मेल है।"

"याद है, भौतिक विज्ञान में हमने द्रव्य या पदार्थ की मूल रचना पढ़ी थी?" शिखर मुड़कर सबकी तरफ मुखातिब हुए।

"हाँ, सर, हर पदार्थ बहुत सारे अणुओं से मिलकर बना होता है। एक अणु में दो या उससे अधिक परमाणु होते हैं, जो एक दूसरे से विभिन्न रासायनिक बंधनों के माध्यम से जुड़े होते हैं। परमाणु बना होता है उप-परमाणु कण—प्रोटॉन, न्यूट्रॉन और इलेक्ट्रॉन से। धनात्मक आवेशित प्रोटॉन और उदासीन न्यूट्रॉन, उनसे भी छोटे कण, जिन्हें क्वार्क कहते हैं, से बने होते हैं। प्रोटॉन और न्यूट्रॉन एक साथ, एक

मज़बूत बल द्वारा नाभिक, जो परमाणु का केन्द्र है, में एक साथ होते हैं। ये नाभिक चारों ओर चक्कर लगाते ऋणात्मक आवेशित इलेक्ट्रॉनों के एक बादल से घिरा होता है," यह ध्रुव था। इतना विस्तृत जैसे कि वह अपनी परीक्षा में उत्तर लिख रहा हो।

"और, हर गतिमान वस्तु में ऊर्जा होती है," शिखर ने पूछते हुए कहा।

"हाँ, सर, गतिज ऊर्जा, और जिस बल के कारण उप-परमाणु कण, परमाणु और अणु एक दूसरे से बँधे होते हैं, वह है सम्भावित या पोटेंशियल ऊर्जा। हम सभी ने परमाणु ऊर्जा या नाभिकीय ऊर्जा के महत्त्व के बारे सुन ही रखा होगा?" इस पतले-दुबले ध्रुव के पास वास्तव में अपने विषय का भारी भरकम ज्ञान था।

"अब मुझे बताओ कि क्या यह कहना सही होगा कि हर पदार्थ के मूल में ऊर्जा है?" शिखर ने पूछा।

"आपका मतलब है, एक वस्तु जो हमें स्थिर दिख रही है, उसके भी अन्दर ऊर्जा है, क्योंकि इसमें घूमते हुए इलेक्ट्रॉन और न्यूक्लियस में प्रोटॉन और न्यूट्रॉन इकट्ठे बँधे होते हैं?" रेयान के लिए शायद कुछ ज़्यादा हो रहा था।

शिखर ने सिर हिलाकर 'हाँ' में जवाब दिया।

"हाँ, रेयान, ऐसा ही है। अल्बर्ट आइंस्टीन ने कहा था कि ई = एमसी$^2$, यदि हम किसी पदार्थ के द्रव्यमान का प्रकाश के वेग के वर्ग से गुणा करते हैं, तो हम इसके अन्दर निहित ऊर्जा निकाल सकते हैं।" ध्रुव विज्ञान के समुंदर में थोड़ा और गहरे गोता लगाता हुआ प्रतीत हुआ।

"शानदार ध्रुव, तुमने तो मेरा काम काफ़ी आसान कर दिया!" शिखर ने तारीफ की।

"मतलब ब्रह्मांड पदार्थ एवं ऊर्जा का मेल है और हर पदार्थ के अन्दर ऊर्जा निहित है तो इसका अर्थ है कि ब्रह्मांड मात्र ऊर्जा ही है?" कुन्दन आश्चर्यचकित था।

"क्या हम कह सकते हैं कि ब्रह्मांड ऊर्जा का एक गोला है, जिसे ओ३म् के रूप में दर्शाया गया है?" रेयान की आवाज़ में आत्मविश्वास था।

"बिलकुल एक गोला तो नहीं, लेकिन हाँ, ब्रह्मांड ऊर्जा ज़रूर है। लेकिन अब तक हमने ऊर्जा के एक सूक्ष्म रूप की चर्चा नहीं की है, जो भौतिक ऊर्जा से कहीं अधिक महत्त्वपूर्ण है। कोई अनुमान?" शिखर ने कक्षा में उपस्थित सभी लोगों पर एक नज़र डाली।

सभी के चेहरों पर एक उत्सुकता थी।

"ऊर्जा को दो भागों में विभाजित किया जा सकता है—एक है, भौतिक

ऊर्जा—जैसे प्रकाश, तापमान, विद्युत ऊर्जा, साथ ही किसी भी भौतिक वस्तु या द्रव्य के मूल में परमाणु या नाभिकीय ऊर्जा। दूसरी है, चेतन ऊर्जा, जिसके विषय में हम आगे बात करेंगे," शिखर ने स्थिर स्वर में कहा।

कुछ देर बाद वे सभी योग हॉल में थे।

कुन्दन ने लेक्चर्स के लिए जाना जारी रखा। हालाँकि, हाथ में चोट के कारण, नोट्स बनाने की जगह, वह लेक्चर्स सुना करता। इसके चलते वे पहले की अपेक्षा उसे अधिक समझ आ रहे थे। वे विषय जिन्हें बकवास समझकर वह पहले छोड़ दिया करता था, दिलचस्प लग रहे थे।

उसकी शामें हॉस्टल में बीततीं। वह अपनी बास्केटबॉल टीम में शामिल होने खेल के मैदान अब तक नहीं गया; बहाना वही, हाथ की चोट।

'ज़िन्दगी की रफ्तार अजब ही है! कभी एक शाम बितानी मुश्किल लगती है और कभी साल कब बीत गया, पता ही नहीं चलता।' कुन्दन अपने कमरे की खिड़की से गहरे नीले स्याह से आसमान को निहारते हुए सोच रहा था। पूर्णिमा की रात में चाँदी की थाली सा चमकता चाँद बेहद शानदार लग रहा था—उन लाखों लोगों से अनजान, जो उसकी खूबसूरती की तारीफें कर रहे होंगे। बस, अपने में उज्ज्वलित हो चमक रहा था—बिना किसी पक्षपात के सब पर एक सी सुकून भरी चाँदनी का आँचल सा फैलाता हुआ। कुन्दन ने सोचा, 'क्यों कोई व्यक्ति इस तरह नहीं चमक सकता? हम निःस्वार्थ क्यों नहीं हो सकते? बस, हम जो करने में सक्षम हैं, उसमें उत्कृष्टता प्राप्त कर आनन्दित हों और होने दें हमारी उपस्थिति से सभी को लाभान्वित!'

कुन्दन के ज़्यादातर दोस्त मैच प्रैक्टिस के लिए गए थे, जो देर रात तक वापस आते। वासू को हाल ही में एक गर्लफ्रेंड मिली थी, वह उसके साथ व्यस्त था। मेस में यह चर्चा का प्रमुख विषय था कि वासू की गर्लफ्रेंड है, जबकि कुन्दन सिंगल है। अपने पट्टी बँधे हाथ के साथ और पहले की तरह पाठ्येतर गतिविधियों में भाग न लेने से, कुन्दन को उसके दिन वास्तव में लम्बे लग रहे थे। दिन की इस अतिरिक्त लम्बाई का अहसास कर उसने इसे अपने और संसार के बारे में सोचने के लिए उपयोग करना शुरू किया। और, इसीलिए शायद ज़िन्दगी में पहली बार वह चाँद को निहार रहा था।

सोने से ठीक पहले कुन्दन ने अपना ईमेल चेक किया। वहाँ जैस्मीन का भेजा

एक मैसेज था जिसका शीर्षक था—'हैप्पी ड्रीम्स'। कुन्दन ने पढ़ा, समझने की कोशिश की और फिर उसे अपनी डायरी में इस उम्मीद के साथ कॉपी करने लगा, जैसे यह उसके दु:स्वप्नों को सुन्दर, सुखद सपनों में बदल देगा!

'मैं समीकरण चुनता हूँ—मैं + संसार = सुख।

'संसार के साथ मेरी हर अनुभूति सुखद है। इसके लिए मैं समीकरण के हर महीन से महीन हिस्से को—चाहे वह संसार हो, मेरा वास्तविक स्वरूप हो या इनके बीच का कनेक्शन हो, समझने के लिए तैयार हूँ।

'यह सारा संसार दृश्य (पदार्थ) और अदृश्य (ऊर्जा) के मिलने से बना है। पदार्थ में भी ऊर्जा निहित है। ई = एमसी$^2$ द्वारा किसी भी पदार्थ में निहित ऊर्जा मापी जा सकती है; अर्थात् पूरा संसार ऊर्जा है जो दो प्रकार की है—भौतिक ऊर्जा और चेतन ऊर्जा।

> 'सब कुछ ऊर्जा है और बस, इतना ही है। यह दर्शन नहीं है। यह भौतिकी है।[1]
>
> —अल्बर्ट आइंस्टीन

'हम कह सकते हैं कि संसार भौतिक ऊर्जा और चेतन ऊर्जा का मेल है।'

डायरी हैरान-परेशान लग रही थी।

'क्या तुम्हें जैस्मीन के शब्द समझ आ रहे हैं? चिन्ता मत करो डार्लिंग, थोड़ा वक्त लगेगा। मुझे भी धीरे-धीरे ही समझ आ रहा है।'

# मैं कौन हूँ?

कुन्दन समय पर था और जल्द ही कमरा पहले की तरह भर गया। क्लास शुरू हुई :

"सर, मुझे पिछली कक्षा से सम्बन्धित कुछ पूछना है," रेयान ने कहा।

"हाँ, रेयान, बताओ," शिखर ने कहा।

"ब्रह्मांड बना कैसे सर? मतलब इसकी शुरुआत कब और कैसे हुई होगी?" रेयान का सवाल था।

"अच्छा सवाल है रेयान। क्या हम इसे थोड़ी देर बाद छुएँ? आज पहले हम स्वयं के बारे में बात करें?" शिखर ने विषय बदलते हुए पूछा।

"ज़रूर सर।" रेयान का जवाब आया।

"'आया था किस काम को, तू सोया चादर तान; सूरत सँभाल ऐ गाफिल, अपना आप पहचान,'" जैस्मीन ने कबीर को उद्धृत किया।

"हम सभी इस सवाल का जवाब पाने के लिए बेसब्री से इन्तज़ार कर रहे हैं कि हमारा वास्तविक स्व क्या है?" ध्रुव ने अपनी जिज्ञासा प्रकट की।

"और तुम्हें क्या लगता है, हमारा वास्तविक स्व क्या है? हम कौन हैं?" शिखर ने पूछा।

"मुझे नहीं पता सर, इस सवाल का सही जवाब क्या है। लेकिन एक विचार अक्सर मुझे परेशान करता है कि क्या हमारा अस्तित्व जन्म से मृत्यु तक ही है? क्या हम केवल इस सीमित अवधि के लिए हैं? क्या हम मात्र शरीर हैं, जो जन्म लेते हैं, एक दिन मर जाते हैं, और फिर मिट्टी में मिल जाते हैं? अगर नहीं तो हम कौन हैं?" यह मौली थी जिसकी सकारात्मकता अपने वास्तविक स्व की उसकी जिज्ञासु खोज के कारण धुँधलाती नज़र आई।

"हाँ, मौली, यह एक सवाल है जिसका जवाब मानव जाति सदियों से ढूँढ़ रही है कि 'मैं कौन हूँ?' " शिखर ने देखा कि रेयान कुछ कहना चाहता है।

"हम खुद को इनसान, व्यक्ति, मानव, मनुष्य और इंग्लिश भाषा में ह्यूमन बीइंग कहते हैं," रेयान काफ़ी आश्वस्त लग रहा था।

शिखर ने आगे कहा, "बिलकुल रेयान, ह्यूमन बीइंग को ही लेते हैं। ह्यूमन, ह्यूमस से निकला है और बीइंग मतलब जीव, व्यक्ति या प्राणी। ह्यूमस का अर्थ है—मिट्टी, यानी शरीर और बीइंग है उसके अन्दर का प्राणी।"

"मैंने 'भगवद्गीता' पढ़ी है सर। यह कहती है—शरीर नश्वर है, लेकिन शरीर में निवास करने वाला जीव अमर और अतुलनीय है," अहाना ने कहा।

"वह न कभी जन्मा है और न कभी मरता है। वह अजन्मा, शाश्वत, सनातन और पुरातन है। शरीर के मारे जाने पर भी वह नहीं मारा जाता[2]," जैस्मीन ने जोड़ा।

"हम जानते हैं कि हमारे शरीर नश्वर हैं, लेकिन क्या कोई इस शरीर के अन्दर है जो इससे अलग है?" रेयान हैरान दिख रहा था।

"तुम्हें क्या लगता है?" शिखर ने सवाल किया और फिर आगे बढ़ समझाने लगे, "चलो, हम अपनी रोज़ दिन की बातों को देखते हैं। मैंने इसे अपनी आँखों से देखा है। अपने कानों से सुना मैंने यह। मेरे पाँव में चोट लग गई आज। मेरा शरीर दर्द कर रहा है, इत्यादि। हम उसी तरह 'मेरा शरीर' बोलते हैं, जैसे हम 'मेरा मोबाइल फोन' बोलते हैं। मोबाइल फोन मेरा है, पर मैं मोबाइल फोन नहीं। वैसे ही शरीर मेरा है पर मैं शरीर नहीं। फिर मैं कौन हूँ? यह किसका शरीर है? शरीर का उपयोग कौन कर रहा है? कौन है जो आँखों से देख रहा है?"

"आँखें मेरी हैं, मैं आँख नहीं हूँ। और माना कि यह शरीर भी मैं नहीं हूँ। पर क्या हम इसे साबित भी कर सकते हैं कि मैं अपने शरीर से अलग हूँ? क्या कोई वैज्ञानिक प्रमाण भी हैं?" कुन्दन के स्वर में अनिश्चितता थी।

"हाँ, मेरे दोस्त, प्रमाण भी हैं," यह जैस्मीन थी, "कुन्दन, क्या कभी मौत का पास से अनुभव, नियर डेथ एक्सपीरियंस या शरीर के बाहर के अनुभव जिसे आउट ऑफ द बॉडी एक्सपीरियंस कहते हैं, के बारे में पढ़ा है? इसको लेकर दुनिया में कई सारे शोध किये गए हैं। यह अनुभव व्यक्ति को तब होता है जब वह मृत्यु के काफ़ी समीप होता है। उसके दिल, दिमाग और फेफड़े काम करना बन्द करने के कगार पर होते हैं।"

"हाँ, जैस्मीन, हृदय-रोग विशेषज्ञ डॉ. माइकल सबोम[3] ने अपनी पुस्तक 'लाइट

एंड डेथ' में पैम रेनॉल्ड्स नामक एक महिला की मृत्यु के निकट होने वाले अद्भुत अनुभव के बारे में लिखा है। पैम के मस्तिष्क में एक एन्यूरिज़्म था, जिसको हटाने के लिए ऑपरेशन किया गया। एन्यूरिज़्म एक उभार है, जो धमनी की किसी जगह की कमज़ोर दीवार में बनता है। धमनियाँ चैनल हैं, जिसमें रक्त बहता है। यदि एन्यूरिज़्म फट जाता है, तो यह एक मेडिकल इमरजेंसी है। एन्यूरिज़्म को धमनियों में बहने वाले रक्त के साथ ऑपरेट करना बेहद खतरनाक है," यह मौली थी, "तो डॉक्टरों ने पैम के एन्यूरिज़्म को हाइपोथर्मिक कार्डियक अरेस्ट के दौरान ऑपरेट करने का फैसला किया। मुझे पता है कि यह थोड़ा कठिन है, पर मैं इसे बताने की कोशिश करती हूँ। पैम के शरीर का तापमान साठ डिग्री फारेनहाइट तक कम कर दिया गया था—उसकी धड़कन और साँसें रुक गईं, उसके मस्तिष्क की तरंगें शान्त हो गईं और उसके मस्तिष्क की धमनियों को रक्त से खाली कर दिया गया। वह ब्रेन डेथ के सभी स्वीकृत मानदंडों को पूरा कर रही थी। ऑपरेशन द्वारा एन्यूरिज़्म को हटाकर, वापस पैम के शरीर को ठीक कर दिया गया।"

मौली जारी रही, "क्या आप कल्पना कर सकते हैं कि पैम अपनी सर्जरी के दौरान इस्तेमाल किये गए उपकरण और उस अद्वितीय शल्य चिकित्सा की प्रक्रियाओं का हूबहू वर्णन करने में सक्षम थी, जबकि वह उस समय वास्तव में ब्रेन डेड थी। उसने नियर डेथ एक्सपीरियंस के क्लासिक घटकों का वर्णन किया—जैसे कि प्रकाशित सुरंग, चमकदार रोशनी, अपने परिवार के कई मृत सदस्यों सहित एक दूर के रिश्तेदार जिनकी आकस्मिक मृत्यु के बारे में वह अपने ऑपरेशन से पहले अनजान थी," मौली भी क्लिष्ट होने के बावज़ूद काफ़ी हद तक स्पष्ट थी।

कुन्दन कुछ-कुछ अचम्भित था, "अविश्वसनीय! मैंने इसके बारे में कभी नहीं सुना।"

"वस्तुतः, नियर डेथ एक्सपीरियंस यह कहता है कि 'मैं' और 'मेरा शरीर', दोनों अलग हैं," शिखर सहमत थे।

"डॉक्टर लैरी डॉसी के अनुसार," जैस्मीन ने उद्धृत किया, "मृत्यु की तुलना शून्यता के साथ करने की आधुनिक परम्परा छोड़ी जा सकती है, क्योंकि कोई कारण नहीं है कि यह माना जाए कि मानव मृत्यु कायनात में उसकी गुणवत्ता या अस्तित्व नष्ट कर देती हैं।"[4]

"हाँ, खुद को शरीर समझने के कारण, हम अपना पूरा जीवन, मौत के डर के साए में जीते हैं," शिखर ने कहा।

"हम भूल जाते हैं कि जीवन, जीने के लिए है। प्रयोग करने, अनुभव करने और मस्ती करने के लिए है। जीवन जीने की लालसा में हम हर पल मरते हैं," मौली की आवाज़ में भावुकता थी।

"सत्य का यह बोध कि मृत्यु कायनात में हमारे अस्तित्व को समाप्त नहीं कर सकती है, हमें मौत के आतंक से मुक्त कर सकती है," रेयान ने काफ़ी सधे हुए लहज़े में अपना विचार व्यक्त किया।

"मैं अपने एक सहयोगी का अनुभव भी यहाँ साझा करना चाहूँगी," यह पुनः मौली ही थी, "जनवरी की एक सर्द शाम थी। मेरे संस्थान के आपातकालीन ऑपरेशन थियेटर में सर्जरी के बाद मैं नोट्स लिख रही थी। एनेस्थीसिया की डॉक्टर मेरे पास बैठी थीं। हम बात करने लगे। यह पहली बार था जब मैंने नियर डेथ एक्सपीरियंस के बारे में कुछ सुना। लेडी हार्डिंग मेडिकल कॉलेज, दिल्ली में, सीनियर रेज़िडेंट के रूप में काम करते हुए उन एनेस्थेटिस्ट की एक सड़क यातायात में दुर्घटना हुई। वह अपना अनुभव मेरे साथ साझा कर रही थीं, 'वह एक बहुत ही भयावह क्षण था; ज़रा सी भी हलचल मेरे पेट में तेज़ दर्द पैदा कर रही थी। मेरे पति मेरा हाथ पकड़े हुए थे; मुझे चिन्ता थी कि मेरे बाद उनका क्या होगा? फिर, मुझे ऑपरेशन टेबल पर शिफ्ट कर दिया गया। बहुत सारा रक्त बह चुका था। रक्त की कमी के कारण, ब्लड प्रेशर लगातार गिरता जा रहा था। अब मेरे आसपास के चेहरे धुँधले से दिखने लगे, दर्द धीरे-धीरे दूर होने लग गया। कोई घबराहट नहीं थी अब। मुझे शान्ति महसूस हो रही थी। एक सफेद रोशनी थी, यह बहुत अच्छा अनुभव था, मैं इसे शब्दों में बयां नहीं कर सकती।' दोस्तो, इस नियर डेथ एक्सपीरियंस ने मुझे बताया कि मौत के बहुत करीब पहुँच जाने के बाद दर्द की अनुभूति खत्म होने लगती है। मैंने देखा भी है कि मरने के बाद अधिकांशतः मरीज़ों के चेहरे पर दर्द नहीं दिखता। वे बेहद शान्त दिखते हैं, जैसेकि वे सो रहे हों!" मौली के शब्दों में विज्ञान, जीवन के अनुभव और भावुकता का प्रभावशाली सम्मिश्रण था।

"सर, माना कि नियर डेथ एक्सपीरियंस बताता है, 'मैं' और 'मेरा शरीर', दोनों अलग हैं। लेकिन क्या हम यह भी साबित कर सकते हैं कि 'मैं' या 'मेरा अस्तित्व' अमर है?" जैसे ही कुन्दन अपने पहले प्रश्न से सन्तुष्ट हुआ, उसका मन अगले प्रश्न के लिए तैयार था।

"हाँ, कुन्दन, कुछ प्रयोग हैं जो यह कहते हैं कि हमारा अस्तित्व अमर है,

जैसे पूर्व जीवन की स्मृतियों में वापस जाना जिसे पास्ट लाइफ रिग्रेशन कहते हैं," जैस्मीन ने जवाब दिया।

"अब यह क्या है?" रेयान ने पूछा।

जैस्मीन ने आगे बताया, "प्राचीन भारतीय दार्शनिक ऋषि पतंजलि ने बताया था कि कैसे ध्यान के माध्यम से पिछले जन्मों की स्मृतियों को पुनः याद किया जा सकता है। यह ज्ञान बीसवीं शताब्दी की शुरुआत में अल्बर्ट डी रोचास के प्रयास से दोबारा जाना गया।"

"पिछला जन्म? मतलब, पुनर्जन्म? क्या इस सबमें विश्वास वैज्ञानिक है? और, मैं यकीन के साथ कह सकता हूँ कि कुछ समुदाय इस पर विश्वास नहीं करते," कुन्दन ने उखड़े हुए अधीर स्वर में टिप्पणी की।

"पास्ट लाइफ रिग्रेशन प्रयोग पुनर्जन्म प्रमाणित करते हैं। यह कई शोधकर्ताओं द्वारा वैज्ञानिक रूप से सिद्ध किया गया है। डॉक्टर इयान स्टीवेन्सन[5] ने अपने जीवन के चालीस से अधिक वर्ष दुनिया भर के तीन हज़ार से अधिक बच्चों के पूर्व जीवन की यादों के वैज्ञानिक दस्तावेजीकरण के लिए समर्पित किये हैं," जैस्मीन ने धैर्यपूर्वक समझाया।

शिखर ने कहा, "और कुन्दन, अब तुम्हारे प्रश्न के दूसरे हिस्से पर आते हैं। हम जानते हैं कि हर धर्म मानव जाति के लाभ के लिए है। किसी भी धर्म और उसकी शिक्षा का उद्‌देश्य लोगों को मौज़ूदा धर्म और जीवन-शैली की नकारात्मकता से मुक्त होने में मदद करना है। यह माना कुन्दन कि कुछ धर्म हैं जो पुनर्जन्म में विश्वास नहीं करते। लेकिन अगर हम उस विशेष धर्म के विस्तार के समय को नोटिस करते हैं तो हम पाएँगे कि उस समय मौज़ूदा धर्म में कई सामाजिक बुराइयाँ और दोष थे—विशेष रूप से पुनर्जन्म में विश्वास के कारण।"

"हम्म..." कुन्दन बुदबुदाया।

शिखर ने आगे कहा, "कोई पूरी तरह नहीं जानता कि सच क्या है? हमें जो सही लगता है, उसे मानना चाहिए। हमारी अनुभूति सबसे महत्त्वपूर्ण है। यह हमें महान शिक्षक गौतम बुद्ध ने सिखाया था कि किसी भी बात पर सिर्फ इसलिए विश्वास न करें क्योंकि हमने इसके बारे में सुना है या वह कई पीढ़ियों से चली आ रही है। लेकिन अवलोकन और विश्लेषण के बाद यदि उसे हम सही पाते हैं, अपने व सबके लिए अच्छा और लाभदायक पाते हैं, फिर इसे ज़रूर स्वीकार करें और इसके अनुसार जिएँ।"

"क्या हममें से किसी को कभी किसी के साथ पहली बार मिलते ही अपनेपन या आत्मीयता का अनुभव हुआ है? यह महसूस हुआ है कि आप उस व्यक्ति को लम्बे समय से जानते हैं?" जैस्मीन ने पूछा।

"हाँ, मैंने दोनों महसूस किया है। मेरे जीवन में कुछ ऐसे व्यक्ति हैं जिनके साथ पहली मुलाकात के बाद से ही ऐसा रिश्ता बना जो कि कई लड़ाइयों के बावज़ूद नहीं टूट सका। ऐसे भी लोग हैं जिनके साथ मेरे सभी प्रयासों के बाद भी अच्छे सम्बन्ध नहीं बन सके। मैं कभी समझ नहीं पाया कि मेरे साथ ऐसा क्यों होता है," ध्रुव ने साझा किया।

"तुम अकेले नहीं हो मेरे दोस्त। मुझे भी मेरे ब्यूरो के बॉस के साथ एक तरह का प्रतिकर्षण महसूस होता है। वह साला... मैं उसके बारे में बात नहीं करना चाहता। मेरा सारा मूड खराब हो जाएगा," रेयान अपने रोष को नियंत्रित करने की कोशिश कर रहा था।

"पता नहीं, अहाना के बारे में क्या कहा जा सकता है—आत्मीयता या घृणा?" इस विचार के साथ ही सिर झुकाकर बैठे कुन्दन की निगाहें सेकंड भर के लिए अहाना की ओर उठ गईं।

"पास्ट लाइफ रिग्रेशन प्रयोग इस धारणा पर आधारित हैं कि हमारे जीवन की गहरी यादें अगले जीवन में ले जाई जाती हैं," शिखर ने सहमति व्यक्त की।

जैस्मीन ने आगे कहा, "कई लोग कुछ प्रतिभाओं के साथ पैदा होते हैं, कुछ लोग जीवन भर किसी न किसी डर के साथ जीते हैं। किसी पहुँचे हुए विशेषज्ञ की मदद से जब हम पूर्व जीवन और उसकी यादों में वापस जाते हैं, तो हम इस जीवन के भय, मुद्दों या चिन्ताओं के कारण को समझ पाते हैं। यह समझ उन्हें अपने आप विलीन कर देती है। इसे पास्ट लाइफ रिग्रेशन थेरैपी कहते हैं।"

शिखर ने निरन्तरता में कहा, "तो पास्ट लाइफ थेरैपी के पीछे की अवधारणा है कि हमारा वास्तविक स्वरूप काल, स्थान और नश्वरता से परे है। वह अभौतिक, शाश्वत और अमर है। यह वह चेतनता है जो किसी जीव की मृत्यु के समय शरीर छोड़ जाती है। दार्शनिक इसे 'चेतन तत्त्व' भी कहते हैं। हम इसे आत्मा, रूह या चेतन ऊर्जा कह सकते हैं। यह सूक्ष्म, अमर और शाश्वत है।"

"तो क्या हम यह कह सकते हैं, इनसान या ह्यूमन बीइंग, मैं आत्मा यानी चेतन ऊर्जा और शरीर ह्यूमस यानी भौतिक ऊर्जा का मेल है?" ध्रुव ने नोटबुक में लिखते हुए कहा।

"अगर मैं यह कहूँ तो क्या गलत होगा कि चेतन ऊर्जा या आत्मा जो कि अजर, अमर, अविनाशी है; भौतिक ऊर्जा या शरीर, जो नश्वर है, के सम्पर्क में आकर अस्थायी रूप से अपनी शक्ति खोने लगती है, जो शरीर में वृद्धावस्था या रोग के रूप में नज़र आता है?" यह मौली थी।

"बिलकुल! ऐसा ही कुछ औरों ने भी अनुभव किया है। उनके अनुसार किसी भी बीमारी का सूक्ष्म कारण, हमारी चेतनता में आई हुई गड़बड़ी का, शरीर पर प्रभाव है," जैस्मीन ने सहमति जताई।

"शायद यही कारण है कि बच्चे इतने प्यारे लगते हैं। जन्म के समय चेतन ऊर्जा का नया शरीर लेने से भौतिक ऊर्जा के सम्पर्क में आने की शुरुआत होती है। इस समय चेतन ऊर्जा पर भौतिक ऊर्जा का सबसे कम प्रभाव होने से वह अपने शुद्धतम रूप में होती है और हम बच्चों को ईश्वर का प्रतिरूप कहते हैं," अहाना मुस्कराई।

"जैस्मीन, क्या इस पर थोड़ा गहराई से बात कर सकते हैं?" कुन्दन समझना चाहता था।

"हाँ कुन्दन, एक किताब जो मुझे अभी याद आ रही है, वह है लुईस हे की 'हील योर बॉडी'। इसके अनुसार, शरीर की बीमारियों की जड़ होता है मन। उन्होंने इसे पहचानने की कोशिश की है और ठीक करने के लिए उसके पीछे के मानसिक कारणों पर काम करने की सलाह दी है। इसके अनुसार, हम हमारी विचारधाराओं को बदल अपने शरीर को ठीक कर सकते हैं," जैस्मीन ने कहा।

"हमारी आधुनिक चिकित्सा-पद्धति फार्मास्युटिकल ड्रग्स और विभिन्न सर्जिकल तकनीकों पर काम करती है। क्या यह इसकी कमी नहीं है कि यह काफ़ी सतही तौर पर काम करती है? मुझे यह बताते हुए बुरा महसूस हो रहा है, लेकिन यह सच है कि अधिकांश समय मैं अपने मरीज़ों को एक इनसान के रूप में नहीं, बल्कि बीमारी के एक वाहक के रूप में देखती हूँ। मेरा पूरा ध्यान रोग और शरीर पर रहता है। मेरे स्नातकोत्तर दिनों के दौरान, बहुत व्यस्त होने पर मैं एक मरीज पर बरस पड़ी क्योंकि वह मुझे अपने पति से सम्बन्धित कुछ व्यक्तिगत समस्या बताना चाहती थी। मैं उस पर चीखी क्योंकि मैंने नहीं सोचा था कि उसकी निजी समस्याएँ किसी भी तरह उसकी वर्तमान स्थिति के लिए महत्त्वपूर्ण हो सकती हैं।" मौली ने अपनी बात रखी।

"हम चिकित्सा प्रबन्धन में अत्याधुनिक तकनीकों के साथ साथ विचारों को ठीक करने की प्रक्रिया भी जोड़ सकते हैं," कुन्दन की आँखों में एक चमक थी,

और उसका मन चिकित्सा क्षेत्र में नई सम्भावनाओं के लिए उत्सुक था।

"'अपनी पोशाक में भले ही लापरवाह रहो, लेकिन आत्मा को साफ़ रखो,'[6]" जैस्मीन ने मार्क ट्वेन को उद्धृत किया।

"लेकिन हम अपने शरीर को ज़्यादा महत्त्व देते हैं। हम नियमित रूप से अपने शरीर को साफ करते हैं, लेकिन शायद ही कभी आत्मा को शुद्ध करने की ज़हमत उठाते हैं। मुझे लगता है, यह न केवल एक नैतिकता भरा सवाल है, बल्कि एक महत्त्वपूर्ण व्यावहारिक विषय है, जिस पर विचार कर काम किया जाना चाहिए," कुन्दन उद्वेलित था।

"तो मौली का कहना है कि जब चेतन ऊर्जा शरीर में प्रवेश करती है, शरीर की भौतिक ऊर्जा इसे प्रभावित करना शुरू कर देती है और चेतन ऊर्जा अस्थायी रूप से अपनी कुछ शक्तियों को खोना आरम्भ कर देती है। शक्ति में इस कमी के कारण शरीर पर नकारात्मक प्रभाव पड़ने लगता है। परिणामस्वरूप उम्र बढ़ने और बीमारियों के लक्षण दिखाई देने लगते हैं," ध्रुव ने निष्कर्ष निकाला।

"और जब शरीर आत्मा के रहने के योग्य नहीं रह जाता, तो आत्मा शरीर छोड़ देती है। हम इसे मृत्यु कहते हैं," मौली के चेहरे पर समझ के भाव थे।

"लेकिन यह केवल 'अरथी= अ + रथी' है। मृत शरीर को हिन्दी में 'अरथी' यानी रथी (चालक) के बिना रथ कहा जाता है," शिखर ने आगे जोड़ा।

"'जिस प्रकार मनुष्य पुराने वस्त्रों को त्यागकर दूसरे नये वस्त्रों को ग्रहण करता है, उसी तरह आत्मा पुराने शरीर को त्यागकर दूसरा नया शरीर प्राप्त करती है,[7]" अहाना ने 'भगवद्गीता' से उद्धृत किया।

"लेकिन हत्या और आत्महत्या के दौरान तो शरीर पुराना हुए बिना जबरन ही बदला जाता है?" ध्रुव ने पूछा।

"शायद इसीलिए यह, मेरी माँ के अनुसार, एक गलत कार्य है," अहाना ने कहा।

"तो, मेरे दोस्त, क्या अधिक महत्त्वपूर्ण है—शरीर या आत्मा? आत्मा के निकलते ही हमारा शरीर बेकार हो जाता है। जिसकी परवाह जीवन भर हम सबसे ज़्यादा करते रहे, उसे बिना विलम्ब किये ज़मीन में दफना या दाह-संस्कार के माध्यम से जला दिया जाता है। हिन्दी में हम इसे मिट्टी कहते हैं," जैस्मीन ने आगे कहा, "जब हिन्दू रीति-रिवाज़ों के अनुसार शव को उसके अन्तिम संस्कार के लिए ले जाया जाता है, लोग 'राम नाम सत्य है'—अन्तिम संस्कार के दौरान दोहराई

जाने वाली एक पारम्परिक उक्ति कहते हैं, यानी वे एक दूसरे को याद दिलाते हैं कि आत्मा ही एकमात्र सत्य है।"

मेरी दादी माँ अक्सर ये गुनगुनाया करती थीं—

*एक राम दशरथ का बेटा,*
*एक राम घट घट में लेटा।*
*एक राम का सकल पसारा,*
*एक राम दुनिया से न्यारा ॥*
*वो ही राम दशरथ का बेटा,*
*वो ही राम घट घट में लेटा।*
*उसी राम का सकल पसारा,*
*वो ही राम दुनिया से न्यारा॥*
*बोल मेरी चकिया राम ओ राम!*

अहाना बचपन की स्मृतियों में सफर करने लगी।

"कवि ने एक ही ऊर्जा के विभिन्न रूपों का वर्णन किया है। सबसे पहले, राम को अयोध्या के राजा दशरथ के पुत्र के रूप में वर्णित किया है, फिर प्रत्येक जीवित प्राणियों में मौज़ूद आत्मा के रूप में, और आगे पूरे ब्रह्मांड में व्याप्त भौतिक ऊर्जा के रूप में, और अन्ततः सर्वश्रेष्ठ, सर्वोपरि शुद्ध चेतन ऊर्जा के रूप में," जैस्मीन ने समझाया।

"शुद्ध चेतन ऊर्जा मतलब?" ध्रुव के स्वर में कुछ कौतूहल सा था।

मुस्कराकर शिखर ने हस्तक्षेप किया, "ध्रुव, आज के लिए क्या काफ़ी नहीं हो चुका है? कल इस पर चर्चा करें?"

कुछ ही देर बाद हॉल में उपस्थित सभी लोगों के मध्य जैस्मीन के शब्द ध्वनित हो रहे थे, "आज हम कुछ छोटे योगाभ्यासों से शुरुआत करेंगे। देखने की कोशिश करें कि हम, एक चैतन्य ऊर्जा, योग के लिए अपने शरीर का उपयोग एक उपकरण के रूप में कर रहे हैं।"

हॉल साक्षी था उसके नये साथियों के योग-आसनों के अनुभव का। हालाँकि वहाँ शान्ति थी—सिवाय हर कुछ अन्तराल पर गूँजने वाली 'ओ३म्' ध्वनि के। पर वहाँ प्रवाहित ऊर्जा कंपनों को कोई भी आसानी से महसूस कर सकता था।

कुन्दन 'ओ३म्' ध्वनि संवेदना और योग मुद्राओं के अपने पहले-पहले अनुभव

में खोया हुआ हॉस्टल की ओर चल रहा था। 'अब तक मैं जिम, काफ़ी रूखे-सूखे और मशीनी ढंग से कर रहा था,' उसने सोचा, 'यह कैसे हो सकता है कि योग की नाज़ुक हरकतें और मुद्राएँ शरीर की फिटनेस में मदद करती है? लेकिन यह तो सच है कि आज इतने दिनों बाद मैं पहली बार खुद को हल्का और खुश महसूस कर रहा हूँ।'

कुछ जूनियर डॉक्टर सर्जरी वार्ड में शाम का राउंड ले रहे थे। वासू उस स्टूल के पास खड़ा था जहाँ कुन्दन की ड्रेसिंग हो रही थी।

ज़ख्म पहले से कुछ भर गया था पर उसे देख वासू के चेहरे पर डर और दर्द साफ नज़र आ रहा था, लेकिन वहीं कुन्दन स्थिर नज़र आया। उसकी आँखें घायल हाथ पर टिकी थीं, पर वह कहीं और ही था।

शायद वह कुछ सोच रहा था। उसका दिमाग उन शब्दों को दोहरा रहा था, जो उसने सुबह सुने थे—'शरीर मेरा है; मैं शरीर नहीं हूँ। शरीर नश्वर है, लेकिन इस शरीर में निवास करने वाला 'मैं' अमर हूँ,' वह बड़बड़ाया, 'मैं अथाह हूँ। मेरे केवल एक हाथ में चोट लगी है, मैं ठीक हूँ। मैं वे सारे काम कर सकता हूँ जिसके लिए दाहिने हाथ की ज़रूरत नहीं पड़ती। मैं अपने दैनिक जीवन की अधिकतर चीज़ों के मज़े ले सकता हूँ। मैं अपनी बास्केटबॉल टीम की भी मदद कर सकता हूँ। मैंने उन्हें शर्मिंदा किया है। एक बास्केटबॉल टीम का कैप्टन इतना गैर-ज़िम्मेदार कैसे हो सकता है? क्या एक कैप्टन क्वालीफाइंग मैच के लिए जाने से चूक सकता है? मैं अब सच में अपनी टीम के लिए कुछ करूँगा। हो सकता है, मैं खेल नहीं पाऊँ क्योंकि गेंद को ड्रिबल करना शायद अभी सम्भव नहीं होगा। लेकिन मैं पढ़ाई में उनकी मदद कर सकता हूँ। मैच के दौरान उन्हें ड्रिंक्स इत्यादि पहुँचा सकता हूँ...।'

"कुन्दन, अब तुम जा सकते हो, ड्रेसिंग हो चुकी," जूनियर डॉक्टर के शब्दों से कुन्दन के विचारों की झड़ी को विराम मिला।

हॉस्टल की रंगीन जिन्दगी गहरी अँधेरी नींद में डूब चुकी थी, यद्यपि कुन्दन का टेबल लैंप उसके कमरे के कोने की मेज पर मद्धिम रोशनी बिखेर रहा था। कुन्दन डायरी लिख रहा था—

'आज दिन अच्छा था; हॉस्टल, कॉलेज और लेक्चर्स हमेशा की तरह थे। मैं

तो बस उस सुबह वाली खास क्लास के बारे में बताना चाहता हूँ जिसे शुरू किये चन्द दिन हुए हैं। शुरुआत में वहाँ जाने को लेकर मैं स्पष्ट नहीं था। वहाँ की बातें तुम्हें रूढ़िवादी नैतिक शिक्षा लग सकती हैं जैसाकि मुझे भी शुरुआत में लगी थीं, पर अब मुझे वहाँ बिताया हुआ वक्त पसन्द आने लगा है। तुम्हें पता है न कि मुझे सुबह की अपनी सपनों-भरी दुनिया कितनी पसन्द है! इसके बावज़ूद मैं बिस्तर छोड़, वहाँ पहुँच जाता हूँ। वह भी समय पर।'

'अच्छा!' डायरी अहाना को इंगित कर मुस्करा दी।

कुन्दन ने प्यार से डायरी को झिड़का, 'ना मेरी जान, यह अहाना के कारण नहीं है। वह एक अच्छी लड़की है। पर मैं बात कर रहा हूँ, वहाँ पर ज़िक्र किये गए विषयों का। तो अब बकवास बन्द करो और वह समझने के लिए तैयार हो जाओ, जो मैंने वहाँ जाकर जाना और समझा है।

'हम इनसान = मैं + शरीर हैं; मैं, चैतन्य ऊर्जा, जो अमर, असीमित, अतुलनीय, अथाह एवं अविनाशी हूँ। और मेरा शरीर, जो भौतिक ऊर्जा से निर्मित नश्वर, सीमित व अस्थिर है।

'मुझे नहीं लगता, यह तुम्हारे लिए बहुत कठिन है। समझने की कोशिश करो, मैं बस दो मिनट में आया।' कुन्दन अपना मोबाइल फोन उठा मेल चेक करने लगा। जैस्मीन का मेल कुन्दन ने वैसे का वैसा ही डायरी में उतार दिया—

'जैन-दर्शन के अनुसार, जीवित शरीर विभिन्न अंगों और मांसपेशियों का संयोजन मात्र नहीं है, बल्कि यह आत्मा का निवासस्थल है, जिसमें अनन्त दर्शन, अनन्त ज्ञान, अनन्त शक्ति और अनन्त आनन्द की सम्भावनाएँ हैं।'

# पुरुष, प्रकृति और माया

अगली सुबह की शुरुआत अहाना के प्रश्न के साथ हुई, "सर, अब हम जानते हैं कि हमारे शरीर सहित हम जो कुछ भी अपनी आँखों से देखते हैं, वह भौतिक ऊर्जा है और हम अपने शरीर के अन्दर स्थित चेतन ऊर्जा हैं। मैं चेतन ऊर्जा और भौतिक ऊर्जा, दोनों के बारे में और जानना चाहती हूँ कि वे एक दूसरे से अलग कैसे हैं?"

"चेतन ऊर्जा हर चीज़ के पीछे का सार है। यह बिलकुल इस एलईडी बल्ब में बिजली की तरह है। लैपटॉप में सॉफ्टवेयर, बर्फ में पानी, या किसी बर्तन के अन्दर की जगह की तरह है और किसी जीव के शरीर में यह 'चेतन तत्त्व', 'क्षेत्रज्ञ', 'रूह' या 'आत्मा' कहलाती है," शिखर ने बताया।

जैस्मीन ने आइंस्टीन के एक उद्धरण के साथ कहा, "'कोशिश करें और हमारे सीमित साधनों के साथ प्रकृति के रहस्यों में प्रवेश करें, तो आप पाएँगे कि सभी स्पष्ट नियमों और सम्बन्धों के पीछे कुछ सूक्ष्म, अमूर्त और अकथनीय है।'[८]"

"चेतन और भौतिक ऊर्जा के बीच सबसे महत्त्वपूर्ण अन्तर यह है कि चेतन ऊर्जा में इरादों, विचारों और भावनाओं को रचने की शक्ति होती है। ये इरादे, विचार और भावनाएँ सूक्ष्म ऊर्जाएँ हैं, जो भौतिक ऊर्जा को बनाने और रूपान्तरित करने की क्षमता रखती हैं। रेयान, तुमने 'ओ३म्' ध्वनि की बात की थी, हम कह सकते हैं, 'ओ३म्' ध्वनि आत्मा (चेतन ऊर्जा) द्वारा, शरीर (भौतिक ऊर्जा) की मदद से उत्पन्न वह ध्वनि है जिसमें भौतिक और चेतन ऊर्जा के बीच सम्बन्ध स्थापित करने और सन्तुलन बनाए रखने की अद्भुत शक्ति है," शिखर ने समझाया।

"तो, सारा का सारा ब्रह्मांड ऊर्जा है। चेतन ऊर्जा कारण है और भौतिक ऊर्जा इस कारण की अभिव्यक्ति है," जैस्मीन ने इसे सारांशित किया।

"जो कुछ भी ब्रह्मांड में मौजूद है, वह सब चेतन ऊर्जा और भौतिक ऊर्जा के ही अलग-अलग अनुपात में मिलने से बना है," शिखर ने कहा।

"श्रीमद्भगवद्गीता कहती है—'हे अर्जुन, जो कुछ भी गतिमान या अचर हैं, उन सबको कर्मक्षेत्र (भौतिक ऊर्जा) और क्षेत्र के ज्ञाता (चेतन ऊर्जा) के संयोग से उत्पन्न हुआ जानो'[७]," जैस्मीन ने बताया।

"इस तरह तो निर्जीव वस्तुओं और पेड़-पौधों में भी चेतन ऊर्जा होनी चाहिए, पर लोग पेड़ तो यूँ काटते हैं, जैसे ये पूरी तरह बेजान हों!" रेयान के शब्दों में व्यथा थी।

"टेबल या कुर्सियों जैसी निर्जीव वस्तुओं में मुख्य रूप से भौतिक ऊर्जा होती है। कुछ दार्शनिकों का कहना है कि भौतिक द्रव्य या पदार्थ के निर्माण में चेतन ऊर्जा का पूरी तरह उपभोग हो जाता है। पर मेरा अपना मानना है कि पदार्थ में भी कुछ चेतन ऊर्जा होती है," शिखर ने अपनी राय व्यक्त की।

"एक बार, जब मेरी दादी ने मुझसे कुछ तुलसी के पत्ते तोड़ने के लिए कहा, तो साथ ही यह निर्देश भी दिया कि मुझे पत्ते तोड़ने से पहले, तुलसी के पौधे से अनुमति लेनी होगी। शायद वे यह गुह्य बात जानती थीं," अहाना शान से मुस्कराई।

"मेरे पति के एक आईएएस सहकर्मी को ज्योतिष का शौक है। उनकी भविष्यवाणियाँ ज़्यादातर सही होती हैं। पहले मैं अपने पति से इस बात पर बहस करती थी कि कोई ग्रह किसी के जीवन की घटनाओं पर कैसे प्रभाव डाल सकता है? लेकिन, अब मैं कह सकती हूँ कि ज्योतिष और वास्तुशास्त्र भी इस बात को प्रमाणित करते हैं कि प्रत्येक पदार्थ में चेतन और भौतिक, दोनों ऊर्जा होती हैं। हालाँकि यह स्वयं में एक बड़ा विषय है," जैस्मीन ने जोड़ा।

"जैस्मीन ने कल शुद्ध चेतन ऊर्जा का ज़िक्र किया था। सर, क्या हम इस विषय पर बात कर सकते हैं?" अहाना ने पूछा।

"ध्रुव, तुम भी यही जानना चाहते थे, है न! तो शुद्ध चेतना के अस्तित्व के बारे में अलग-अलग मत हैं। बाह्य रूप से यह लग सकता है कि यह धर्म या सम्प्रदाय की बात है, लेकिन वास्तव में यह सत्य की अनुभूति की बात है। तो, यदि तुम मुझसे पूछो कि शुद्ध चेतना का अस्तित्व है या नहीं, तो मेरा जवाब 'हाँ' होगा," चेहरे पर एक शान्त मुस्कान के साथ शिखर ने कहा।

"हम इसे 'ब्रह्म' कहते हैं, जिसे ईश्वर, परमात्मा, परमेश्वर, अल्लाह,

सर्वशक्तिमान, ऑलमाइटी, सर्वोच्च व्यक्ति या सुप्रीम बीइंग के रूप में भी जाना जाता है," जैस्मीन ने आगे कहा।

"ब्रह्म?" रेयान इस शब्द से कुछ भ्रमित सा लग रहा था।

"ब्रह्म ब्राह्मण और ब्रह्मा से अलग है। ब्राह्मण एक जाति है, जिसमें एक व्यक्ति का जन्म होता है। हिन्दू पौराणिक कथाओं में ब्रह्मा एक देवता हैं; जबकि ब्रह्म शुद्ध चेतना है," जैस्मीन ने जवाब दिया।

"वह शुद्ध रूप में उच्चतम चेतन ऊर्जा है—ब्रह्मांड में सभी चीज़ों के पीछे की अपरिवर्तित शाश्वत वास्तविकता। छांदोग्य उपनिषद के अनुसार 'सर्वं खल्विदं ब्रह्म' अर्थात् इस संसार में हम जो कुछ भी देखते हैं, वह ब्रह्म है। और वैष्णववाद कहता है, 'सच्चिदानंद ब्रह्म' अर्थात् ब्रह्म शुद्ध शाश्वत सत्य, ज्ञान और आनन्द है," शिखर ने समझाते हुए रेयान की ओर देखा, "रेयान, तुम ब्रह्मांड की शुरुआत के बारे में पूछ रहे थे?"

"हाँ, सर, ब्रह्मांड की शुरुआत के बारे में आप क्या सोचते हैं, क्या यह शाश्वत है?" रेयान ने पूछा।

"हालाँकि यह विषय भी विवादास्पद है, लेकिन मैं इसे अपने दृष्टिकोण से समझाने की कोशिश करूँगा। ब्रह्मांड की उत्पत्ति के बारे में, कुछ वैज्ञानिक कहते हैं कि यह शाश्वत है, जबकि कुछ का मानना है कि ब्रह्मांड लगभग तेरह अरब अस्सी करोड़ साल पहले एक बड़े विस्फोट, 'बिग बैंग' के बाद अस्तित्व में आया। वैज्ञानिकों ने देखा है कि अब भी ब्रह्मांड का विस्तार हो रहा है और इसके अन्दर की आकाशगंगाएँ एक दूसरे से दूर जा रही हैं," शिखर ने कहा।

"बिग बैंग थ्योरी के अनुसार, ब्रह्मांड और समय की शुरुआत असीमित घनत्व के बिन्दु ब्रह्मांडीय अंडे या कॉस्मिक एग से एक बड़े धमाके के साथ हुआ। प्रारम्भ में, यह केवल ऊर्जा का एक बिन्दु था, जिसका विस्तार होना शुरू हुआ। विस्तार के साथ, यह शीतल हुआ। उप-परमाणु कण बने, उनसे मिलकर परमाणु और अणु बने। समय के साथ ग्रह, तारे, आकाशगंगाएँ और अन्य खगोलीय पिंडों का निर्माण हुआ, और फिर जीवन की उत्पत्ति हुई," जैस्मीन ने विस्तार से बताया।

"ऊर्जा का वह असीमित घनत्व वाला बिन्दु क्या था जिससे ब्रह्मांड और हम सभी बने? और उसकी उत्पत्ति कैसे हुई?" अहाना ने उत्साह से पूछा।

"मुझे लगता है कि यह एक ऐसा पहलू है जहाँ बिग बैंग सिद्धान्त विवाद का सामना करता है, क्योंकि ऊर्जा के इस ब्रह्मांडीय अंडे की उत्पत्ति क्या थी, इसका

कोई जवाब नहीं है," जैस्मीन ने जवाब दिया।

"मैं उस महान दार्शनिक से सहमत हूँ जिसने कहा था कि हम संसार के बारे में पूरी तरह से तब तक नहीं जान सकते हैं जब तक हम इससे बाहर नहीं जाते। जैसे किसी भी इमारत को तब तक पूरा नहीं देखा जा सकता जब तक हम इसके बाहर नहीं आते और उसे बाहर से नहीं देखते। हालाँकि इसे हमारी मन की आँखों या इसके अन्तर्निहित ज्ञान से देखा जा सकता है," शिखर ने जोड़ा।

"ए. आर. रहमान अपने सुरीले अन्दाज़ में गाते हैं, 'जब कहीं पे कुछ नहीं, भी नहीं था, वही था, वही था—फायाकुन, फायाकुन... वो जो तुझमें समाया, वो जो मुझमें समाया...'," अहाना को याद आया।

"क्या तुम यह कहना चाहती हो कि ब्रह्मांड के केन्द्र में ऊर्जा का जो बिन्दु है, वह शुद्ध चेतन ऊर्जा, ईश्वर है?" ध्रुव ने अहाना को देखते हुए कहा।

"शाश्वत चेतन ऊर्जा ही परम सत्य है, कारण है; और ब्रह्मांड अभिव्यक्ति है, प्रभाव है," शिखर ने जोड़ा।

"भारतीय शास्त्रों में शुद्ध चेतन ऊर्जा को अनादि, अनन्त, स्वयंभू और परमपिता का नाम दिया गया है," जैस्मीन ने कहा, "अनादि और अनन्त, क्योंकि वह शाश्वत है, सदाकालीन, चिरस्थायी, बिना शुरुआत और बिना अन्त के; स्वयंभू मतलब वह स्वयं से उत्पन्न हुआ, अकारण कारण; परमपिता, क्योंकि वह सबका पिता है, ब्रह्मांड में मौज़ूद हर चीज़ का कारण," जैस्मीन ने जारी रखा।

"हमारे बड़ों ने हमें 'सबका मालिक एक है' सिखाया," अहाना ने पुष्टि की।

"कुरान भी यही कहता है—तौहीद, यानी एकेश्वरवाद। इसका अर्थ है—केवल एक ईश्वर में विश्वास और अन्य चीज़ें उसके भव्य डिज़ाइन की अभिव्यक्ति हैं," शिखर ने घोषित किया।

"हम उसे मोमबत्ती की लौ, प्रकाश या दीये की ज्योति के रूप में दर्शाते हैं। हम 'हवन' नामक अग्नि अनुष्ठान करते हैं। उसे निरूपित करने के लिए हम अखंड ज्योति या शाश्वत लौ रौशन करते हैं," जैस्मीन ने अहाना और शिखर के साथ जोड़ा।

"क्या तुममें से कोई कभी भारत के विभिन्न भागों में स्थित बारह ज्योर्तिलिंगों—शिव मन्दिर में से किसी एक में भी गया है?" शिखर ने जिज्ञासा ज़ाहिर की।

अहाना ने कहा, "मैं सोमनाथ मन्दिर गई हूँ।"

"शिवलिंग (सर्वशक्तिमान का प्रतीक एक अंडाकार पत्थर) या ज्योतिर्लिंग शब्द का विश्लेषण करते हैं। शिव का अर्थ है—कल्याणकारी या उपकारी, ज्योति

का अर्थ है—प्रकाश और लिंग का अर्थ है—प्रतीक। इसलिए हमारे महान पूर्वज प्रकाश के प्रतीक या कल्याण के प्रतीक को पूजते रहे हैं—ऊर्जा का वही बिन्दु, जो बिग बैंग थ्योरी भी बताती है," जैस्मीन ने समझाया।

"मुसलमान 'संगे असवद' नाम के एक अंडाकार पत्थर को चूमते हैं, ईसाई मोमबत्ती जलाते हैं," शिखर ने कहा।

"सभी एक ही सर्वोच्च चेतन ऊर्जा को मानते हैं," रेयान ने कहा।

"श्रीमद्भगवद्गीता में परम चेतना कहती है—यह सम्पूर्ण जगत् मेरे अव्यक्त रूप द्वारा व्याप्त है। सब कुछ मुझमें स्थित है किन्तु मैं उनमें नहीं हूँ'[10]," जैस्मीन ने कहा।

"जैसेकि सागर की हर लहर उसी से निकलती है, उसका हिस्सा है। लेकिन अगर हम सभी लहरों को मिला दें, तो यह कभी पूरा सागर नहीं हो सकती। सागर लहरों से कहीं अधिक है," कुन्दन ने कहा, जो देर से चुपचाप सुन रहा था। जैसे कि वह अब कहीं गहरे उतरने को तैयार था!

"सागर में सारी लहरें हैं। यह रत्नों और खज़ानों से भरा हुआ है, फिर भी गहरा और शान्त है," अहाना ने अपनी चमकती आँखों से कहा।

"इसका मतलब है, वह समग्र रूप से हर जगह मौज़ूद नहीं हैं, लेकिन सब कुछ उनका ही विस्तार है...," मौली ने जोड़ा।

रेयान ने बीच में कहा, "लेकिन लोग कहते हैं कि ईश्वर सर्वव्यापी हैं?"

"मुझे ऐसा नहीं लगता। अगर ईश्वर हर जगह रहते, तो इस दुनिया में भयानक चीज़ें कैसे होतीं? क्या आपको लगता है कि सर्वशक्तिमान की उपस्थिति में हत्या या बलात्कार हो सकता है?" अहाना ने तर्क दिया।

"ब्रह्मांड में या ब्रह्मांड से परे सब कुछ उनकी अभिव्यक्ति है, हालाँकि मैं अहाना से सहमत हूँ, वह सर्वव्यापी नहीं हैं," शिखर ने घोषित किया।

"श्रेया घोषाल की मधुर आवाज़ में यह गीत बिलकुल सही है—'हर तरफ, हर जगह, हर कहीं पे है, हाँ उसी का नूर... रोशनी का कोई दरिया तो है, हाँ कहीं पे ज़रूर...'" अहाना ने कहा।

"सब कुछ एक ही शुद्ध चेतन ऊर्जा की अभिव्यक्ति है। यह तथ्य विभिन्न समुदायों और धर्मों में अहिंसा का आधार है। वे हर चीज़ को उचित सम्मान देने में विश्वास करते हैं," शिखर ने आगे कहा।

"यह हिन्दू धर्म, जैन धर्म और बौद्ध धर्म में विकसित किया गया है। बाइबिल

भी अहिंसा की वकालत करता है। बाइबिल के अनुसार—दूसरों के साथ वैसा ही करें, जैसा आप चाहते हैं कि वे आपके साथ करें," जैस्मीन ने जारी रखा, "यहाँ तक कि इस्लाम कहता है कि आपमें से कोई भी ईमान वाला नहीं है जब तक कि वह अपने भाई के लिए वह नहीं चाहता जो वह अपने लिए चाहता है।"

"इस तथ्य का ज्ञान और बोध मात्र कि 'हममें से हर कोई एक ही शुद्ध चेतन ऊर्जा की अभिव्यक्ति है, हम सभी एक हैं; जाति, धर्म और जन्म के आधार पर होने वाले किसी भी भेदभाव के बिना, समान हैं'। सार्वभौमिक प्रेम करुणा, स्वीकृति और सहिष्णुता को जन्म दे सकता है। इस ज्ञान की अनुभूति मात्र, दंगों और आतंकवाद में होने वाली अनगिनत निर्दोष मौतें रोक सकती है," कुन्दन की आँखों में दर्द ज़्यादा था या उत्साह, कहा नहीं जा सकता।

शिखर ने पल भर को कुन्दन की आँखों की ओर सराहना भरी निगाहों से देखा और फिर आगे कहना आरम्भ किया, "तो बहुत से ऐसे तथ्य हैं जो हमारी इन आँखों से देखे जा सकते हैं पर कुछ हैं जिन्हें देखा नहीं जा सकता। देखे हुए पर विश्वास करना आसान है, लेकिन न देखे जा सकने वाले तथ्यों पर कुछ मुश्किल। ज़रा कल्पना करो, किसी अलग ग्रह से एक एलियन पृथ्वी पर आता है। मान लेते हैं कि उसके ग्रह में इंटरनेट और एफएम रेडियो नहीं है। उसके लिए यह विश्वास करना कितना मुश्किल होगा कि केवल वाई-फाई आइकन को छूने से कई कंप्यूटरों की जानकारी हमें एक सेकंड में हमारे कंप्यूटर या मोबाइल पर मिल सकती है जो प्रत्यक्ष रूप से जुड़े हुए भी नहीं दिखाई दे रहे हैं? केवल एक बटन को इधर-उधर घुमाकर समायोजित करने से एक मधुर संगीत बज सकता है? एलियन शायद आश्वस्त हो सकेगा जब हम उसे यह सब करके दिखाएँगे। परमात्मा की किरणें, अदृश्य रूप से, मधुर गीत की तरंगों जैसी, हमारे चारों ओर मौज़ूद हैं। हमें बस इस तथ्य का अनुभव करने के लिए खुद को समायोजित करना होगा। जिन तथ्यों को हमारी भौतिक इन्द्रियों, आँख, कान और नाक या उँगलियों द्वारा जाना नहीं जा सकता, हमें पहले उन तथ्यों के अस्तित्व का अनुभव अपनी मन की आँखों से करना होगा। तभी हम उन अदृश्य तथ्यों के वज़ूद को समझने और मानने में सक्षम होंगे।"

"लेकिन तथ्यों का अस्तित्व तो रहेगा ही, भले हम इनमें विश्वास करें या न करें," जैस्मीन ने कहा।

"मैं बस यह सोच रहा था कि यदि सभी तत्त्व और उनकी भौतिक ऊर्जा,

चेतन ऊर्जा की अभिव्यक्ति है, तो चेतन ऊर्जा ही तो फिर सब कुछ है। मतलब कि...," कुन्दन अपने विचारों को शब्दों में बयाँ करने की कोशिश कर रहा था।

"कि चेतन ऊर्जा महत्त्वपूर्ण है," शिखर ने कुन्दन के शब्दों को पूरा किया।

"माना सर, कि चेतन ऊर्जा भौतिक ऊर्जा से कहीं ज़्यादा महत्त्वपूर्ण है पर आख़िर हम इस तथ्य को समझ क्यों नहीं पाते?" ध्रुव ने पूछा।

"क्योंकि हम बचपन से ही अपने दिमाग को भौतिक वस्तुओं को देखना और उनके अस्तित्व में विश्वास करना सिखलाते हैं। और इनके पीछे छिपी चेतन ऊर्जा, जो कि आँखों से नहीं दिखाई देती, की उपस्थिति को महसूस करना भूल जाते हैं," जैस्मीन ने समझाया।

"सही! लेकिन इस गलतफहमी का कारण क्या है? हम सत्य को क्यों नहीं पहचानते?" ध्रुव ने पूछा।

"और शुद्ध चेतन ऊर्जा या ब्रह्म, मानव शरीर में चेतन ऊर्जा आत्मा से अलग कैसे है?" कुन्दन भी अपना सन्देह दूर करना चाहता था।

"आओ, कुन्दन के प्रश्न को पहले लेते हैं। हाँ, ब्रह्म और जीव, दोनों एक जैसी चेतन ऊर्जाएँ हैं, लेकिन वे एक नहीं हैं। ब्रह्म या शुद्ध चेतन ऊर्जा जीवन-मृत्यु के बन्धन से परे हैं अर्थात् वे शरीर या भौतिक ऊर्जा के सम्पर्क में निरन्तर नहीं आते हैं। स्थूल शरीर से सम्पर्क न होने के कारण वे शुद्ध रहते हैं और हम शरीर लेकर भौतिक ऊर्जा के सम्पर्क में आते हैं जिससे हम चेतन ऊर्जा अपनी शुद्धता खोने लगते हैं," शिखर ने उत्तर दिया, "और, ध्रुव, तुम्हारे प्रश्न का उत्तर देने के लिए हमें और ज़्यादा गहराई में जाना होगा," शिखर ने सबके लिए तुलसी-चाय बोलते हुए कहा, "क्या हम तैयार हैं?"

सबके चेहरों की उत्सुकता भरी सहमति भाँपकर शिखर आगे बढ़े, "तो ध्रुव, जब चेतन ऊर्जा शरीर ले जन्म लेती है, मतलब पदार्थ या भौतिक ऊर्जा के सम्पर्क में आती है, तो वह अपनी कुछ शक्ति और स्मृति खो देती है। नहीं तो इस दुनिया में जीने का मज़ा ही क्या आता? जिस तरह एक अभिनेता भूमिका निभाते समय अपनी असली पहचान भूल जाता है," शिखर ने कहा और जारी रखा, "लेकिन गहराई में वह जानता है कि वह सिर्फ प्रदर्शन कर रहा है और वह उस नाट्य की किसी भी अच्छी या बुरी स्थिति से बँधता नहीं है।"

"लेकिन क्यों? मेरा मतलब है, हम कैसे भूल जाते हैं? क्या यह माया है?" अहाना की आँखें जिज्ञासा से भरी थीं।

"क्या हम भौतिक ऊर्जा को प्रकृति और चेतन ऊर्जा को पुरुष का नाम दे सकते हैं? मुझे यह नाम गूगल करने पर मिले," मौली ने पूछा।

"चलो, इस पर बात करते हैं। जैसाकि हम जान चुके हैं, ब्रह्म या ईश्वर, उस 'परम सम्पूर्ण तत्त्व' को दिया गया नाम है, जो पूरे ब्रह्मांड और ब्रह्मांड से परे जो कुछ भी है, उसका कारण है। वेदों-उपनिषदों के अनुसार—ब्रह्मांड को प्रक्षेपित करने के लिए उन्होंने अपनी दिव्य शक्ति माया या भ्रम की मदद से दो पहलुओं का निर्माण किया; पुरुष, जो कि चेतन ऊर्जा है, और प्रकृति यानी पदार्थ या भौतिक ऊर्जा। ब्रह्मांड के बनने के साथ, शाश्वत चेतन ऊर्जा प्रकृति की सीमित भौतिक ऊर्जा के अन्दर समा गई। यह एक से विविध होने की अभिव्यक्ति की शुरुआत थी। अगर हम सतही रूप से देखें, तो विविध भौतिक रूप हैं—चाहे वह पत्थर, पौधे, जानवर या इनसान हों, लेकिन उन सभी में अलग-अलग अनुपात में भौतिक और चेतन ऊर्जा ही होती है," शिखर ने गहरी बातों को आसान तरीके से समझाने की कोशिश करते हुए कहा।

"परमाणु के रूप में भौतिक ऊर्जा और आत्मा के रूप में चेतन ऊर्जा। आत्मा शाश्वत भाव है, हरेक का सार है। यह ब्रह्म का अंश है," जैस्मीन ने जोड़ा।

"महासागर ब्रह्म है और तरंगें व्यक्तिगत आत्मा या रूह हैं," रेयान ने कहा।

"तो माया उस सर्वोच्च की दिव्य शक्ति है। इस शक्ति के कारण ही सत्य का सूर्य घने काले बादलों से ढका रहता है," शिखर ने जारी रखा।

"उसी तरह, दृश्य दुनिया भौतिक वास्तविकता है जिसने चेतन ऊर्जा (अदृश्य शक्ति) को अपने अन्दर निहित कर छिपा दिया है," कुन्दन के क्लास के प्रति दृष्टिकोण में सकारात्मक बदलाव शिखर को स्पष्ट दिख रहा था, भले ही कुन्दन इस बदलाव से अनजान था।

"भ्रम के प्रभाव में आकर, हमारे ही द्वारा बनाए गए अज्ञान के परदे के कारण, हम इस सत्य को नहीं समझ पाते हैं। अज्ञानता के कारण हम भ्रम में रहते हैं और दृश्य दुनिया को ही सम्पूर्ण सत्य मानते हैं, और इसके पीछे की अनन्त शुद्ध चेतन ऊर्जा को नहीं समझते। माया एक बादल भरे दिन को, सूरज की अनुपस्थिति के रूप में दिखाती है और दुख पैदा करती है। लेकिन जीवन जीने का मज़ा तब आने लगता है जब हमें पता चल जाता है कि सूरज है, बस बादलों के पीछे छिपा है," शिखर ने सगझाया, "जिस तरह हमारा अनुभव कहता है कि सूरज बादलों के पीछे है। हमें इसके अस्तित्व के बारे में कोई सन्देह नहीं है। इसी तरह, जब ज्ञान की

आँखें खुलती हैं, तो सत्य स्पष्ट हो जाता है। तब बदलती दुनिया की सुन्दरता को हम इस तरह देखते हैं, जैसे एक कलाकार अपनी पेंटिंग में नये रंग डालने के लिए रंगीन बादलों को देखता है। वही बादलों भरा दिन सुन्दर लगने लगता है और हम जीवन के उतार-चढ़ाव की सुन्दरता का आनन्द लेना शुरू कर देते हैं, जैसे हम किसी फिल्म के नाटकीय हिस्से का आनन्द लेते हैं।"

"आपका मतलब है, जब हमें सच्चाई का एहसास हो जाता है, तो यह सम्भावना हो सकती है कि कोई भी परिस्थिति, चाहे वह अच्छी हो या बुरी, उसका हम पर कम से कम प्रभाव पड़ेगा," कुन्दन ने अपने हाल के अतीत पर विचार करते हुए कहा।

"दोस्तो, क्या आपने स्वामी विवेकानन्द के बारे में सुना है? वह कहते हैं—'संसार महान व्यायामशाला है, जहाँ हम खुद को मज़बूत बनाने के लिए आते हैं'[11]," मौली ने कहा।

शिखर ने आगे बताया, "बादल और सूर्य, दोनों ही सत्य हैं, लेकिन सूर्य की तुलना में बादल क्षणिक हैं, हमेशा बदलते रहते हैं और वास्तव में सूर्य के कारण होते हैं। वैज्ञानिक रूप से, हम जानते हैं कि बादल सूर्य की गर्मी से वाष्पीकरण के कारण बनते हैं। तो, यहाँ पूर्ण सत्य सूर्य है, न कि बादल, जो सापेक्ष सत्य है। इसी तरह, संसार के रूप में दिखाई देने वाली भौतिक ऊर्जा की तुलना में शाश्वत चेतन ऊर्जा परम सत्य है।"

जैस्मीन ने इसी सन्दर्भ में एक उद्धरण जोड़ा, "जैसाकि शंकराचार्य ने कहा है—'ब्रह्म सत्य, जगत मिथ्या; जीवो ब्रह्मैवो नापरा'। अर्थात् ब्रह्म शाश्वत सत्य है, अपरिवर्तनशील अस्तित्व के साथ; ब्रह्मांड एक भ्रम है जो लगातार बदलता रहता है। यह चेतन ऊर्जा के कारण मौजूद या उत्पन्न होता है। जीव ब्रह्म है और कोई नहीं। अर्थात् ब्रह्म और जीव, दोनों समान चेतन ऊर्जा हैं।"

"तो दोस्तो, क्या आप मेरी इस बात से सहमत हैं कि हम सभी शुद्ध चेतन ऊर्जा, अमर और अतुलनीय हैं, लेकिन जैसे ही हम भौतिक ऊर्जा, या प्रकृति के सम्पर्क में आते हैं, हम अपनी वास्तविक शक्तियों और हमारे वास्तविक स्वरूप को भूल जाते हैं, अज्ञान के कारण हम माया द्वारा बनाए गए भ्रम के परदे से परे नहीं देख पाते!" शिखर ने कहा।

"जब हम इस तथ्य को समझ लेते हैं कि शुद्ध चेतना ही सत्य है और बाकी सब उसका विस्तार है, तब हम हमारे सच्चे स्व को जानने की यात्रा शुरू करते हैं," जैस्मीन ने प्रेरणा भरे स्वर में कहा।

"क्या इसे ही मुक्ति या मोक्ष कहते हैं?" रेयान ने पूछा।

"हाँ, रेयान, मुझे लगता है कि अपने स्वरूप और चारों ओर ब्रह्मांड के बारे में सत्य को जान लेना जागरूकता कहलाती है। जागरूक होकर हमें अपने जीवन में सच्चाई का अनुभव होना शुरू हो जाता है और अज्ञानता के बंधन से मुक्ति मिलती जाती है। और फिर वक्त आता है जब वह शख्स सत्य के साथ लगातार सन्तुलन की स्थिति में रहने लगता है जिसे 'मोक्ष' या 'मुक्ति' कह सकते हैं," शिखर ने अपना दृष्टिकोण बतलाया।

जैस्मीन ने जोड़ा, "तब जब वह सांसारिक भ्रम से मुक्त हो जाता है!"

"क्या आप कहना चाहते हैं कि मोक्ष का अनुभव करने के लिए मृत्यु आवश्यक नहीं है?" कुन्दन का प्रश्न था।

"मेरी राय में, भ्रम व अज्ञानता की मृत्यु आवश्यक है, शरीर की मृत्यु आवश्यक नहीं," शिखर ने अपना मत दिया।

काफ़ी देर से सब कुछ चुपचाप सुन रही मौली ने अब अपनी बारी ली, "अपनी किशोरावस्था से ही मैं अपने सच्चे स्वरूप के बारे में जानना चाहती थी। मुझे अब भी छब्बीस जनवरी की वह सुबह याद है जब स्कूल असेंबली में गणतंत्र दिवस पर भाषण चल रहा था और साथ ही मेरे मन में ढेरों सवाल भी। क्या मैं केवल एक भारतीय हूँ? मैं अपने देश से बहुत प्यार करती हूँ। यहाँ रहने वाले लोगों की सेवा भी करना चाहती हूँ, लेकिन उसी जोश के साथ भारत से बाहर रहने वाले लोगों की भी। मैं एक भारतीय होने के अलावा भी कुछ हूँ। मेरे एमबीबीएस के दिनों में भी, मैं खुद को मात्र एक डॉक्टर से ज़्यादा सोचना चाहती थी। मुझे यह पेशा पसन्द है, लेकिन मैं सिर्फ एक डॉक्टर होने तक ही सीमित नहीं रह सकती। जब मैं लेडी हार्डिंग मेडिकल कॉलेज से अपनी सीनियर रेज़ीडेंसी कर रही थी, तो भी सवाल ज्यों का त्यों बना रहा। मैं भारतवर्ष की निवासी हूँ, एक चिकित्सक हूँ जिसने स्त्री-रोग में विशेषज्ञता हासिल की है। एक बेटी, बहन, पत्नी, माँ, दोस्त और शिक्षक की भूमिका निभा रही हूँ; लेकिन फिर भी, मैं कौन हूँ? भले ही मेरे पास जीवन की सभी तथाकथित अच्छी चीज़ें थीं, पर कुछ था जो गायब था। मेरे अन्दर एक जगह थी, जो खाली थी। शायद मेरी असली पहचान की कमी। मुझे मेरा जवाब नहीं मिल रहा था। कभी-कभी, मुझे लगता कि यह कितना बकवास सा सवाल है, लेकिन यही सवाल हर कुछ दिनों बाद मेरे भीतर कहीं गहराई से बार-बार उठता।

"कॉलेज के दिनों में मैंने कई प्रेरणादायक किताबें पढ़ीं। जब मैं इन पुस्तकों

को पढ़ती तो बेहद प्रेरित होती थी लेकिन जब भी दैनिक जीवन में कोई परिस्थिति आती, तो उसमें सुझाई गई तकनीक मैं भूल जाती। वक्त के साथ मुझे एहसास हुआ कि मैं बहुत सतही स्तर पर उनके तरीके अपनाने की कोशिश कर रही थी। मैं अपने और सबके बारे में कुछ बुनियादी बातें समझना चाहती थी, ताकि ये तरीके स्वाभाविक रूप से मेरे भीतर से आएँ। काफ़ी खोज के बाद भी गुम कड़ियाँ नहीं मिल रही थीं। आज काफ़ी हद तक मुझे मेरे जवाब मिल गए," मौली के चेहरे पर एक शान्त मुस्कान थी, जिसे वह खुद भी नहीं देख पा रही थी।

शिखर ने मौली को देख हल्की सी मुस्कान के साथ पूछा, "आज काफ़ी लम्बी बातें हो गईं। क्यों, है न?"

"लेकिन इसने मेरे दिल-दिमाग को हिलाकर रख दिया। मेरी भावनाओं को व्यक्त करने के लिए केवल एक धन्यवाद पर्याप्त नहीं होगा," कुन्दन ने आज की क्लास की सीख को स्वीकारा और अपना आभार व्यक्त किया। उसका आज का रुख अब तक के उसके रवैये से कुछ हटकर था।

"ठीक है, हम एक छोटा सा ब्रेक लेते हैं और फिर योग के लिए मिलते हैं," शिखर ने कुन्दन की ओर देखकर कहा।

जैस्मीन सेशन ले रही थी, "जब हम किसी खास योग-मुद्रा को करने का निर्णय लेते हैं, तो सबसे पहले हम मन व बुद्धि द्वारा उस योग को करने का विचार उत्पन्न करते हैं और अपने मस्तिष्क और तंत्रिकाओं के माध्यम से अपने शरीर के अंगों को आदेश देते हैं। हमारे शरीर के अंग उसी के अनुसार चलते हैं। इसलिए, जागरूक होने का प्रयास करें कि मैं विचारों का निर्माता हूँ। दूसरी ओर, हमारे शरीर की हरकतें हमारे पैदा किये विचारों की अभिव्यक्ति हैं। और दोनों अलग-अलग हैं; मैं, निर्माता और हमारे शरीर की विभिन्न गतियाँ हमारे विचारों की अभिव्यक्ति..."

जैस्मीन के शब्द गूँजते ही कुन्दन की आवाज़ सुनाई दी, "जैस्मीन, आपने अभी-अभी 'बुद्धि, मन, मस्तिष्क और तंत्रिकाओं' का ज़िक्र किया है। मुझे पता है कि मस्तिष्क और तंत्रिकाएँ दो अलग-अलग संरचनाएँ हैं, लेकिन क्या बुद्धि, मन और मस्तिष्क भी अलग हैं? अब तक मैं यही सोच रहा था कि ये एक ही हैं।"

जैस्मीन मुस्कराई और बोली, "नहीं कुन्दन, ये अलग हैं। हम इस पर आगे की क्लासेज़ में बात करेंगे।"

कुन्दन अपनी डायरी के साथ था।

'हम पूरी दुनिया में बहुत सी चीज़ें देखते हैं—चाहे तुम हो मेरी जान या वासू हो, सभी बिलकुल अलग दिखाई देते हैं। फिर भी सब एक हैं उसी एक चेतन ऊर्जा का विस्तार या अभिव्यक्ति।

'चेतन ऊर्जा दिखाई देने वाले ब्रह्मांड के पीछे का अदृश्य सार है—इस टेबल लैंप के बल्ब में बिजली की तरह। हम अपनी अज्ञानता के कारण इस अदृश्य शक्ति को नहीं देख पाते। जब मैं (चेतन ऊर्जा) अपना शरीर (भौतिक ऊर्जा) लेता हूँ, मैं माया के प्रभाव से सत्य को भूल जाता हूँ। इससे मेरी (चेतन ऊर्जा की) शुद्धता, शक्ति और ऊर्जा में कमी आती है। इसका प्रभाव शरीर (भौतिक ऊर्जा) पर शरीर की बढ़ती उम्र और बीमारी की तरह नज़र आता है। जब मेरे (चेतन ऊर्जा के) रहने के लिए शरीर अनुपयुक्त हो जाता है तो मैं शरीर छोड़ने का फैसला करता हूँ, जिसे मृत्यु कहा जाता है।'

कुन्दन ने अपनी डायरी को शुभ रात्रि कहा और सोने के लिए लेट गया। लेकिन कुन्दन ने जो लिखा था, उसके बारे में डायरी सोचने लगी थी।

अँधेरी रात लम्बे समय तक इन्तज़ार करती रही कि कब आदत से मजबूर कुन्दन अपने सख्त बिस्तर को लेकर शिकायत भरी गालियाँ सुनाएगा। लेकिन ऐसा लग रहा था कि आज रात वह चिड़-चिड़ करना भूलकर सो गया था।

# मन, बुद्धि और मस्तिष्क

“अब तक हम यह जान चुके हैं कि हम शाश्वत चेतन ऊर्जा हैं, जो हमारे शरीर से अलग है। आज हम बात करेंगे कि यह चेतन ऊर्जा काम कैसे करती है,” शिखर ने सुबह के सत्र की शुरुआत की।

“लेकिन हम मन, बुद्धि और मस्तिष्क पर बात करने वाले थे?” कुन्दन बीच में बोल पड़ा।

“हाँ, मेरे दोस्त, चेतन ऊर्जा के काम करने की प्रक्रिया जानने में मन, बुद्धि और मस्तिष्क पर बातें स्वतः हो जाएँगी,” जैस्मीन कुन्दन की अधीरता देख मुस्करा पड़ी।

शिखर ने बताना शुरू किया, “मैं, चेतन ऊर्जा, अपनी मन:शक्ति, मन और बुद्धि के माध्यम से काम करता हूँ।”

“तो मैं, चेतन ऊर्जा और मेरी मन:शक्ति दोनों अलग हैं! मैं, चेतन ऊर्जा, मन या बुद्धि नहीं हूँ!” रेयान ने कहा।

“गैं, गनुष्य या गानव, वह गालिक हूँ जो मेरी गन:शवित के कार्यों को नियंत्रित करने की क्षमता रखता है,” रेयान के संशय को देखते हुए जैस्मीन ने जोड़ा और जारी रखा, “हम खुद की तुलना एक ऐसे ऑपरेटर से कर सकते हैं जो कंप्यूटर का उपयोग कर रहा है, यानी हमारा शरीर, जोकि हार्डवेयर है। हमारी मन:शक्ति कंप्यूटर के सॉफ्टवेयर के समान है। इसे साधारणतया दिमाग भी कह देते हैं।”

“क्या यह मन:शक्ति मस्तिष्क नहीं है?” रेयान ने पुनः दुविधा व्यक्त की।

शिखर ने जवाब दिया, “नहीं रेयान, यह मस्तिष्क नहीं है। हमने पाठ्य-पुस्तकों में मस्तिष्क और शरीर के बारे में सीखा है। ये केवल हार्डवेयर के हिस्से हैं। यहाँ हम सॉफ्टवेयर पर चर्चा करने जा रहे हैं, हमारी मन:शक्ति, जो अधिक महत्त्वपूर्ण है।”

ध्रुव ने सहमति में कहा, "समझ गया। मस्तिष्क वह भौतिक स्थान है जहाँ हमारी मन:शक्ति काम करती है।"

"हाँ, मन:शक्ति पूरे तंत्रिका तंत्र, मस्तिष्क और तंत्रिकाओं में कार्य करती है," शिखर ने कहा।

"हमारी मन:शक्ति के काम काफ़ी जटिल हैं। एक उदाहरण लेते हैं। क्या हममें से किसी ने कभी गौर किया है कि हमारा दिमाग वीडियो रिकॉर्डर की तरह काम करता है? वास्तव में, यह उससे कहीं अधिक है। एक वीडियो रिकॉर्डर केवल ध्वनि के साथ तसवीरों या चित्रों को रिकॉर्ड कर सकता है, लेकिन हमारा दिमाग ध्वनि, महक और स्पर्श संवेदनाओं के साथ चित्रों को डेटा के रूप में रिकॉर्ड और संगृहीत करता है। बात समझने में आसान होती है दोस्तो, लेकिन जब हम उन्हें शब्दों में बयां करने की कोशिश करते हैं तो वे जटिल लगने लगती हैं," जैस्मीन ने कहा और जारी रखा, "चलो, एक उदाहरण लेते हैं... रेयान, तुम्हारी पसन्दीदा आइसक्रीम कौन सी है?"

"यह नैचुरल्स की चॉकलेट है। गज़ब की नरम और मुलायम है यह। मुँह में रखते ही पिघल जाती है। वास्तव में स्वादिष्ट है यह, सोचकर ही मेरे मुँह में पानी आ गया," रेयान आँखें बन्द किये बोल रहा था।

"रेयान की आँखों के सामने न केवल आइसक्रीम की तसवीर है, बल्कि उसकी कोमल और ठंडी अनुभूति की याद भी है," जैस्मीन ने आगे कहा, "हमारा मन न केवल तसवीर, बल्कि उससे सम्बन्धित स्वाद, महक और एहसास को भी रिकॉर्ड करता है। बस, इतना ही नहीं, सबसे बढ़कर सन्तुष्टि की भावना भी इस याद-रूपी डेटा के साथ जुड़ी हुई है।"

ध्रुव अचरज से बोल पड़ा, "मुझे नहीं लगता कि नये से नये रिकॉर्डर में भी इन विशेषताओं वाला सॉफ्टवेयर हो सकता है।"

"हाँ, यह खासियत सिर्फ हमारे दिमाग की है। आँखों के ज़रिये से इसके सामने आई चीज़ों को रिकॉर्ड करने के साथ ही, इसमें इसके अन्दर उठने वाले विचारों के अनुसार हूबहू वैसा ही खाका खींच तसवीर बनाने, जिसे कल्पनाशीलता कहते हैं, की भी अद्भुत क्षमता है। इतना ही नहीं, कल्पित तसवीर से जुड़ी हुई अनगिनत भावनाओं, संवेदनाओं को उत्पन्न करने की अनुपम शक्ति है हमारे दिमाग में," शिखर ने उत्तर दिया, "हमारा दिमाग अलग-अलग कार्य करता है; या यह कहना बेहतर होगा कि हम, चेतन ऊर्जा या आत्मा, हमारे दिमाग या मन:शक्ति के विभिन्न

पहलुओं की मदद से अलग-अलग कार्य करते हैं।"

शिखर ने आगे कहा, "जब हमारी मन:शक्ति विचारों, इच्छाओं, चित्रों, भावनाओं और संवेदनाओं की तरंगों का निर्माण करती है, तो इसे 'मानस' कहा जाता है। हमारे दिमाग का यह पहलू 'मानस', लगातार आनन्द की तलाश में रहता है। यह हमारी सभी इन्द्रियों—आँख, कान, नाक, जिह्वा और त्वचा—से जानकारी प्राप्त करता है, और इनके माध्यम से आनन्द और मज़ा पाने की कोशिश करता है। इच्छाओं और तृष्णा के पीछे भागना उसका स्वभाव है। इसे विविधता पसन्द है। अस्थिरता इसकी प्रवृत्ति है।"

"मानस में विचारों और भावनाओं के रूप में लगातार, अबाधित, निरंकुश आवेग उत्पन्न करने की शक्ति है। जैसे सागर की सतह पर बनी लहरें उसकी गहराई से उत्पन्न हो उसी में वापस मिल जाती हैं, उसी तरह विचार, इच्छाएँ, दृश्य और भावनाएँ मन में इसकी गहराई से उठा करती हैं," जैस्मीन ने समझाया।

"मानस आत्मा के हाथ में वह शक्ति है जिससे उसे पर्याप्त विकल्प मिलते हैं, और वह उनमें से सर्वश्रेष्ठ को चुन सकती है। हमारे मन के इस पहलू के कारण, हम विभिन्न सांसारिक चीज़ों का प्रयोग और अनुभव कर पाते हैं। लेकिन मुश्किल यह है कि इसे यह पता नहीं चल पाता है कि कब आवेग अनुकूलतम से विचलित हो अपनी हद पार कर जाते हैं," शिखर ने जोड़ दिया।

"बेलगाम घोड़े के जैसे!" मौली ने जोड़ दिया।

शिखर ने आगे कहा, "लेकिन इसे नियंत्रित करने या जाँचने की शक्ति 'बुद्धि' है। यह आत्मा की विवेकशक्ति है। दृढ़ता की शक्ति भी कह सकते हैं इसे। बुद्धि की मदद से आत्मा 'मानस' की शक्ति को नियंत्रित कर ठीक ढंग से संचालित करती है। हमारी बुद्धि यह तय करती है कि इन्द्रियों और मन को किस दिशा में जाना चाहिए, क्या करना चाहिए और क्या नहीं।

"मानस द्वारा सामने रखे गए विकल्पों (कई सारे रास्तों) में से आत्मा सबसे अच्छा रास्ता (विकल्प) बुद्धि की मदद से चुनती है। इसके लिए वह अब तक के अनुभवों (पूर्व रिकॉर्डिंग्स) के अनुसार, हर विकल्प के फायदे-नुकसान को समझकर, उससे सम्बन्धित हर पहलू को देखकर तय करती है।

"तत्पश्चात आत्मा चुने गए सर्वश्रेष्ठ विकल्प को हमारे शरीर की सहायता से कार्य में परिवर्तित करती है। कार्य कर आत्मा अनुभव या व्यावहारिक ज्ञान प्राप्त करती है। ये अनुभव आत्मा पर यादों के रूप में निशान या छाप छोड़ते हैं, जो

हमारी मन:शक्ति के तीसरे पहलू में संगृहीत होते हैं, जिसे मेमोरी बैंक, अन्तर्मन या चित्त कहा जाता है। अपनी मन:शक्ति की मदद से 'मैं' आत्मा, चेतन ऊर्जा, इस संसार में सारे काम करता हूँ," शिखर ने समझाया और जोड़ा, "अगर यह कठिन हो रहा हो तो हम रुक सकते हैं।"

"सर, मैं सोच रहा था कि 'मैं' चेतन ऊर्जा, जब मेरे पास बुद्धि की शक्ति है, मैं कुछ गलत करता ही क्यों हूँ?" कुन्दन ने पूछा।

"जैसाकि हमने जाना कि बुद्धि के निर्णय हमारे चित्त में संगृहीत रिकॉर्डिंग्स व अनुभवों की गुणवत्ता पर आधारित होते हैं। बेहतर गुणवत्ता से प्राप्त बुद्धिमत्ता व समझ-बूझ के अभाव में हमारी बुद्धि हमें गलत या निम्न स्तर वाले काम करने से रोक नहीं पाती। समझ-बूझ का अभाव सत्य को न जानने व न समझने के कारण होता है। ऐसे में आत्मा मानस द्वारा दिखाए गए ढेरों रास्तों में से सबसे बेहतर रास्ता नहीं चुन पाती। हम वह रास्ता चुनने लग जाते हैं जो हमें कुछ पलों का सुख और ऊपरी, छिछली या सतही तृप्ति देता है," शिखर ने उत्तर दिया।

"अगर हम सुख और तृप्ति चाहते हैं, तो चिन्ता करने पर हमें क्या मिलता है?" ध्रुव ने सन्देह से पूछा।

"चिन्ता करना एक आदत है, दोस्त। यह सच है कि हम जो कुछ भी करते हैं, उससे हमें किसी न किसी तरह की तृप्ति मिलती है। बस, हर कार्य से मिलने वाली तृप्ति की मात्रा अलग-अलग हो सकती है," शिखर ने समझाया।

"जब तक हम उच्च कृत्यों द्वारा प्राप्त तृप्ति का अनुभव नहीं करते, तब तक हम निम्न गुणवत्ता वाले कृत्यों में लिप्त रहते हैं," जैस्मीन ने स्पष्ट किया।

"अगर किसी ने ताज़े फलों का मज़ा नहीं लिया है तो वह पैकेटबन्द कृत्रिम फ्लेवर-युक्त रस को ही ठीक समझेगा," रेयान ने जोड़ा।

"चिन्ता करते समय हम अपने मन को विचारों और भावनाओं की एक लम्बी कड़ी से भर देते हैं," जैस्मीन ने कहा।

"हम सोचना जारी रखते हैं, और हर एक विचार दो या अधिक और नये विचारों को जन्म देता है, फिर ये विचारों की लड़ी बड़ी तेज़ी से फैलने लगती है और हमारे विचार नियंत्रण से बाहर हो जाते हैं," ध्रुव थोड़ा त्रस्त लग रहा था।

"हम बुरी से बुरी सम्भावनाओं को सोचते हैं और दर्द का अनुभव करते हैं," मौली ने जोड़ा।

"अपनी सही पहचान को भूल हमारा मन वास्तविक सुख और आनन्द से वंचित

हो एक खालीपन अनुभव करता है। वह खालीपन हमें अन्दर ही अन्दर कचोटता है। विचारों, भावनाओं और सम्भावनाओं की लम्बी कतारों द्वारा उस खालीपन को भरने का प्रयास ही चिन्ता है," जैस्मीन ने समझाया।

"और, दूसरों को परेशान करने के बारे में क्या?" रेयान ने स्पष्टीकरण पर ज़ोर देते हुए कहा।

"हम दूसरों को परेशान करते हैं क्योंकि हम दर्द में हैं। यह दर्द हमारे भीतर के उसी खालीपन के कारण उत्पन्न होता है—पुनः हमारे वास्तविक स्व के बारे में ज्ञान के अभाव के कारण। यह किसी भी अन्य दर्द से बदतर है," जैस्मीन ने समझाया।

"अपने स्व के बारे में सही जानकारी न होने के कारण उत्पन्न होने वाला मृत्यु का भय भी हर दर्द से भयानक है!" यह मौली थी।

"यह खालीपन दूसरों को परेशान कर, निम्न गुणवत्ता वाले कृत्यों से आभासी तृप्ति प्राप्त करता है," शिखर ने पूरा किया।

"दूसरों को दर्द में देखकर हम सन्तुष्ट महसूस करते हैं," रेयान ने जोड़ा।

"और विडम्बना यह है कि हम यह पहचान ही नहीं पाते कि हमें कितनी शिद्दत से आत्म साक्षात्कार की ज़रूरत है," अहाना ने पूरा किया।

"पार्टियों और पिकनिक में भी हमें आनन्द और तृप्ति मिलती है। यह कुछ हद तक बेहतर गुणवत्ता की है," ध्रुव ने कहा।

जैस्मीन ने कहा, "सेक्स के दौरान प्राप्त सन्तुष्टि चरम प्रतीत होती है, लेकिन यह केवल कुछ क्षणों के लिए ही बनी रहती है। जब हम किसी ऐसे व्यक्ति की मदद करना चाहते हैं जो वास्तव में ज़रूरतमंद है और हम ऐसा करने में सफल होते हैं, तो हमें बहुत खुशी और गहरी सन्तुष्टि मिलती है। यह मदद उस मदद से बहुत अलग है जो हम परिस्थितियों या किसी के दबाव में आकर करते हैं।"

"आत्मबोध या आत्म साक्षात्कार की तृप्ति उत्कृष्ट है; जब हम यह महसूस कर पाते हैं कि हम एक शुद्ध, शाश्वत, सकारात्मक, शक्तिशाली और शान्त चेतन ऊर्जा हैं, हम गहरी शान्ति और खुशी से लबालब होते हैं," शिखर ने शान्त स्वर में कहा।

"सर्वोच्च शक्ति का अनुभव एक महान अनुभव है—जब हम यह देख पाते हैं कि यह अदृश्य शक्ति हमसे कैसे जुड़ती है, हमसे बात करती है, हमारा मार्गदर्शन करती है और हमारी मदद करती है। यह शाश्वत आनन्द की अनुभूति है," जैस्मीन ने आगे कहा।

"हम इस संसार में तरह-तरह के उद्देश्यों को प्राप्त करने में अपने आपको

पूरी तरह से व्यस्त रखते हैं। हम सोचते हैं कि उद्देश्य प्राप्त करने के बाद हम खुश होंगे। लेकिन आखिरकार, जब हम सफल होते हैं, तो हमें एहसास होता है कि खुशी और सन्तुष्टि तो उस सीमा तक मिली ही नहीं, जहाँ तक हमने सोचा था। हम ढूँढ़ते रह जाते हैं कि क्या, कब और कैसे गलत हुआ," रेयान ने साझा किया।

"भले ही कुछ समय के लिए हम सांसारिक वस्तुओं से मिलने वाली उत्तेजना से आनन्द और तृप्ति का अनुभव करते हैं, लेकिन थोड़े समय के बाद हमें लगता है कि यह पूर्ण नहीं है, बल्कि सिर्फ एक मृगतृष्णा है। यह हमें उदास बनाता है। हम अपने मन में निराशा और पीड़ा के अनुभव को भर, फिर से दुनिया में आनन्द के दूसरे स्रोत की तलाश शुरू करते हैं," शिखर ने समझाया।

"इस संचित पीड़ा के कारण जो हमें हर बार सुख की तलाश में मिलती है, हम दुनिया में आनन्द के स्रोतों की लालसा बढ़ाते जाते हैं। दुष्चक्र चलता रहता है," मौली ने अनुमान लगाया।

"और हम खुद को पिज़्ज़ा खाने या कोक पीने से नहीं रोक पाते, इसके बावज़ूद कि हम अपने वज़न बढ़ने से काफ़ी नाखुश हैं और उसे नियंत्रित करना चाहते हैं। कोई यू-ट्यूब वीडियो या यहाँ तक कि अश्लील साहित्य भी हमारी तृष्णा को पूरी तरह से सन्तुष्ट नहीं कर पाता," रेयान ने कहा।

"और ऐसा इसलिए है क्योंकि मेरे दोस्त, हम सब वास्तव में शाश्वत आनन्द की तलाश कर रहे हैं," शिखर ने कहा।

"और इसी कारण चीज़ों को प्राप्त करने की हमारी चिरस्थायी उत्कंठा कभी खत्म होती नहीं दिखती," कुन्दन ने पूरा किया।

"तो हम अपने आपको उस गलत कार्य को करने से कैसे रोक सकते हैं, जो मुझे अपनी तृष्णा को सन्तुष्ट करने के लिए करना पसन्द है?" रेयान ने पूछा।

"बुद्धि हमें इसमें मदद करती है पर मुश्किल तब शुरू होती है जब हम बुद्धि को अनसुना कर अपने मन की हर बात मानना शुरू कर देते हैं," शिखर ने उत्तर दिया।

"एक ऐसे संगठन की कल्पना करो जहाँ बॉस के दो अधीनस्थ उसके विशेष सहायक हैं, जिसमें से एक अधीनस्थ अनुभवी, गम्भीर, कुशल है जबकि दूसरा चंचल, अपरिपक्व व अव्यवस्थित। और बॉस कुशल, अनुभवी अधीनस्थ (बुद्धि) को अनसुना कर अपरिपक्व, अव्यवस्थित अधीनस्थ (मानस) का अनुसरण करना शुरू कर दे," जैस्मीन ने कहा।

"हममें से ज़्यादातर लोग शिकायत करते हैं कि मैं तेल और मसालेदार भोजन को सीमित करना चाहता हूँ, लेकिन क्या करूँ, मेरा मन नहीं मानता या मुझे पता है कि क्या सही है, लेकिन जो मेरा मन करता है, उसे करने से मैं खुद को रोक नहीं पाता," मौली ने अपने मन की बात कही।

"लेकिन दोस्तो, अभ्यास से हम अपनी विस्मृत भव्यता को पुनः पा सकते हैं। और हम देखेंगे कि हमारा मन कैसे प्रेमपूर्वक और सहजता से हमारी बात मानेगा। शरारती अधीनस्थ एक आज्ञाकारी सहायक बन जाएगा," शिखर ने कहा और जारी रखा, "हमारे मन में उठने वाली इच्छा, तृष्णा, उत्तेजना के आवेग, जो हमें गलत काम करने के लिए उकसाते हैं, उन पर अंकुश लगाने के लिए हमें यह जानना होगा कि ये उठते कहाँ से हैं, इनका स्त्रोत क्या है?"

"यह हमारे मन की गहराई में पहले का रिकॉर्ड किया गया डेटा है," जैस्मीन ने कहा।

"मेमोरी बैंक!" अहाना बोली।

"हाँ। यदि मेमोरी बैंक या अन्तर्मन में डेटा आनन्द, सन्तोष और सकारात्मकता से सम्बन्धित है, तो उत्पन्न आवेग समान गुणवत्ता के होंगे," शिखर ने उत्तर दिया।

"और अगर मेमोरी बैंक दर्द, तकलीफ और दुख से भरा है, तो हमें दूसरों को परेशान करने में तृप्ति मिलेगी," रेयान ने जोड़ दिया।

"हमारे मेमोरी बैंक में सकारात्मक डेटा को बढ़ाने के लिए हमारा मन निरन्तर आनन्द की खोज में रहता है। यह किसी भी कीमत पर खुशी, आनन्द और तृप्ति का अनुभव करना चाहता है," शिखर ने तर्क दिया और कहा, "अगर यह स्वयं में खुशी नहीं ढूँढ़ पाता और न ही सर्वोच्च स्त्रोत अर्थात् सर्वशक्तिमान से ले पाता है, तो वह इसे इन्द्रियों की मदद से बाहरी दुनिया में पाने का प्रयास करता है। सुख पाने के लिए यह तरह-तरह के खयाल पिरोता है और कल्पनाशक्ति का भी उपयोग करता है।"

"हम टीवी देखते हैं, खाने के अलग-अलग स्वादों को आज़माते हैं, आनन्द का अनुभव करने के लिए सेक्स का मज़ा लेते हैं," रेयान ने कहा।

"इसमें कुछ भी गलत नहीं है। पर यदि हम यह सोचते हैं कि यह टीवी शो, भोजन या सेक्स हमारी खुशी का स्त्रोत है, तो यह हमारी भूल है। ऐसा इसलिए कि यदि ये नहीं मिल पाए कभी, तो हम दुख और दर्द में डूब जाएँगे। जबकि सच्चाई यह है कि भोजन या सेक्स केवल स्थिति है, नीरस डेटा, जबकि 'मैं',

आत्मा, सुख को रचती हूँ। शाश्वत सुख का स्रोत 'मैं' हूँ—शुद्ध चेतन ऊर्जा," शिखर ने समझाया।

"हाँ, शायद तभी पेट खाली होने पर रूखी रोटी चटनी भी तृप्त करती है और भरे पेट होने पर छत्तीस व्यंजन भी नहीं भाते," अहाना ने उदाहरण किचन से उठाया।

"हाँ, महावीर जी के अनुसार, प्रत्येक आत्मा अपने आपमें सर्वज्ञ एवं सम्पूर्ण आनन्दमय है। आनन्द बाहर नहीं है। आत्मा की सबसे बड़ी भूल अपने वास्तविक स्व की विस्मृति है और इसे केवल खुद को पहचानने द्वारा ही ठीक किया जा सकता है," जैस्मीन ने कहा।

"सत्य का एहसास हमें परिस्थितियों के हाथों की कठपुतली बनने से मुक्त करता है। हमें सांसारिक सुख के पीछे भागने से रोकने की शक्ति देता है," शिखर ने समझाया।

"बेहतर मूड के लिए कॉफी पीने या मिठाई खाने की ज़रूरत नहीं होगी। और हम अपने अन्दर छिपे आनन्द और सुकून को पा सकेंगे," अहाना ने जोड़ा।

"लेकिन हम उस आनन्द का अनुभव कैसे करें जो हममें छिपा है?" कुन्दन ने प्रश्न किया।

"इस पर हम आगे ज़रूर बात करेंगे," शिखर ने जवाब दिया।

रात के खाने के बाद कुन्दन खेल के मैदान की ओर चला, लेकिन उसके कदम बास्केटबॉल कोर्ट में जाने के बजाय कैंटीन की ओर मुड़ गए। पता नहीं क्यों, शायद उसमें अपने कोच का सामना करने की हिम्मत नहीं थी।

वह फीकी गुलाबी कुर्सी पर बैठ गया, छोटू से चाय मँगवाई, लेकिन उसकी नज़र उस रास्ते की ओर रही जो कैंटीन को बास्केटबॉल कोर्ट से जोड़ता था। उसे इन्तज़ार था कि कोई न कोई हमेशा की तरह मैच प्रैक्टिस के बाद चाय के लिए ज़रूर आएगा।

कुन्दन ने चाय का दूसरा कप भी खत्म कर लिया। उसकी फास्ट ट्रैक रात के ग्यारह दिखा रही थी, लेकिन अभी तक कोई आया नहीं। कुन्दन के मन में कई 'क्यों' कौंध रहे थे, तभी छोटू ने उसके मन को आँखों द्वारा पढ़ते हुए उत्तर दिया, "आजकल शाम को कोई भी चाय के लिए नहीं आता है। मुझे नहीं पता, क्यों? पढ़ाई... या पहले मैच में ही विक्ट्री विंग्स की हार?"

कुन्दन को कैंटीन में गपशप न होना बड़ा ही अजीब लगा, लेकिन अगले ही पल उसे अपनी गलती की गम्भीरता का एहसास हुआ। वह जानता था कि बास्केटबॉल एक टीम गेम है। बाहर से देखो तो ऐसा लग सकता है कि मानो कुछ लोग भूरे नारंगी रंग की गेंद लेकर उसे ऊपर और नीचे उछालते हुए इधर-उधर भाग रहे हों! लेकिन वास्तव में पूरी की पूरी टीम अपने सभी सदस्यों को साथ लिये, आत्मायुक्त एक जीवित प्राणी की तरह काम करती है। जब यह अपनी तालबद्ध लय में चलती है, तो बोर्ड पर इंगित स्कोर खुद-ब-खुद ही ऊपर जाता है। और फिर कोई भी विक्ट्री विंग्स और उसकी जीत के बीच नहीं आ सकता।

कैंटीन और उसकी चाय ने विक्ट्री विंग्स को जीवंत बनाने में महत्त्वपूर्ण भूमिका निभाई थी। विक्ट्री विंग्स को अपनी खोई छवि दोबारा पाने के लिए निश्चित रूप से कैंटीन में कुछ समय बिताने की आवश्यकता थी। पर कैसे? चाय के प्याले पर नज़रें गड़ाए कुन्दन का मन कैंटीन में अपने साथियों को इकट्ठा करने का उपाय ढूँढ़ ही रहा था कि अनायास ऊपर उठी नज़रों से उसने आईआईएम के छात्रों को कैंटीन में प्रवेश करते हुए देखा, और उसकी आँखों में एक अजब सी चमक आ गई। ये वे छात्र थे, जिनके साथ कुन्दन का पिछले साल झगड़ा हुआ था। उसके मन ने बेवकूफी भरी एक छोटी सी योजना बनाई।

घबराई हुई सी आवाज़ में उसने इरफ़ान को फोन किया, "मैं कैंटीन में था, यहाँ आईआईएम के लड़के आ गए हैं। मैं किचन में छिपा हूँ। मुझे यकीन है कि वे अगर मुझको अकेले पा जाएँगे तो ज़रूर पिछले साल की लड़ाई का बदला लेने की कोशिश करेंगे, इसलिए सबको (जिनमें से अधिकांश साथी बास्केटबॉल टीम के सदस्य थे) साथ लेकर मुझसे कैंटीन में मिलो।"

गुस्से की गर्मी से इरफ़ान के दिमाग का पारा चढ़ने लगा कि हाथ में चोट लगी है और रात के इस समय इतनी सुनसान जगह पर जाने की ज़रूरत ही क्या थी? वह कुन्दन पर चिल्लाया, "ये ऊपर वाला जाने, क्यों मैं तुम्हारा दोस्त हूँ। ठीक है, रुको, हम आ रहे हैं।"

इरफ़ान और यश ने अर्नव को उसके कमरे से लिया और टीम के अन्य सदस्यों को कैंटीन पहुँचने की सूचना दी।

"इरफ़ान, हमारा किसी से झगड़ा हुए काफ़ी समय हो गया है। वास्तव में तो तुम्हें कुन्दन का आभारी होना चाहिए कि उसकी वजह से यह अवसर मिलने जा रहा है," हॉकी स्टिक पकड़े हुए यश मुस्कराया।

"चुप रहो मूर्ख! कुन्दन के हाथ में चोट लगी है, कुछ हुआ तो उसका पूरा सेमेस्टर बर्बाद हो जाएगा," इरफ़ान अपनी बाइक स्टार्ट करते हुए चिल्लाया।

यश ने पीछे की सीट से ठहाका मारा, "हा-हा-हा! यह है किसी का बेस्ट फ्रेंड बनने का नुकसान।"

कुन्दन की कॉल के पन्द्रह मिनट के भीतर ही दो पल्सर-220 और एक बुलेट थंडरबर्ड नौ लड़कों को लेकर कैंटीन पहुँच गई। लेकिन आईआईएम के छात्र वहाँ नहीं थे।

"तुमने झूठ बोला कुन्दन, भाड़ में जाओ। मैं तुम पर फिर कभी भरोसा नहीं करूँगा," इरफ़ान गुस्से से फट पड़ा।

"मैंने झूठ नहीं बोला इरफ़ान, वो आए थे। लेकिन छोटू सच में होशियार है, उसने उन्हें भगा दिया," कुन्दन ने छोटू की पीठ थपथपाई।

"मैंने उनसे कहा कि मार्केट में एक स्थानीय अभिनेत्री की नई एमएमएस क्लिप आ गई है। उन्होंने मुझ पर विश्वास नहीं किया, लेकिन फिर भी उसको जाँचने के लिए निकल गए," छोटू ने अपनी हमेशा की अकड़ के साथ कहा।

"और यह क्या? तुम सब यहाँ मैच प्रैक्टिस के बाद आ क्यों नहीं रहे हो? यह हमारी बास्केटबॉल टीम के नैतिक आचरण के खिलाफ है," कुन्दन ने अपनी बनावटी गुस्सा दिखाती आँखों को नचाते हुए कहा।

सब मुस्कराए और उन्होंने चाय का ऑर्डर दिया। वे वहाँ देर रात तक बैठे रहे, ढेर सारी बकवास भरी बातें कीं। उन्होंने पढ़ाई से लेकर लड़कियों तक हर विषय पर बात की—कॉलेज के मामलों से लेकर नवीनतम हॉलीवुड सनसनी तक।

हॉस्टल जाने से पहले उन्होंने अपनी बाइकें शहर की ओर मोड़ लीं। भारत के सबसे अधिक जनसंख्या वाले राज्य की राजधानी उस समय बिलकुल शान्त दिख रही थी। आधी रात में सड़क किनारे के लैंप की रोशनी ने इस शहर को भारतीय दुलहन की तरह खूबसूरत बना दिया था, हज़रत गंज उस दुलहन का चेहरा था। वे सभी हज़रत गंज की गंजिंग के शौकीन थे जैसाकि कोई भी जॉर्जियन (किंग जॉर्ज मेडिकल कॉलेज का एमबीबीएस छात्र) होता है।

अपनी लम्बी ड्राइव के दौरान उन्होंने थंडरबर्ड पर सवार चार लड़कों और पल्सर पर तीन-तीन के साथ लगभग सभी यातायात नियमों को तोड़ा। शहर की तंग गलियों, जहाँ पुलिस की मौज़ूदगी कम थी, से गुज़रते हुए उन्होंने सभी ट्रैफिक सिग्नल तोड़े। इन नौजवानों को सड़कों पर हुड़दंग करते देख शान्त नवाबों की वह

नगरी खुश थी, जैसे एक माँ अपने बच्चों की शरारतें देख खुश होती है!

गर्ल्स हॉस्टल के ठीक पीछे स्थित सीवी बॉयज़ हॉस्टल पहुँच, ये आदतन चीखने और कमोबेश शराबियों की तरह का सा व्यवहार करने लगे। लेकिन कुछ देर तक भी जब गर्ल्स हॉस्टल की कोई खिड़की नहीं खुली, तो आिख़रकार मायूस हो सभी खिलाड़ी अपने-अपने कमरे में चले गए, पर यश और इरफ़ान मिनट भर को रुक गए।

"कुन्दन, इतने दिनों के बाद मैं अब अपनी टीम के सदस्यों के भीतर की गर्मजोशी को महसूस कर सकता हूँ। ऐसा करने के लिए शुक्रिया दोस्त! यह केवल तुम ही कर सकते थे। टीम को अब अपना दिल वापस मिल गया है," इरफ़ान ने कुन्दन को गले लगाया।

कुन्दन ने अपना बायाँ हाथ इरफ़ान की पीठ पर रखा और कहा, "विक्ट्री विंग्स कल क्वालिफाई करेगी।"

सोने से पहले कुन्दन अपनी डायरी में कैंटीन प्रकरण के बारे में लिख रहा था, लेकिन अचानक उसकी डायरी बोल पड़ी, 'कुन्दन! मैं तुम्हारी ये कहानियाँ पहले भी सुन चुकी हूँ। अब मुझे तुम्हारी सुबह वाली क्लास के बारे में जानना है, तो चलो, विषय बदलो कुन्दन।'

'तुम्हें भी लत लग गई है जानेमन! क्यों, है न ऐसा?' कुन्दन हँस पड़ा। 'यार, मुझे नहीं पता लेकिन ऐसा है कि अगर मैं उस क्लास को मिस कर दूँ तो मेरा भी दिन पूरा नहीं होगा। मुझे कभी नहीं गता था कि मेरे जीवन में कोई ऐसी भी क्लास हो सकती है, जिसे मैं छोड़ना नहीं चाहूँगा—एक बार भी नहीं।'

'कुन्दन, तुम सच में बुद्धू हो। और अगर तुम्हारी यह बकवास खत्म हो गई हो, तो क्या हम विषय पर आ सकते हैं?' डायरी ने प्यार से कुन्दन को फटकारा।

'ठीक है, चलो, शुरू करते हैं।'

'जब चेतन ऊर्जा भौतिक शरीर लेती है, तो वह सारे काम अपने विभिन्न विभागों के माध्यम से करती है, जिसे मन:शक्ति कह सकते हैं, जिसमें हैं—

1. मानस द्वारा इन्द्रियों के माध्यम से संसार से जानकारी प्राप्त करना व साथ ही साथ विचारों, भावनाओं और दृश्यों को उत्पन्न करने की शक्ति,

2. दृढ़ बुद्धि की शक्ति द्वारा कार्य करने के लिए सबसे अच्छे विकल्प को चुन सही निर्णय लेने की क्षमता,
3. चित्त या अन्तरमन में यादों और अनुभवों को रिकॉर्ड कर रखने की शक्ति।

'मैं बॉस हूँ, इसलिए मुझे मेरी शक्तियों का सही उपयोग और मेरी मन:शक्ति या दिमाग की सही गुणवत्ता स्वयं निर्धारित करनी है।

'क्योंकि, मन एक सुन्दर सेवक, लेकिन एक खतरनाक स्वामी है।'[12]—**ओशो**

'मन:शक्ति आत्मा के हाथ में एक उपकरण है।'

# चेतन बनाम अवचेतन मन

"सर, नेट सर्फिंग करते वक्त मैंने पाया कि दिमाग में दो भाग होते हैं—चेतन मन और अवचेतन मन," मौली ने चर्चा शुरू की।

"चेतन मन? क्या यह और चेतन ऊर्जा, दोनों समान नहीं हैं?" रेयान ने पूछा।

"उनके नाम एक से हैं लेकिन दोनों अलग हैं। मैं अपने भौतिक शरीर में 'चेतन ऊर्जा' हूँ। मैं (चेतन ऊर्जा) अपनी मन:शक्ति की मदद से काम करती हूँ, जिसमें चेतन और अवचेतन भाग हैं," जैस्मीन ने विभेदित किया।

अहाना ने अपनी नोटबुक में लिखा—

'मैं = चेतन ऊर्जा,

मन:शक्ति = चेतन मन + अवचेतन मन।'

"बिलकुल," एक क्षणिक विराम के बाद शिखर ने शुरू किया, "हमने कल जो सीखा था, उसे एक बार दोहराते हैं। जो भी हमारे सामने घटित हो रहा है, हमारे द्वारा किये गए कार्यों की छाप के साथ, हमारे दिमाग में 'स्मृति' के रूप में दर्ज हो जाता है। फलस्वरूप, हमारे दिमाग में जानकारियों और अनुभवों की यादों का एक विशाल संग्रह है। इसे आप एक मेगा लाइब्रेरी, एक जंबो स्टोर हाउस, एक विशाल कंटेनर या कंप्यूटर की मेमोरी के रूप में देख सकते हैं। आइए, इसे एक उदाहरण से समझते हैं।"

"मेगा लाइब्रेरी...," मौली ने कहा।

"ठीक... तो क्या सब एक मेगा लाइब्रेरी देखने के लिए तैयार हो?" शिखर ने आगे कहा, "मान लो, मैंने दुनिया की सारी किताबें इकट्ठी कर एक लाइब्रेरी बनाई। सोचो, कितनी बड़ी होगी वह लाइब्रेरी, इतनी कि मापना मुश्किल। बेहतर होगा, यह

कहा जाए कि अकल्पनीय रूप से बड़ी होगी वह लाइब्रेरी। किताबों को बेहतर ढंग से व्यवस्थित रखने के लिए मुझे कई कमरे, खंड और विभाग बनाने पड़ेंगे, जो कई परतों के रूप में एक के अन्दर एक क्रमबद्ध होंगे। सबसे बाहर वाला कमरा ऑफिस की तरह होगा, जहाँ मैं आत्मा, लाइब्रेरी का मालिक, लाइब्रेरी के अन्य सभी कर्मचारियों के साथ मौज़ूद होता हूँ। कर्मचारियों में से एक मानस है, जिसे किताबें पढ़ने का बेहद शौक है। वह हर समय किताबें पढ़ता रहता है। मानस का यह जुनून उसे दुनिया भर से लाइब्रेरी के लिए हर नई किताब इकट्ठा करने के लिए प्रेरित करता है। ऐसा वह इन्द्रियों नामक अन्य अधीनस्थों की मदद से करता है।"

"तो, मानस की निंदा करना ठीक नहीं! लाइब्रेरी में पुस्तकों की यह अद्‌भुत विविधता केवल उसके जुनून के कारण है," अहाना बीच में ही बोल पड़ी।

"बिलकुल! हर चीज़ का एक उद्‌देश्य होता है। कुछ भी आलोचना योग्य नहीं है," स्वीकारते हुए शिखर ने आगे कहा, "दूसरा कर्मचारी बुद्धि है। आम तौर पर जैसे ही कोई नई पुस्तक आती है, बुद्धि लाइब्रेरी में पहले से मौज़ूद पुस्तकों के अब तक के विश्लेषण द्वारा प्राप्त जानकारी के अनुसार उस नई किताब को परखती है। मानस और बुद्धि लाइब्रेरी के मालिक आत्मा के सामने ऑफिस में एक स्क्रीन पर पुस्तक प्रदर्शित करते हैं। मानस किताब रखना चाहता है लेकिन बुद्धि तर्क लेकर आती है कि यह किताब रखने लायक है या नहीं। यदि बुद्धि आत्मा को यह समझाने में सफल हो जाती है कि पुस्तक वास्तव में इस लाइब्रेरी में रखने लायक नहीं है, तो उस पुस्तक को लाइब्रेरी में स्थान नहीं मिलता। यदि पुस्तक प्रदर्शन के दौरान उपयुक्त दिखाई देती है, तो उस पुस्तक को उससे सम्बन्धित दृश्यों और भावनाओं के साथ एक नाम देकर कवर पेज दिया जाता है, साथ ही अच्छे या बुरे का टैग लगा लाइब्रेरी के आन्तरिक कक्षों में व्यवस्थित होने के लिए भेज दिया जाता है," शिखर ने समझाया।

"यदि हम बुद्धि की सलाह न मानकर उपयुक्त और अनुपयुक्त किताबों के बीच अन्तर करने में असफल होंगे तो हमारी लाइब्रेरी व्यर्थ किताबों से भर जाएगी," जैस्मीन ने जोड़ा।

"हाँ, जैस्मीन," शिखर ने आगे कहा, "कार्यालय में कुछ ही पुस्तकें रहती हैं—पहला, मानस द्वारा लाई गई मूल्यांकन की प्रतीक्षा में नई पुस्तकें अर्थात् दिमाग में इन्द्रियों के माध्यम से हमारे आसपास से आई हुई नई जानकारी। दूसरा, निकाले जाने की प्रतीक्षा में अस्वीकृत पुस्तकें, जिन्हें बुद्धि प्रामाणिक या सत्य नहीं मानती है

अर्थात् कोई भी बात या जानकारी जिसे बुद्धि ने सही मानने से इनकार कर दिया हो। तीसरा, मानस की ज़रूरत के अनुसार उसके पढ़ने के लिए लाइब्रेरी के आन्तरिक कक्षों से लगातार कार्यालय में आने वाली पुस्तकें अर्थात् पुरानी सुखद या दुखद यादें। चौथा, बुद्धि द्वारा सन्दर्भ के लिए लाइब्रेरी के भीतरी कक्षों से कार्यालय में आने वाली पुस्तकें जिनके तथ्यों का उपयोग बुद्धि नई पुस्तकों के मूल्यांकन करने में करती है अर्थात् पुराने अनुभव एवं सीख को याद करना। पाँचवाँ, आम तौर पर दैनिक पाठकों द्वारा माँगकर पढ़ी जाने वाली किताबें अर्थात् दिन-प्रतिदिन के कार्य करने के लिए आवश्यक जानकारी। क्या तुम सब मेरे साथ हो?" शिखर ने पूछा।

"हाँ, सर," कमरा गूँज उठा।

"तो हमारा दिमाग एक बहुत बड़ी लाइब्रेरी है। लेकिन ज़्यादातर समय हम जानबूझकर अपने दिमाग की क्षमता का केवल पाँच से दस प्रतिशत ही इस्तेमाल करते हैं," शिखर ने जारी रखा।

"जिस प्रकार से मालिक, पूरी लाइब्रेरी में न घूमकर, मात्र कार्यालय वाले पाँच से दस प्रतिशत हिस्से में ही बैठता है," मौली ने कहा।

"हमारे मस्तिष्क के इस सतही पाँच से दस प्रतिशत हिस्से को चेतन मन कहा जाता है। यह वह हिस्सा है जिससे हम सबसे ज़्यादा परिचित हैं। हम जो भी काम स्वेच्छा से करते हैं, वह हमारे चेतन मन की शक्ति से होता है। आन्तरिक खंड हमारे मन के गहरे पहलुओं का निर्माण करते हैं। दिमाग के इस गहरे पहलू अर्थात् अन्तर्मन को अलग-अलग दार्शनिक, मनोविश्लेषक या नये युग के लेखकों द्वारा अग्रचेतन, अवचेतन और अचेतन शब्द दिये गए हैं," शिखर ने कहा और आगे पूछा, "क्या यह ठीक है, हम आगे बढ़ें?"

"यदि सम्भव हो तो, कृपया इसे थोड़ा आसान करें," रेयान ने अपना सिर खुजलाते हुए कहा।

"हम अग्रचेतन, अवचेतन और अचेतन की जगह अभी 'अवचेतन' शब्द का प्रयोग हमारे मन के गहरे पहलू के लिए कर सकते हैं, क्या यह ठीक होगा?" शिखर ने रेयान की ओर देखते हुए कहा, "आओ, हम अपने मन की जटिलताओं को समझने की कोशिश करें। हम जानते हैं कि हम अपने शरीर या अंगों को तब हिला पाते हैं जब हम दिमाग द्वारा उन्हें ऐसा करने का आदेश देते हैं। विचारों के द्वारा हमारा मन शरीर को मस्तिष्क और तंत्रिकाओं के माध्यम से संकेत भेजता है और हमारा हाथ चलता है। ठीक है?"

"हाँ," सभी ने एक स्वर में कहा।

शिखर ने आगे बताया, "हम इसे सचेत रूप से करते हैं—अपने दिमाग के उस हिस्से का उपयोग करके, जो सतही हिस्सा है और पूरे दिमाग का केवल पाँच से दस प्रतिशत है, जिसे चेतन मन कहा जाता है। कल्पना करो कि शेष नब्बे से पचानवे प्रतिशत की शक्ति कितनी अधिक होगी, जिसे हम यहाँ अवचेतन कह रहे हैं?

"इसकी शक्ति का एहसास करने के लिए, आओ, थोड़ा और गहराई में जाएँ। हमने अपना हाथ हिलाया, लेकिन क्या हमने जाना है कि जब हम अपना हाथ हिलाते हैं तो कौन-कौन सी मांसपेशियाँ कितना ज़्यादा या कितना कम सिकुड़ती हैं? कोई छिपा हुआ है जो इसका खयाल रख रहा है। हम होशपूर्वक भोजन का स्वाद लेते हैं, इसे चबाकर निगलते हैं, लेकिन उसके बाद क्या होता है? यह कैसे पचता है? हृदय कैसे पम्प करता है? नींद के दौरान भी विभिन्न हॉर्मोन और एंज़ाइम कैसे काम करते हैं?—हमारा अवचेतन मन इन सभी बातों का ध्यान रखता है। इसमें इतनी शक्ति है कि यह हमारे सोने के घंटों सहित, हर समय काम करता है। दूसरे शब्दों में, हमारे शरीर में जो कार्य हमारे बिना जाने होते हैं, वे हमारे अवचेतन मन के प्रभाव में होते हैं।

"सिगमंड फ्रायड के अनुसार—हम हमारे मन को एक आइसबर्ग के रूप में सोच सकते हैं, जिसका एक छोटा सा हिस्सा ही बस हमें पानी के ऊपर स्पष्ट दिखाई देता है और वह है—चेतन मन।

"बाकी मन का लगभग नब्बे से पचानवे प्रतिशत हिस्सा आइसबर्ग के पानी के अन्दर वाले हिस्से की तरह छिपा हुआ है जो असीमित सर्वोच्च चेतन ऊर्जा से जुड़ा है, जैसे आइसबर्ग का गहरा हिस्सा समुद्र के पानी से जुड़ा होता है। शुद्ध चेतना या सर्वोच्च चेतना से सम्बन्ध के कारण, यह कहा जा सकता है कि हमारे मन की शक्ति या क्षमता अथाह और असीमित है," शिखर ने अपनी बात पूरी की।

"इसीलिए अमेरिका में नई सोच के समर्थक सर क्रिश्चियन डी. लार्सन ने कहा है, 'अपने आप पर और जो कुछ भी आप हैं, उस पर विश्वास करें। जान लें कि आपके अन्दर कुछ ऐसा है जो किसी भी बाधा से बड़ा है'[13]," मौली ने जोड़ा।

"लेकिन सर, अगर मेरे पास इतनी शक्ति है तो फिर मेरा व्यवहार कभी-कभी अप्रत्याशित क्यों हो जाता है? उदाहरण के लिए, मैं वास्तव में क्रोधित नहीं होना चाहता, इसके लिए मैं अपनी पूरी कोशिश करता हूँ, लेकिन जब परिस्थिति आती है

तो मैं किसी तरह भी अपने आपको नियंत्रित नहीं कर पाता," ध्रुव ने टिप्पणी की।

"सर, ध्रुव ही नहीं, मैं भी धूम्रपान, शराब पीना या सेक्स करना बन्द नहीं कर पाता। मैंने एचआईवी के बारे में पढ़ा है, अपने अस्पताल के वार्डों में मरीजों को एड्स से मरते देखा है। क्या आपको नहीं लगता कि मैं धूम्रपान या शराब के खतरों के बारे में जानता हूँ? लेकिन वह सारा ज्ञान धरा का धरा रह जाता है। जब कोई सिगरेट देता है, मैं बिना सोचे तुरन्त ले लेता हूँ," कुन्दन बेझिझक बोल पड़ा।

"समझ सकती हूँ कुन्दन, पर इसका कारण जानते हो? हम सब अपने सतही दस प्रतिशत मन से कड़ी मेहनत करते हैं। उदाहरण के तौर पर, यदि तुमने सिगरेट न पीने का संकल्प लिया या ध्रुव ने क्रोध न करने का निर्णय लिया; तुम दोनों ने अपनी दस प्रतिशत शक्ति का उपयोग कर लिया। लेकिन जब कोई स्थिति उत्पन्न होती है, तो हमारा गहरा नब्बे प्रतिशत मन ऑटोमैटिक मोड में जाकर कार्यभार ले लेता है। हम उसी के अनुसार काम करते हैं, क्योंकि इसमें सिगरेट पीने या क्रोध के पूर्व अनुभवों की स्मृति होती है। आपका दस फीसदी दिमाग कह रहा होता है कि आपको ऐसा नहीं करना चाहिए, लेकिन आपका नब्बे फीसदी दिमाग आदत से मजबूर उस कार्य के पूर्व अनुभव की वजह से काम कर रहा होता है। और हमको लगता है कि हम अपने आपको नियंत्रित नहीं कर पा रहे हैं," जैस्मीन की आवाज़ स्नेही थी।

"हाँ, दोस्तो, हम यहाँ इसी छिपे हुए पहलू पर काम करने के लिए हैं। और किसी चीज़ को काबू करने का पहला कदम उसके बारे में सब कुछ जानना है," शिखर ने सान्त्वना दी, और पुनः समझाना शुरू किया, "चेतन मन हमारे मन का वह हिस्सा है जिसमें हमारे मानस और बुद्धि की शक्ति है। चेतन मन पाँच इन्द्रियों के माध्यम से हमारे आसपास की दुनिया से सीधे जुड़ा हुआ है। यह जानकारी इकट्ठा कर थोड़े समय के लिए अपने पास अस्थायी यादों के रूप में रखता है। चेतन मन को हम कंप्यूटर की रैम या रैंडम एक्सेस मेमोरी के रूप में देख सकते हैं। जैसाकि हम जानते हैं, रैम शॉर्ट टर्म मेमोरी स्पेस है, जिसे कंप्यूटर पर एप्लिकेशन और प्रोग्राम चलाने के लिए एक्सेस किया जा सकता है। ठीक उसी प्रकार हम अपने होशो-हवास में किये गए दैनिक कार्यों को अपने चेतन मन की सहायता से करते हैं।

"बुद्धि द्वारा हमारा चेतन मन हमें तर्क, विवेक और दृढ़ इच्छा की शक्ति देता है। विचारशीलता की मदद से यह सही-गलत तौलता हुआ, मिली जानकारी का

क्रमबद्ध तरीके से विश्लेषण करता है। यह हमें पढ़ने, लिखने और मौखिक रूप से खुद को व्यक्त करने में मदद करता है," शिखर ने जारी रखा, "दूसरी ओर, हमारे दिमाग का अवचेतन पहलू इसका अन्तरमन, चित्त या मेमोरी बैंक है। इसमें बिना किसी समय के भान के सारी की सारी जानकारी, अभी तक की सारी रिकॉर्डिंग्स, एक के अन्दर एक अनगिनत परतों में व्यवस्थित है।"

"इसलिए जब हम अतीत के किसी पल को याद करते हैं, तो वह हमारी आँखों के सामने ऐसे नज़र आता है, जैसेकि वह अभी वर्तमान में ही घट रहा हो!" अहाना के साथ उस सर्द शाम की याद कुन्दन की आँखों के सामने कौंध सी गई और वह सिहर उठा।

"हमारा अवचेतन वह जगह है जहाँ स्थायी स्मृतियाँ रहती हैं। पुनः हम कह सकते हैं कि यह हमारे कंप्यूटर की हार्ड डिस्क की स्मृति के समान है। लेकिन यह हार्ड डिस्क मानव निर्मित डिस्क से अलग है। यह बेहद विशाल है। अवचेतन में अभी तक की रिकॉर्ड की गई जानकारी विवेकपूर्ण तरीके से विभिन्न परतों में व्यवस्थित रहती है—चाहे वर्तमान जीवन की हो या पिछले जन्मों की, जिसे हमारे चेतन मन ने भुला दिया है। ताज़ा जानकारी सबसे ऊपरी परत पर संगृहीत होती है और इसे आसानी से याद किया जा सकता है। फ्रायड द्वारा इसे 'अग्रचेतन' कहा गया है। बहुत पुरानी जानकारी अच्छी तरह से गहरे अन्दर व्यवस्थित होती है, जो फ्रायड के अनुसार 'अचेतन' है। इसे सम्मोहन, पास्ट लाइफ रिग्रेशन या ध्यान जैसी विभिन्न तकनीकों की मदद से याद कर चेतन मन में लाया जा सकता है। सबसे गहरा डेटा प्रेम, ज्ञान, शक्ति, खुशी और आनन्द का है, जो सर्वोच्च चेतनता के साथ निरन्तरता में रहता है। यही कारण है कि यह हम सभी की मूल प्रकृति है," शिखर जटिल समझ देते वक्त भी विनम्र दिखाई दिये।

"तो, हमारी अवचेतन यादें स्थायी हैं और आत्मा के साथ एक जीवन से दूसरे जीवन में जाती हैं। और यही पास्ट लाइफ रिग्रेशन थेरैपी का आधार है," मौली ने आगे जोड़ा।

"हाँ, मौली, तो अब कहो, ब्रेक लें या जारी रखें?" विषय के भारीपन को समझते हुए शिखर ने पूछा।

"सर, कृपया जारी रखें। हम भौतिकी, रसायन विज्ञान या गणित के जटिल सिद्धान्तों को समझने के अभ्यस्त हैं। यह इतना भी जटिल नहीं है," ध्रुव ने जारी रखने का अनुरोध किया।

"हाँ, सर, हम अपने मन, दिमाग को जानने के लिए बेताब हैं। अगर हमने कुछ हासिल करने का ठान लिया तो हम किसी भी हद तक जा सकते हैं। आख़िर हम इक्कीसवीं सदी के युवा हैं," कुन्दन ने अपने तरीके से शिखर को बहलाया।

शिखर के उनकी ओर देखने पर अहाना, मौली और रेयान ने भी सिर हिलाकर अपनी-अपनी सहमति दी।

"ज़रूर," कहकर शिखर मुस्कराकर बोले, "हालाँकि, हमारे मन के चेतन और अवचेतन, दोनों भाग अलग लगते हैं लेकिन उनके बीच लगातार लेन-देन चलता रहता है।"

"आइसबर्ग के दिखने वाले और पानी के अन्दर के दोनों हिस्सों की तरह जो एक दूसरे से जुड़े हुए हैं, उसी तरह हमारे दिमाग के चेतन और अवचेतन पहलू भी एक दूसरे से अभिन्न रूप से जुड़े हुए हैं," जैस्मीन ने आगे कहा, "चेतन मन अपना काम करने के लिए अवचेतन में मौज़ूद जानकारी का उपयोग करता है। सिगमंड फ्रायड के अनुसार, 'चेतन मन की तुलना उस फव्वारे से की जा सकती है, जो अवचेतन के विशाल कुंड से उठता है और उसी में वापस गिर जाता है'।"

"सामान्यतया अवचेतन आसपास के परिवेश से सीधे नहीं जुड़ा होता है, यह अपनी अधिकतर जानकारियों के लिए चेतन मन पर निर्भर रहता है। अगर हमारे दिमाग के दोनों पहलू एक साथ मिलकर काम करते हैं, तो यह अपनी शक्ति को काफ़ी बढ़ा सकते हैं," शिखर ने आगे बताया।

"लेकिन हकीकत कुछ और ही है," जैस्मीन ने अल्बर्ट आइंस्टीन को उद्धृत किया, "'अन्तर्ज्ञानी मन एक पवित्र उपहार है और तर्कसंगत मन एक वफादार सेवक। हमने एक ऐसा समाज बनाया है, जो नौकर का सम्मान करता है और उपहार को भूल गया है'[14]।"

कुन्दन दूसरे क्वालीफाइंग मैच के लिए बास्केटबॉल कोर्ट पहुँच गया था। वह कोच की नज़रों से दूर अपने बैच के साथियों के साथ बैठ गया। दूसरी टीम के नहीं आने पर विक्ट्री विंग्स को बिना खेले ही वॉकओवर मिल गया।

आधी रात से ऊपर बीत चुकी थी। अपनी नियमित दिनचर्या के अनुसार, सोने से पहले कुन्दन ने सुबह की क्लास अपनी डायरी के साथ शेयर की—

'आज मैंने जो सबसे आश्चर्यजनक बात सुनी है, वह यह है कि हम अपने दिमाग की क्षमता का केवल दस प्रतिशत ही इच्छित उपयोग कर रहे हैं। शेष नब्बे प्रतिशत ऑटोमैटिक रूप में काम कर रहा है, जिसके कारण कई बार हमें नुकसान उठाना पड़ता है। सबसे महत्त्वपूर्ण बात यह है कि यदि हम इस नब्बे प्रतिशत के एक छोटे से हिस्से का भी अनुकूल उपयोग करने में सक्षम हो जाएँ, तो सोचो कि हम क्या से क्या हो सकते हैं!

# हमारा अवचेतन

जैसे-जैसे क्लास हर गुज़रते दिन के साथ आगे बढ़ रही थी, वहाँ की हवा में उत्सुकता की एक भीनी सी खुशबू तैरने लगी थी। जिसकी झलक वहाँ उपस्थित युवा साथियों की आँखों में भी देखी जा सकती थी। उस अन्तर्दृष्टि के लिए धन्यवाद, जो वे हर पल यहाँ हासिल कर रहे थे।

"सुप्रभात सर, क्या हम अवचेतन मन के बारे में और जान सकते हैं?" कुन्दन की आँखें उसी उत्सुकता से भरी थीं, जिसकी खुशबू अभी हवा में थी।

"हाँ, क्यों नहीं! अच्छा, बताओ, क्या हममें से कोई कभी हाथी पर बैठा है?" शिखर ने सवाल उठाया।

"हाँ, सर। जिम कॉर्बेट नेशनल पार्क घूमते हुए मुझे एक हाथी पर सवारी करने का मौका मिला। हम लगातार चार दिनों तक सवारी करते रहे, जब तक हमें बाघ दिखाई नहीं दिया," रेयान ने उत्साह से कहा।

"रेयान, अब जिम कॉर्बेट नेशनल पार्क की तुम्हारी यात्रा का मेरा संस्करण सुनने के लिए तैयार हो जाओ," शिखर ने शरारती स्वर में कहा।

"आओ, कल्पना करें, रेयान ने एक महावत की मदद से हाथी की सवारी शुरू की। मान लो कि महावत रेयान की उम्र के आसपास का ही था। वह बातों में काफ़ी अच्छा था—एक अच्छे आई क्यू लेवल के साथ, जंगल के बारे में सारी जानकारी रेयान को दे रहा था। उसने जंगल में कई खूबसूरत जगहें दिखाईं। रेयान ने इस अनुभव का भरपूर आनन्द लिया। उसने अपना नाश्ता, खाना, ड्रिंक्स, यहाँ तक कि सिगरेट और शराब भी महावत को शेयर की। रेयान और महावत, दोनों मस्त हो, हाथी की देखभाल करना भूल गए। सवारी की शुरुआत में हाथी शक्तिशाली, स्वस्थ और आज्ञाकारी था। लेकिन भोजन और पानी के बिना वह थका और बीमार

रहने लगा। इस बात से बेखबर रेयान हाथी की सवारी करता रहा, जिससे हाथी जंगली और कमोबेश पागल सा हो गया। अब सवारी को नियंत्रित करने के लिए बहुत प्रयास करने के बावज़ूद, रेयान के लिए यात्रा मुश्किल होती जा रही थी। महावत ने भी अपनी पूरी कोशिश की, लेकिन सब बेकार।"

"सर, आप मेरी टाँग खींच रहे हैं!" रेयान झेंपते हुए बोला।

"नहीं, रेयान, हम बस अपने अवचेतन के बारे में और जानने की कोशिश कर रहे हैं," शिखर ने कहा।

"समझ गया! मुझ आत्मा के पास हाथी सा शक्तिशाली अवचेतन है," कुन्दन समझते हुए बोला।

"और महावत चेतन मन है। हम अपना सारा ध्यान चेतन मन पर लगा रहे हैं और अपने अवचेतन का खयाल रखना पूरी तरह भूलते जा रहे हैं, जो हाथी से शक्तिशाली अवचेतन को पागल बना रहा है। अब यह सुन्दर यात्रा—हमारा जीवन कठिन और असहनीय होता जा रहा है," जैस्मीन ने बात पूरी की।

"हमें महावत की मदद से हाथी की विशाल शक्ति का सही तरीके से उपयोग करना है," ध्रुव ने कहा।

"हमारा अवचेतन मन वफादार दोस्त या खतरनाक दुश्मन हो सकता है। दरअसल, यह अपनी क्षमताओं में सर्वश्रेष्ठ है। यह हम पर निर्भर करता है कि हम इसे क्या बनाते हैं—दोस्त या दुश्मन," शिखर ने समझाते हुए कहा।

"क्या यह इसलिए अच्छा है क्योंकि इसमें हमारे दिमाग की कुल नब्बे प्रतिशत शक्ति है?" रेयान ने सवाल किया।

"बेशक," जैस्मीन ने जवाब दिया और कहा, "पर इससे कहीं ज़्यादा महत्त्वपूर्ण है कि यह अन्तर्मन हमारे मन का वह गहरा हिस्सा है, जो हमारे चेतन मन और सर्वोत्तम चेतना के बीच की कड़ी है।"

"आइसबर्ग के पानी में डूबे भाग की तरह जो निरन्तर समंदर के सम्पर्क में रहता है," रेयान ने टिप्पणी की।

शिखर ने आगे बताया, "हमारा अवचेतन मन दो तरीके से काम करता है। यह पूरे ब्रह्मांड से जानकारी के रूप में इनपुट प्राप्त करता है। इन प्राप्त जानकारियों के आधार पर यह स्पंदन या वाइब्रेशंस बाहर ब्रह्मांड में भेजता है।

"पहले इनपुट पर बात करते हैं। हमारा अवचेतन दो प्रकार से जानकारी प्राप्त करता है—एक, चेतन मन के माध्यम से और दूसरा, खुद कायनात से सीधे स्पंदनों

को महसूस कर। जैसाकि हम जानते हैं, अवचेतन की ओर अधिकांश जानकारी चेतन मन के माध्यम से आती है। हम अपने आसपास के संसार को अपनी आँखों से देखते हैं, कानों से सुनते हैं, आदि। इन्द्रियों द्वारा अनुभूति इनपुट का पहला चैनल है," शिखर ने जारी रखा, "इन्द्रियों द्वारा हमारे आसपास से आने वाली कोई भी नई जानकारी हमारे चेतन मन में बहुत से विचारों और भावनाओं को उठा सकती है। ये आवेग, विचार, भावनाएँ या दृश्यों की तरंगें हमारे अवचेतन के लिए इनपुट का दूसरा चैनल हैं।"

जैस्मीन ने कहा, "इस तरह, हमारे आसपास की घटनाएँ हमारे चेतन मन में विचारों और भावनाओं की एक शृंखला शुरू करके, हमारे अवचेतन की गुणवत्ता को सकारात्मक या नकारात्मक रूप से प्रभावित कर सकती हैं।"

अहाना बीच में उछल पड़ी, "माँ-पिता या किसी अच्छे दोस्त से बातें, किसी लीडर की मोटिवेशनल टॉक..."

"कोई किताब पढ़ना या कोई दिलचस्प फिल्म देखना, जैसे—'व्हाट ए वंडरफुल लाइफ', 'थ्री इडियट्स' या 'ओह माय गॉड'। सकारात्मक विचारों की एक शृंखला शुरू कर सकते हैं," कुन्दन ने कहा।

"जबकि डेली सोप और टेलीविज़न सीरियल, मसालेदार न्यूज़ चैनल, ऑफिस में तीखी नोक-झोंक, या कोई बुरी संगत, नकारात्मक विचारों की बहार ला सकते हैं," रेयान ने कहा।

"इसलिए हमारे बड़े हमेशा यह कहकर कि 'जैसा संग, वैसा रंग' हमें सही संगत चुनने की सलाह देते थे," ध्रुव ने अपनी बारी ली।

"बिलकुल ध्रुव, पर एक बात और नोट करने लायक है कि परिस्थिति एक इनपुट है और उसके आने पर मन में उठने वाले आवेग, जो कि उस परिस्थिति की प्रतिक्रिया हुई, दूसरा इनपुट है। परिस्थिति को तत्काल बदलना सम्भव न लगे पर उसकी प्रतिक्रिया बदली जा सकती है। क्योंकि दोनों अलग हैं। याद दिलाना, इस पर हम आगे ज़रूर बात करेंगे," शिखर ने जोड़ा।

"शायद इसीलिए कहते हैं कि खराब परिस्थिति सबके सामने आती है—कोई बिखर जाता है, कोई निखर जाता है," यह मौली थी।

"सच है मौली! इसके अलावा, हम चेतन मन में अनायास निर्मित आवेगों, विचारों, भावनाओं या दृश्यों की तरंगों का भी अनुभव करते हैं। ये तरंगें सकारात्मक या फिर नकारात्मक हो सकती हैं," शिखर ने आगे कहा।

"अवचेतन के पहले से संगृहीत डेटा के अनुसार उत्पन्न आवेग," अहाना ने भूमिगत पूल के फव्वारे के उदाहरण को याद किया।

जैस्मीन ने आगे कहा, "हालाँकि इन आवेगों, विचारों और भावनाओं की उत्पत्ति अवचेतन में संगृहीत डेटा से हुई है, लेकिन ये महत्त्वपूर्ण हैं क्योंकि वे हमारे अवचेतन में डेटा की सकारात्मकता या नकारात्मकता को पुनः सुदृढ़ करते हैं। पुराना भीतर दबा, काफ़ी हद तक भूला डेटा फिर से चेतन मन में आ जाता है, जो भविष्य में बुद्धि के उपयोग के लिए इस्तेमाल किया जा सकता है। वहीं पुरानी बुरी यादों को ताज़ा कर हम अपने मन की नकारात्मकता को मज़बूत कर सकते हैं।"

मौली ने याद किया, "तभी हमारे बुजुर्ग कहा करते थे—पुराने ज़ख्मों को कभी नहीं कुरेदना चाहिए।"

जैस्मीन समझाने के लिए तैयार थी, "उदाहरण के लिए, कल्पना करते हैं कि कल मेरा एक पावर पॉइंट प्रेज़ेंटेशन है। मैं प्रेज़ेंटेशन की तैयारी कर रही हूँ और मेरे दिमाग में खयाल आता है कि मैं पीपीटी में यह टेक होम मैसेज जोड़ूँ, जो मेरी बात को बेहतर ढंग से लोगों तक पहुँचा पाएगा। मैं उत्साह के साथ पावर पॉइंट बेहतर करने में लग जाती हूँ। ये विचार और भावना अच्छी गुणवत्ता की कही जाएगी, जबकि व्यर्थ विचार—जैसे कल क्या होगा, कितने लोग होंगे, क्या मैं प्रेज़ेंटेशन ठीक से दे भी पाऊँगी या नहीं—सभी नकारात्मक विचार हैं, जो भय और चिन्ता की भावनाओं को जन्म देते हैं।"

रेयान ने जोड़ा, "एक नकारात्मक विचार दूसरे नकारात्मक विचार को जन्म देता है, जो उसी प्रकार के अन्य विचारों को और बढ़ाने में सक्षम हैं। यह हमें भय और चिन्ता की भावनाओं से भर देगा। प्रेजेंटेशन के दौरान ये भावनाएँ मेरे दिमाग को नकारात्मक रूप से प्रभावित करेंगी और मैं प्रेजेंटेशन पर अपना ध्यान केन्द्रित नहीं कर पाऊँगा।"

जैस्मीन—"दूसरी ओर, एक सकारात्मक विचार और भावना, सकारात्मकता की एक लहर शुरू कर सकती है और हमें आत्मविश्वास से भर सकती है।"

मौली—"तो, हमारे अवचेतन से उठने वाले विचार या भावनाएँ दो तरह की हुईं, एक सकारात्मक जो कि लाभकारी हैं और दूसरी नकारात्मक या व्यर्थ।"

"लेकिन, क्या ऐसा नहीं है कि कुछ बेहतर करने के लिए थोड़ी-बहुत चिन्ता या दबाव आवश्यक है?" ध्रुव का मत औरों से अलग था।

जैस्मीन—"यह तभी तक सही है, जब तक हम हक़ीक़त से पूरी तरह अवगत नहीं हैं।"

"मतलब...?" ध्रुव ने पूछा।

जैस्मीन—"अच्छा, ध्रुव, यह बताओ, क्या तुम्हारे पास बाइक है?"

"हाँ..." ध्रुव ने कहा।

"ठीक है, मान लो, तुम अपनी गर्लफ्रेंड के साथ डिनर पर जाने वाले हो और अचानक दोपहर में तुम्हारी बाइक खराब हो जाए, तुम क्या करोगे?" जैस्मीन ने कहा।

"मैं कहीं से बाइक उधार लेने की कोशिश करूँगा। ज़ाहिर है, मैं कैसे भी डिनर कैंसिल नहीं कर सकता," ध्रुव की आँखों में शरारत, होंठों पर नन्ही सी मुस्कान थी।

"मान लो, मैं तुमको एक बिलकुल नई मॉडर्न बाइक देती हूँ। जाओ और डिनर के मज़े लो," जैस्मीन ने कहा।

"अब क्या?" अहाना इस उदाहरण का उद्‌देश्य जानना चाहती थी।

"रुको अहाना, ध्रुव को वापस तो आने दो," शिखर के शब्दों पर एक बार को सभी हँस पड़े।

"ठीक है, मैं वापस आ गया हूँ," ध्रुव मुस्कराया, "अब क्या?"

"इतनी जल्दी!" जैस्मीन ने ध्रुव को छेड़ा, "ठीक है, बताओ, कैसा था यह अनुभव...? ज़ाहिर है, मैं नई बाइक के बारे में पूछ रही हूँ।"

ध्रुव कल्पना करने लगा, "मस्त था, पर शुरू में थोड़ा स्ट्रेस था। चूँकि यह बाइक मैं पहली बार चलाने जा रहा था और, वह भी अपनी गर्लफ्रेंड को पीछे बैठाकर, लेकिन जब मैंने बाइक स्टार्ट की, मुझे सही लगी, वास्तव में अच्छी थी!"

जैस्मीन—"अब मान लो कि तुम इसे साठ-सत्तर किमी प्रति घंटे की स्पीड से चला पाए, जबकि इतनी तेज़ तुमने कभी अपनी वाली बाइक नहीं चलाई थी। तुम्हें कैसा लगा होगा?"

"हालाँकि शुरू में मैं नर्वस था, लेकिन मुझे लगता है, इससे मुझे मदद मिली और मैं अपने पहले के बाइकिंग अनुभव के आधार पर, नई बाइक को तेज़ गति से चला पाया। मैं सन्तुष्ट था," ध्रुव बोला।

जैस्मीन—"ठीक ध्रुव, अब ज़रा सा बदलाव करते हैं। जब तुम मेरे पास बाइक के लिए आए थे तब अगर मैंने तुमसे यह कहा होता कि यह नई बाइक एक सुपर बाइक है जो तीन सौ किमी प्रति घंटा तक जा सकती है और बेहद शक्तिशाली

ब्रेक की मदद से आसानी से नियंत्रित की जा सकती है! तो बताओ, क्या कुछ बदला होता?"

ध्रुव—"बहुत कुछ। शायद तब वह अनुभव कमाल हो जाता। मैं और मेरी बाइक हवा से बातें करते।"

जैस्मीन—"और, चिन्ता और दबाव के बारे में क्या?"

ध्रुव—"समझा मैं, अगर मैं यह जानता हूँ कि मेरे पास कार्य को पूरा करने के लिए पर्याप्त क्षमताएँ हैं, तो चिन्ता और दबाव के लिए कोई जगह नहीं है। और शायद, चिन्ता और दबाव की अनुपस्थिति में, मैं बेहतर तरीके से बाइक को एक्सप्लोर कर पाता।"

"हाँ, ध्रुव," जैस्मीन ने आगे कहा, "चिन्ता और दबाव हमेशा एक व्यक्ति को उसकी वास्तविक क्षमता का एहसास करने से रोकता है।"

"सच है, ध्रुव, तुमने आईआईटी रुड़की से कंप्यूटर साइंस में अपना बीई पूरा किया है—है न?" शिखर ने भी जोड़ा।

"हाँ, सर," ध्रुव ने कहा।

शिखर आगे बढ़े, "क्या तुम मेरे बेटे को, जो कक्षा आठ में है, कंप्यूटर पढ़ा सकते हो?"

"क्यों नहीं, सर! मैं बिलकुल पढ़ाऊँगा," ध्रुव बोला।

शिखर—"क्या तुम कोई चिन्ता या दबाव महसूस कर रहे हो?"

ध्रुव—"नहीं सर, बिलकुल नहीं।"

शिखर—"हाँ, ध्रुव, यदि हम अपने मन की गहराई में कहीं जानते हैं कि हम किसी काम को करने में सक्षम हैं, तब न तो चिन्ता उत्पन्न होती है और न ही इसकी आवश्यकता होती है।"

ध्रुव ने कुछ सेकंड इन्तज़ार किया और कहा, "कभी-कभी, हम गलत चीज़ इतनी अधिक बार करते हैं कि यह मानना मुश्किल हो जाता है कि वे गलत थीं।"

शिखर ने आगे कहा, "हमेशा याद रखो, कोई भी कार्य आपकी क्षमता से अधिक नहीं है।"

"हाँ, दोस्तो, जब हमें पता चलता है कि हम चेतन प्राणी, ब्रह्म, सर्वोच्च चेतना या सर्वशक्तिमान के अंश हैं, तो किसी भी कार्य को करने का निर्णय मात्र लेने की आवश्यकता होती है। किसी चिन्ता या दबाव की कोई आवश्यकता नहीं है," जैस्मीन ने निष्कर्ष निकाला और जोड़ा, "चेतन मन के साथ प्रदर्शन करने के लिए

चिन्ता या दबाव की आवश्यकता हो सकती है। यदि हम अपने चेतन मन को अपने अवचेतन और ईश्वर की चेतना के साथ लयबद्ध करने में सक्षम हैं तो हमारे लिए कोई भी कार्य असम्भव नहीं है।"

"जब हम बाइक या कार चलाना सीखते हैं, तो शुरू में कितना मुश्किल लगता है! बहुत ध्यान देना पड़ता है। क्योंकि हम इसे अपने चेतन मन से करते हैं। कार चलाना शुरू करने के कुछ महीनों बाद ही, हम ड्राइव करते समय मोबाइल पर बात करने लगते हैं, भले ही हम जानते हैं कि यह नियमों के खिलाफ है," कुन्दन ने कहा।

"क्योंकि, ड्राइविंग का कौशल हमारे अवचेतन तक पहुँच गया है," अहाना ने कुन्दन के वाक्य को पूरा किया।

शिखर—"हमारे अवचेतन मन के लिए इनपुट का अगला चैनल अतीन्द्रिय अनुभूति है, जिसे पाँच भौतिक इन्द्रियों के बिना महसूस किया जाता है। यह अतीन्द्रिय अनुभूति या एक्स्ट्रा सेंसरी परसेप्शन हमारे अवचेतन का एक गुण है जो किसी व्यक्ति के सचेत प्रयास के बिना, शुद्ध और शक्तिशाली अवचेतन द्वारा बाहरी दुनिया से सीधे प्राप्त किया जाता है। दूसरे शब्दों में, इस चैनल के माध्यम से हमारा अवचेतन, बिना चेतन मन के हस्तक्षेप के, संसार से सीधे जुड़ता है।"

जैस्मीन ने अपनी बारी ली, "हम सबने कभी न कभी इसका अनुभव ज़रूर किया होगा। क्या कभी ऐसा हुआ कि जब हम किसी कारण से ठीक नहीं थे या बुरा महसूस कर रहे थे, और फिर, फोन बज उठा हो... और फोन के दूसरी तरफ वाला व्यक्ति हमारा सबसे प्रिय या करीबी था, जैसे माँ या कोई अपना?"

"हाँ, इस साल जनवरी के शुरू में, मैं भावनात्मक रूप से टूट गई थी। मेरे एक अच्छे दोस्त ने मुझे दर्द दिया था। मैं अपने हॉस्टल में रो रही थी, और अचानक मेरा मोबाइल बजा। यह मेरी माँ थीं। वह सवाल पर सवाल करने लगीं, 'क्या हाल है? ठीक तो हो? कोई बात तो नहीं?' मैं उन्हें परेशान नहीं करना चाहती थी, इसलिए मैंने शान्त स्वर में कहा,'मम्मा, सब ठीक है। पर क्या हुआ, आप ऐसे क्यों पूछ रही हैं?' उन्होंने जवाब दिया, 'पता नहीं, थोड़ा अजीब लग रहा था। बस, तुमसे बात करने का मन किया।' और आश्चर्यजनक ढंग से उन्होंने मुझे जल्द घर आने के लिए कहा।"

अहाना की आवाज़ में दर्द साफ झलक रहा था। हालाँकि उसकी आँखों में आँसू की एक नन्ही बूँद सिवाय कुन्दन के और कोई नहीं देख सका।

"उन्होंने तुम्हें घर आने के लिए कहा क्योंकि उनका अवचेतन तुम्हारे द्वारा

दिये गए उत्तरों पर विश्वास करने के लिए तैयार नहीं था... क्या यह एक संयोग था?" जैस्मीन ने पूछा।

"नहीं, दोस्तो, यह हमारे खुद के और हमारे अपनों के अवचेतन मन के बीच का सम्पर्क है, जहाँ दूरी और समय मायने नहीं रखता," शिखर ने समझाया।

मौली ने कहा, "यहाँ मैं सभी के साथ अपना एक अनुभव बाँटना चाहूँगी। पाँच साल पहले की बात है, मैंने सोते हुए एक सपना देखा। सपने में मैंने देखा कि मेरी कज़िन की, उसके घर, कानपुर में शादी की तैयारी चल रही है। और परिवार के एक बेटे की मौत हो गई है। सपने में, मैं शव ढूँढ़ती रही, यह जानने के लिए कि किसकी मृत्यु हुई थी। इससे पहले कि कुछ पता चलता, मेरे पति ने मुझे जगा दिया। मैंने जब उन्हें सपने के बारे में बताया तो उन्होंने कहा, 'इसे अन्यथा मत लो, यह सिर्फ एक सपना है।' सोने से पहले मुझे सिर्फ इतना पता था कि चार दिन में मेरी कज़िन की शादी है। करीब आधे घंटे बाद जब हम दोनों चाय की चुस्कियों का आनन्द ले रहे थे तो मेरे मोबाइल की घंटी बजी। यह मेरी माँ थीं जिन्होंने मुझे मेरे नानाजी के बारे में बताया। वह एक घंटे से कोमा में थे और नर्सिंग होम में वेंटिलेटर पर थे। चौबीस घंटे बाद उन्हें मृत घोषित कर दिया गया।"

"वह क्या था? इतनी दूर से कोई बात कैसे पता चल सकती है?" कुन्दन चौंक गया।

"इसे टेलीपैथी कहा जाता है। यह अतीन्द्रिय अनुभूति हमारे अवचेतन मन की शक्ति है। समय, दूरी, सोना और जागना—कुछ भी इसके लिए मायने नहीं रखते। यह तत्काल और तत्क्षण होने वाला इंटरनेट कनेक्शन की तुलना में अधिक शक्तिशाली है। इसे छठी इन्द्रिय भी कहा जाता है," शिखर ने समझाया।

जैस्मीन—"इसी तरह पूर्वानुमान होना या पूर्वसूचना मिल जाना, हमारे अवचेतन का एक और गुण है। इसमें व्यक्ति बातों को पहले से जान लेता है। आप इसे 'भविष्य को महसूस करना' कह सकते हैं। हममें से कुछ ने इसका अनुभव किया होगा।"

"इस पर विश्वास करना वाकई मुश्किल है," ध्रुव ने कहा।

"लेकिन ऐसा होता है। मैं कार द्वारा नोएडा से आगरा के लिए निकलने वाली थी। घर पर ताला लगाते समय अचानक मेरे मन में खयाल आया कि मैं कुछ अतिरिक्त पैसे अपने पास रख लूँ। मैंने इस विचार को अनदेखा कर दिया, यह सोचकर कि मुझे इतने पैसों की आवश्यकता नहीं होगी। मैं कार में बैठ ही रही थी कि फिर मैंने सोचा कि कुछ अधिक पैसे रख लेने में गलत ही क्या है! और मैंने

पैसे रख लिये। रास्ते में मेरी कार खराब हो गई। मरम्मत के बाद कार मैकेनिक ने जब मुझसे पैसे माँगे, तो मुझे आश्चर्य हुआ कि वे ठीक उतने थे जितने मैंने फालतू रखे थे," जैस्मीन ने अपने साथ हुई घटना बताई।

"कुछ लोगों के साथ हम सहज महसूस करते हैं। हम कहते हैं, उनसे पॉजिटिव वाइब्स आती हैं। यह भी कि हमारी फ्रिक्वेंसी मेल खाती है। मुझे लगता है, यह एक्स्ट्रासेंसरी अनुभूति का ही एक उदाहरण है," अहाना ने कहा।

"हाँ, अहाना, हम सभी इसे अनुभव करते हैं, लेकिन आम तौर पर हम इसे अनदेखा कर देते हैं या इसे एक संयोग मानते हैं। अब, मुझे बताओ, क्या यह सब बहुत जटिल हो रहा है दोस्तो?" शिखर ने पूछा।

"सर, अब तक हमने बाहरी भौतिक दुनिया के बारे में सीखने के लिए खुद को दिन-रात व्यस्त रखा। सुख की तलाश में सांसारिक ऐशो-आराम में हम डूबे रहे, फिर भी सुकून नहीं मिला। हम भटकते रहे—एक वस्तु से दूसरी वस्तु पर; चाहे सिगरेट, शराब, ड्रग्स, पब हो या डेटिंग, लेकिन इच्छाएँ कभी खत्म नहीं हुईं। अब पहली बार मुझे अपने को जानने व समझने का मौका मिला है—साथ ही संसार को देखने का एक नया नज़रिया," कुन्दन की आँखें चमक रही थीं।

"मैं अपने तीसरे सेमेस्टर के परीक्षा परिणाम के बाद की उस घातक रात को कैसे भूल सकता हूँ, जब मेरे एक सहपाठी ने आत्महत्या कर ली थी? एक विषय में सप्लीमेंटरी आई थी उसकी, बस," ध्रुव व्यथित लग रहा था।

"मुझे नहीं लगता कि कोई भी व्यक्ति आत्महत्या कर सकता है, अगर वह स्वयं के बारे में सच्चाई जानता हो कि वह शाश्वत और अथाह शक्तिशाली है," मौली ने कहा।

"मुझे लगता है, स्वयं व संसार को समझने के लिए हम अपनी पूरी कोशिश करने के लिए तैयार हैं," रेयान ने कहा।

"ज्ञान नीरस है, अनुभव आनन्दमय है। स्वनिर्मित व्यक्ति के लिए यह नीरस मार्ग रेगिस्तान में मरुद्यान ढूँढ़ने के लिए पहला कदम जैसा है," जैस्मीन ने कहा।

"फ्रांसिस बेकन के अनुसार ज्ञान ही शक्ति है," मौली ने जोड़ा।

"ठीक है दोस्तो, जारी रखते हैं," शिखर आगे बढ़े, "अब हम यह पता लगाने जा रहे हैं कि इन इनपुट्स का आगे क्या होता है। जैसे ही कोई इनपुट हमारे दिमाग में प्रवेश करता है, उसे दिमाग के चेतन भाग में प्रॉसेस किया जाता है, जो एक चेक पोस्ट के रूप में कार्य करता है। जैसाकि हमने पहले भी बात की थी कि चेतन मन

बुद्धि की शक्ति के साथ मूल्यांकन कर तय करता है कि यह इनपुट प्रामाणिक है या नहीं; अच्छा है या बुरा।"

जैस्मीन—"इन्द्रियों द्वारा प्राप्त किसी भी डेटा की पहले चेतन मन द्वारा प्रोसेसिंग आवश्यक है। इसी कारण जब हमारा चेतन मन पूरी तरह से चौकस नहीं होता है तो कोई बात हमारे सामने हो भी तो उसे हम अपने आँख-कान द्वारा ग्रहण करके भी समझ और संगृहीत नहीं कर पाते हैं।"

"उदाहरण के लिए, यदि हम मोबाइल फोन में कुछ देख रहे हों, और कोई बगल में खड़ा होकर भी कुछ बोले, तो हम सुन नहीं पाते। कभी हम किसी पुरानी याद में इस तरह खो जाते हैं कि किसी को देखते हुए भी नहीं देखते। जब हमारा दिमाग किसी और चीज़ में व्यस्त होता है तो हमारा चेतन मन इन्द्रियों के सामने के डेटा को दर्ज नहीं कर पाता," शिखर ने आगे जोड़ा, "और अगर हमारे दिमाग का चेतन पहलू आने वाले डेटा को दर्ज करने के लिए पर्याप्त चौकस है, तो हमारे दिमाग में आने वाले डेटा का, पिछले अनुभवों और संगृहीत ज्ञान के अनुसार, प्रामाणिकता के लिए मूल्यांकन किया जाता है। यदि इनपुट प्रामाणिक लगता है, तो इसे स्वीकार कर लिया जाता है और डेटा हमारे अवचेतन में जमा हो जाता है।"

"हम सोते समय नहीं सुन सकते हैं, क्योंकि नींद के दौरान हमारा चेतन मन निष्क्रिय रहता है और बाहरी दुनिया से कोई डेटा हमारी इन्द्रियों के माध्यम से प्राप्त नहीं करता है," अहाना ने जोड़ा।

"क्योंकि तब हमारा अवचेतन सक्रिय होता है और जागने के घंटों के दौरान एकत्र किये गए डेटा को व्यवस्थित करने में लगा रहता है," शिखर ने कहा।

"अपने एमबीबीएस के दिनों में, मैं पढ़ाई के दौरान एक साधारण तकनीक का अभ्यास करती थी। मैंने कभी कुछ याद करने में ज़्यादा मेहनत नहीं की। मैं किसी विषय के काफ़ी जटिल या कठिन हिस्से को बस एक बार ध्यान से पढ़ती और पढ़ने के बाद आधे-एक घंटे की नींद ले लेती थी। उसके बाद, मुझे पढ़ा हुआ वह जटिल हिस्सा याद हो जाता था। इधर, मैं नींद का मज़ा लेती, और बदले में कठिन चीज़ों को याद करने की मेहनत से बच भी जाती। उस समय, मुझे अवचेतन के नींद के दौरान, पहले से प्राप्त डेटा को व्यवस्थित करने का राज़ पता नहीं था," मौली के शब्दों में भरपूर उत्साह था।

"यह आइडिया तो गज़ब है। मैं निश्चित रूप से इसे आज़माऊँगा," ध्रुव ने मुस्कराते हुए कहा।

जैस्मीन ने कहा, "एक बात और, हमारे अवचेतन में डेटा को बेहतर ढंग से व्यवस्थित करने के लिए, इसके साथ भावनाएँ और दृश्य जोड़ने की ज़रूरत पड़ती है।"

शिखर—"जो हम आँखों द्वारा देखते हैं, आम तौर पर चेतन मन उस पर आसानी से विश्वास कर प्रमाणित कर लेता है क्योंकि बचपन से ही हमें यह अनुभव है कि हम जो देखते हैं, वह वास्तविक है। जबकि कुछ इनपुट, जैसे स्टेटमेंट, जो हम सुनते हैं या पढ़ते हैं, सीधे हमारे अवचेतन में जमा नहीं हो पाते।"

जैस्मीन—"जब ऐसे इनपुट हमारे दिमाग में आते हैं, तो हमारा दिमाग स्टेटमेंट, उसके बोलने के तरीके व भाव के अनुसार एक छवि बनाने की कोशिश करता है। साथ ही, अच्छी या बुरी, तीव्र या कमज़ोर भावना उसके साथ जुड़ जाती है। फिर यह हमारे अवचेतन में जमा हो जाता है।"

"लेकिन याद रखना, हमारे अवचेतन में किसी भी इनपुट को स्टोर करने के लिए, सबसे पहले, यह हमारे दिमाग को सही लगना चाहिए," शिखर ने कहा और जारी रखा, "यदि ये स्टेटमेंट या कथन हमारे चेतन मन को झूठे लगते हैं, तो यह उन्हें हमारे अवचेतन में संगृहीत किये बिना छोड़ देता है।"

जैस्मीन ने कहा, "मान लो कि मेरा दोस्त कहता है, 'जीवन सुन्दर है' लेकिन मेरे पिछले अनुभव चोट और दर्द के हैं, तो मेरा चेतन मन मेरे मित्र की बात को अस्वीकार कर देगा और यह मेरे अवचेतन में प्रवेश नहीं करेगा।"

शिखर—"यह हमारे चेतन मन में थोड़े समय याद रह सकता है।"

जैस्मीन ने आगे कहा, "एक और बात। हमारा अवचेतन 'नहीं', 'तुम्हारा' या 'मेरा' जैसे शब्दों को आसानी से नहीं समझता है, क्योंकि इन शब्दों का विज़ुअलाइज़ेशन आसान नहीं है और इन शब्दों के साथ किसी भी भावना को तुरन्त जोड़ पाना आसान नहीं है।"

"हाँ, विशेष रूप से, रोज़ाना जब हम बात करते हैं या बहुत तेज़ सोचते हैं, उन बातों के अनुसार इमेजेज़ 'आप', 'मैं', 'करें' और 'न करें' के बीच अन्तर किये बिना ही हमारे अवचेतन में रिकॉर्ड हो जाती हैं। केवल ध्यान से कल्पना करने पर ही अवचेतन में हम इमेजेज़ 'मैं', 'आप', 'करें' और 'न करें' के साथ रिकॉर्ड कर सकते हैं," शिखर ने समझाया।

जैस्मीन—"उदाहरण के लिए, अगर मैं कहती हूँ कि 'शोर मत करो', इसे सुनकर तुरन्त हमारे मन में, या आँखों के सामने क्या आया?"

"मुझे अपने भाई के साथ मेरी बहस होती नज़र आई," रेयान जोश में बोला।

"अब यदि मैं कहूँ, 'शान्त रहो'," जैस्मीन ने कहा, "क्या लगता है, कोई अन्तर है?"

"मुझे बस हमारा शान्त योग हॉल दिखाई दिया, और कुछ नहीं," ध्रुव ने शान्त स्वर में कहा।

"जब हम कुछ भी सुनते हैं तो हमारे अवचेतन में उससे सम्बन्धित जो भी पुराने अनुभव होते हैं, उनके अनुसार इमेज और फीलिंग तुरन्त बनते जाते हैं। और, जैसाकि हमने अभी देखा, लगभग समान अर्थ के कथन हमारे दिमाग को अलग तरह से प्रभावित कर सकते हैं," शिखर ने सहमत होते हुए कहा।

जैस्मीन—"उसी तरह जब हम किसी की आलोचना या निंदा करने में लगे होते हैं। उदाहरण के लिए, दुनिया ऐसी ही है। लोग एक दूसरे की खुशियाँ देख जलते रहते हैं। हमेशा एक दूसरे को नुकसान पहुँचाने की कोशिश करते हैं। इसलिए वह जीवन में दुखी और परेशान हैं... हम दूसरों का तिरस्कार करने में व्यस्त हैं, तब हमारा अवचेतन ईर्ष्या, घृणा, दुखी जीवन और दर्द से सम्बन्धित भावनाओं और दृश्यों को रिकॉर्ड कर रहा होता है।"

'सच है! मैं अपने बारे में अक्सर अच्छा महसूस कर बातें करती हूँ, लेकिन कभी-कभी मैं लोगों सहित अपने परिवेश के बारे में बुरा-बुरा बोलती हूँ या सोचती हूँ,' मौली जैस्मीन की बातों के बारे में सोच रही थी।

"हमारे अवचेतन के बारे में कुछ और बातें हैं। एक छोटा सा प्रयोग करें? अपनी आँखें बन्द कर मेरी आवाज़ सुनना, जैस्मीन ने दो पल ठहरकर आगे कहना शुरू किया, "अभी-अभी कोई यहाँ आकर मेज पर गुलाबों का एक गुच्छा रख गया... गुलाब ताज़े और सफेद रंग के हैं... इसकी खुशबू हमारे आसपास फैल रही है... अब आँखें खोलो। अहाना, क्या तुम बताना चाहोगी, तुम्हें क्या लगा?"

अहाना—"मैंने अपने सामने ताज़े, धवल सफेद गुलाब देखे।"

ध्रुव—"मैंने भीनी सुगंध महसूस की।"

जैस्मीन—"हाँ, यह हमारे चेतन मन की कल्पनाशक्ति है और महत्त्वपूर्ण बात यह है कि हमारा अवचेतन हमारी आँखों के सामने हो रही एक वास्तविक घटना और चेतन मन द्वारा कल्पनाशक्ति से बनाए गए दृश्यों के बीच अन्तर नहीं कर सकता।"

शिखर—"कल्पनाशक्ति हमारे चेतन मन के पास एक ऐसा प्रभावकारी औज़ार है जिसके माध्यम से यह कभी भी हमारे अवचेतन की गुणवत्ता को संशोधित कर

सकता है और उसमें संगृहीत डेटा को बदल रीप्रोग्राम कर सकता है।"

जैस्मीन—"तो, हमारे अवचेतन की फिर से प्रोग्रामिंग करने के लिए कल्पनाशक्ति का उपयोग एक अद्‌भुत तकनीक के रूप में किया जाता है, जो हमारे जीवन में मनचाहा बदलाव ला सकता है। इसके लिए कल्पना वर्तमान काल में होनी चाहिए और इस कल्पना से उत्पन्न होने वाली भावना अच्छी और तीव्र होनी चाहिए।"

रेयान—"क्या इसे विस्तार में बता सकते हैं?"

"ज़रूर, आगे इस पर चर्चा करेंगे," शिखर ने आश्वस्त किया।

हालाँकि तकनीकी रूप से विक्ट्री विंग्स ने दूसरा क्वालीफाइंग मैच जीता था, लेकिन इस जीत का कोई मतलब नहीं था क्योंकि इससे टीम का आत्मविश्वास नहीं बढ़ा, जिसकी टीम को सख्त ज़रूरत थी। कुन्दन चाहता था कि उसकी कॉलेज टीम फिर से जीत हासिल करे। उसने टीम के सदस्यों को उनकी पढ़ाई में मदद करना शुरू कर दिया। वह सभी लेक्चर्स में भाग ले, शाम को कैंटीन में उन्हें विषयों के बारे में समझाया करता, जिससे वे लेक्चर्स बंक करके भी मैच प्रैक्टिस कर सकें।

सभी ने उसे एक बार कोच से मिलने के लिए कहा, लेकिन बास्केटबॉल ग्राउंड की तरफ जाते समय उसके कदम जम से जाते, और वह ग्राउंड से दूर ही रहा।

अपनी डायरी लिखते समय, कुन्दन अपना दिन याद कर रहा था।

आज का दिन अच्छा रहा क्योंकि उसने माइक्रोबायोलॉजी के प्रैक्टिकल में सेकंड हाइयेस्ट अंक हासिल किये थे। लेकिन जाने-अनजाने में उसे अहाना के आँसुओं का बुरा लग रहा था। वह उन आँसुओं को पोंछना चाहता था, क्योंकि वह जानता था कि उन आँसुओं का कारण वही था और वह इसके लिए उससे क्षमा चाहता था।

रात के अँधेरे ने हॉस्टल को घेर लिया था। सब सो रहे थे जबकि कुन्दन जैस्मीन के मेल को समझने की कोशिश में व्यस्त था—

'हमारे दिमाग की ओर आने वाले इनपुट :

(अ) चेतन मन के माध्यम से—

*पहला चैनल :* इन्द्रियों (आँख, कान जैसे) द्वारा हमारे परिवेश से विभिन्न जानकारियों व परिस्थितियों का भान,

*दूसरा चैनल :* जानकारियों व परिस्थितियों की प्रतिक्रिया में उठने वाले विचार, भावनाएँ एवं दृश्य,

*तीसरा चैनल :* स्वतः उत्पन्न विचार, भावनाएँ व दृश्य या कल्पनाएँ

(ब) *अतीन्द्रिय अनुभूति*—पाँच भौतिक इन्द्रियों व चेतन मन के माध्यम के बिना होने वाली अनुभूतियाँ।

सभी इनपुट (जानकारी) जो हमारे दिमाग में प्रवेश करते हैं, हमारे चेतन मन में उनकी प्रोसेसिंग के दौरान प्रामाणिकता के लिए जाँच होती है व भावनाओं और दृश्यों को जोड़ा जाता है। संलग्न भावना (सकारात्मक या नकारात्मक) और इमेज के साथ प्रामाणिक डेटा हमारे अवचेतन में अनुभव या स्मृति के रूप में संगृहीत हो जाता है।'

कुन्दन ने अपनी डायरी में चार्ट को उतार लिया था—साथ में यह जोड़ते हुए कि 'एक इमेज के निर्माण के दौरान, हमारा दिमाग आम तौर पर 'मैं', 'आप', 'वह', 'हाँ' और 'नहीं' या 'वास्तविक घटनाओं' और 'कल्पना' के बीच अन्तर नहीं कर पाता।'

# विश्वास

"सर, हमने जाना कि स्मृति व अनुभव के रूप में विभिन्न डेटा हमारे अवचेतन में जमा हो जाता है, अब आगे क्या? यह कैसे हमारे जीवन में महत्त्वपूर्ण है?" ध्रुव ने दिमाग और मन को गहराई से समझने की कोशिश में काफ़ी समय बिताने की जद्दोजहद के बाद, इसके उद्देश्य को जानने के इरादे से पूछा।

"सर, आपने अब तक अवचेतन के इनपुट के बारे में तो बताया लेकिन आउटपुट का क्या? आपने कहा था, हमारा अवचेतन ब्रह्मांड की ओर वाइब्रेशंस भेजता है," कुन्दन ने जोड़ा।

"आराम से दोस्तो, थोड़ा तो समय लगेगा न! आखिरकार अपने मन को समझना है, जो कंप्यूटर से अधिक पेंचीदा और गहरा है," जैस्मीन ने उत्तर दिया।

"हमने अब तक जाना कि भावनाओं और इमेज के साथ डेटा अवचेतन में स्मृति व अनुभव के रूप में संगृहीत हो जाता है," शिखर ने शुरुआत की, "ये संगृहीत डेटा (स्मृति व अनुभव) हमारे अवचेतन में अवधारणाओं या कॉन्सेप्ट के निर्माण के लिए ईंटों के रूप में कार्य करते हैं। इन अवधारणाओं को हमारे अवचेतन के स्तर पर सत्य माना जाता है और इन्हें विश्वास, यकीन, भरोसा या मान्यता कहा जाता है।"

"जैसे चट्टान पर गिरने वाली पानी की बूँदें उस पर छाप बनाती हैं, उसी तरह, जिस प्रकार का डेटा हम लगातार अपने अवचेतन में फीड करते हैं, वह उस पर छाप बनाता है," जैस्मीन ने समझाया।

शिखर—"यह किसी भी चीज़ के बारे में हमारे अवचेतन द्वारा स्वीकार की गई सच्चाई है। यह हमारे मन की गहराइयों में किसी भी चीज़ के बारे में जानना है, या हम कह सकते हैं कि हर बात, जिसे हमारा अवचेतन सच मानता है।"

" 'सच मानता है' का क्या अर्थ है?" रेयान भ्रमित था।

शिखर ने स्पष्ट किया, "हालाँकि अवचेतन इन संगृहीत डेटा को सच मानता है, पर यह सच हो भी सकता है और नहीं भी।"

ध्रुव ने कहा, "सदियों पहले, हम मानते थे कि पृथ्वी चपटी है और सूर्य पृथ्वी के चारों ओर घूमता है, लेकिन यह सच नहीं था।"

"और, फिर आस्था क्या है?" अहाना से सवाल किया।

जैस्मीन ने हमेशा की तरह उद्धरण दिया, "किसी अज्ञात ने कहा है कि आस्था एक ऐसे विचार में विश्वास है जो तथ्यों या सबूतों द्वारा समर्थित नहीं है।"

रेयान—"हमारे अवचेतन में ये यकीन या विश्वास करते क्या हैं? ये कैसे महत्त्वपूर्ण हैं?"

"हमारे अवचेतन मन के यकीन हमारे जीवन के कथानक में प्रमुख अभिनेता हैं," शिखर ने बताया।

मौली—"सर, कृपया विस्तार से बताएँ।"

"हमारे अवचेतन की गहराई में संगृहीत यकीन या विश्वास हमारे मानस और बुद्धि की प्रत्येक गतिविधि का स्रोत हैं। हम जो कुछ भी सोचते हैं, महसूस करते हैं, इच्छा करते हैं या कोई भी कार्य करने का फैसला करते हैं, सब कुछ हमारे अवचेतन के पुराने या नये विश्वास से प्रभावित होता है। समय के साथ, किसी चीज़ के बारे में हमारे सोचने और महसूस करने का तरीका हमारे दृष्टिकोण को आकार देता है। हमारे द्वारा लगातार किये गए कार्य एक आदत बन जाते हैं और यह हमारे व्यवहार में परिलक्षित होते हैं। इसलिए, ये विश्वास हमारे इरादों, दृष्टिकोण, आदतों और व्यवहार को बनाने में मदद करते हैं। इसके बाद, ये हमारे व्यक्तित्व में नज़र आते हैं," शिखर ने समझाने की कोशिश की।

कुन्दन ने तर्क दिया, "तभी हमारे दृष्टिकोण और आदतों को बदलना लगभग असम्भव है।"

"... क्योंकि वे हमारे दिमाग के गहरे हिस्से पर अंकित विश्वासों द्वारा बनाए गए हैं। कुछ बच्चों पर उनके बचपन के दुखों या किसी बुरी घटना का प्रभाव इतना गहरा होता है कि वह भविष्य में उनके व्यक्तित्व में कई गलत आदतों का कारण बन जाता है," अहाना ने सहमति में टिप्पणी की।

"मेरे प्यारे युवा दोस्तो, असम्भव तो नहीं, लेकिन हाँ, हमारे दृष्टिकोण और आदतों को बदलना थोड़ा मुश्किल ज़रूर है। वास्तव में, हमें मात्र कुछ करने की

सही तकनीक पता होनी चाहिए, और फिर, वह काफ़ी आसान हो सकता है। हमें सिर्फ सही जानकारी की रोशनी में खुद को प्रशिक्षित करना है। चमत्कार होते देख हम दंग रह जाएँगे," शिखर ने स्नेहिल स्वर में सान्त्वना दी।

"तो सर, प्लीज, हमें वह तकनीक बताइए!" कुन्दन ने गुज़ारिश की।

"हम उसी राह पर हैं। अभी इस पर कुछ भी कहना जल्दबाज़ी होगी। पर अगर संक्षेप में कहूँ, तो हमें सीखना होगा कि कैसे हम अपने दिमाग के गहरे हिस्से में पहुँचें और फिर कैसे इसमें संगृहीत सुधार की ज़रूरत वाले विश्वास को बदलकर व सकारात्मक भावनाओं से भरकर हमारे अवचेतन को दोबारा प्रोग्राम करें," शिखर ने कहा।

मौली—"मैं बस सोच रही थी, कैसे अवचेतन मन में संगृहीत डेटा से जुड़ी भावनाएँ, सकारात्मक हों या नकारात्मक, हम पर प्रभाव डालती हैं!"

शिखर ने उत्तर दिया, "सबसे पहले, यदि किसी भी डेटा के साथ एक गहरी भावना जुड़ी है तो वह आसानी से मन में गहरे चला जाता है और लम्बे समय तक स्मृति में रहता है। दूसरा, हमारे अवचेतन में उपस्थित डेटा के साथ जुड़ी भावना नये आने वाले डेटा को समझने, उसका मूल्यांकन करने और उसके साथ कौन सी भावना जोड़ी जाए, इसमें महत्त्वपूर्ण भूमिका निभाती है। यह हमारे चेतन मन को वह नज़रिया देती है जिससे नये आने वाले डेटा को देखा जाता है। यह भावनाओं की गुणवत्ता के अनुसार या तो अच्छा परिणाम देती है या एक दुष्चक्र को अंज़ाम देती है। जैसे अवचेतन में यदि सकारात्मक भावनाओं की प्रबलता है तो कोई भी नई परिस्थिति या घटना आने पर चेतन मन द्वारा नई परिस्थिति के सकारात्मक पहलू पर ध्यान जाने की सम्भावना ज़्यादा होगी, और यह नया डेटा सकारात्मक भावना के साथ संगृहीत होगा। यह पुनः अवचेतन में पहले से मौज़ूद सकारात्मकता को बढ़ाएगा। वैसे ही यदि अवचेतन में नकारात्मक भावनाएँ ज़्यादा हैं तो चेतन मन द्वारा नई परिस्थिति के नकारात्मक पहलू पर ध्यान जाएगा और अवचेतन में नकारात्मकता बढ़ती जाएगी।"

"और यदि हमारे अवचेतन में पहले से नकारात्मकता ही मौज़ूद हो, तो?" ध्रुव आशंकित था।

शिखर—"इसके लिए हमें बस अपने अवचेतन में मौज़ूद नकारात्मकता को उसकी री-प्रोग्रामिंग के ज़रिये सकारात्मकता से बदलना होगा। परेशान न हो दोस्तो, हम यहाँ यही जानने के लिए हैं कि कैसे अपने अवचेतन को अनुकूल तरीके से

री-प्रोग्राम कर पाएँ। रात को देख घबराना मत, हिम्मत बाँध उठकर एक दीप जलाना कि भोर बस होने ही वाली है।"

"क्या किसी ने स्वामी विवेकानन्द जी के ये शब्द सुने हैं—'आओ, शेरो, इस भ्रम को तोड़ दो कि तुम कमज़ोर हो। तुम अमर आत्मा हो, मुक्त रूह हो, धन्य और शाश्वत हो। तुम भौतिक तत्त्व नहीं हो, तुम शरीर नहीं हो, भौतिक तत्त्व तुम्हारे दास हैं—सभी शक्तियाँ ब्रह्मांड में सदा से ही हमारी हैं। यह हम हैं जिन्होंने अपनी आँखों के सामने हाथ रखा है और रोते हैं कि अँधेरा है'[15]," जैस्मीन ने उन्हें खुश करने की कोशिश की और आगे बढ़ी, "क्या कोई बता सकता है, हमारे अवचेतन मन में सकारात्मकता की कमी क्यों है?"

कुन्दन ने झिझकते हुए जवाब दिया, "मुझे लगता है, इसलिए कि हम इनपुट बहुत तेज़ी से डालते हैं।"

"'बहुत तेज़ी से इनपुट डालने' से क्या मतलब है?" रेयान ने हैरानी के साथ कुन्दन की ओर देखा।

"हम छोटी-छोटी, सामान्य दिन-प्रतिदिन की बातों में खुशी महसूस करने की आदत भूल गए हैं। इसके बजाय, हम तनाव और चिन्ता की नकारात्मक भावनाओं के साथ सभी काम जल्द से जल्द खत्म करने का प्रयास करते हैं। हम खुशी के लिए अलग से समय निकालने की कोशिश करते हैं। दूर घूमने जाते हैं, पर वहाँ भी वही दौड़। खर्च करके भी मुनासिब आनन्द नहीं उठा पाते," कुन्दन ने उत्तर दिया।

"वास्तव में तो, हमारे दिमाग में तेज़ी से आ रहे डेटा को भी प्रोसेस करने की ज़बरदस्त शक्ति है। लेकिन हाँ, बहुत काम करने की ख्वाहिश के साथ हम खुद को 'जल्दी करो', 'जल्दी करो' कहने लगे हैं। यह 'जल्दी करो', 'जल्दी करो' की मन में लगातार चल रही कमेंट्री सबसे बड़ी अपराधी है। ये व्यर्थ विचार हैं, जो चिन्ता, क्रोध और तनाव की भावना पैदा करते हैं। हम काम को करने में शामिल मस्ती को नज़रअन्दाज़ कर देते हैं। तो कुन्दन, तुम सही हो। अच्छी भावनाओं को जोड़ने की यह लापरवाही और अधिक इनपुट डालने की जल्दी में, संगृहीत होने वाले डेटा में चिन्ता, क्रोध और तनाव को जोड़ना एक प्रमुख कारण है जिसकी वजह से हमारे अवचेतन में सकारात्मकता की कमी होने लगी है," शिखर ने पुष्टि की।

कुन्दन ने उत्तर दिया, "तो इसका मतलब हुआ कि जैसे हमने बहुत सारा काम करना सीख लिया है, उसी तरह हमें किसी भी काम को करते वक्त खुश और शान्त रहने का कौशल भी सीखना होगा, जिससे हमारे अवचेतन में आने वाले सभी इनपुट

के साथ अच्छी भावनाएँ खुद-ब-खुद जुड़ जाएँ?"

"बिलकुल कुन्दन!" जैस्मीन ने कुन्दन की ओर क्षण भर को सराहनीय नज़रों से देखा और फिर आगे कहा, "क्या कभी नोटिस किया है कि कोई भी फंक्शन हो, जैसे कि शादी, हम सुबह से शाम तक व्यस्त रहते हैं, फिर भी थकान महसूस नहीं करते?"

रेयान—"एक अच्छी मूवी देखने के बाद भी यही स्थिति होती है। कितने सारे इनपुट तेज़ी से हमारे दिमाग में जाते हैं। हम मूवी देखने में मज़ा लेते हैं, इसीलिए शायद हम थकते नहीं।"

कुन्दन—"हमारे कॉलेज फंक्शन वाले दिन हम बहुत व्यस्त थे। लेक्चर्स के बाद अरेंजमेंट्स देखने के लिए हम वेन्यू पर दोबारा गए। फिर नहाकर तैयार हो देर रात तक हम बिना थके झूमते, मस्ती करते रहे।"

ध्रुव—"तो समस्या बहुत काम से नहीं है, जल्दबाज़ी में तनाव ले काम करने में है।"

शिखर—"हम बहुत कुछ कर सकते हैं अगर हम इसे हड़बड़ाहट में करने की बजाय प्यार से, ठंडे दिमाग के साथ करते हैं।"

जैस्मीन—"अपनी पसन्द या शौक के हिसाब से पेशा चुनने का यही मज़ा है।"

"हाँ, जैसाकि किसी ने कहा है कि ऐसी नौकरी चुनें जिसे आप पसन्द करते हैं, और आपको अपने जीवन में एक दिन भी काम नहीं करना पड़ेगा[16]," मौली ने चुटकी ली।

ध्रुव—"और, यदि कोई इस कदर सौभाग्यशाली न हो तो? मेरा मतलब है, यदि हम पहले से ही किसी पेशे में हैं जिसका हमारी पसन्द से कोई लेना-देना नहीं है, तब?"

शिखर—"यदि हम पहले से ही किसी पेशे में हैं, तो अपने काम के प्रति प्यार और उत्साह पैदा करने के लिए तर्क खोज लें। विश्वास के साथ यह भावना पैदा करें कि मैं और मेरा काम मेरे संगठन, मेरे राष्ट्र के लिए बहुत महत्त्वपूर्ण हैं। यह भावना हमारी कार्य-क्षमता व दक्षता में काफ़ी वृद्धि करेगी। हमारा जीवन खुशहाल कर देगी।"

मौली—"तो अब हम यह कह सकते हैं कि हमारे अवचेतन में संगृहीत विश्वास और भावनाएँ हमारे लिए अत्यन्त महत्त्वपूर्ण हैं।"

रेयान—"और सर, अवचेतन द्वारा ब्रह्मांड में वाइब्रेशंस भेजने का क्या?"

शिखर—"हम बस उसी पर आ रहे हैं। यह हमारे डिस्कशन के तीसरे पहलू 'मैं' और 'कायनात' के बीच के सम्बन्ध की ओर लेकर जाएगा। बेहतर होगा कि इसे कल लें। लेकिन उससे पहले सबके लिए एक होम वर्क है। जाओ और अपने विश्वास, मान्यताओं, भरोसे या यकीन को छान मारो। ढूँढ़ो कि क्या कोई ऐसा यकीन है जो तुम्हें ठीक नहीं लग रहा? उसे उससे ज़्यादा बेहतर यकीन के साथ बदल दो।"

कुछ मिनटों बाद वे सभी योग कर रहे थे।

कुन्दन हॉस्टल की ओर जा रहा था और उसका मन उसकी कुछ असहज मान्यताओं का पता लगाने के लिए गहरी खुदाई में लगा हुआ था।

वह इरफ़ान के कमरे में पहुँचा, कमरा बाहर से बन्द था। इरफ़ान ज़रूर बाथरूम के सामने कतार में होगा। उसने मैचों का शेड्यूल देखा। तीसरा क्वालीफाइंग आज होना था क्योंकि अगले वीकेंड पर दूसरे कॉलेजों की टीमों के बीच मैच होने थे।

कुन्दन जानता था कि विक्ट्री विंग्स का आज का मैच जीतना, उनके पास टूर्नामेंट में बने रहने का एकमात्र मौका था। और उसे शिखर के होम वर्क का उत्तर मिल गया।

कुन्दन लेक्चर थिएटर की दूसरी पंक्ति में बैठा। लेक्चर शुरू होने वाला था। लड़के और लड़कियाँ बात करने और उपलब्ध समय का अधिकतम उपयोग करने में व्यस्त थे। लेकिन कुन्दन अपने मन को बताने में व्यस्त था कि सिर्फ़ उसके दाहिने हाथ में चोट थी। बास्केटबॉल के बारे में उसकी समझ, टीम के साथ उसका अनुभव अभी भी अमूल्य था। यह उसका गलत यकीन था कि वह खेल में भाग नहीं ले सकता। वह कोच का सहायक हो सकता है, खेल की नीति का निर्धारण कर सकता है या किसी अन्य तरीके से मदद कर सकता है।

एक नया यकीन और भरोसा उसकी रगों में लहू बन दौड़ने लगा कि 'वह खेल में भाग ले सकता है। वह अपनी बास्केटबॉल टीम का हिस्सा हो सकता है।' लेक्चर शुरू होने तक उसने इन पंक्तियों को कई बार दोहराया।

सारे लेक्चर खत्म होने के बाद कुन्दन अपने कमरे में पहुँचा और अपनी जर्सी, जर्सी नं. दस अपने बैग में डाल, मैच के निर्धारित समय से काफ़ी पहले बास्केटबॉल कोर्ट की ओर निकल पड़ा।

शाम के सात बज रहे थे। इनडोर बास्केटबॉल के बाहर लगी स्टेडियम फ्लडलाइट्स सर्द घने कोहरे को चीरने की जद्दोजहद में थीं। वह कोहरा, जो धीरे-धीरे सब कुछ अपने आपमें ढककर समा लेने को बेताब था और ये फ्लडलाइट्स स्टेडियम को बाकी दुनिया से अलग करने की कोशिश कर रही थीं। आसपास कोई नहीं था। जैसे ही कुन्दन ने स्टेडियम का गेट खोला, सन्नाटे के बीच गेट की चरमराती आवाज़ से उसका दिल एक पल को दहल सा गया। इंट्राज़ोनल बास्केटबॉल टूर्नामेंट का बैनर और अन्दर से आती सफेद रोशनी ही एकमात्र संकेत थे कि यहाँ एक टूर्नामेंट चल रहा था। यह स्टेडियम लखनऊ के कुछ उन इनडोर बास्केटबॉल स्टेडियमों में से एक था, जिसमें बैठने की क्षमता लगभग आठ सौ लोगों की थी। बेस का हल्का हरा रंग सुखद लग रहा था और इस पर इधर से उधर गुज़रती सफेद रेखाएँ इसे जीवंत बनाने के लिए पर्याप्त धवल थीं। नारंगी बास्केट के साथ पारदर्शी बैकबोर्ड ने दर्शकों को चौतरफा दृश्य प्रदान किया हुआ था। कोर्ट के एक तरफ बड़ा मैनुअल स्कोरबोर्ड कॉलेज स्तर के टूर्नामेंट के दौरान होने वाली एक नई विशेषता थी। इसे हाल ही में बनाया गया था। सीटों की व्यवस्था कर रहे सफाई कर्मचारी ने कुन्दन को सन्दिग्ध नज़रों से देखा।

कुन्दन का ध्यान उस पर नहीं गया क्योंकि वह दो बैकबोर्ड के बीच नौ हज़ार चार सौ पचास वर्ग फुट के आयताकार क्षेत्र में खोया हुआ था। इस आयताकार जगह ने कुन्दन, उसके दोस्तों और उनके कॉलेज जीवन के कई पहलुओं को देखा था। यह वह स्थान था जहाँ उन्होंने अपनी जीत का जश्न और हार का शोक मनाया था; जहाँ कभी वे नाचे और कभी लड़े थे। यह एक ऐसा स्थान था जिसने उसके काफ़ी कुछ नीरस मेडिकल जीवन को जीवंत बना दिया था। वह केजीएमसी में किसी और चीज़ से ज़्यादा इस जगह को पसन्द करता था। बैकबोर्ड और पोल एक ऐतिहासिक स्मारक थे, जिस पर विक्ट्री विंग्स की हर जीत की छाप खुदी हुई थी। विंग्स टीम का अस्तित्व इसी बास्केटबॉल कोर्ट के कारण था। कुन्दन को यहाँ से दूर हुए कुछ ही हफ्ते हुए थे, लेकिन उसे यह महीनों जैसे लग रहे थे।

कोर्ट के बीच में खड़े कुन्दन ने अपनी आँखें बन्द कर लीं और कल्पना करने लगा कि कॉलेज के समर्थकों से भरे मैदान में उसकी टीम कोर्ट में अपने खास ट्रेड मार्क अन्दाज़ से प्रवेश कर रही है। वह उसके केन्द्र में है और बाकी टीम उसके पीछे दोनों तरफ यूँ फैली है, जैसे कोई भव्य पक्षी के दो डैने हों!

हालाँकि, वह जानता था कि आज वह टीम का नेतृत्व नहीं करने जा रहा है

क्योंकि वह अभी टीम में शामिल होने के लिए पर्याप्त रूप से फिट नहीं था। लेकिन फिर भी अपने कॉलेज की टीम को खेल जीतने में मदद करने की ज्वलंत इच्छा ने उसे इस क्षण कोर्ट के केन्द्र में खड़ा कर रखा था। वह नम आँखों से कोर्ट के आयामों को देख रहा था कि तभी कोच ने प्रवेश किया।

केजीएमसी बास्केटबॉल टीम के कोच अल्फ्रेड डिसूजा पुराने फैकल्टी सदस्यों में से एक थे। गठीले बदन, छह फीट की ऊँचाई और गोरे चेहरे पर सफेद होते बालों ने उन्हें अपनी महिला सहकर्मियों के साथ फ्लर्ट करने के लिए पर्याप्त आकर्षक बना रखा था। अल्फ्रेड उत्तर प्रदेश टीम के पूर्व बास्केटबॉल कैप्टन थे। हालाँकि आज पैंतालीस की उम्र में भले ही उन शानदार दिनों की स्मृति फीकी पड़ गई थी लेकिन उन्होंने स्पष्ट रूप से एक कोच होने का आनन्द हमेशा लिया। उनके विशाल ज्ञान और अनुभव ने उन्हें अब तक एक अच्छा कोच सिद्ध किया था।

अल्फ्रेड विंग्स टीम के साथ लगभग दस वर्षों से थे और उन्होंने सैकड़ों छात्रों को देखा था। उनमें से कुछ ने अपनी हाइट बढ़ाने के लिए बास्केटबॉल खेला, कुछ ने स्लिम होने के लिए और कुछ ने अपनी गर्लफ्रेंड को प्रभावित करने के लिए। एक मेडिकल कॉलेज के विद्वत्तापूर्ण माहौल और शहर के स्तर पर खेल के क्षेत्र में होने वाली राजनीति की बदौलत बास्केटबॉल में हमेशा कम प्रतिभाशाली लोगों का चयन हुआ। सम्भवतः इसीलिए बहुत पहले ही उन्होंने अपनी चैंपियनशिप जीतने की सारी उम्मीदें खो दी थीं। शायद यही कारण था उनके माथे की झुर्रियों, थकी आँखों और समय से ज़्यादा तेज़ रफ्तार से बढ़ती हुई उम्र का भी। पर बास्केटबॉल उनका पहला प्यार था और जैसे ही वह गेंद को छूते थे, उनकी नसें एक तरह की प्राणशक्ति से भर जाती थीं।

अल्फ्रेड इस वक्त कोर्ट पर किसी के होने की उम्मीद नहीं कर रहे थे, कम से कम कुन्दन की तो बिलकुल नहीं। जैसे ही कुन्दन की व्याकुल निगाहों पर कोच की नज़र पड़ी, उन्हें लगा, जैसे वह किसी ऐसे बच्चे को देख रहे हैं जिसने अपना सबसे प्यारा खिलौना खो दिया है! कुन्दन की गैर-ज़िम्मेदाराना हरकत से पहले वह नाराज़ थे, लेकिन उन्होंने कहीं यह महसूस किया कि वह उस लड़के से नाराज़ नहीं रह सकते जो उनकी विक्ट्री विंग्स को विजेता टीम बनाने की दिली ख्वाहिश को सच करने की क्षमता रखता है।

उन्होंने कुन्दन को अपनी बाँहों में भर लिया। कुछ पल कब गुज़र गए, पता ही नहीं चला। कुन्दन को उस फादरली टच की बहुत दिनों से ज़रूरत थी।

कोच—"मैं कुन्दन मल्होत्रा की आँखों में आँसू की उम्मीद नहीं करता, वह भी हाथ की मामूली चोट की वजह से। आओ, खेल की रणनीति पर बात करते हैं।"

कुन्दन अपने प्रिय कोच के प्यार भरे नटखट लहज़े पर मुस्करा पड़ा।

अल्फ्रेड ने उसकी भीगी आँखों को पोंछा और वे कोर्ट के एक तरफ की बेंच की ओर चल पड़े।

उन्होंने प्रतिद्वंद्वी टीम पर चर्चा की और महसूस किया कि वे इस टीम को आसानी से हरा सकते हैं—बस, उन्हें अपना आत्मविश्वास वापस पाने की ज़रूरत है।

कोच—"और यह केवल तुम ही कर सकते हो, कुन्दन।"

कुन्दन—"लेकिन कैसे? मेरे हाथ में चोट के कारण मैं कोर्ट में प्रवेश नहीं कर सकता।"

कोच—"कुन्दन, तुम जानते हो कि तुम्हारा दिमाग तुम्हारे हाथों से बेहतर खिलाड़ी है और तुम इस टीम का हृदय हो, चाहे कैप्टन कोई भी हो।"

अब तक टीम और भीड़ कोर्ट में घुसने लगी थी। इरफ़ान और यश के चेहरे कुन्दन को देख खिल उठे थे, लेकिन उसके हाथ में पट्टी देखकर मुरझा भी गए।

खेल शुरू होने वाला था। कुन्दन विंग्स टीम के पास पहुँचा, जब सभी खिलाड़ी वार्मअप और स्ट्रेचिंग कर रहे थे। उसने सबको बुलाया, वे सब एक घेरे के आकार में खड़े थे।

"मुझे परवाह नहीं है कि खेल में क्या होता है। मैं अपने गैर-ज़िम्मेदार व्यवहार के लिए कोई बहाना भी नहीं देने वाला हूँ। मैं इस टूर्नामेंट को जीतने के लिए तुम सब पर दबाव भी नहीं बनाने वाला हूँ। तुम सब मेरे प्यारे दोस्त हो और मेरे लिए यह टीम केजीएमसी में सबसे महत्त्वपूर्ण बातों में से एक है। मैं इस टीम को किसी भी कीमत पर खोना नहीं चाहता। मैं तुम लोगों से बस इतना ही कहना चाहता हूँ कि मैं अभी भी तुम्हारे साथ हूँ। और मैच का नतीजा कुछ भी हो, हम साथ ही होंगे।"

"कुन्दन, हम सब तुमसे बहुत प्यार करते हैं और कोई भी तुम्हारी जगह नहीं ले सकता। हम तुम्हारे लिए यह मैच जीतेंगे," यश गर्मजोशी से मुस्कराया।

उन सबके हाथ, एक बैंडेज वाले हाथ के साथ, आकाश की ओर इशारा करते हुए ऊपर की ओर बढ़े, मानो आकाश को छू लेना उनका लक्ष्य हो!

मैच आसान नहीं था, विंग्स को काफ़ी संघर्ष करना पड़ा, लेकिन अन्त में उन्होंने गति पाई और चार अंकों के अन्तर से जीत हासिल की।

हालाँकि जीत छोटी थी, लेकिन उम्मीद इसने ज़बरदस्त प्रदान की, जिसकी टीम को अपना आत्मविश्वास बढ़ाने के लिए बेहद ज़रूरत थी।

कोच सर, कुन्दन, इरफ़ान, यश सहित और अन्य बहुत से चेहरों पर कई दिनों बाद जीत की मुस्कान थी।

विक्ट्री विंग्स के खिलाड़ियों से कोर्ट की सीढ़ियाँ गुलज़ार थीं। सेलिब्रेशन के लिए यश द्वारा लाई गई बियर का हर कोई मज़ा ले रहा था।

"कुन्दन, क्या हुआ? तू इतना धीमे क्यों है बे? तूने अभी तक अपना पहला गिलास तक खत्म नहीं किया?" अर्नव ने पूछा।

"मैं ठीक हूँ यार, बस, अब और पीने का मन नहीं कर रहा," कुन्दन हैरान था कि कैसे एक पेय, जिसकी उसे अदम्य लालसा हुआ करती थी, के लिए उसकी बेताबी घटती सी लग रही थी।

"कौन कितनी पी रहा है, इसकी चिन्ता छोड़ अर्नव, बस मज़े ले मज़े," कुन्दन में आए इस बदलाव को देख इरफ़ान काफ़ी खुश था।

कुन्दन ने इरफ़ान की तरफ शुक्रिया अदा करने के अन्दाज़ में देखा। पता नहीं, यह उसके जवाब के लिए था, उसकी दोस्ती के लिए या फिर सुबह की क्लास में जाने का सुझाव देने के लिए!

इरफ़ान ने भी अपनी पलकों को झुकाकर कुछ ऐसा जवाब सा दिया कि 'मैं समझता हूँ।'

# कायनात और मेरे बीच सम्बन्ध

शिखर ने शुरुआत की, "अब तक हमने कायनात या ब्रह्मांड के बारे में बातें की हैं और अपने सच्चे स्व के बारे में भी। हमने यह भी जानने की कोशिश की है कि कैसे मैं अपनी मन:शक्ति, मन और बुद्धि के माध्यम से इस संसार में विभिन्न काम करता हूँ। साथ ही, अन्तर्मन या अवचेतन में संगृहीत यकीन, भरोसा, विश्वास या मान्यताओं की भूमिका को भी जाना।"

रेयान—"अब हम यह बात करने वाले थे कि हम हमारे कायनात या ब्रह्मांड से किस प्रकार जुड़े हुए हैं?"

"हाँ, रेयान," शिखर ने आगे कहा, "कल्पना करो कि हम चौक से हज़रत गंज जा रहे हैं और ट्रैफिक लाइट काम नहीं कर रही है। क्या लगता है—क्या होगा?"

मौली—"बहुत बड़ा ट्रैफिक जाम होगा।"

"हाँ, इसीलिए नियम आवश्यक हैं। क्या लगता है कि इस भव्य ब्रह्मांड में हमारी जीवन-यात्रा नियमों के बिना चल सकती है?" शिखर ने पूछा।

"अगर एक छोटी ड्राइव को ठीक प्रकार से पूरी करने के लिए ट्रैफिक सिग्नल्स और रूल्स की आवश्यकता पड़ती है, तो इस विशाल ब्रह्मांड के चलने में कैसे नहीं होगी?" रेयान ने जवाब दिया।

शिखर आगे बढ़े, "हाँ, रेयान, कुछ नियम हैं, जिन्हें सार्वभौमिक सत्य (universal truths), सार्वभौमिक नियम (universal laws) या प्रकृति के नियम (laws of nature) भी कहा जाता है। ब्रह्मांड के ये नियम हम पर हर पल लागू होते हैं, चाहे हम इसके बारे में जानते हों या नहीं।"

"लेकिन ये नियम हैं क्या?" कुन्दन उत्सुक दिख रहा था।

शिखर—"पहला नियम तो हम सबको पहले से ही पता है। सब कुछ, जो भी

इस ब्रह्मांड में मौजूद है, वाइब्रेट करती ऊर्जा है।"

रेयान—"हाँ, ई = एमसी$^2$।"

अहाना—"भौतिक ऊर्जा और चेतन ऊर्जा।"

शिखर—"और, वाइब्रेशन के कारण वह सब, जो भी इस कायनात में है—चर या अचर, दृश्य या अदृश्य; एक निश्चित तरंग ब्रह्मांड में प्रवाहित करता है। इसे कंपन का नियम (law of vibration) कहा जाता है।"

"तो, इस पूरी दुनिया में जो कुछ भी हमारे सामने है, वह ऊर्जा है, जो विशिष्ट प्रकार के तरंग रूपों की रचना करती है," मौली ने समझते हुए दोहराया।

"दूसरा आकर्षण का नियम (law of attraction) है, जो सबसे लोकप्रिय नियमों में से एक है। वह बताता है कि कैसी भी ऊर्जा हो, अपने समान दूसरी ऊर्जा को अपनी ओर आकर्षित करती है। या हम कह सकते हैं, समान आवृत्तियों वाली तरंगें एक दूसरे को आकृष्ट करती हैं," शिखर ने कहा।

"जैसा कि हम जानते हैं, ऊर्जा दो प्रकार की होती है, एक, भौतिक ऊर्जा, जिसे हम प्रकृति कह सकते हैं। दूसरी, चेतन ऊर्जा या पुरुष, जो पराभौतिक है।" जैस्मीन ने याद दिलाया, "और जो कुछ भी इस ब्रह्मांड में नज़र आता है, वह इन दोनों ही ऊर्जाओं के योग से बना है। और हमने यह भी जाना कि चेतन ऊर्जा में जो एक सूक्ष्म मगर अद्भुत खूबी है, वह यह कि चेतन ऊर्जा में उसकी अवधारणाओं के अनुसार इरादे, भावनाएँ, विचार और शब्द रचने की क्षमता है।"

शिखर—"प्रत्येक विशेष भावना, विचार या शब्द विशिष्ट प्रकार की तरंगों को उत्पन्न करते हैं, जो बदले में चेतन और भौतिक ऊर्जा की समान आवृतियों वाली तरंगों को अपनी ओर आकर्षित करते हैं।"

"हमारे विश्वास, इरादे, भावनाएँ, विचार, शब्द और कार्य—जैसे एक बीज की तरह हैं। जैसा बीज होगा, वैसा ही पौधा होगा। क्या इसी तरह चेतन ऊर्जा अपने संसार को बनाती या बदलती है?" कुन्दन ने पूछा।

"हाँ, कुन्दन। जिस तरह के वाइब्रेशंस हम अपने विश्वासों, इरादों, भावनाओं, विचारों, शब्दों और कार्यों के माध्यम से ब्रह्मांड में भेजते हैं, उसी के अनुरूप घटनाएँ और परिस्थितियाँ वास्तविकता में हमारी ओर खिंची चली आती हैं। यदि हम धन, भरपूरता (abundance), समृद्धि, खुशी और शान्ति के वाइब्रेशंस भेजेंगे, तो हमारा संसार समृद्ध और खुशहाल होगा," जैस्मीन ने जवाब दिया।

शिखर—"चेतन ऊर्जा और भौतिक ऊर्जा, अर्थात् लोग और परिस्थितियाँ,

जो हमारी ओर आकर्षित होते हैं, अर्थात् हमारी ज़िन्दगी में आते हैं, हमारा भाग्य कहलाते हैं। भाग्य पर हम आगे विस्तार से बात करेंगे।"

"अद्भुत!" अहाना ने विस्मय में टिप्पणी की।

"अगर हम अपना भाग्य खुद बनाते हैं, तो हम, आम लोग, इस तथ्य को महसूस क्यों नहीं करते? हम इतना असहाय और लाचार क्यों समझते हैं खुद को? नियति या अन्य लोगों के द्वारा प्रताड़ित किया हुआ क्यों कहते हैं?" ध्रुव ने पूछा।

शिखर—"अच्छा प्रश्न है। ये प्रश्न मुझे आश्वस्त कर रहे हैं कि इन क्लासेज़ का उद्देश्य पूरा हो रहा है। क्योंकि सवाल मन में उठते तभी हैं जब हम उस विषय को गहराई से समझना शुरू करते हैं। लेकिन पहले यह बताओ, लाचारी और प्रताड़ना के बारे में तुम क्या समझते हो?"

"सर, मैं इसे महसूस कर सकता हूँ, लेकिन शायद ठीक तरह शब्दों में व्यक्त नहीं कर सकता। मुझे लगता है कि यह एक ऐसी स्थिति है जिसमें किसी का जीवन उसके नियंत्रण में नहीं रहता; या तो वह अपनी परेशानियों का समाधान जानता नहीं, और यदि जानता है तो इसे कर पाने में सक्षम नहीं है। क्या आपको नहीं लगता कि हमारे समाज में गरीब और अशिक्षित लोग सबसे अधिक पीड़ित हैं?" ध्रुव ने एक प्रयास किया।

मौली—"हमारे समाज के कुछ तबकों को मुख्य धारा के अन्दर रहने की भी इजाज़त नहीं, जैसे कि सेक्स वर्कर्स। वे भी पीड़ित कहे जाएँगे।"

शिखर—"हाँ, शायद तुम सही हो। लेकिन क्या तुम सब यह वास्तव में सोचते हो कि पीड़ित होने की भावना समाज के केवल किसी खास वर्ग तक ही सीमित है? मैं अपने बचपन के दोस्तों में से एक के शब्दों को साझा करना चाहता हूँ, जो आईआईटी कानपुर से एमटेक करने के बाद एक मल्टीनेशनल कंपनी के लिए काम कर रहा है और सालाना साठ लाख रुपये कमाता है। पिछली बार जब हम मिले थे, वह कह रहा था, 'यार, एक वेश्या मुझसे बेहतर है। कम से कम वह अपनी मर्ज़ी से देह-व्यापार करती है। और, वह केवल अपना शरीर बेचती है, लेकिन हमने शारीरिक, भावनात्मक और मानसिक—हर पहलू से खुद को बेच दिया है। शारीरिक चोट को छोड़कर, मेरे सहकर्मी और मैं हर सम्भव शोषण का सामना करते हैं और फिर भी, दिन के अन्त में, हमें एक मुखौटा पहनना पड़ता है कि सब कुछ ठीक और सही है। मैं हर रोज़ खुद को झाँसा देते-देते थक गया हूँ। मुझे पुराने दिन याद आते हैं। मुझे नहीं पता कि मैं यह सब ठीक कैसे करूँ?'"

एक असहज सन्नाटा था वहाँ। किसी ने नहीं सोचा था कि वे शिखर से कभी इतना स्पष्ट रूप से ऐसा कुछ सुनेंगे जो वे खुद भी अपने जीवन में अनुभव कर रहे थे।

वे सभी अपने-अपने विचारों में खोए हुए थे। मौली उन यौन-टिप्पणियों की एक श्रृंखला के बारे में सोच रही थी जो उसने अपने कैरियर के दौरान सुनी थीं, जिसमें वह सेक्स भी शामिल था, जिसे आसानी से वैवाहिक बलात्कार के रूप में परिभाषित किया जा सकता है।

उसी समय, रेयान अपनी आँखों के सामने अपने बॉस को चीखते हुए देख रहा था, जो उसे उसकी इच्छा के विरुद्ध किसी प्रकरण पर अवैध अनुमति देने के लिए मजबूर कर रहे थे—साथ में गालियाँ भी, यह जानते हुए कि वह अपनी नौकरी के कारण कोई प्रतिक्रिया नहीं देगा।

शिखर ने आगे कहा, "पीड़ित होना समाज के किसी वर्ग या तबके तक सीमित नहीं है। उत्पीड़न न केवल भौतिक और आर्थिक दृष्टि से है, बल्कि बहुत गहरा है। आम तौर पर हम उत्पीड़न के केवल भौतिकवादी रूप को ही देख पाते हैं, क्योंकि हम उन चीज़ों को आसानी से समझते हैं जिन्हें हम भौतिक रूप से देखते हैं।"

जैस्मीन—"हम अधिकतर समय अपने चेतन मन का उपयोग कोई भी निर्णय लेने में करते हैं और यह ज़्यादातर भौतिक ऊर्जा पर केन्द्रित होता है। इस प्रकार, हम केवल पीड़ित के भौतिक रूप का निरीक्षण कर सकते हैं और हम उत्पीड़न के उन अन्य रूपों की उपेक्षा करते हैं, जिससे हममें से अधिकांश रोज़ाना गुज़रते हैं। परिणामस्वरूप भले ही हम शारीरिक रूप से सफल हों और अपने पेशे में अच्छा कर रहे हों, लेकिन हम इसके बावजूद असहाय और पीड़ित महसूस करते हैं—बिना यह जाने कि इसका कारण क्या है।"

ध्रुव—"बिना कारण जाने पीड़ित होने का अहसास और दूसरों के सामने यह दिखावा करना कि हम पूरी तरह से ठीक हैं, शायद कहीं अधिक बुरा है—बनिस्पत इसके कि हम किस कारण पीड़ित हैं, यह पता हो और हम अपने अधिकारों के लिए बोलने को स्वतंत्र हों।"

रेयान—"और सर, उन लोगों के बारे में क्या जो कुछ प्रतिकूल परिस्थितियों में पैदा हुए हैं या किसी दुर्घटना के कारण विपत्तियों का सामना करने के लिए मजबूर हैं—उदाहरण के लिए, एक शारीरिक रूप से अक्षम व्यक्ति?"

शिखर—"रेयान, यहाँ हमें एक सूक्ष्म अन्तर समझना होगा। परिस्थितियाँ हमें

शिकार नहीं बनातीं। यह परिस्थिति नहीं, लेकिन यह उस स्थिति या परिस्थिति के प्रति हमारी प्रतिक्रिया है जो हमें असहाय और पीड़ित बनाती है।"

मौली ने कहा, "सुधा चन्द्रन ने अपना पैर खो दिया, लेकिन इस बात ने उन्हें एक प्रसिद्ध नर्तकी और अभिनेत्री बनने से नहीं रोका।"

"रेयान, क्या तुम जानते हो कि महान वैज्ञानिक अल्बर्ट आइंस्टीन, बिजली के बल्ब के आविष्कारक थॉमस एडिसन, और पहले अमेरिकी राष्ट्रपति जॉर्ज वॉशिंगटन—इन सभी को अपने बचपन में कुछ भी सीखने में मुश्किल होती थी?" जैस्मीन बोलती गई, "वे अपने जीवन के शुरुआती दिनों में पढ़ और लिख नहीं पाते थे और व्याकरण में भी उनकी पकड़ बहुत ही कमज़ोर थी।"

"महिलाओं की पाँच हज़ार मीटर में तीन बार की राष्ट्रीय चैंपियन मारला रून्यान को नौ साल की उम्र के बाद ही किसी बीमारी के कारण दिखाई देने में मुश्किल होने लग गई। वह केवल आकार और छाया ही महसूस कर सकती हैं, पर यह चुनौती भी उन्हें चैंपियन होने से नहीं रोक सकी," शिखर ने कहा।

"तो यह कहा जा सकता है कि अगर हम, चेतन ऊर्जा, अपनी शक्तियों को पहचानते हैं और कुछ करने का फैसला कर लेते हैं, तो हम अपनी शारीरिक अक्षमताओं के बावज़ूद उनसे ऊपर उठ सकते हैं," कुन्दन ने कहा।

जैस्मीन—"हम असहाय और पीड़ित महसूस करते हैं क्योंकि हम किसी घटना, व्यक्ति या वस्तु के प्रति नकारात्मक तरीके से प्रतिक्रिया करते हैं। हम सबसे खराब स्थिति के बारे में सोचते हैं और हम परिस्थितियों, खुद या ईश्वर को कोसते हैं, जिसके परिणामस्वरूप असहाय होने की भावना पैदा होती है।"

"हाँ, हम कहते हैं—हे भगवान! मेरे साथ ऐसा क्यों हुआ? क्यों तुमने मेरे साथ इतना बुरा किया?" मौली ने कहा।

"या, क्या मैं इतना बुरा हूँ कि मेरे साथ ही ऐसा होना था?" अहाना ने कहा।

"या यह भी कि मैं इसका बदला लूँगा," ध्रुव ने कहा।

"लेकिन यह वह तरीका है जिस तरह से हम अपना जीवन जीते हैं। अगर कोई मेरे साथ कुछ भी बुरा करता है, तो मैं निश्चित रूप से उसे सबक सिखाने के लिए कुछ करूँगा," रेयान ने कहा।

"लेकिन रेयान, क्या तुम इसका परिणाम नहीं देख रहे हो—हत्याओं में वृद्धि, बलात्कार और आत्महत्या?" अहाना बदला लेने के तर्क को लेकर आश्वस्त नहीं थी।

"हम ऐसा करते हैं, पर आख़िर करते क्यों हैं?" ध्रुव ने पूछा।

"यह हमारी नासमझी के कारण है," शिखर ने उत्तर दिया।

ध्रुव—"फिर हमें क्या करना चाहिए?"

शिखर—"उन परिस्थितियों, घटनाओं या व्यक्तियों को क्षमा करने का प्रयास करना चाहिए जिनके कारण हमें कोई भी तकलीफ हुई है। असलियत में तो उनके प्रति सकारात्मक वाइब्स तक भेजनी चाहिए।"

"यह हमें उस तकलीफ का सामना करने की हिम्मत देगा, और उस परिस्थिति, घटना या व्यक्ति को नकारात्मक से सकारात्मक में बदलने में भी मदद करेगा," जैस्मीन ने कहा, "उदाहरण के लिए, इन कथनों को मन में बार-बार दोहराकर देखना—'मैं तुम्हें क्षमा कर रहा हूँ', 'ईश्वर तुम्हें सद्‌बुद्धि दें', 'मैं पिछली सब बकवास भूल रहा हूँ'।"

रेयान—"यह लगभग अव्यावहारिक है। जैस्मीन, आप हमारे जीने के तरीके को चुनौती दे रही हो।"

शिखर—"लेकिन यह सच है। बुद्ध के अनुसार, 'क्रोध को थामे रखना गर्म कोयले को किसी और पर फेंकने के इरादे से अपने हाथ में पकड़कर रखने जैसा है; तुम ही वह हो, जो जल जाओगे'।"

"बिलकुल," जैस्मीन ने ऐनी लैमॉट को उद्धृत करते हुए कहा, "'क्षमा न करना चूहे का ज़हर खुद पीने और फिर चूहे के मरने की प्रतीक्षा करने जैसा है'[17]।"

"माफी कैसे उस अतीत को बदल देगी, जिसमें हमने किसी के कारण बहुत कुछ सहा था?" रेयान ने पूछा।

शिखर—"निश्चित रूप से, यह अतीत को नहीं बदल सकेगी, लेकिन हमारा वर्तमान और भविष्य ज़रूर बदल सकती है।"

"लेकिन मुझे लगता है, बेबस लोग माफ कर देते हैं। हमारे पास ताकत है तो क्यों न हम उस व्यक्ति को सबक सिखाएँ?" रेयान ने तर्क दिया।

"'क्योंकि, क्षमा वीरों का गुण है'[18]," जैस्मीन ने इंदिरा गांधी को उद्धृत किया।

एक मिनट के बाद रेयान ने फिर कहा, "लेकिन माफ करना और भूलना वाकई मुश्किल है।"

शिखर ने रेयान को प्यार से देखा और रॉबर्ट ब्रेल्ट को उद्धृत करते हुए कहा, "'यदि आप माफ नहीं कर सकते और भूल भी नहीं सकते, तो एक को चुनें और करें'[19]।"

हर कोई रेयान की प्रतिक्रिया की प्रतीक्षा कर रहा था। लेकिन वह चुप रहा। कक्षा में सन्नाटा छा गया।

"मैं अभी खुद को ऐसा करते हुए नहीं देख पा रहा हूँ, लेकिन निश्चित रूप से सर, परिस्थितियों को देखने का यह दिलचस्प तरीका है। मैं संशोधित करना चाहता हूँ, 'यह परिस्थिति नहीं, बल्कि यह उस स्थिति या परिस्थिति के प्रति हमारी प्रतिक्रिया है जो हमें असहाय और पीड़ित महसूस कराती है'।" रेयान ने शिखर के शब्दों को एक शान्त मुस्कान के साथ दोहराया, और जारी रखा, "और यही कारण है कि क्षमा करना और भूलना हमारी मदद करता है, क्योंकि दोष हमारी प्रतिक्रिया का है, न कि परिस्थिति का।"

विचार-विमर्श, जिसने गरमागरम बहस का रूप ले लिया था, अन्ततः सहज निष्कर्ष पर पहुँच गया।

शिखर—"असहाय और पीड़ित महसूस करने का मूल कारण यह है कि वास्तविक स्व को भूल हमने अपना ध्यान भौतिकता व भौतिक ऊर्जा पर केन्द्रित कर रखा है।"

"हम भूल गए हैं कि भौतिक ऊर्जा, चेतन ऊर्जा की अभिव्यक्ति है। हम उपजाऊ भूमि में अच्छी गुणवत्ता वाले बीज बोने और उन्हें अच्छी तरह से पानी देने पर ध्यान दिये बिना ही अच्छी फसल काटने में रुचि रखते हैं," कुन्दन के स्वर और समझ, दोनों ही प्रभावी थे।

"हमें अपने सच्चे स्व, चेतन ऊर्जा को शुद्ध करना होगा। यह हमारी अन्दरूनी शक्तियों को मज़बूत करेगी," अहाना ने कहा।

जैस्मीन ने कहा, "हमें बस स्वयं की शक्तियों को पुन: याद करना है। फिर हम अपने जीवन और हमारे रास्ते में आने वाली परिस्थितियों की ज़िम्मेदारी लेना शुरू कर देंगे। और इस प्रकार, हम हमारा जीवन अनुकूल बनाने के प्रयास शुरू करेंगे। शिकार होने की भावना गायब हो जाएगी।"

"जिस क्षण हम खुद को असहाय और पीड़ित महसूस करते हैं, यह नकारात्मक भावना और विश्वास नकारात्मक परिस्थितियों को और आकर्षित करता है, जिसके परिणामस्वरूप ऐसी स्थिति उत्पन्न होती है जिसमें हम असहाय दिखाई देते हैं, और स्थिति हमारे नकारात्मक विश्वास की पुष्टि करती है। और यह दुष्चक्र चलता रहता है," शिखर ने कहा।

"मतलब, हम असहाय और पीड़ित हैं क्योंकि हम खुद को असहाय और

पीड़ित महसूस करते हैं," ध्रुव ने निष्कर्ष निकाला।

जैस्मीन—"यह कारण और प्रभाव का नियम (law of cause and effect) है। यह नियम कहता है कि प्रत्येक परिणाम या प्रभाव के लिए एक विशिष्ट कारण होता है।"

विचारों के आदान-प्रदान का यह सिलसिला मौली के मोबाइल फोन की रिंग से टूट गया।

"क्षमा करें सर, लेकिन मुझे अभी हॉस्पिटल जाना होगा, इमर्जेंसी है," मौली ने शिखर की अनुमति माँगी, "लेकिन सर, मैं इस टॉपिक को भी मिस नहीं करना चाहती।"

शिखर—"ठीक है मौली, हम कल आगे की बातें करेंगे। क्या यह ठीक है दोस्तो?"

सभी ने सहमति में अपना सिर हिलाया।

थोड़ी देर बाद हॉल मौली को छोड़कर योग कर रहे युवाओं से भरा था।

जैस्मीन की आवाज़ हॉल में तैरने लगी, "मैं उपयुक्त और इच्छित ऊर्जा अ पनी ओर आकर्षित करने के लिए तैयार हूँ। मेरी ओर भरपूर ऊर्जा प्रवाहित हो रही है..."

हर कोई जैस्मीन की बातों को सुन और महसूस कर रहा था, लेकिन हॉल हवा में तैरती शान्ति और आनन्द का अनुभव करने में व्यस्त था।

क्लास के बाद कुन्दन ने जैस्मीन का इन्तज़ार किया, "जैस्मीन, हालाँकि तुम्हारी आवाज़ शानदार और प्रभावपूर्ण थी, लेकिन पता नहीं क्यों, मैं तुम्हारे शब्दों की गहराई को पूरी तरह महसूस नहीं कर सका। मुझे कई बार लगता है कि हम सेल्फ हिप्नोसिस से गुज़र रहे हैं।"

जैस्मीन मुस्कराई, "किसी भी कमी को पहचानना उसके इलाज की दिशा में पहला कदम है। तुम्हें यह लगना कि तुम मेरे शब्दों की गहराई को महसूस नहीं कर सके, यह दर्शाता है कि तुम बहुत गहराई तक जाओगे। बस, अपने आपको कुछ समय दो।"

कुन्दन रोज़ बास्केटबॉल कोर्ट जाने लगा था। जब वह अपने बैचमेट्स को अगले मैच के लिए अभ्यास करते हुए देखता, तो उसे गेंद को ड्रिबल करने की तीव्र

इच्छा महसूस होती, लेकिन अपने दर्द वाले हाथ को देखकर वह अपनी सीमाओं पर ध्यान केन्द्रित कर लेता।

तीसरा क्वालीफाइंग मैच जीतने के बाद टीम ने क्वार्टर फाइनल में प्रवेश किया। कुन्दन अपना ज़्यादातर समय कोच के साथ बिताता। वह अक्सर सोचता कि इस साल चैंपियनशिप जीतना मुश्किल होगा और अगर विक्ट्री विंग्स जीतने में कामयाब भी हो जाती है, तो एक खिलाड़ी के रूप में वह ट्रॉफी नहीं उठा पाएगा। उसकी भूमिका एक सहायक रूप में ही सीमित रहेगी।

कुन्दन हमेशा की तरह जैस्मीन का मेल पढ़ रहा था—

'मैं चेतन ऊर्जा आत्मा, अपने अवचेतन में अंकित विश्वास, यकीन और मान्यताओं के आधार पर विचारों, शब्दों और कार्यों को रचती हूँ। अपनी ओर अन्य चेतन ऊर्जा (जीवित प्राणी) और भौतिक ऊर्जा (सांसारिक परिस्थितियों) को आकर्षित कर स्वयं अपने भाग्य का निर्माण करती हूँ।

'उपरोक्त तथ्य के बावज़ूद, हम असहाय महसूस करते हैं, क्योंकि हम खुद को पूरे समय बाहरी संसार अर्थात् भौतिक ऊर्जा को बेहतर बनाने में व्यस्त रखते हैं—हमारे खुद चेतन ऊर्जा की गुणवत्ता में गिरावट की कीमत पर भी, जबकि चेतन ऊर्जा कारण है और भौतिक ऊर्जा प्रभाव। इस तरह भौतिक ऊर्जा पर ही हमारा ज्यादा ध्यान देना चेतन ऊर्जा की गुणवत्ता में गिरावट का कारण बनता है। परिणामस्वरूप भौतिक ऊर्जा में और ज़्यादा गिरावट होती जाती है। हमें बस अपने ध्यान का केन्द्र थोड़ा बदलना होगा। थोड़ा समय चेतन ऊर्जा, जो कारण है, पर ध्यान केन्द्रित करने के लिए निकालना होगा। मतलब विश्वास, इरादे, भावनाएँ, विचार, शब्द और कार्य की शुद्धि पर काम करना होगा। भौतिक ऊर्जा अर्थात् हमारा संसार, जो प्रभाव है, स्वतः सुधरता जाएगा।'

कुन्दन भाग्य के बारे में सोचते हुए इसे अपनी डायरी में कॉपी करने लगा।

## सार्वभौमिक नियम

आज भी कल वाला प्रसंग ही जारी रखा जाना था। सब तैयार थे। मौली की आवाज़ से क्लास की खामोशी टूटी, "सर, हम कारण और प्रभाव के नियम पर चर्चा कर रहे थे।"

"हाँ, मौली," शिखर ने कहा, "ब्रह्मांड में कुछ भी बेतरतीब या अनियमित नहीं है। सब कुछ पूरी तरह से खूबसूरत और परिपूर्ण है और किसी खास मकसद की वजह से है। बहुत से लोग कारण और प्रभाव के इस नियम को बस इसलिए नहीं मानते क्योंकि उनका मानना है कि हर चीज़ के पीछे कारण खोजना मानवीय क्षमता से परे है। दरअसल, हमें कारण खोजने की ज़रूरत ही नहीं है। हमें तो बस यह जानना है कि प्रत्येक कारण का प्रभाव होगा। इससे हमें हमारे कृत्यों को करने से पहले इसका मूल्यांकन करने में मदद मिलेगी और उन चीज़ों को स्वीकार करने में भी, जो अपरिहार्य हैं।"

शिखर के शब्दों को सुनते सुनते कुन्दन को अहाना से अपनी मुलाकात, अपने जीवन की इस नई शुरुआत के मकसद की तरह नज़र आने लगी।

रेयान—"विश्वास कारण है और हमारे जीवन की परिस्थितियाँ इसकी अभिव्यक्ति या प्रभाव हैं।"

शिखर—"यहाँ एक बात जो मैं बताना चाहता हूँ, वह यह कि किसी भी विश्वास की भौतिक अभिव्यक्ति होने में समय लगता है।"

जैस्मीन—"यह गर्भावधि का नियम (law of gestation) है, जो कहता है कि हर चीज़ को प्रत्यक्ष होने में समय की आवश्यकता होती है। जब आप बीज बोते हैं, तो पौधे को अंकुरित होने और बढ़ने में कुछ समय लगता है।"

"कबीर दास जी कहते हैं—'धीरे-धीरे रे मना, धीरे सब कुछ होय; माली सींचे

सौ घड़ा, रितु आवे फल होय'। रे मन! धैर्य रख। सब कुछ धैर्य के साथ आता है। हालाँकि माली सैकड़ों बार पौधे को पानी देता है, पर वह तब खिलता है जब मौसम आता है," मौली के शब्द प्रभावपूर्ण थे।

जैस्मीन ने कहा, "दोस्तो, आप सोच सकते हैं कि नतीजों का इन्तज़ार करना बुरा है, लेकिन असल में यह इन्तज़ार हमारे फायदे के लिए है।"

"पर कैसे?" रेयान इस बात से कुछ अचम्भित लगा, "हर चीज़ तुरन्त हो जाए तो मज़ा आ जाएगा।"

"कुछ साल पहले कार से राजस्थान-यात्रा के दौरान हम एक पहाड़ी इलाके से गुज़र रहे थे। कुछ लोगों ने हमें बताया, यहाँ एक आदिवासी समुदाय आबू और उदयपुर के बीच के टीलों में निवास करता है। वे वाहनों पर हमला करते हैं और लोगों को लूटते हैं। हम पूरे रास्ते उनके बारे में सोचते और बातें करते रहे थे कि कैसे वे हमारी कार पर हमला कर सकते हैं या हमें लूट भी सकते हैं। पर ऐसा कुछ हुआ नहीं और हम सुरक्षित उस क्षेत्र को पार कर सके," मौली ने अपना अनुभव साझा किया।

"कभी-कभी हम भूकंप, डकैती या आतंकवादी हमले जैसी कुछ बुरी सम्भावनाओं के बारे में सोचते हैं और चर्चा करते हैं। गर्भावधि के नियम का धन्यवाद, ये सम्भावनाएँ हमारे सामने तुरन्त प्रत्यक्ष नहीं होतीं। हमारे विचारों के प्रत्यक्ष होने में समय लगता है और यह मानव जाति के लिए एक वरदान है," जैस्मीन ने कहा।

"क्या हम यह कहने की कोशिश कर रहे हैं कि चेतन ऊर्जा अपना संसार रचती है, लेकिन इसमें समय लगता है?" कुन्दन के स्वर में उत्सुकता ज़ाहिर थी।

"ठीक कह रहे हो, कुन्दन," शिखर ने जवाब दिया।

"लेकिन कितना समय?" रेयान ने पूछा।

"यह तय नहीं है। एक पेड़ के विकास के लिए आवश्यक समय कई कारकों पर निर्भर करता है, जैसे—बीज की गुणवत्ता; जिस मिट्टी में इसे लगाया जाता है, उपलब्ध नमी, धूप आदि," शिखर ने समझाया।

"और घटनाओं और परिस्थितियों को प्रत्यक्ष करने के लिए आवश्यक समय इरादों, भावनाओं और विचारों की गुणवत्ता पर निर्भर करता है। रचा हुआ विचार कितना तीव्र है और इच्छा कितनी गहरी है, यह उस मन पर भी निर्भर हो सकता है, जिसमें यह उपजा है या बोया गया है...," कुन्दन अपनी समझने की क्षमता पर खुद हैरान था।

"हाँ, विशेष रूप से अवचेतन की गुणवत्ता पर, जो ब्रह्मांड में वाइब्रेशंस भेजता है और अवचेतन व सर्वोच्च चेतना के बीच के चैनल की शुद्धता व प्रगाढ़ता पर भी," शिखर ने पूरा किया।

"मतलब, प्रत्यक्ष होने के लिए विचारों, भावनाओं और कार्यों की दृढ़तापूर्वक सततता और लगन की आवश्यकता होती है," अहाना ने निष्कर्ष निकालते हुए आगे कहा, "रॉबर्ट एंथनी के अनुसार—'आपके पास वह सब कुछ हो सकता है जो आप चाहते हैं, यदि आप यह विश्वास छोड़ दें कि आपके पास यह नहीं हो सकता'[20]।"

मौली—"मैं एक दुर्लभ सम्भावना के बारे में सोच रही थी। मान लो, हर कोई समृद्धि और सम्प्रभुता सोचने लगे, तो क्या होगा?"

जैस्मीन—"तो 'क्या होगा' से तुम्हारा क्या मतलब है मौली?"

मौली—"मैं सोच रही थी, सबकी इच्छाओं को पूरा करना कैसे सम्भव होगा?"

शिखर—"ब्रह्मांड में सब कुछ बहुतायत में है। यह असीमित मात्रा में चीज़ों की आपूर्ति कर सकता है। यह आपूर्ति या प्रचुरता का नियम (law of supply or abundance) है।"

जैस्मीन—"जो कुछ भी हमारे मन में होता है, हमारी ज़िन्दगी के हर पहलू में वही भरपूर हो जाता है—चाहे वह दुख हो या सुख।"

"ऊपरवाला जब भी देता है, छप्पर फाड़कर देता है," रेयान खिलखिलाया।

"तो मुझे लगता है कि प्रतिस्पर्धा के लिए मरना बेकार है। हमें बस अपनी चाहत को पाने की पूरी कोशिश करनी चाहिए और यह मानना चाहिए कि ब्रह्मांड से हमें हमारी पसन्द मिलकर रहेगी," कुन्दन ने कहा।

"मैं सहमत नहीं हूँ सर। रोज़ हम कुपोषण, गरीब देशों में भूख से मौत की ख़बर सुनते हैं। यदि आपूर्ति या प्रचुरता का नियम सही है, तो फिर भोजन, पानी और आश्रय की कमी क्यों है?" ध्रुव ने तर्क दिया।

शिखर को उसकी करुणा पसन्द आई और उन्होंने पूछा, "ध्रुव, क्या तुम जानते हो, ये पंक्तियाँ किसने कही हैं—'दुनिया में सभी की ज़रूरत के लिए तो पर्याप्त है, लेकिन सभी की लालच के लिए पर्याप्त नहीं?'[21]"

ध्रुव ने उत्तर दिया, "यह तो गांधी ने कहा है शायद।"

शिखर उसकी बचकानी हरकत पर मुस्कराए और बोले, "हाँ, वह महात्मा गांधी थे। हम चारों ओर जो असमानता देखते हैं, वह मानव निर्मित है। मैं विवरण में नहीं जाऊँगा, अन्यथा हम विषय से हट जाएँगे। लेकिन, यदि हम कोई भी सामाजिक

या आर्थिक सिद्धान्त पढ़ें तो महसूस करेंगे कि संसाधन दुर्लभ नहीं हैं, बल्कि उनका असमान वितरण उन्हें कम कर रहा है।"

"और यह वितरण असमान है क्योंकि हमें सच्चाई का एहसास नहीं है। अगर हम जान जाते हैं कि हर कोई एक ही चेतन ऊर्जा की अभिव्यक्ति है, तो हम सभी के साथ सहानुभूति और प्यार से पेश आएँगे, और इससे असमानता की दीवारें खुद-ब-खुद टूट जाएँगी," कुन्दन की ध्वनि में भावुकता व दृढ़ता का सम्मिश्रण था।

"बेहतरीन कुन्दन! लेकिन एक बात और है जो मुझे यहाँ बतानी है; बहुत कम सम्भावना है कि हर कोई बिलकुल एक जैसा हो। ब्रह्मांड विविधताओं से भरा है। दो विपरीत चरम सीमाओं के बीच अनन्त तरंग पैटर्न के रूप में सभी प्रकार की ऊर्जा की सम्भावनाएँ मौजूद हैं। गर्मी है तो ठंड भी, सुख के साथ दुख है। यह ध्रुवता का नियम (law of polarity) है," जैस्मीन ने जोड़ा।

"तो, जीवन में उतार-चढ़ाव एक नियम है, हमें इसे स्वीकार करना चाहिए," कुन्दन ने समझते हुए कहा।

"यहाँ तक कि हमारे दिल का ग्राफ, जो ईसीजी कहलाता है, में भी उतार-चढ़ाव हैं," मौली एक अच्छा उदाहरण लेकर आई।

कुन्दन ने कहा, "अगर यह समतल आता है तो मतलब, व्यक्ति जीवित नहीं है।"

"अब अगले नियम पर आते हैं—'अप्रतिरोध का नियम' (law of non resistance)। हम जिस चीज़ का विरोध करते हैं, वह हमारे जीवन में अधिक प्रमुखता से प्रतिध्वनित होती है। किसी चीज़ का विरोध करते में या चिन्ता करते में, हम अनजाने में अपना पूरा ध्यान उस चीज़ पर दे देते हैं। फिर वह चीज़ हमारे जीवन में बढ़ने लगती है," शिखर ने कहा।

"शायद यही मेरे जीवन की समस्याओं का कारण है," ध्रुव कहीं खोया हुआ सा लग रहा था।

कुन्दन—"मुझे लगता है कि हममें से कई लोगों के जीवन में परेशानियाँ इसी कारण हैं। हम जो नहीं चाहते, उसी के बारे में ज़्यादा सोचते हैं।"

"जब हम किसी नदी के बहाव को रोकते हैं तो पानी जमा होता जाता है और समय के साथ यह रुकावट को और अधिक वेग से तोड़ता है और फिर यह अपने रास्ते में आने वाली सभी चीज़ों को बहा देता है या नष्ट कर देता है। समाधान प्रवाह को चैनलाइज़ करना है। इसलिए, यदि कुछ ऐसा है जो आप नहीं चाहते हैं,

तो विरोध न करें—बस, इसे सही तरीके से चैनलाइज़ करें," जैस्मीन ने समझाया।

"मेरे डैड गणित के शिक्षक के रूप में कार्यरत थे और पिछले साल वह सेवा-निवृत्त हुए। पाँच महीने तक वे घर पर अनमने से रहते थे। शुरुआती तीन महीने वह एक कमरे में ही रहे। उनके अकेलेपन ने उन्हें सुस्त और चिड़चिड़ा बना दिया था। एक दिन कक्षा पाँच का एक लड़का उनसे एक सवाल पूछने आया। उसके जाने के बाद डैड ने बताया कि उन्होंने उस लड़के का मार्गदर्शन करने का फैसला लिया है। मैं उनके व्यवहार में अन्तर देख सकता था। अब चार छात्र हैं जो ट्यूशन ले रहे हैं और डैड बहुत खुश हैं," ध्रुव ने साझा किया।

"लेकिन ध्रुव, क्या तुमको नहीं लगता कि तुम्हारे पिता ने इस तरह सेवा-निवृत्ति के चरण का विरोध किया और फिर से जीवन जीने के लिए एक पूर्व सेवा-निवृत्त तरीका शुरू किया?" रेयान ने कहा।

"नहीं रेयान, मुझे लगता है कि सेवा-निवृत्ति के दो पहलू हैं—एक ओर, इसका मतलब है कि आप युवा पीढ़ी को सक्रिय जीवन पर नियंत्रण करने दें, उन्हें गलतियाँ करने दें और उनसे सीखने दें। लेकिन दूसरी ओर, सेवा-निवृत्ति का मतलब यह नहीं है कि आपको उन चीज़ों को करना बन्द कर देना चाहिए जो आपको सेवा-निवृत्ति के पहले सबसे ज़्यादा पसन्द थे। सेवा-निवृत्ति के बाद जब मेरे पिता अपना पूरा दिन कमरे में बिता रहे थे, वे तब ज़िन्दगी के उन सेवा-निवृत्त पलों का विरोध कर रहे थे। ऐसा करके उन्होंने पहले पहलू को तो पूरा किया लेकिन दूसरे में असफल रहे। शायद, उन्होंने सोचा कि जब से सेवा-निवृत्त हुए हैं, वह पढ़ा नहीं सकते। किसी व्यक्ति के लिए अपनी दैनिक दिनचर्या, जिसका वह तीस से अधिक वर्षों से पालन कर रहा था, को अचानक रोकना या बदलना अव्यावहारिक है। सेवा-निवृत्ति के दूसरे पहलू में विफलता ने खुद को उनकी कुढ़न और नीरसता के रूप में प्रकट किया। छात्रों को घर पर पढ़ाने का फैसला करके उन्होंने अपनी संचित ऊर्जा को सही दिशा देने का एक तरीका खोज लिया। क्या आप जानते हैं, उन्होंने ऐसे बच्चों को चुना है जो पढ़ना चाहते हैं लेकिन उनके माता-पिता ट्यूशन फीस नहीं दे सकते? वह बिना किसी निर्धारित फीस के आनन्दपूर्वक पढ़ाने का मज़ा लेते हैं। डैड ने अब अपनी सेवा-निवृत्ति से उत्पन्न परिवर्तन को सहजता से स्वीकार कर लिया है," ध्रुव ने गर्व से उत्तर दिया।

"हाँ, ध्रुव, परिवर्तन शाश्वत है। परिवर्तन का नियम (law of change) हमें बताता है कि ब्रह्मांड में सब कुछ बदल रहा है। दिन के बाद रात और रात के बाद

दिन का आना हमें सिखाता है कि कुछ भी स्थिर नहीं है," शिखर ने आगे कहा।

"घड़ी हमें बताती है कि कैसा भी वक्त हो गुज़र जाएगा," जैस्मीन ने कहा।

"यह जानना कि वक्त हमेशा बदलता है, जीवन के कठिन समय में हमें हिम्मत रखने में मदद करेगा और हमारे समृद्धि भरे दौर में हमें अहंकार से बचाएगा," कुन्दन ने अपने विचारों को शब्द दिये।

शिखर—"बॉब प्रॉक्टर ने कहा था—'परिवर्तन अपरिहार्य है, लेकिन व्यक्तिगत विकास एक विकल्प है'।"[22]

अब मौली आगे आई, "हम जानते ही हैं दोस्तो, कि शरीर की मूल इकाई कोशिका कहलाती है, और हमारे शरीर में लाखों-करोड़ों कोशिकाएँ होती हैं। क्या आपने पढ़ा है कि ये कोशिकाएँ समय के साथ पुराने से बदलकर नई हो जाती हैं? अलग-अलग प्रकार की कोशिकाओं को बदलने में अलग-अलग समय लगता है। कुछ को सप्ताह लगता है और कुछ को बदलने में महीनों या साल लग जाता है—सिवाय मस्तिष्क की कोशिकाएँ, जो शायद ही कभी बदलती हैं। तो, लगभग हमारे पूरे शरीर की कोशिकाओं को समय के साथ बदल दिया जाता है—बस, मस्तिष्क को छोड़कर।"

"और हमारी विचार-प्रक्रिया को बदलकर मस्तिष्क के कार्यों को बदला जा सकता है," शिखर ने कहा।

"तो, कोई भी महात्मा गांधी, बिल गेट्स या सचिन तेंदुलकर बनने की कोशिश कर सकता है?" रेयान उत्साहित लग रहा था।

"देखो दोस्तो, प्रेरित होना अच्छा है, लेकिन किसी को कॉपी करने के बारे में मत सोचो। अगर आप किसी को उसके जैसा बनने की इच्छा के साथ कॉपी करना चाहते हैं, तो ऐसा नहीं होगा," जैस्मीन ने कुछ अधिकार के साथ कहा।

"यह न तो सम्भव है और न ही अच्छा," शिखर जैस्मीन से सहमत थे।

"एक गुलाब के पौधे की कल्पना करो। यदि आप इसे पानी दो, इसे अच्छी खाद, मिट्टी, धूप और हवा दो, यह सुन्दर गुलाबों से महक उठेगा, लेकिन यह कभी नहीं होगा कि वह कमल या गेंदे का पौधा बन जाए," जैस्मीन ने समझाया।

"हर चीज़ और हर किसी की सुन्दरता उसकी अपनी विशिष्टता में है," शिखर ने दोहराया।

"हम यह जानते ही होंगे कि हमारे शरीर की प्रत्येक कोशिका के केन्द्र में विशिष्ट प्रकार के जटिल अणु होते हैं जिन्हें डीएनए कहा जाता है। डीएनए शरीर

की कोशिकाओं में आनुवंशिक जानकारी ले जाते हैं। डीएनए का एक क्रम, जो एक विशिष्ट कार्य के लिए ज़िम्मेदार होता है, जीन कहलाता है। शरीर की ज़रूरत की हर चीज़, विशेष रूप से प्रोटीन बनाने के लिए जीन में कोडित निर्देश होते हैं। मनुष्य में लगभग पच्चीस हज़ार जीन होते हैं। ये जीन क्रोमोजोम्स नामक बंडलों में पैक होते हैं। मनुष्य में तेईस जोड़े क्रोमोजोम्स होते हैं। ये जीन हमारे शरीर की हर बनावट के लिए ज़िम्मेदार होते हैं, जैसे—घुँघराले बाल, नीली आँखें, काले बाल या नुकीली नाक। हममें से प्रत्येक के पास अद्वितीय जीन घटक होते हैं," मौली पुनः गहन विश्लेषण के साथ सामने आई।

"बिलकुल, हममें से प्रत्येक अद्वितीय है। यदि अपने आपको प्यार, शान्ति और सत्य के साथ परिपोषित करेंगे तो हम अपने सर्वश्रेष्ठ रूप में खिल उठेंगे," शिखर ने सहमति व्यक्त की।

"मतलब कि अपने सच्चे स्व को पहचानकर, मैं अपना सर्वश्रेष्ठ रूप प्रत्यक्ष कर पाऊँगा। मैं उत्कृष्ट बनूँगा यदि 'मैं' शुद्ध रूप में 'मैं' बन जाता हूँ, और मैं कभी बेहतर नहीं होऊँगा, अगर मैं किसी और की तरह बनने की कोशिश करूँगा," कुन्दन ने समझते हुए कहा।

"क्योंकि, अगर मेरे पास गुलाब के पौधे के जीन हैं, तो मैं कभी गेंदे के फूल की तरह खिल नहीं सकती," अहाना ने टिप्पणी की।

"तो दोस्तो, मैं दोहराता हूँ कि सुन्दरता अद्वितीय होने में है। बस, स्वयं बनें; 'आप' होंगे 'सर्वश्रेष्ठ आप'," शिखर ने दोहराया, "ठीक है दोस्तो, आज के लिए इतना ही काफ़ी है। चलिए, अब कुछ योग करते हैं।"

कुन्दन ने अपनी डायरी के साथ अपने विचार साझा किये।

शिखर सर की बातें अब तक मेरे दिमाग में गूँज रही हैं—'सुन्दरता अद्वितीय होने में है। बस, स्वयं बनें; 'आप' होंगे 'सर्वश्रेष्ठ आप'।

क्या तुम इसका कारण जानती हो? जैसे कि हम जेनेटिक्स में पढ़ेंगे ही कि प्रत्येक व्यक्ति में अद्वितीय जीन रचनाएँ होती हैं, क्योंकि प्रत्येक व्यक्ति है ही अद्वितीय। हम महापुरुषों से प्रेरित हो सकते हैं, लेकिन उन्हें कॉपी करने से कोई फायदा नहीं है। हर चीज़ और हर किसी की सुन्दरता उसकी विशिष्टता में है।'

और, कुन्दन ने डायरी बन्द कर दी।

# कर्म बनाम भाग्य

सुखद, सुहानी सुबह थी। फरवरी की सुनहरी धूप सभी को सुकून दे रही थी। छोटे से इस कमरे में चर्चा के विषय पर एक नई रोशनी की आशा के साथ एक नये दिन की शुरुआत हुई।

रेयान—"सर, आपने आकर्षण का नियम बताते वक्त भाग्य के विषय में ज़िक्र किया था। क्या हम इस पर विस्तार से बात कर सकते हैं?"

"ज़रूर रेयान," शिखर ने आगे कहा, "जैसाकि हमने जाना कि हमारे अवचेतन से वाइब्रेशंस ब्रह्मांड में प्रसारित हो—चेतन ऊर्जा और भौतिक ऊर्जा, अर्थात् लोगों और परिस्थितियों को हमारी ओर आकर्षित करते हैं, जो हमारी नियति या भाग्य कहलाता है।"

"जैसा कि हमारे बड़ों ने कहा है कि 'जैसा करेंगे, वैसा भरेंगे'," मौली ने याद दिलाया।

"बाइबिल के अनुसार भी, 'जैसा बोओगे, वैसा ही काटोगे'[23]," जैस्मीन ने कहा, "बाकी सभी धर्मग्रंथों ने भी यह बात कही है।"

शिखर ने आगे कहा, "विश्वास, इरादा, भावना, विचार, शब्द और शारीरिक कार्य सहित हमारी हर हरकत, हर कर्म, ऊर्जा के एक तीर के जैसे ब्रह्मांड की ओर जाता है जोकि समय के साथ भौतिक वास्तविकता में परिवर्तित हो भाग्य के रूप में हमारे पास लौट आता है। यह कर्म-सिद्धान्त है।"

"क्या यह न्यूटन का तीसरा नियम है कि हर क्रिया की उसके अनुसार पर विपरीत दिशा में प्रतिक्रिया होती है?" ध्रुव ने पूछा।

"बिलकुल तो नहीं, लेकिन हाँ, यह कहा जा सकता है कि क्रिया और प्रतिक्रिया का नियम कर्म-सिद्धान्त का भौतिक प्रतिबिम्ब है," शिखर ने कहा, "कर्म के

अनुसार भाग्य या नियति रचने में कितना भी समय लग सकता है—दिन से वर्ष या कई वर्षों तक भी। हो सकता है, एक जीवन पर्याप्त न हो। मतलब, आज किये गए कर्म के भाग्य बनने से पहले हमारा यह शरीर बदल जाए अर्थात् मृत्यु आ जाए; या फिर आज जो परिस्थितियाँ हमारे सामने हमारे भाग्य के रूप हैं, वे हमारे इस जनम से पहले किसी दूसरे जीवन के कर्म का परिणाम हों!"

"गर्भावधि या जेस्टेशन का नियम," रेयान मुस्कराया।

मौली—"जैसे यदि कोई पूरी ईमानदारी से चाहता है कि उसका हॉस्पिटल बने। और बना नहीं पाया तो हो सकता है कि अगले जनम में आसानी से उसका अपना हॉस्पिटल बन जाए।"

जैस्मीन—"सम्भव है।"

रेयान—"मेरे एक पड़ोसी लगभग सत्तर साल के होंगे। उन्होंने पिछले महीने ही नया-नया डांस सीखना शुरू किया है। मैंने उनसे कहा, 'अंकल, इस उमर में ये शौक!' उन्होंने हँसते हुए कहा था, 'बेटा, सीखा हुआ कभी बेकार नहीं जाता। और एक्सरसाइज़ तो हो ही जाती है'।"

शिखर—"बिलकुल! सीखा हुआ या कुछ भी किया हुआ कभी बेकार नहीं जाता।"

"सर, मेरा एक सवाल है। लोग अक्सर कहते हैं कि उन्होंने किसी अन्य व्यक्ति, जिसे सफलता मिली, के समान ही सोचा और कार्य किया लेकिन वे अपने लक्ष्य को प्राप्त नहीं कर सके। मतलब, समान सोच और कार्य के बावज़ूद उनकी नियति अलग रही। इस पर आप क्या कहेंगे?" कुन्दन ने पूछा।

"कई कारण हो सकते हैं। हो सकता है कि उन्होंने ऊपरी तौर पर एक सी प्रतीत हो रही पर वास्तव में अलग-अलग सोच और विश्वास के साथ काम किया हो!" शिखर ने उत्तर दिया।

"सर, क्या आप इसे विस्तार से बता सकते हैं कि ऊपरी तौर पर एक सी प्रतीत हो रही अलग-अलग सोच या विश्वास से आपका क्या मतलब है?" कुन्दन समझ नहीं सका।

"ठीक है, कुन्दन, देखो," शिखर ने पल भर रुककर समझाना शुरू किया, "दो काल्पनिक व्यक्तियों को लेते हैं। दोनों को सुखी और शान्तिपूर्ण जीवन की अभिलाषा है। मान लेते हैं, दोनों की अभी की सामाजिक स्थिति समान है। पहला व्यक्ति स्वास्थ्य, धन और सुख प्राप्त करना चाहता है पर सोचता है कि यह कठिन

है। कमी, चिन्ता और असुरक्षा की भावना के साथ वह खुशी हासिल करने की लगातार कोशिश करता है। चाहने व पाने के विश्वास के साथ जीता है। दूसरा व्यक्ति खुद को सदा स्वस्थ, धन्य, शान्त और सुखी महसूस करता है। वह सुकून, सन्तुष्टि और आनन्द की भावना से भरपूर समृद्धि और सम्पन्नता के विश्वास के साथ जीता है।

"दोनों के ही अवचेतन उनकी सोच, भावना व विश्वास के अनुसार वाइब्रेशंस कायनात में भेजते हैं और समान परिस्थितियों को अपनी ओर आकर्षित करते हैं।

"पहले व्यक्ति के जीवन में ऐसी परिस्थितियाँ आती हैं जो उसके जीवन में चिन्ता और कमी पैदा करती हैं। उदाहरण के लिए पढ़ाई, नौकरी व रिश्तों में कुछ न कुछ परेशानी का कारण बनता रहता है। यह अवचेतन की गहराई में स्थित चिन्ता और असुरक्षा की भावना को और सुदृढ़ करता है। दूसरे के जीवन में ऐसे हालात आते हैं जो सन्तुष्टि पैदा करते हैं। उदाहरण के लिए, जीवन में सब कुछ सुचारु रूप से चलता रहेगा, सब कुछ भरपूर होगा। अगर कुछ ऐसा आता भी है जो ज़ाहिर तौर पर बहुत अच्छा नहीं है, तो वह इसे बहुत शान्ति और आसानी से लेता है, क्योंकि वह जानता है कि जीवन में उतार-चढ़ाव आ सकते हैं। यह समझ उस स्थिति से निपटने में उसकी मदद भी करेगी।"

जैस्मीन—"तो, हमें हमारे मन में चाह और कमी की भावना और विश्वास को सुख, समृद्धि और भरपूरता की भावना में परिवर्तित करना है। अगर हमें भरपूरता महसूस करने की आदत नहीं है, तो इसे महसूस करने के लिए तर्क खोजना होगा।"

कुन्दन—"हाँ, जैस्मीन, मुझे एक कहानी याद आ रही है, शायद इसे हम सबने सुनी भी होगी पहले। दो लोग, 'ए' और 'बी', व्हाट्सएप पर चैट कर रहे थे। 'ए' दुखी था, 'बी' उसे समझा रहा था, 'दुखी मत हो दोस्त, खुश रहो। जीवन बहुत सुन्दर है, हर पल का आनन्द लो।'

ए : 'लेकिन तुम जानते हो, मेरे पास पहनने के लिए जूते भी नहीं हैं।'

बी : 'कोई बड़ी बात नहीं, तब भी मस्त रह यार।'

ए : 'तुम मेरी जगह नहीं हो न, इसलिए मेरी प्रॉब्लम नहीं समझ सकते।'

बी : 'कैसी भी प्रॉब्लम हो बे, खुश तो रहा ही जा सकता है।'

ए : '(खीज कर) मुझे एक भी कारण बताओ, जो यह कहे कि मैं खुश रह सकता हूँ?'

बी : 'अगर मैं पैरों के बिना खुश रह सकता हूँ तो तुम जूतों के बिना खुश क्यों नहीं रह सकते?'"

मौली—"एक किस्सा मुझे भी याद आ रहा है। व्यक्ति 'सी' बहुत दुखी और निराश था क्योंकि उसने शेयर बाजार में अपनी सारी सम्पत्ति खो दी थी। अपने दोस्त 'डी' से वह बात कर रहा था,

सी : 'मैंने सब कुछ खो दिया। मैं डिप्रेशन में हूँ।'

डी : 'नहीं यार, ऐसे मत बोल, कि सब खो दिया है। तेरे पास अभी भी बहुत कुछ है।'

सी : 'नहीं यार, मेरी बात मान, मैं पूरी तरह से बर्बाद हो गया हूँ। मुझे अपना पैसा किसी भी कीमत पर वापस चाहिए।'

डी : 'हम्म, तेरे पास कुछ है जिसके बदले में मैं तुझे दस करोड़ रुपये दे सकता हूँ।'

सी : 'क्या? ऐसा क्या है मेरे पास? मेरी जानकारी में तो ऐसा कुछ नहीं बचा। अच्छा, तू बता, मैं अभी देता हूँ।'

डी : 'तेरी आँखें, तेरे गुर्दे, तेरी वफादार पत्नी, तेरे प्यारे बच्चे...'"

मौली के उदाहरण ने इन विचारों के आदान-प्रदान को अगले स्तर पर पहुँचा दिया।

रेयान—"मैंने पहले भी ये दोनों कहानियाँ सुनी थीं, लेकिन आज मुझे इन कहानियों का सही आशय गहराई से समझ में आया है।"

"हम जो हासिल करना चाहते हैं, वह हमारी इच्छा, हमारी ख्वाहिश है, और हम जीवन में जो हासिल करते हैं, वह वो है जिस पर हम अपना ध्यान केन्द्रित रखते हैं। अगर हमें अपनी इच्छाओं पर विश्वास है, तो वे सच हो जाएँगी। पर यदि हमें अपनी इच्छाओं पर सन्देह है कि इनका सच होना मुश्किल है, या हम सोचते हैं कि 'मैं चाहता तो हूँ पर शायद यह सच नहीं होंगी', तब वे सच नहीं होंगी। इसलिए, हम हमारे मन की गहराई में जिस पर विश्वास करते हैं, जिसे हम अपने अवचेतन में सत्य के रूप में देखते हैं, वही सबसे महत्त्वपूर्ण है," शिखर ने समझाया।

"बिलकुल सर! तो यह मेरे जीवन में वह भी ला सकता है जो मैं नहीं चाहता," कुन्दन ने शिखर की ओर प्रशंसनीय निगाहों से देखा।

शिखर ने आगे कहा, "हाँ, अगर हम उस अवांछित वस्तु पर ध्यान देते रहें तो।"

जैस्मीन—"साइकिल चलाना सीखते हुए सड़क पर एक पत्थर देखकर, अगर हम चिन्ता और भय की भावना के साथ सोचें कि 'मुझे सावधान रहना चाहिए, नहीं

तो मैं पत्थर से टकराकर नीचे गिर जाऊँगा' तो इस बात की पूरी सम्भावना है कि हम पत्थर से टकरा जाएँगे और नीचे गिरेंगे।"

कुन्दन—"अवचेतन को चिन्ता और भय की भावना के साथ गिरने से सम्बन्धित दृश्य प्राप्त होंगे और वह समान परिस्थितियों को आकर्षित करने के लिए तरंगें भेजने लगेगा।"

"लेकिन सर, मैंने कुछ अलग अनुभव किया है। जब मैं कहता हूँ कि मुझे परीक्षा में अच्छे अंक नहीं मिलेंगे, तो मुझे अक्सर बेहतर परिणाम मिलते हैं। यह जो हमने अभी सीखा है, उसके विपरीत है, कि अगर हम विफलता पर ध्यान केन्द्रित करते हैं तो हम असफल हो जाएँगे," ध्रुव ने तर्क दिया।

"हाँ, ध्रुव, ऐसा हो सकता है," शिखर ने उत्तर दिया, "आओ, कर्म की पुनः व्याख्या करते हैं। काम या कर्म (action or deeds) के, समग्र रूप से, दो भाग होते हैं—पराभौतिक (meta physical), सूक्ष्म या मानसिक कर्म और भौतिक, स्थूल या शारीरिक कर्म (physical deeds)।"

अहाना—"सूक्ष्म कर्म!"

"हम कर्मों को साधारणतया केवल अपने शरीर द्वारा किया गया भौतिक काम ही समझते हैं, लेकिन सही मायने में, कर्म एक बहुत व्यापक घटना है। हम जो विचार और भावनाएँ पैदा करते हैं, हम किसी के बारे में कैसा महसूस करते हैं, उसके विषय में क्या बोलते हैं, और सबसे महत्त्वपूर्ण कि हमारे प्रत्येक कार्य के पीछे का इरादा, हमारा कर्म है। और वास्तव में, शारीरिक कर्म इसका एक छोटा सा हिस्सा है," शिखर ने समझाया।

"यह इतना गूढ़ है कि मैंने इसके बारे में इस तरह कभी नहीं सोचा था," ध्रुव ने टिप्पणी की।

"इसलिए, जब हम वास्तविक अर्थों में कार्य या कर्मों के बारे में बात करते हैं, तो वे इरादे के स्तर पर शुरू हो विचार, भावनाएँ, शब्द और फिर शारीरिक कार्य का सम्मिलित रूप होते हैं। लेकिन हम मात्र भौतिक रूप यानी कि अपने बोल और काम पर ही ध्यान केन्द्रित करते हैं," जैस्मीन ने दोहराया।

मौली—"हम किसी व्यक्ति या चीज़ के लिए कुछ करने की तुलना में उनके बारे में नकारात्मक या सकारात्मक सोचते और महसूस अधिक करते हैं। तो, यह सच है कि हम आम तौर पर शारीरिक कर्म से अधिक मानसिक कर्म करते हैं।"

ध्रुव—"हाँ, और सकारात्मक या नकारात्मक बात करना शारीरिक कर्म है।"

जैस्मीन—"और दोस्तो, बात करते समय हमारे मन की गहराई में चल रही सोच और भाव छिपे हुए सूक्ष्म कर्म होते हैं, जो अधिक महत्त्वपूर्ण हैं।"

"और हमारी सोच और भाव के पीछे के विश्वास और इरादे भी सूक्ष्म कर्म हैं," कुन्दन ने कहा।

"पिछली बार जब मैं परीक्षा परिणाम के बारे में सकारात्मक बात कर रहा था, मेरे दिमाग में यह खयाल आया कि कहीं मेरे अंक अच्छे नहीं हुए, तो? अगर मेरी उत्तर-पुस्तिका खो गई तो क्या होगा? भय और घबराहट के साथ कई नकारात्मक विचार बार-बार सामने आते रहे," ध्रुव को याद आया।

"और सकारात्मक शब्दों के साथ अगर मन में अहंकार आ जाता है, तो यह ब्रह्मांड में नकारात्मक तरंगें भेजना शुरू कर देगा, जो परिणामों को नकारात्मक रूप से प्रभावित करेंगे," मौली ने अपना मत रखा।

"एक बार परीक्षा में मेरा प्रश्न-पत्र कुछ कठिन आया, तो मैं निराशा दिखाते हुए दोस्तों से कहने लगा कि मेरा पेपर अच्छा नहीं गया, लेकिन मेरे दिमाग की गहराई में कहीं मुझे लग रहा था कि शायद मैंने पेपर ठीक ही किया है। मैं कहता रहा, ईश्वर किसी तरह मुझे अच्छे अंक दे दे! इसके अलावा, यदि हममें यह विश्वास है कि नकारात्मक बोलने से अच्छे अंक प्राप्त होंगे, तो यह हमारे शब्दों के विरोध में काम करना शुरू कर सकता है। इस प्रकार, अच्छे अंक प्राप्त करने की आशा बनी रहती है," रेयान ने बुद्धिमत्तापूर्ण ढंग से अपनी बात रखी।

"तो, नकारात्मक बात करने से आशा, प्रार्थना जैसी सकारात्मक भावनाएँ पैदा हो सकती हैं, जबकि परीक्षा के बारे में सकारात्मक शब्द हमारे अवचेतन में अनजाने ही भय, सन्देह या अहंकार जैसी नकारात्मक भावनाएँ पैदा कर सकते हैं। इसलिए हमारे शक्तिशाली मानसिक कर्म विचारों और भावनाओं के अनुसार अंक में परिणत होते हैं, न कि हमारे शब्दों के अनुसार," ध्रुव सहमत लग रहा था।

अहाना—"तो, निष्कर्ष यह रहा कि हमें हमारे सूक्ष्म कर्मों पर भी उचित ध्यान देना होगा।"

"हमारे कर्मों में विचारों के स्तर से लेकर शारीरिक कर्म के स्तर तक, सभी एक रेखा (alignment) में होने चाहिए। ये सभी चेतन ऊर्जा के हाथ में उसका भौतिक संसार रचने के लिए आवश्यक उपकरण हैं," शिखर ने समझाते हुए जोड़ा, "तो, लयबद्ध कर्म हमारे भाग्य को आकार देने के लिए एक आवश्यक कदम है।"

"अगर मैं एक मेधावी छात्र नहीं हूँ, तो मैं आईआईटी द्वारा कैसे चयनित हो

सकता हूँ? लयबद्ध कर्म कैसे इसमें मेरी मदद करेंगे?" ध्रुव पुनः हैरान-परेशान लग रहा था।

शिखर—"कुछ भी असम्भव नहीं है। लेकिन शर्त यह है कि चयनित होने की प्रबल आकांक्षा या तीव्र इच्छा होनी चाहिए। यह आकांक्षा मूल और आन्तरिक रूप से प्रेरित होनी चाहिए, न कि बाहरी दबावों—जैसे माता-पिता, दोस्तों या साथियों के कहने के कारण। प्रारम्भ में, हम उनसे प्रेरित हो सकते हैं, लेकिन अन्ततः इच्छा पूरी तरह से हमारी होनी चाहिए। यह तीव्र इच्छा हमको प्रतियोगी परीक्षाओं में सफलता के पथ पर अग्रसर करने के लिए उत्तरदायी होगी।

दो छात्रों का उदाहरण लेते हैं। दोनों चयनित होने की तीव्र इच्छा के साथ प्रवेश परीक्षा की तैयारी कर रहे हैं। चलो, देखते हैं कि कैसे लयबद्ध कर्म अलग-अलग अतीत के साथ एक ही परिणाम दे सकते हैं। एक का अब तक का एकेडमिक रिकॉर्ड अच्छा रहा है। उसके लिए मेडिकल, इंजीनियरिंग या सिविल सेवा जैसी किसी भी प्रवेश परीक्षा में चयन का विश्वास स्थापित करना आसान है। दूसरे का अब तक का एकेडमिक रिकॉर्ड बहुत अच्छा नहीं रहा है। यहाँ अतिरिक्त प्रयास की आवश्यकता है। उसे अपने अवचेतन में चयन के विश्वास को गहरे स्थापित करने के लिए काम करना होगा। अपने आपको ईमानदारी के साथ कोई सही तर्क देना होगा, जैसे कि मैंने अभी तक अपनी पूरी मेहनत नहीं की है पर मैं चयन के लिए सक्षम हूँ क्योंकि मैं वास्तव में डॉक्टर, इंजीनियर या एडमिनिस्ट्रेटर बनना चाहता हूँ। मैं इस पेशे के लिए पूरी तरह से योग्य हूँ; या ईश्वर ने मुझे बनाया है और हर सम्भव क्षमता दी है कि मैं अपनी कोशिशों से कोई भी मुकाम पा सकता हूँ।

दोनों छात्र उपलब्ध साधनों, जैसे—किताबें, कोचिंग व स्व अध्ययन आदि से पूरी ईमानदारी के साथ तैयारी करते हैं। यह शारीरिक क्रिया प्रवेश परीक्षा में चयन के उन दोनों के विश्वास को और मज़बूत करेगी। समय के साथ दोनों का ही चयन हो सकेगा, यदि उनकी उपरोक्त कोशिश सच्ची होगी। लेकिन पहले से स्थापित विश्वास को बदलने के लिए सही तर्क होने चाहिए, तभी इसे चेतन मन द्वारा सत्य माना जाएगा। हम जानते हैं कि चेतन मन वह गार्ड है जो नये विश्वास को अवचेतन मन में पारित करेगा और समय के साथ वह नया विश्वास इस भौतिक संसार में वास्तविक हो जाएगा," शिखर ने आगाह किया।

"जब हमारे विश्वास सामंजस्यपूर्ण आवृत्ति की परिस्थितियों (circumstances of harmonius frequency) को हमारी ओर आकर्षित करते हैं, तो यह हमारे

'शारीरिक कर्म' हैं जो अवसर (opportunities) को पकड़ते हैं। शारीरिक कर्म हमारे अवचेतन में चीज़ों को प्राप्त करने के विश्वास को भी मज़बूत करते हैं," जैस्मीन ने समझाया।

कुन्दन—"सर, इसलिए दिन में सपने देखने वाले जो सोचते हैं, उसे हासिल नहीं कर पाते, क्योंकि वे उन आए हुए अवसरों को शारीरिक कर्म न कर व्यर्थ कर देते हैं।"

जैस्मीन—"हाँ, उनके दिन में सपने देखने की प्रक्रिया में एक बड़ी खामी यह है कि वे पूरी तरह से कर्म के भौतिक पहलू से चूक जाते हैं। हवाई महल बनाने वाले सिर्फ कल्पना का आनन्द लेते हैं, वे वास्तविकता में वह स्थिति नहीं चाहते। उनको उनके मन की गहराई में यह पता रहता है कि वे केवल सतही आनन्द ले रहे हैं और इसकी वास्तविकता बनने की कोई आवश्यकता नहीं है। इसलिए वह इसे प्राप्त करने के लिए कोई प्रयास नहीं करना चाहते।"

रेयान ने मस्ती भरे अन्दाज़ में कहा, "ऐश्वर्या राय को डेट करने की कल्पना मात्र इसे हकीकत में नहीं बदल सकती।"

"लेकिन अगर कल्पना इतनी गहरी हो जाए कि उसका आनन्द हमारे अवचेतन में संगृहीत विश्वास—'केवल सतही आनन्द, जिनके वास्तविक बनने की कोई उम्मीद नहीं'—को बदलना शुरू कर दें, तो पूरी सम्भावना है कि उन अवसरों को हथियाने के लिए हम कार्यों को हमारी कल्पना के अनुसार करना शुरू कर देंगे," जैस्मीन मुस्कराई।

"इसका मतलब ऐश्वर्या को डेट करने की कुछ उम्मीद है!" ध्रुव ने शरारती मुस्कान के साथ रेयान की ओर देखा।

शिखर मुस्कराया, "क्यों नहीं! कुछ भी असम्भव नहीं है। बस, दृढ़ विश्वास और लयबद्ध कर्म आवश्यक है। जो विश्वास सही न हो, उसे बदल डालो और उचित लयबद्ध कर्म द्वारा मनचाहे भाग्य का निर्माण करो।"

चमकता हुआ सूरज फरवरी की हल्की सर्द हवा को पर्याप्त गरमाहट दे रहा था। कुन्दन को कोई जल्दी नहीं थी क्योंकि आज स्थानीय अवकाश था।

रास्ते भर कुन्दन अपने पिछले गलत यकीन या विश्वास सुधारने के बारे में सोचता रहा, ताकि वह उचित कार्य कर मनचाहा परिणाम पा सके। उसने इन

पंक्तियों को कई बार दोहराया—

पहला, 'कि केवल उसके दाहिने हाथ में दर्द था, वह भी पहले से अब काफ़ी कम था। उसका बायाँ हाथ बिलकुल ठीक था, इसलिए वह अब खेल सकता है।'

और दूसरा, 'कि अगर वह खेलता है तो विक्ट्री विंग्स टूर्नामेंट ज़रूर जीतेगी।'

सूरज की किरणें प्रशासनिक ब्लॉक से प्रतिबिम्बित हो कुन्दन के चेहरे पर पड़ उसे रौशन कर रही थीं। हॉस्टल से बॉल ले वह बास्केटबॉल कोर्ट पहुँच गया। गार्ड सिर खुजलाता नज़र आया। शायद सोच रहा था कि इतनी जल्दी कोई सरफिरा ही आ सकता है।

कुन्दन अपने हाथ का बैंडेज और टी-शर्ट उतार, जींस और फ्लोटर्स में कोर्ट में दाखिल हुआ। उसने हाथ पर चोट का निशान देखा और उसे चूम लिया। फिर थोड़ा झुककर बॉल को नीचे ज़मीन की तरफ छोड़ दिया। बॉल खास गूँजती आवाज़ के साथ सीमेंटेड खाली कोर्ट से जा टकराई। वह अजीबोगरीब आवाज़ कुन्दन के कानों को मधुर संगीत की तरह महसूस हुई।

बॉल वापस उछली और कुन्दन के दाहिने हाथ से जा टकराई। बिजली के करंट ने जैसे उसकी हड्डियों को चीर दिया हो! दर्द असहनीय था। कुन्दन ने बॉल को ज़ोर से किक मारी, और घायल जानवर की तरह कराहते हुए ज़मीन पर बैठ गया।

कुछ देर बाद दर्द कुछ कम हुआ, पर कुन्दन का चेहरा पसीने से भर आया था। वह फिर से दोहराते हुए उठ खड़ा हुआ कि उसका बायाँ हाथ ठीक है। उसने बॉल को फिर से कोर्ट की तरफ छोड़ा।

जैसे ही बॉल कुन्दन के दाहिने हाथ के मेटाकार्पल्स को तोड़ने के इरादे से वापस उछली, उसी पल कुन्दन ने अपना पोश्चर बदला और अपने बायें कंधे को थोड़ा आगे बढ़ाते हुए लगभग आधा किलो की बॉल को, गुरुत्वाकर्षण बल को ठेंगा सा दिखाते हुए, अपनी बाईं हथेली की उँगलियों से पकड़ लिया।

कुन्दन बॉल को देख मुस्कराया, 'अब तुम मेरी आज्ञा के अधीन हो प्रिये, अब तुम्हें कौन बचाएगा?'

वह बॉल को अपने बायें हाथ से चतुराई के साथ हौले-हौले ड्रिबल करने लगा। कभी-कभार वह अपने दाहिने हाथ की मदद भी ले लेता।

वह नहीं जानता कि यह वार्म अप का प्रभाव था या उसके दाहिने हाथ की ईर्ष्या, लेकिन एक घंटे के अन्त में उसके दाहिने हाथ का दर्द काफ़ी कम हो गया था और वह पहले से अधिक लचीला लग रहा था।

हॉस्टल लौटते समय उसने अपनी सबसे प्यारी सम्पत्ति अपने दाहिने हाथ, जो कि घायल था, को प्यार करने वाले स्वामी की तरह फिर से चूमा।

शाम होने लगी थी और डायरी कुन्दन की प्रतीक्षा कर रही थी।

'आज, मैं तुम्हें बताता हूँ कि मेरे वर्तमान और भविष्य के लिए कौन ज़िम्मेदार है। कई बार मैंने मम्मा और पापा पर उन बातों के लिए इल्ज़ाम लगाया, जो मुझे पसन्द नहीं थी। लेकिन आज मुझे सच्चाई का एहसास हुआ। सच तो यह है कि मैं मेरे विश्वास और मेरे द्वारा किये गए लयबद्ध कर्म द्वारा अपने भाग्य को स्वयं बनाता हूँ। इसका मतलब है कि यदि मैं चाहूँ तो अपने भाग्य को बदल भी सकता हूँ। क्या तुम यह बात जानती थीं? हालाँकि मैंने यह सब पहले भी सुना और पढ़ा था लेकिन आज मैं विभिन्न महान लोगों द्वारा कही गई बातों को समझ पा रहा हूँ।'

उसने डायरी के साथ जैस्मीन के शब्दों को साझा किया, 'जब हमारे विश्वास सामंजस्यपूर्ण आवृत्ति की परिस्थितियों को हमारी ओर आकर्षित करते हैं, तो ये हमारे 'शारीरिक कर्म' हैं जो अवसर को पकड़ते हैं। शारीरिक कर्म हमारे अवचेतन में चीज़ों को प्राप्त करने के विश्वास को भी मज़बूत करते हैं।'

अन्त में कुन्दन ने लिखा, 'वास्तविक अर्थों में कार्यों या कर्मों में इरादे, विचार, भावनाएँ और शब्द शामिल हैं। अपने जीवन की तुलना यदि हम किसी मूवी से करें तो हमारे इरादे और विश्वास एक मूवी की थीम के जैसे कहे जा सकते हैं। विचार और भावनाएँ मूवी की कहानी की तरह हैं। हमारे शब्द या बोल जैसे अभिनेता का संवाद हैं। और शारीरिक कर्म अभिनेता के अभिनय के समान है। जैसे बेहतरीन मूवी के लिए थीम और कहानी भी बेहतरीन चाहिए और साथ ही अभिनेता के संवाद और अभिनय भी, वैसे ही बेहतरीन जीवन के लिए शब्द, बोल और शारीरिक कर्म के साथ साथ इरादे, विश्वास, विचार और भावनाएँ भी बेहतरीन चाहिए।'

# विचार से सृजन

अहाना ने नये दिन की शुरुआत की, "सर, हमने अब तक जो बातें कीं, वह कोई नई अवधारणा नहीं है। मैंने कल ही पढ़ा कि बुद्ध ने सदियों पहले कहा था कि हम जैसा सोचते हैं, वैसे ही हम बन जाते हैं और अपने विचारों से, हम अपने संसार का सृजन करते हैं।"

शिखर—"बिलकुल।"

"बुद्ध उस समय भी यह सत्य जानते थे?" कुन्दन चकित लग रहा था।

"सत्य शाश्वत है और सत्य की समझ ने ही उन्हें महान बनाया," शिखर ने कहा।

मौली—"कितनी गज़ब की बात है, कि हमारे विचार ही हमारे संसार का सृजन कर हमारी नियति बनाते हैं!"

ध्रुव ने पूछा, "यह केवल हमारे अपने विचार हैं या अन्य सहित ईश्वर के भी विचार हैं, जो हमारी नियति या भाग्य को प्रभावित करते हैं?"

रेयान—"और सर, हमने बात की थी कि हमारे कर्म हमारी नियति बनाते हैं..."

"पहले रेयान की बात से शुरू करते हैं," शिखर ने जवाब दिया, और जारी रखा, "हाँ, रेयान, यह केवल विचार ही नहीं बल्कि वास्तव में हमारे सभी कर्म हैं जो हमारी नियति बनते हैं। लेकिन हाँ, विचार पैदा करने से हमारे चेतन मन को महत्त्वपूर्ण शक्ति मिलती है जिससे हमारे सभी कर्म प्रभावित होते हैं। इसलिए, हम कह सकते हैं कि 'विचार ही चीज़ें या नियति बन जाते हैं' (thoughts become things)।" उन्होंने आगे कहा, "और ध्रुव, तुम्हारा सवाल कुछ कठिन है पर मुझे लगता है, मेरे विचार ज़्यादातर समय मुझसे जुड़े होते हैं या मैं कहूँ, मैं ही वह हूँ जो अपने बारे में सबसे ज़्यादा सोचता है। अन्य व्यक्ति, जो मुझसे सम्बन्धित हैं—चाहे

वे व्यक्तिगत रूप से या पेशे से जुड़े हों, आम तौर पर वे मेरे बारे में अलग-अलग तरह से सोचते हैं। कुछ की मेरे प्रति सकारात्मक भावनाएँ हो सकती हैं, तो कुछ की नकारात्मक हो सकती हैं। उनकी विचार-शक्तियाँ आम तौर पर एक दूसरे को रद्द कर देती हैं या उनका न्यूनतम सकारात्मक या नकारात्मक प्रभाव हो सकता है। लेकिन अगर कोई हमारे बारे में बहुत शक्तिशाली तरीके से सोचता है, तो उसकी विचार-प्रक्रिया हमें प्रभावित कर सकती है, जैसे माँ-बाप का आशीर्वाद।"

ध्रुव—"'सख्त राहों में भी आसान सफर लगता है, ये मुझे मेरी माँ की दुआओं का असर लगता है'—ग़ज़ल गायक जसविंदर सिंह जी ने कितना प्यारा गाया है!"

"राजा दुष्यंत दुर्वासा ऋषि के श्राप के प्रभाव के कारण शकुंतला को भूल गए थे। आप सबने यह भारतीय पौराणिक कहानी, जब एक ऋषि के श्राप के कारण एक राजा अपनी पत्नी को भूल जाता है, सुनी ही होगी?" मौली ने जोड़ा।

"हाँ, किसी की बद्दुआ का हमारे भाग्य पर नकारात्मक प्रभाव पड़ सकता है, खास कर अगर हम पर्याप्त शक्तिशाली नहीं हैं। यहाँ दूसरों के लिए अच्छा करने का महत्त्व आता है, यह कई तरह से काम करता है। सबसे पहले, अच्छे कर्म करके हम ब्रह्मांड की ओर सकारात्मक वाइब्रेशंस भेज रहे हैं, जो हमारे पास सकारात्मक भाग्य के रूप में वापस आएँगे। दूसरा, जिन लोगों के लिए हमने अच्छा किया है, वे हमें शुभकामनाएँ और आशीर्वाद देते हैं। जब अधिकांश लोग हमें अपने दिल की गहराई से शुभकामनाएँ देते हैं, तो वे अपने अवचेतन से हमारी बेहतरी के लिए कायनात में वाइब्रेशन भेजते हैं। यह पुनः हमारे भाग्य को सकारात्मक तरीके से प्रभावित करता है," शिखर ने उत्तर दिया।

इस तरह यह चर्चा अब तक लगभग बिना किसी बहस के और पूर्ण सहमति के साथ जारी रही।

रेयान—"सर्वोच्च चेतना, परमात्मा या सर्वशक्तिमान के बारे में क्या?"

शिखर ने उत्तर दिया, "सर्वोच्च चेतना हमेशा अपनी अनन्त शक्तियों के साथ सकारात्मक तरीके से हमारे भाग्य को प्रभावित करती है। यह हम पर निर्भर करता है कि हम इसे हमारे लिए कितनी प्राप्ति में परिवर्तित करने में सक्षम हैं। जब हम सर्वोच्च चेतना के साथ लयबद्ध होते हैं तो अधिकतम प्राप्ति करते हैं।

"नदी के बहाव के साथ चलने वाली नाव कम मेहनत से तेज़ चलती है और जो नाव प्रवाह के विपरीत नदी के पार जाती है, बड़ी मेहनत के बावजूद उसकी गति कम होती है।"

"सर्वोच्च चेतना बहती नदी है, जो सभी के लिए विद्यमान है। हमें तय करना होगा कि हम उसके साथ जाना चाहते हैं या उसके खिलाफ?" जैस्मीन ने कहा।

"जब भी हम रचनात्मक, सकारात्मक और सच्चे होते हैं, अर्थात् सृजन के साथ, सकारात्मकता के साथ, सत्य के साथ जीते हैं, हम ऑटोमैटिक रूप से सर्वोच्च चेतन शक्ति, सुपर पावर ईश्वर के साथ लयबद्ध हो जाते हैं और हमारी ताकत कई गुना बढ़ जाती है," अपनी स्वाभाविक गरिमा के साथ शिखर ने कहा।

"इस तरह तो नास्तिक और आस्तिक पर वाद-विवाद भी व्यर्थ है। दोनों ही सर्वोच्च शक्ति के साथ लयबद्ध हो सकते हैं, जब भी वे रचनात्मक, सकारात्मक और सच्चे होते हैं," कुन्दन ने दोबारा अपनी समझ का परिचय दिया।

"लेकिन सर, कभी-कभी हमारे दैनिक जीवन में झूठ बोलना आवश्यक हो जाता है। मुझे नहीं लगता, आजकल हमेशा सच बोलना सम्भव है!" रेयान ने कहा।

"यह एक गलत विश्वास है, लेकिन रेयान, अगर तुम सहज महसूस नहीं करते हो, तो अपने तरीकों को तुरन्त बदलने की ज़रूरत नहीं है," शिखर ने उत्तर दिया और जारी रखा, "लेकिन यहाँ हम बात कर रहे हैं परम या मौलिक सत्य या आधारभूत तथ्यों के मुताबिक जीवन जीने की। हमारे दैनिक जीवन में कुछ छोटे-मोटे झूठ बोलने की तुलना में, उन विश्वासों के आधार पर जीवन जीना कहीं अधिक हानिकारक है जो मौलिक सत्य या आधारभूत तथ्यों का खंडन करते हैं।"

रेयान—"तो क्या हम यह निष्कर्ष निकाल सकते हैं कि मेरे विचारों के साथ साथ ईश्वर का मेरे भाग्य पर सबसे अधिक प्रभाव पड़ता है? और सबसे महत्त्वपूर्ण बात यह है कि मैं अपने विचारों से दूसरों के विचारों को भी सकारात्मक या नकारात्मक रूप से प्रभावित कर सकता हूँ, तो मेरे विचार ही मेरे भाग्य का निर्माण करते हैं। यह सबके लिए सच है।"

ध्रुव—"सर, आपने कहा कि ईश्वर ऊर्जा या प्रकाश का एक बिन्दु है। प्रकाश का एक बिन्दु कैसे सोच-विचार सकता है...?"

अहाना—"या, वह हमें प्यार कैसे कर सकता है?"

शिखर के चेहरे पर एक स्नेह भरी मुस्कान थी, "अगर हम एक भौतिक शरीर में चेतन ऊर्जा, सोच और महसूस कर सकते हैं, तो सर्वोच्च शुद्ध चेतन ऊर्जा, सर्वोच्च सत्ता ऐसा क्यों नहीं कर सकती?"

"सर, मैं सोच रहा था कि क्या हम वैज्ञानिक रूप से साबित कर सकते हैं कि

विश्वास, विचार, भावनाएँ और दृश्य हमारे भौतिक संसार को प्रभावित कर सकते हैं?" कुन्दन ने जिज्ञासा व्यक्त की।

"एक ऐसा प्रयोग मुझे ध्यान तो आ रहा है," जैस्मीन ने याद करते हुए कहा, "हमारे दिमाग की हर गतिविधि हमारी भौतिक वास्तविकता को प्रभावित करते हैं, यह अमेरिकी सेना के क्लेव बैकस्टर ने प्रयोग द्वारा सिद्ध करने की कोशिश की। उन्होंने एक शख्स के मुँह से डीएनए सैंपल लिया और तरह-तरह के वीडियोज़ दिखाकर उसकी भावनाओं को बार-बार बदला। इलेक्ट्रॉन माइक्रोस्कोप के साथ डीएनए का अवलोकन करते हुए उन्होंने पाया कि डीएनए ने उस व्यक्ति, जिससे इसे लिया गया था, की बदलती भावनाओं पर तुरन्त प्रतिक्रिया दी और, वह भी स्थान और समय की परवाह किये बगैर—भले ही वह डीएनए सैंपल उस शख्स के पास स्थित लैब में देखा गया या हज़ारों किलोमीटर दूर। हम जानते हैं, डीएनए हर उस चीज़ के निर्माण के लिए ज़िम्मेदार है जो हमारे शरीर के लिए आवश्यक है।"

"दोस्तो, जब क्षणिक भावनात्मक परिवर्तन तत्क्षण डीएनए में प्रतिक्रिया का कारण हो सकता है, तो ज़रा सोचो कि हमारा लगातार खुश या दुखी रहना हमारे शरीर को कितना प्रभावित करता होगा?" शिखर ने कहा।

"इसीलिए, व्यक्ति जब प्यार में पड़ता है तो उसका चेहरा चमकने लगता है," रेयान शरारती अदा से मुस्कराया।

शिखर ने आगे कहा, "जिसे भी हमारा अवचेतन सत्य के रूप में मानता है, समय के साथ भौतिक वास्तविकता में परिवर्तित हो जाता है—चाहे वह हमारे डीएनए की प्रतिक्रिया के स्तर पर हो या हमारे आसपास की दुनिया में।"

जैस्मीन—"यहाँ मैं अपना एक अनुभव साझा करना चाहती हूँ। मेरे कॉलेज के दिनों की एक शाम थी। मैं अपनी माँ से बात कर रही थी और उन्होंने मुझे बताया कि मेरी मौसी अपनी बड़ी बेटी के लिए दूल्हे के रूप में एक आईएएस अधिकारी तलाश रही हैं। मैंने साफ साफ माँ से कहा कि मैं कभी आईएएस, पीसीएस आदि से शादी नहीं करूँगी, क्योंकि तब सुरक्षा गार्ड इत्यादि के कारण मेरी आज़ादी छिन जाएगी और मैं जीवन में आम लोगों की तरह छोटी-छोटी चीज़ों का आनन्द नहीं ले पाऊँगी। उदाहरण के लिए—सड़क के किनारे खड़े हो चाट के मज़े लेना।

"लेकिन माँ के साथ उस दिन की गपशप के बाद मेरे मन में आईएएस अधिकारियों के लिए उत्सुकता जग गई थी। उस रात तो बस एक मनगढ़ंत आईएएस

अधिकारी और चाट के दृश्य आँखों के सामने आते रहे। हालाँकि मैं प्रशासनिक सेवा के किसी भी व्यक्ति से शादी नहीं करना चाहती थी, लेकिन मेरे खयालों में मेरा ध्यान एक आईएएस अफसर पर ही था।

"उन दिनों मैं यह भी सोचा करती थी कि मेरे पति का दिल शानदार, प्यार से भरा होना चाहिए और दिखावा तो बिलकुल ही नहीं होना चाहिए। और, आप जानते हैं दोस्तो, मेरे प्यारे पति एक आईएएस अधिकारी हैं और मैं अक्सर उनके साथ सड़क के किनारे चाट का आनन्द लेती हूँ। वह मेरी सोच से इस कदर मिलते हैं कि कभी-कभी मुझे उनसे कहना पड़ता है, 'ओये यार, कदि प्यार भी दिखा दिया करो!'" जैस्मीन के चेहरे की मुस्कान देखकर सभी ठहाके मारकर हँस पड़े।

तभी मौली भी कूद पड़ी, "दोस्तो, मेरे बेटे का जन्म तब हुआ जब मैं जूनियर रेज़िडेंट थी। गाइनी में वह मेरा पहला वर्ष था। लगभग हर बारह से चौदह घंटे के ब्रेक के बाद छत्तीस घंटे की लगातार ड्यूटी मुझे पूरी तरह थका देती थी। उस वक्त मैं काफ़ी संवेदनशील हुआ करती थी। यहाँ तक कि मेरे पति मुझे 'मिस रोनही' कहकर चिढ़ाते थे। मैं उस वक्त अक्सर सोचा करती थी कि मेरा बच्चा बुद्धिमान, ईमानदार, स्मार्ट और लम्बा होगा।

"मेरी दूसरी गर्भावस्था के समय, मैं लेडी हार्डिंग मेडिकल कॉलेज में तीसरे वर्ष की सीनियर रेज़िडेंट थी और अस्पताल में काम का इतना बोझ नहीं था जितना कि मेरी पहली गर्भावस्था के दौरान था। मेरा बेटा छोटी-छोटी बातों पर बहुत रोया करता था। उसकी इस बात से दुखी हो, अपनी दूसरी गर्भावस्था के दौरान मैं मन ही मन बार-बार दोहराती कि बच्चा कैसा भी हो, फर्क नहीं पड़ता। महत्त्वपूर्ण यह है कि वह बस हमेशा खुश रहे।

"मेरे दोनों बच्चे मेरी गर्भावस्था के समय की मेरी मानसिक स्थिति और विचार-प्रक्रियाओं के हूबहू प्रतिलिपि हैं। दोनों ही बहुत अच्छे हैं पर गर्भावस्था के दौरान मेरी विचार-प्रक्रिया की खामियों का असर अब भी उनके व्यक्तित्व में नज़र आता है—हमारी लाख कोशिशों के बावजूद।"

जैस्मीन—"गर्भ में शिशुओं का चेतन मन अच्छी तरह से विकसित नहीं होता और माँ द्वारा उत्पन्न विचार बहुत आसानी से, बिना चेतन मन के अवरोध के, उनके अवचेतन पर एक मज़बूत छाप छोड़ सकते हैं, जिसे वे आम तौर पर आजीवन ले जाते हैं।"

"हम सभी 'महाभारत' में अभिमन्यु के बारे में जानते हैं कि जब वह गर्भ में

थे तो अर्जुन ने सुभद्रा को विभिन्न युद्ध संरचनाओं के रहस्यों के बारे में बताया था। चक्रव्यूह में कैसे प्रवेश करें, इसका रहस्य तो अभिमन्यु सुन सके थे, लेकिन चक्रव्यूह से बाहर निकलने का नहीं, क्योंकि सुभद्रा तब तक सो गई थीं, जिससे अर्जुन ने आगे बताना बन्द कर दिया था," अहाना ने कहा।

"लगभग पाँच से छह साल की उम्र तक हमारा अवचेतन चेतन मन पर हावी रहता है, क्योंकि हमारा चेतन मन कम विकसित होता है। यह हमारे पूरे जीवन की प्रोग्रामिंग के लिए हमारे अवचेतन में छापों (imprints) को विकसित करने की सबसे महत्त्वपूर्ण अवधि है," शिखर ने आगे कहा, "इस समय जो स्वयं और संसार के बारे में दृष्टिकोण विकसित होता है, वह जीवनपर्यन्त बना रहता है। जो सबसे अच्छी शिक्षा हम अपने बच्चों को दे सकते हैं, वह यह कि कैसे वे खुद से, संसार से और ईश्वर से प्यार करें।"

"उत्कृष्ट सर," अहाना मुस्कराई।

मौली—"मेरे गर्भवती मरीज़ आम तौर पर इस तरह के सवाल पूछते हैं, 'मैम, मेरा बच्चा कमज़ोर तो नहीं है न?'... 'मैम, कोई समस्या तो नहीं है न?'... 'बच्चे के जनम के दौरान कोई जटिलता नहीं होगी न?' वे चिन्ता और भय का भाव चेहरे पर लिये ऐसे सवाल पूछते रहते हैं।"

"जब हम अपना ध्यान उन स्थितियों पर रखते हैं, जो हम वास्तव में नहीं चाहते हैं, तो हम अनजाने ही उन अवांछित वास्तविकताओं को अपनी ओर आकर्षित करते हैं," शिखर ने आगे कहा, "तो, हमारे निरन्तर कर्म चाहे वे विचारों, भावनाओं, शब्दों या कार्यों के रूप में हों, अवचेतन के गहरे हिस्से में दर्ज हो समय के साथ हमारी नियति बन जाते हैं, हालाँकि इसमें कुछ सेकेंड से लेकर कई साल तक का समय लग सकता है।"

"हम अपने द्वारा पूर्व में किये गए उन कार्यों को भूल जाते हैं, जो हमारे इस समय के भाग्य के लिए ज़िम्मेदार हैं, और हम दूसरों को दोष देना शुरू करते हैं। जब हम किसी और को दोषी नहीं पाते हैं, तो हम अदृश्य सत्ता, सर्वोच्च चेतना, ईश्वर को निशाना बनाते हैं," रेयान ने जोड़ा।

"कितना दुखद है दोस्तो! लोग लड़ रहे हैं क्योंकि कुछ का मानना है कि भाग्य ही सब कुछ है, जबकि अन्य मानते हैं कि कर्म ही एकमात्र सत्य है। लेकिन अब बात साफ समझ आ रही है," कुन्दन की आवाज़ ने आभार व्यक्त किया।

अहाना—"हम अपने कर्मों से अपना भाग्य बनाते हैं। भाग्य है, लेकिन इसके

निर्माता हम हैं और केवल हम ही इसे संशोधित कर सकते हैं।"

और विचार-विमर्श यूँ ही जारी रहा। सभी ने अपनी-अपनी राय व्यक्त की और कमोबेश एक दूसरे से सहमत रहे।

शाम को कुन्दन अपने दोस्तों के साथ चाय की चुस्कियों का आनन्द ले रहा था। वही पुरानी मेस थी, साथ ही उसी दरार वाले कुछ पीले से पड़े कप में चाय, समोसे में वही बिना छिले आलू थे, जो हर हाल में इन नौजवानों को गुस्से में पागल करने के लिए काफ़ी थे। फिर भी आज कुन्दन को चाय अच्छी लग रही थी।

देर शाम हो चुकी थी। कुन्दन और उसकी टीम बास्केटबॉल कोर्ट पर थी लेकिन कोई खेल नहीं रहा था। एक समस्या ने उनका सारा ध्यान खींच रखा था। क्वार्टर फाइनल के लिए केवल तीन दिन शेष थे और दूसरी टीम ने अब तक चयनित खिलाड़ियों के नामों की घोषणा नहीं की थी।

"यह अनुचित है, वास्तव में अनैतिक है। उन्हें खेल से बहुत पहले खेलने वाली टीम की घोषणा करनी चाहिए," छह फीट चार इंच लम्बे एंग्लो इंडियन लड़के जैक ने कहा। उसका शरीर भारी लेकिन स्पोर्टी था।

"नियम कहता है कि वे मैच से अड़तालीस घंटे पहले तक नामों की घोषणा कर सकते हैं। इसलिए हम उनके खिलाफ कोई शिकायत दर्ज नहीं कर सकते," यश ने अपनी राय दी।

"सुबह से मुझे बुरा लग रहा है। मुझ पर हँसना मत, पर क्या तुम्हें पता है, जब मैं क्लास के लिए आ रहा था, एक काली बिल्ली ने मेरा रास्ता काटा था? हो सकता है कि तुम सब अपशकुन में विश्वास न करते हो, लेकिन मैं करता हूँ," उदय ने गम्भीर भाव से कहा।

"यह सब छोड़ो और मैच की प्रैक्टिस शुरू करो," कोच की बात सुनकर सभी ने अपनी-अपनी पोजीशन ली और प्रैक्टिस करना शुरू कर दिया।

नौ बजे होंगे, जब छोटू दौड़ता हुआ बास्केटबॉल कोर्ट पहुँचा। सब प्रैक्टिस रोक उसे देखने लग गए क्योंकि वह पसीने से भीगा ऐसे हाँफ रहा था, जैसेकि अभी-अभी किसी बुरे सपने से जागा हो!

यश—"क्या हुआ छोटू? क्या चाहिए तुम्हें—ट्यूशन या स्कूल फीस? फटाफट बोलो।"

छोटू—"जो ख़बर मैं आपको देने जा रहा हूँ, उसके लिए मुझे कुछ भी नहीं चाहिए। क्वार्टर फाइनल में आप लोग जिस कॉलेज से खेलने जा रहे हैं, उसमें एक राज्य स्तरीय खिलाड़ी रंजीत शामिल होगा, जिसने अपनी शेष पढ़ाई पूरी करने के लिए हाल ही में सीधे तीसरे वर्ष में प्रवेश लिया था।"

यह ख़बर पूरी टीम में खलबली मचाने के लिए काफ़ी थी। कोच और कुन्दन भी अपने आसपास के चेहरों पर दिख रही दहशत से अछूते नहीं थे।

जैक—"यह क्या चूतियापा है भाई?"

उदय—"मैंने तुम सबको उस अपशकुन के बारे में बताया न! किसी ने भी मेरा विश्वास नहीं किया। देखो, अब कोई रास्ता नहीं है कि हम उन्हें हरा सकें।"

इरफ़ान ने कोच से कुछ ऐसा कहा जो औरों को बहुत स्पष्ट नहीं सुनाई पड़ा। लेकिन जैसे ही कोच सर ने अपना सिर सहमति में हिलाया, इरफ़ान ने कहा, "चुप कर छोटू, इसकी अभी कोई आधिकारिक पुष्टि नहीं हुई है। और वैसे भी कल वार्ड लीविंग वायवा (अस्पताल के वार्ड में पोस्टिंग पूरी करने के बाद एक प्रैक्टिकल परीक्षा) है, इसलिए हम सबको अपने कमरों में जाकर उसकी तैयारी करनी चाहिए, अन्यथा हम सभी को कल एक शून्य मिलने वाला है जो कि हमारे बास्केटबॉल की तुलना में अधिक गोलाकार होगा।" इरफ़ान शायद उस चिन्ता को दूर करना चाहता था जो उसके साथी महसूस कर रहे थे।

इरफ़ान के शब्दों ने जादू की तरह काम किया क्योंकि इन स्नातकों के लिए परीक्षा और पढ़ाई का बुखार अन्य सभी चिन्ताओं के ऊपर भारी पड़ता था। वे जीवन के हर क्षेत्र में हद पार करने के अभ्यस्त थे। जब उन्हें थोड़ा सा भी वक़्त मिलता, तो वे हर सम्भव साधन, जिसके बारे में वे सोच सकते थे, का उपयोग कर आनन्द लेते थे—चाहे वह डांस, मस्ती, शराब या डेटिंग हो। और जब पढ़ाई करते, तो वे पूरी दुनिया और यहाँ तक कि खुद को भी भूल जाते। उन्हें पूरी रात उनके स्टडी लैम्प के नीचे अकेले या समूहों में देखा जा सकता था। ये मेधावी छात्र अपनी परीक्षा में मात्र सप्लीमेंटरी (मुख्य परीक्षा में कम अंक आने पर दी जाने वाली पूरक परीक्षा) का ठप्पा न लगने के लिए इतनी मेहनत करते थे।

कोच सर, कुन्दन और इरफ़ान को छोड़कर सभी मैदान से चले गए। कुन्दन कोच सर से बात कर रहा था। कुन्दन को चोट लगने के बाद उसके पिता के सख़्त आदेश के कारण उसकी बाइक हॉस्टल में ही थी। तो इरफ़ान कुन्दन के साथ वापस जाने के लिए रुक गया था।

कोच—"मैं रंजीत को अच्छे से जानता हूँ। तुम चाहो तो मैं उसे खेलने से इनकार करने के लिए कह सकता हूँ। वह एक समझदार लड़का है। दो कॉलेज के बीच टूर्नामेंट और एक राज्य-स्तरीय खेल के बीच का अन्तर वह जानता है।"

इरफ़ान—"नहीं सर, यह शर्मनाक और अपमानजनक होगा।"

कुन्दन—"सर, बात तो गम्भीर है, लेकिन अगर हम इसे हल करना चाहते हैं तो हमें इसका सामना करना होगा। समस्या से भागना ठीक नहीं।"

कोच—"लेकिन कुन्दन, रास्ता है क्या?"

कुन्दन—"यही तो हमें पता लगाना है, सर।"

# मैं हूँ अपने संसार का रचयिता

शिखर आज अप्रत्याशित रूप से लेट थे। जैस्मीन ने क्लास शुरू की, "क्या आप लोग मुझसे सहमत हैं कि ब्रह्म या ईश्वर, ब्रह्मांड और उससे परे जो कुछ भी है, उसका कारण है, और व्यक्तिगत चेतन ऊर्जा (individual conscious energy) अपने संसार का कारण है?"

"जैसे ब्रह्म ने ब्रह्मांड का निर्माण किया, हम अपने आसपास के संसार का निर्माण करते हैं," कुन्दन ने दोहराया।

जैस्मीन ने आगे कहा, "हाँ, 'स्वयं आत्मा' अपने संसार की रचयिता है। यह शाश्वत ऊर्जा है, इसकी शक्ति असीमित है। हम अपने शरीर की शक्ति को माप सकते हैं, लेकिन हम आत्मा, अथाह सत्ता हैं। एक पास्ट लाइफ थेरैपिस्ट के अनुसार—हम अपने भावी माता-पिता को चुनने से पहले उनके बारे में सब कुछ जानते हैं। हम न केवल उन लोगों को चुनते हैं जिन्हें हम अपने आसपास चाहते हैं, बल्कि उन आनुवंशिक जीन्स को भी, जो हमारे रूप, बुद्धि, ताकत या दोष को निर्धारित करेंगे।"

"लेकिन हम खुद समस्याएँ पैदा करने और दर्द देने वाली परिस्थितियों का चयन क्यों करेंगे? उदाहरण के लिए, हम जन्म लेने के लिए एक गरीब परिवार या बचपन में अपने माता-पिता की मृत्यु को आख़िर क्यों चुनेंगे? हम खुद को बदसूरत क्योंकर चुनेंगे?" कुन्दन बिलकुल भी सहमत नहीं था।

"हमारे जीवनकाल के दौरान जब हम भौतिक शरीर में होते हैं, तो हम (चेतन ऊर्जा) हमारी असली पहचान और शक्तियों को भूल जाते हैं," जैस्मीन शुरू हुई।

"माया के कारण," अहाना बीच में बोल पड़ी।

जैस्मीन—"हाँ, हम जो कर्म करते हैं, कुछ अच्छे और कुछ उतने अच्छे नहीं

होते। और जैसाकि हमें अब पता है कि अपने कर्मों द्वारा हम हमारे भाग्य का निर्माण करते हैं। अच्छे कर्म, अच्छे भाग्य का निर्माण करते हैं, जबकि खराब कर्म, खराब भाग्य बनाते हैं।"

"क्योंकि हम बिना सच्चाई के एहसास के, अनजाने में अपने भाग्य का निर्माण कर रहे हैं। हम अपना जीवन अज्ञानता, भ्रम या माया के प्रभाव में जीते हैं," मौली ने जोड़ा।

जैस्मीन—"हाँ, पर जब हम यह शरीर छोड़ते हैं, तो हम अपनी वास्तविक शक्ति और सत्य को देखने की क्षमता को पुनः प्राप्त कर लेते हैं। सत्य के प्रकाश में हम अपने कर्मों का मूल्यांकन करते हैं..."

ध्रुव ने बीच में कहा, "पर व्यक्तिगत चेतन ऊर्जा को अपने पिछले कर्मों का मूल्यांकन करने की आवश्यकता ही क्यों है?"

"हमने नदी देखी है—चाहे वह उफनती हुई तीव्र हो या फिर शान्त हो, वह हमेशा समुद्र की ओर बहती है। इसी तरह, व्यक्तिगत चेतन ऊर्जा हमेशा 'ब्रह्म' अर्थात् शुद्ध चेतना को पाने की कोशिश में रहती है। इस चाह के कारण, व्यक्तिगत चेतन ऊर्जा अपने पिछले कर्मों का मूल्यांकन करती है," जैस्मीन ने उत्तर दिया, "और पिछले कर्मों, सांसारिक हिसाब, लौकिक या ब्रह्मांडीय ऋणों (cosmic debts) को सन्तुलित करने के लिए यह अपने अगले जन्म में उपयुक्त परिस्थितियों का चयन करती है।"

"तो सुधार की गुंजाइश ही कहाँ है, जब सब कुछ पहले से ही योजनाबद्ध है?" रेयान सहमत नहीं था।

"यह बहुत सूक्ष्म है। कुछ चीज़ें पूर्व-निर्धारित होती हैं, लेकिन हमारे जीवन में परिस्थितियों को चुनने की प्रक्रिया लगातार चलती रहती है। सुधार की गुंजाइश हमेशा रहती है। और याद रखना, सत्य के प्रकाश में मेरे द्वारा चुनी गई स्थितियाँ हमेशा मेरी बेहतरी के लिए होती हैं। ये मेरे कर्मों के कारण निर्मित मेरे पिछले लौकिक ऋणों को निपटाने के लिए हैं। लेकिन जब हम भौतिक शरीर में आते हैं, तो हम अपना उद्देश्य भूल जाते हैं और गलत कर्म द्वारा और अधिक लौकिक या ब्रह्मांडीय ऋण जमा करना शुरू कर देते हैं," जैस्मीन ने धैर्यपूर्वक समझाया।

"तो, यह चक्र रुकता कब है?" कुन्दन ने पूछा।

"जब हम अपने शरीर में रहते हुए ही पुनः सत्य का अहसास कर उसे आत्मसात कर लेते हैं, तो हम स्वतः ही ऐसे कार्य करने लगते हैं जो हमारे ऋणों

को चुकाना शुरू कर देते हैं," शिखर ने प्रवेश करते हुए कहा।

"तो, आप हमें यह बताने की कोशिश कर रहे हैं कि मेरे सच्चे स्व और कायनात का सही इल्म मुझे सत्य के प्रकाश में स्थितियों को देखने और उसके अनुसार कार्य करने की क्षमता देगा, है न?" कुन्दन ने दोहराया।

शिखर—"बिलकुल!"

कुन्दन—"तो सर, माना कि हम एक शाश्वत चेतन ऊर्जा हैं, न कि भौतिक शरीर, तो प्रश्न यह भी उठता है कि हम भौतिक शरीर में आना चुनते ही क्यों हैं?"

"एक कलाकार जानता है कि वह पेंटिंग बना सकता है, लेकिन वह एक कैनवास उठाता है और ब्रश व रंगों से खेलता है। एक शेफ जानता है कि वह खाना बना सकता है, लेकिन वह तरह-तरह के व्यंजन बनाता है। वास्तव में वे कलाकृति या विभिन्न व्यंजनों के रूप में अपने सृजन का आनन्द लेते हैं। उसी तरह, शुद्ध चेतन ऊर्जा जानती है कि वह कौन है और उसकी क्षमताएँ कितनी हैं, लेकिन वह भौतिक शरीर-रूपी उपकरण के माध्यम से सत्य का अनुभव करना चाहती है," शिखर ने समझाया।

"तो, ये कायनात चेतन ऊर्जा और भौतिक ऊर्जा के बीच का एक खेल सा है?" कुन्दन ने समझते हुए कहा।

"हाँ, कुन्दन," शिखर की आँखों में कुन्दन के लिए प्रशंसा की चमक थी।

"मेरे एमबीबीएस दिनों के दौरान, मुझे लोगों की जन्म के समय के अनुसार निरूपित राशियों में रुचि हो गई थी। मैंने लिंडा गुडमैन द्वारा लिखित राशियों की व्याख्या पढ़ी। मैं सोचती कि कैसे पूरी मानवता को केवल बारह सूर्य राशियों में विभाजित किया जा सकता है?" मौली ने फिर अपने अनुभवों का पिटारा खोला।

रेयान ने उसे याद दिलाया, "लेकिन कुछ स्टार राशियाँ और चन्द्र राशियाँ भी होती हैं, जो व्यक्ति के स्वभाव को प्रभावित करती हैं।"

"हाँ, यह अपने आपमें एक बड़ा विषय है, लेकिन अभी मैं पास्ट लाइफ थेरैपिस्ट के उस कथन के बारे में सोच रही हूँ कि एक आत्मा अपने माता-पिता, जीवन की परिस्थितियाँ और आनुवंशिक जीन्स को चुनती है। इसके लिए मुझे लगता है कि हम अपने जन्म के लिए सबसे उपयुक्त समय, तारीख, महीना भी चुनते हैं, जो सम्बन्धित राशियों के अनुसार हमारी प्रकृति, ताकत और कमज़ोरियों को निर्धारित करता है। यह बदले में हमारे पिछले कर्मों या लौकिक ऋणों को सन्तुलित करने में मदद कर सकता है," मौली ने कहा।

"निश्चित रूप से, यह सच हो सकता है। हम अपने पूर्ण, आत्मिक रूप में इतने शुद्ध और शक्तिशाली हैं कि हम अपने कर्मों की गुणवत्ता को निष्ठापूर्वक सत्यापित करते हैं और अपने कर्मों को सन्तुलित करने के लिए परिस्थितियों का निर्माण करते हैं," शिखर सहमत थे।

"तो, मेरे कर्मों को निगरानी और निरीक्षण करने के लिए किसी और की आवश्यकता नहीं है। मैं ही काफ़ी हूँ..." ध्रुव ने टिप्पणी की।

"हाँ, वह केवल मैं ही हूँ जो अपने प्रत्येक कार्य को देखता हूँ और रिकॉर्ड करता हूँ—चाहे वह भौतिक कार्य हो या पराभौतिक।" शिखर ने पुष्टि की।

"इसलिए, हमें अपना ध्यान भौतिक और पराभौतिक, दोनों कार्यों पर समान रूप से रखना चाहिए," रेयान ने कहा।

"अगर सभी को इस बात का एहसास हो जाए, तो भ्रष्टाचार या किसी तरह की विकृति नहीं होगी," कुन्दन ने आगे कहा, "और नियम-कानून की कोई आवश्यकता ही नहीं होगी।"

"हाँ, कुन्दन, तुम बिलकुल सही हो!" शिखर कुन्दन की समझ पर आनन्दित थे।

अहाना—"यही कारण है कि कहा जाता है—हमें अपने विचारों, भावनाओं, शब्दों और कार्यों, अर्थात् हमारे सम्पूर्ण कर्म (deeds) को उत्कृष्ट रखना चाहिए।"

रेयान—"मैंने सुना है कि भारतीय शास्त्रों ने हमारे प्रत्येक कर्म का लेखा-जोखा रखने की जिम्मेदारी चित्रगुप्त को दी है।"

जैस्मीन—"चित्रगुप्त का शाब्दिक अर्थ है—गुप्त तरीके से ली गई तसवीरें।"

"तो, चित्रगुप्त हमारा अवचेतन हो सकता है जहाँ हमारे सभी कर्म रिकॉर्ड होते हैं, और यह 'मैं स्वयं हूँ' जो इन रिकॉर्डेड डेटा के हिसाब से यह तय करता है कि मेरे पिछले कर्मों को कैसे सन्तुलित किया जाए," कुन्दन ने दोहराया।

"क्या बात है कुन्दन, तुसी छा गए आज तो!" जैस्मीन ने कुन्दन को प्यार से छेड़ते हुए आगे कहा, "उदाहरण के लिए, यदि मैं किसी की मृत्यु के लिए ज़िम्मेदार हूँ, जिसके बेटे या बेटी को अपने माता-पिता की अनुपस्थिति के कारण भावनात्मक उथल-पुथल और अन्य समस्याओं का सामना करना पड़ा, तो मैं अपने अगले जन्म में उस स्थिति को चुनूँगा जिसमें मैं मेरे लौकिक ऋण को निपटाने के लिए ऐसी ही किसी समस्या का सामना करूँ।"

"मेरी सभी समस्याओं का कारण मुझे वह एक व्यक्ति ही प्रतीत होगा। मैं

उसकी आलोचना करती नहीं थकूँगी, लेकिन यह वही व्यक्ति होगा—वह बेटा या बेटी, जिसके साथ मुझे अपना कर्ज चुकाना है," अहाना ने पल भर को कुन्दन की ओर देखा।

"क्या इस बात की सम्भावना है कि यदि हम अपनी किसी सम्पत्ति को अज्ञानता के कारण लगातार कोसते हैं, तो हो सकता है कि वह हमारे अगले जन्म में हमसे दूर हो जाए! उदाहरण के लिए, अगर मैं लगातार यह सोचती हूँ कि मेरे इन लम्बे बालों को सँभालना बहुत मुश्किल है या ये बच्चे बहुत शैतान हैं, ये न होते तो बेहतर होता—ये विचार भविष्य के जन्मों में मेरे भाग्य का निर्माण कर सकते हैं। मुझे बालों की समस्या हो सकती है या हो सकता है, मेरी बहुत कोशिशों के बाद भी मैं प्रेग्नेंट न हो पाऊँ!" मौली ने अपने विचारों को शब्द दिया।

ध्रुव—"अगर मैं किसी को उसके रूप के कारण मानसिक या शारीरिक रूप से प्रताड़ित करता हूँ या उसका मज़ाक उड़ाता हूँ, तो अगली बार मैं उस दर्द को महसूस करने के लिए एक औसत या खराब दिखने वाला शरीर चुनूँगा।"

जैस्मीन ने आगे कहा, "जो मेरे पिछले हिसाब को चुका दे।"

"मैं अब भी यही कहूँगा कि मेरे लिए इस पर यकीन करना मुश्किल है सर! एक बार मैं मान भी लूँ कि यह सच है, तो मैं आसानी से अपने आपराधिक कृत्यों को भी परिभाषित कर उनका बचाव कर सकता हूँ। हम सभी अपनी गलतियों के लिए बहाना बना सकते हैं; या दूसरी ओर, हम परिस्थितियों से हार स्वीकार कर लेंगे, हिम्मत जुटा वापस लड़ने का चुनाव ही नहीं करेंगे। इसका परिणाम अकर्मण्यता हो सकती है," रेयान आश्वस्त नहीं था। उसने आगे तर्क दिया, "सर, क्या आपको नहीं लगता, इससे अराजकता फैल सकती है? और, हम कैसे जान सकते हैं कि कोई कार्य विशेष, जो हम कर रहे हैं, वह हमारे पिछले जीवन के कर्म को सन्तुलित करने के लिए है या फिर वह अज्ञानता के प्रभाव में किया गया एक नया निम्न गुणवत्ता वाला कार्य?"

शिखर मुस्कराए और जवाब दिया, "रेयान, चलो, इस पर विस्तार से बात करते हैं। मैं जवाब देने की कोशिश करता हूँ। हर सिक्के के दो पहलू होते हैं। यदि हम ध्यान से देखें तो अपने जीवन में आने वाली परिस्थितियों को मोटे तौर पर दो प्रकारों में बाँट सकते हैं। एक तरफ वह परिस्थिति है जिनमें हम खुद को असहाय महसूस करते हैं। हमारे एड़ी-चोटी का ज़ोर लगाने के बावज़ूद, कुछ परिस्थितियाँ ऐसी होती हैं जो हमारी समझ और नियंत्रण से बाहर होती हैं। हम कह सकते हैं

कि ये अपरिहार्य (inevitable) स्थितियाँ हैं। हम इसे नियति या भाग्य कहते हैं। हम जानते हैं कि भाग्य हमारे पिछले कर्मों का प्रतिफल है। यह हमारे ब्रह्मांडीय ऋणों को सन्तुलित करने के लिए पूर्व-निर्धारित है, इसलिए हम उन परिस्थितियों या घटनाओं को हर सम्भव कोशिश के बावजूद बदलने में असमर्थ सिद्ध होते हैं," शिखर ने समझाया, "दूसरे प्रकार की स्थिति होगी, जहाँ हमारे पास चुनने के लिए विकल्प है। यह श्रेणी हमारे जीवन का बड़ा हिस्सा बनाती है। यहाँ हमारे पास उस मार्ग, जिसका हम अनुसरण करना चाहते हैं, को तय करने के लिए एक से ज़्यादा विकल्प होते हैं। ये हमारे कर्म हैं जिनका परिणाम भविष्य में हमें हमारे भाग्य के रूप में मिलता है।

"पहली स्थिति में जब हमारे जीवन में ऐसी अपरिहार्य परिस्थितियाँ आती हैं जो कठिनाई भरी हों, तो हमारे पास दो विकल्प होते हैं—एक, हम इसकी अनिवार्यता को समझकर, तूफान के थमने तक अपनी हिम्मत बनाए रखें। भले धीमे हो जाएँ, पर टूटें नहीं। यह हमारे ब्रह्मांडीय ऋण को खत्म कर देगा। दूसरी ओर, यदि हम विरोध करते हैं और नकारात्मक प्रतिक्रिया करते हैं, तो हम निपटाने की जगह अपने ब्रह्मांडीय ऋण को और बढ़ा लेंगे।"

जैस्मीन—"हमारे जीवन में भाग्य और कर्म, दोनों हैं। या कह सकते हैं, जीवन भाग्य और कर्म का योग है। जीवन की कोई भी परिस्थिति हो, कारण या तो भाग्य है या फिर वह कर्म है। भाग्य, पूर्व-कर्म के परिणामस्वरूप वे अपरिहार्य परिस्थितियाँ हैं जब हमारे पास करने के लिए एक ही विकल्प होता है, जबकि कर्म वे परिस्थितियाँ हैं जब हमारे पास चुनने व करने के लिए एक से ज़्यादा विकल्प होते हैं। और हम सभी जानते हैं कि अच्छे कर्मों का परिणाम अच्छा भाग्य होता है, जबकि खराब कर्मों का परिणाम खराब भाग्य होता है।

"दोस्तो, सत्य के ज्ञान से पहले हमारा भाग्य अच्छा और खराब, दोनों होता है। यह अपरिहार्य है क्योंकि यह हमारे द्वारा किये गए बीते कल के कर्म हैं, जो अच्छे और खराब, दोनों थे। और अब भी, अज्ञानवश, आज हम जो कर्म कर रहे हैं, वे भी अच्छे और खराब, दोनों ही हैं।

"सत्य जानने के बाद भी जीवन में भाग्य अच्छा और खराब, दोनों रहेगा क्योंकि बीते कल के कर्म अच्छे और खराब, दोनों थे। लेकिन सत्य जानने के कारण हम आज जो कर्म कर रहे हैं, वे सचेत प्रयासों के माध्यम से खराब से अधिक अच्छे होंगे।

"सत्य जीवन में आत्मसात होने के बाद भाग्य खराब से अधिक अच्छा होगा, क्योंकि अतीत में हमारे द्वारा किये गए कर्म खराब से अधिक अच्छे थे। और, जागरूकता के प्रभाव में आज हम जो कार्य करते हैं, वे लगभग सभी अच्छे हैं। ये स्वत: ऑटोमैटिक ढंग से होते हैं क्योंकि सत्य हमारे अवचेतन की गहराई में प्रवेश कर चुका है। और फिर, हमारा जीवन अच्छी नियति और अच्छे कर्म का योग हो जाता है।"

मौली—"रेनहोल्ड नीबुहर की पंक्तियों ने हमेशा से मेरे सोचने के ढंग और मेरे व्यवहार को अच्छे रूप में बदलने में मेरी बहुत मदद की है, लेकिन मैं इन खूबसूरत पंक्तियों की गहराई तक कभी नहीं पहुँच पाई थी—'हे ईश्वर, मुझे उन चीज़ों को सहन करने की स्थिरता और शान्त-चित्तता दो, जिन्हें मैं बदल नहीं सकता। मुझे उन चीज़ों को बदलने की हिम्मत दो, जिन्हें मैं बदल सकता हूँ और मुझे इन दोनों में अन्तर समझने के लिए बुद्धिमत्ता दो'[24]," मौली ने शिखर व जैस्मीन के प्रति आभार व्यक्त करते हुए कहा, "आज मुझे इन पंक्तियों का सही अर्थ समझ में आया है। अब इसे मुझे अपने जीवन में अधिक प्रभावी ढंग से और सहजता से अपनाने में मदद मिलेगी।"

अहाना—"सर, एक ही कर्म को कुछ लोग खराब कर्मों की श्रेणी में डालते हैं तो कुछ दूसरे उसी कर्म को उचित ठहराते हैं। हम कैसे जान सकते हैं कि कौन से कर्म निम्न या ऊँचे दर्जे के हैं?"

"किसी भी कृत्य के पीछे हमारी मंशा या हमारे इरादे उसकी गुणवत्ता निर्धारित करते हैं। अच्छे इरादे सकारात्मक कार्यों में परिणत होते हैं। जिन कर्मों को करते वक्त हमारे मन में प्यार और खुशी जैसी सकारात्मक भावनाएँ उत्पन्न नहीं होतीं, ब्रह्मांडीय कर्ज में परिणत होते हैं," शिखर ने जवाब दिया।

"मान लो, किसी व्यक्ति ने एक इनसान को मार डाला। अगर उसने खुद को या किसी और को बचाने के लिए ऐसा किया, तो यह एक अपहरणकर्ता द्वारा की गई हत्या से तुलनात्मक रूप से बेहतर है," जैस्मीन ने एक उदाहरण दिया।

"जैसे रेप परस्पर क्रोध, घृणा और अपमान जैसी भावनाएँ उत्पन्न करने के कारण लौकिक ऋण पैदा करेगा, जबकि सम्मति के साथ सम्मानजनक प्रेम से भरपूर यौन-सम्बन्ध श्रेष्ठतर है," कुन्दन के चेहरे पर अतीत के कुछ भूले पल उदासी की लकीरों के रूप में उभर आए।

ध्रुव—"इस प्रकार, शारीरिक कर्म एक समान रह सकते हैं। लेकिन कर्म से

जुड़ी भावनाएँ मायने रखती हैं। है न?"

"लेकिन सर, यह अभी भी हो सकता है कि किसी व्यक्ति को गलत काम करने से आन्तरिक सन्तुष्टि और खुशी महसूस हो! आपके अनुसार, क्या इन कर्मों का परिणाम ब्रह्मांडीय ऋण होगा?" रेयान ने झिझकते हुए सवाल किया।

शिखर ने उत्तर दिया, "तुम्हारा प्रश्न तार्किक है रेयान। पर हम सबने यह ज़रूर महसूस किया होगा कि प्रत्येक कार्य के दौरान हम अपने मन की गहराइयों में कहीं न कहीं यह जानते हैं कि यह कार्य सही है या गलत। हम उन कार्यों पर चर्चा कर रहे हैं जो सत्य के प्रकाश में गलत हैं, न कि कुछ गलत समझे जाने वाले सामाजिक मानदंडों के अनुसार।"

"क्या मतलब है आपका?" मौली ने बाधित करने के अन्दाज़ में सवाल किया।

जैस्मीन ने जवाब दिया, "अगर अलग-अलग धर्मों के दो व्यक्ति जीवनसाथी बनना चाहते हैं तो यह कोई बड़ी भूल नहीं है, जबकि धर्म के नाम पर निर्दोष लोगों की हत्या करना गलत है।"

शिखर ने कहा, "हम अपने कार्यों का किसी भी बहाने से कितना भी बचाव करें, सच्चाई हमें अवचेतन रूप से पता होती है," उन्होंने आगे कहा, "और हम जानते हैं कि हमारी मूल प्रकृति प्रेमपूर्ण और शान्तिपूर्ण है, हालाँकि यह अक्सर विभिन्न परिस्थितियों और अस्तित्व की आवश्यकताओं से प्रभावित होती है। पर, यदि कोई भी व्यक्ति अपनी मूल प्रकृति के विरुद्ध कुछ भी करेगा, तो उसके परिणामस्वरूप ब्रह्मांडीय ऋण होगा—चाहे उसको वह गलत करने में कितनी भी सन्तुष्टि महसूस हो।"

"हाँ, सर, मैं समझ गया। कोई भी व्यवहार जो हमारी मूल प्रकृति के विपरीत है, वह ब्रह्मांडीय ऋण में परिणत होगा," रेयान सन्तोष के साथ मुस्कराया।

"और शायद इन्हीं ब्रह्मांडीय ऋणों के कारण बहुत प्रयास करने के बाद भी हम कुछ बदलने या कोई लक्ष्य हासिल करने में असफल होते हैं," कुन्दन ने अपनी तरह से वही बात कही।

शिखर—"यदि हम अपने सर्वोत्तम प्रयासों के बाद भी कुछ हासिल करने में सक्षम नहीं हैं, तो सबसे पहले जाँचें कि हमारे विचार, विश्वास और कार्य—सभी हमारे लक्ष्य के अनुसार थे या नहीं? और क्या हम पूरी तरह से अपने सच्चे स्व और सर्वशक्तिमान के साथ लयबद्ध थे? यदि ऐसा है, फिर भी हम अपने लक्ष्य को प्राप्त करने में विफल रहते हैं, तो समय के साथ नज़र आएगा कि इसमें हमारी

बेहतरी के लिए कुछ छिपा था। हालाँकि कई बार यह तत्काल नहीं दिख पाता। हमें बहुत बुरा लग सकता है, लेकिन कुछ समय बाद हम देखेंगे कि यह हमारे अच्छे के लिए ही था।"

"सर, मैं एक कहानी साझा करना चाहता हूँ जो मैंने फेसबुक पर पढ़ी थी," ध्रुव ने कहा, "एक व्यक्ति अपने जीवन से बहुत निराश था। वह हर समय अपनी समस्याओं के लिए ईश्वर को कोसता रहता, यहाँ तक कि सपने में भी। एक बार अपने सपने में वह ईश्वर से शिकायत कर रहा था—

व्यक्ति—'आप कभी मेरी बात ध्यान से नहीं सुनते हैं। वैसे, आप कर क्या रहे हैं इस वक्त?'

ईश्वर—'मैं एक केक बना रहा हूँ।'

व्यक्ति—'हम्म, स्वादिष्ट लग रहा है।'

ईश्वर—'हाँ, लो, चखकर देखो।'

व्यक्ति—(चखते हुए) 'यह तो अभी कच्चा है और इसका स्वाद बहुत खराब है।'

ईश्वर ने बैटर को अवन में रखा और वह एक सुन्दर केक में बदल गया। ईश्वर ने फिर उस व्यक्ति से केक का स्वाद चखने को कहा।

व्यक्ति—'यह वास्तव में स्वादिष्ट है। यम्म्म, अद्‌भुत और मनमोहक!'

ईश्वर—'अवन की गर्मी ने इसे स्वादिष्ट और मनमोहक बना दिया है। सहनशील व निडर बनो और दिव्यता में विश्वास रखो,'" ध्रुव की आवाज़ में एक सुकून सा था।

जैस्मीन—"कहा गया है कि जब हमारी इच्छा के अनुसार कुछ होता है, तो अच्छा है। लेकिन अगर आपके सर्वोत्तम प्रयासों के बावजूद, यह आपकी इच्छा के अनुसार नहीं है, तो यह 'बहुत अच्छा' है क्योंकि यह ईश्वर की इच्छा है।"

अहाना—"किसी ने लिखा है कि आपके द्वारा अनुभव की जाने वाली हार और जीत आपको वो बनाते हैं जो आप हैं, और बुरे अनुभवों से हमेशा सीखा जा सकता है... वास्तव में, वे शायद सबसे ज्यादा महत्त्वपूर्ण हैं।"

रेयान—"तो निष्कर्ष यह है—'सब कुछ हमारे भले के लिए है'।"

हमेशा की तरह कुन्दन ने कक्षा में जो कुछ हुआ था, उसे अपनी डायरी के साथ साझा किया—'ईश्वर ब्रह्मांड और उससे परे का कारण है। मैं अपने आसपास

के संसार का निर्माता हूँ। मैं अपने शरीर की सहायता से कर्म करता हूँ। शारीरिक कर्म—जैसे शब्द और कार्य व मानसिक कर्म—जैसे इरादे, विचार और भावनाएँ। मैं अनुभव प्राप्त करता हूँ और साथ ही साथ ब्रह्मांडीय ऋण बनाता हूँ। मैं, चेतन ऊर्जा, स्वयं किये जाने वाले प्रत्येक कार्य को अपने अवचेतन में रिकॉर्ड करता हूँ। मृत्यु उपरान्त, सत्य के प्रकाश में, मैं अपने कर्मों का मूल्यांकन करता हूँ। मैं सर्वोच्च चेतना की तरह शुद्ध व पवित्र होना चाहता हूँ, इसलिए मैं अपने कर्मों द्वारा भ्रमवश बनाए गए ब्रह्मांडीय ऋणों को निपटाने के लिए अपने अगले जीवन में परिस्थितियाँ—जैसे कि मेरा शरीर, जन्म का समय, माता-पिता और मेरे जीवन की अन्य स्थितियाँ चुनता हूँ।'

कुन्दन ने दिल्ली की एक पास्ट लाइफ थेरैपिस्ट की कुछ पंक्तियों को भी नोट किया, जिसे उसने इंटरनेट पर पढ़ा था, 'जन्म से पहले हम तय करते हैं कि हम अपने पिछले कर्मों को हल करने के लिए कैसे और कहाँ पैदा होंगे। लेकिन जन्म लेने के बाद, हम भूल जाते हैं कि हमने इस जीवनकाल को क्यों चुना और इस प्रकार, अपने कार्यों को पूरा करने में विफल रहते हैं।'

'अब मैं, मेरे जीवन में 'अहाना प्रकरण' का उद्देश्य भी समझ सकता हूँ। मैं अब अपने अतीत का गुलाम नहीं रहा। मैं अब स्वतंत्र महसूस कर रहा हूँ। मैं खुश हूँ और हल्का महसूस कर रहा हूँ।'

थोड़ी देर बाद डायरी ने कुन्दन को अपने बिस्तर पर देखा। वह एक छोटे बच्चे की तरह लग रहा था, जो पूरा दिन खेलने के बाद आराम से सो रहा था। डायरी कुन्दन के चेहरे पर अँधेरे में भी एक चमक देख पा रही थी, जिससे कुन्दन स्वयं भी वाकिफ नहीं था शायद।

'अगर सम्भव होता तो मैं तुम्हें चूम ही लेती,' चहककर डायरी ने कहा और सो गई।

# आख़िर जीवन में दर्द क्यों?

"सर, हमने अपरिहार्य परिस्थितियों की बात की और यह भी कहा कि सब कुछ हमारे भले के लिए है। क्या आज हम इस पर कुछ विस्तार से बात कर सकते हैं कि दुख और दर्द कैसे हमारे भले के लिए हो सकता है, हमारे जीवन में इनका क्या औचित्य है?" ध्रुव ने शिखर की ओर देखा।

"मेरे दोस्त, दुख और दर्द सुख और शान्ति की अनुपस्थिति मात्र है। दर्दनाक स्थितियाँ वे भौतिक घटनाएँ हैं जो खुशी, आनन्द और शान्ति की अनुपस्थिति या बहुत कम उपस्थिति से उत्पन्न होती हैं," शिखर ने उत्तर दिया, "और जैसाकि हमने जाना कि इस ब्रह्मांड में सब कुछ किसी न किसी कारण है। कुछ भी बेतरतीब, संयोग या बेवजह हो जाने वाला नहीं है, उसी तरह इस तथाकथित दर्द का भी प्रयोजन या उद्‍देश्य है।"

"कोई अनुमान दोस्तो, कि दर्द का क्या उद्‍देश्य हो सकता है?" जैस्मीन ने पूछा।

ध्रुव ने पहले जैस्मीन और फिर शिखर की ओर देखा।

"हर चीज़ का एक उद्‍देश्य होता है। दर्द और समस्याएँ भी इसका अपवाद नहीं हैं। यदि हमें मिलने वाला दर्द—चाहे वह मानसिक हो या शारीरिक, सहने योग्य है, तो यह हमारी भावनात्मक सामर्थ्य को बढ़ाता है। चुनौती का सामना करने की कोशिश में हम हमारी भूली हुई शक्तियों को फिर से खोज पाते हैं। और यदि हमें लगता है कि यह असहनीय है, और हम खुद को टूटा हुआ महसूस करते हैं तो फिर यह हममें संसार के मायाजाल से मुक्त होने के लिए तड़प पैदा करता है, और सत्य की खोज की इच्छा के लिए हमारे अन्दर एक बीज बोता है। हालाँकि अज्ञानता के कारण हम दर्द का सही उद्‍देश्य पहचान नहीं पाते। और, जो दर्द हमें

बहुत कुछ देने आया था, वह व्यर्थ चला जाता है। कल्पना करो, अगर दुख और दर्द न हो, तो हम आनन्द के महत्त्व को कैसे महसूस कर सकेंगे? ऑरोरा या नॉर्दैन लाइट्स की सुन्दरता अँधेरे में ही है," शिखर ने मुस्कराते हुए कहा।

"बिलकुल, सर!" कुन्दन ने पल भर को अपने अतीत में झाँकने की कोशिश की जब अहाना-प्रकरण हुआ था। वह तूफान कैसे सब कुछ अस्त-व्यस्त कर देता प्रतीत हो रहा था...लेकिन, उस तूफान का उद्देश्य उसके जीवन से गन्दगी को बहा ले जाना था। अब वह अपने जीवन में अहाना-प्रसंग का महत्त्व, जीवन में बहुत कुछ बदलने की ज़रूरत और सही अर्थों में जीवन जीने की आवश्यकता को देख पा रहा था।

"सर, माना कि हर किसी के जीवन में दर्द का कोई न कोई उद्देश्य होता है, लेकिन हम रोज़ देखते हैं कि लोगों के जीवन में अत्यधिक असमानताएँ हैं, उसका क्या? मेरा मतलब है, किसी एक वर्ग को सिर्फ दो वक्त की रोटी के लिए सुबह से शाम तक काम करना पड़ता है, जबकि दूसरे के पास शानदार जीवन जीने के लिए असीमित या कहें, फालतू धन है," ध्रुव ने गम्भीरता से पूछा।

"ध्रुव, कभी-कभी हम केवल आंशिक सत्य देख पाते हैं। ठीक है, चलो, इस प्रश्न से ही उदाहरण उठाते हैं," शिखर ने आगे पूछा, "क्या हम उन चीज़ों की गिनती कर सकते हैं जो हमारे जीवन के लिए अत्यन्त ज़रूरी हैं?"

ध्रुव—"दो वक्त का खाना।"

शिखर—"उससे पहले?"

मौली—"हवा।"

ध्रुव—"हाँ, धूप भी।"

रेयान—"पानी।"

अहाना—"माता-पिता का प्यार।"

मौली—"मुस्कराने और हँसने की क्षमता।"

कुन्दन—"हमारी आँखें, हाथ, पैर और वास्तव में हमारा पूरा शरीर ही—वह भी एक स्वस्थ अवस्था में।"

जैस्मीन—"हाँ, सुबह नींद खुलने पर खुद से उठकर अपने पाँव जमीन पर रख पाना, खुद से पानी लेकर पी पाना, टॉयलेट जा पाना..."

शिखर—"कभी सोचा है, ये सभी चीज़ें लगभग हम सभी के पास बिलकुल मुफ़्त हैं, चाहे हम अमीर हों या गरीब?"

ध्रुव—"हाँ, सर, शायद हम कभी-कभी बिना मूल्य मिली चीज़ों का महत्त्व नहीं समझ पाते।"

अहाना—"जो वास्तव में होती अमूल्य हैं।"

"मेरा एक दोस्त बिजनेसमैन है। लगभग पैंतीस-चालीस साल की उम्र तक उसने अपना अच्छा-खासा व्यवसाय स्थापित कर लिया था। उसके पास नौकरों, ड्राइवरों और रसोइयों की भारी टीम के साथ एक भव्य विला है," शिखर ने जारी रखा, "जब ड्राइवर उसकी लाल ऑडी का दरवाज़ा खोलता है, तो कार धधकते शोले से कम नहीं दिखती। मेरा वह दोस्त भी अरमानी जैकेट में अच्छा दिखता है—सिवाय उसके बाहर निकले हुए पेट को छोड़कर, जो उसकी जैकेट के शो को खराब करता है। वह पूरा दिन अपने ऑफिस में बिताता है, मीटिंग्स में व्यस्त रहता है। हालाँकि वह मज़े के लिए भी समय निकालता है। वह अक्सर अपनी शामें गोल्फ खेलने में बिताता है, देर रात तक पार्टियों का आनन्द लेता है और अब तो गोल्ड जिम में भी जाने लगा है। पिछले साल उसने पूरे यूरोप को कवर किया और इस महीने, वह सिंगापुर जा रहा है। वह अक्सर अपना रात का खाना शहर के सबसे अच्छे रेस्तराँ में लेता है। लेकिन खाने का आनन्द आम तौर पर बार-बार आने वाली बिजनेस फोन कॉल्स से बर्बाद हो जाता है। वह हाई ब्लडप्रेशर और कोलेस्ट्रॉल के कारण तेल, घी और डायबिटीज़ के कारण मीठा नहीं खा पाता। उसके शयनकक्ष में सभी सुख-सुविधाएँ हैं, लेकिन अक्सर रातों में उसकी नींद उड़ी रहती है। इसलिए कभी-कभी उसे नींद की गोलियाँ भी खानी पड़ती हैं।

"दूसरी ओर, उसके नौकरों की टीम में एक दुबली-पतली सी नौकरानी है जो पूरे दिन काम करती है। उसका पति शराबी है जो उसके साथ मारपीट करता रहता है। लेकिन जैसे ही वह अपनी टूटी-फूटी खाट पर बिछी खुरदुरी सी चटाई पर गिरती है, सो जाती है। जब उसके पास दो वक्त की रोटी के खर्चे से कुछ पैसे बचते हैं, तो वह मोहल्ले की एक दुकान से पचास रुपये किलो वाली मिठाई का आनन्द लेती है।"

"हाँ, हँसी और खुशी की समान मात्रा का अनुभव करने के लिए, विलासिता में रहने वाले व्यक्ति को गरीब परिस्थितियों में रहने वाले व्यक्ति की तुलना में अधिक प्रयास व पैसे खर्च करने पड़ते हैं," जैस्मीन ने कहा।

"जहाँ तक मुझे लगता है, सभी को अपने जीवन में समान मात्रा में सुख और दुख का सामना करना पड़ता है—जब तक हम अपने मन पर विजय प्राप्त नहीं

कर लेते। भले ही दूर से देखने पर एक का दुख-दर्द दूसरे से कितना ही असमान और अनुचित लगे," शिखर ने निष्कर्ष निकाला।

"हर किसी के जीवन में उतार-चढ़ाव आते हैं। पोलैरिटी का नियम याद है न? महत्त्वपूर्ण यह है कि कैसे हम किसी स्थिति का उपयोग अपने विकास के लिए करते हैं," जैस्मीन ने अपनी शान्त आवाज़ में कहा।

"कभी-कभी हमारे साथ ऐसी चीज़ें होती हैं जो भयानक, दर्दनाक और अनुचित लग सकती हैं, लेकिन जब हम पीछे मुड़कर देखते हैं, तो हमको पता चलता है कि उन बाधाओं का सामना किये बिना हम अपने आपको कभी पहचान ही न पाते—न ही हमें अपनी क्षमता, ताकत और इच्छाशक्ति का एहसास हो पाता। सब कुछ किसी न किसी उद्देश्य के लिए होता है," शिखर ने कहा।

"अगर हम इसे महसूस कर पाते हैं, तो खराब से खराब दिखने वाली परिस्थिति भी पीड़ा का कारण नहीं होगी। साथ ही, यह हमारे और सर्वोच्च चेतना के बीच के सम्बन्ध को बनाकर, दिन-प्रतिदिन इस सम्बन्ध को मज़बूत करती जाएगी," कुन्दन आश्वस्त था।

"और यह सम्बन्ध हमें हमारे तथाकथित दर्द से ऊपर उठने में हमारी मदद करेगा," जैस्मीन ने जोड़ा।

"आइए, एक अनुभव करें। हम सब अपनी आँखें बन्द कर अपने मन की गहराई में जाने की कोशिश करते हैं," जैस्मीन की गहरी आवाज़ शब्दों के बीच के मौन में गूँज रही थी, "मेरे जीवन की दुख, दर्द और तकलीफ देती सी लगने वाली परिस्थितियों में असलियत में कहीं न कहीं मेरा भला छिपा है।"

जैस्मीन द्वारा लिये गए विराम में, कुन्दन शान्त मन से अपने अतीत को देखने लगा।

जैस्मीन बहुत धीमी गति से जारी रही, "मैं अपने भाग्य का निर्माता स्वयं हूँ। मैं अपने मन की गहराई में देखना चाहता हूँ... वहाँ मौजूद हैं कुछ यादें, नफरत और दर्द के लमहें, जो मुझे लम्बे समय से आहत कर रहे हैं... मैं उन्हें एक-एक करके स्वीकार करने के लिए तैयार हूँ। मैं इस समय उनमें से एक को चुनता हूँ... ईश्वर, मेरी मदद करो ताकि मैं इस दर्द के मेरी ज़िन्दगी में होने के उद्देश्य को समझ सकूँ, और उससे आहत होने के एहसास को स्वयं से दूर कर सकूँ... आज मैं मुक्त हूँ... शान्त हूँ..."

हॉल शान्त था, मानो कोई वहाँ था ही नहीं!

उस मौन हवा में चन्द मिनटों बाद एक धीमी आवाज़ तैरने लगी, "मैं अपने भाग्य का निर्माता खुद हूँ!" यह कुन्दन था जो अपने भीतर कहीं गहरे इस बात को उकेर रहा था, "और अगर मैं अपने भाग्य का निर्माता हूँ, तो मैं अपना भाग्य बदल भी सकता हूँ," कुन्दन बुदबुदाया।

जिस पर शिखर ने जवाब दिया, "बस, यही जानना और समझना है और वह दिन दूर नहीं, जब हमारा जीवन हर तरह से भरपूर होगा।"

"कर्मों को अच्छा करके—पर यह किया कैसे जाए? सुनने में जितना आसान लग रहा है, उतना है नहीं शायद!" अहाना सामने आई।

"पहले बताओ, महात्मा गांधी के तीन बन्दरों के बारे में कौन जानता है?" जवाब देने की जगह शिखर ने सवाल किया।

"यह आसान है सर, वे हमें बताते हैं—'बुरा मत देखो, बुरा मत सुनो, बुरा मत बोलो,'" रेयान ने तुरन्त उत्तर दिया।

"बिलकुल ठीक, और यह इतने प्रसिद्ध क्यों हैं?" शिखर ने जानना चाहा।

रेयान—"हो सकता है, बस इसलिए कि ये गांधी के बन्दर हैं!"

"यह होमवर्क है। कल उत्तर के साथ मिलते हैं। और, अहाना, मुझे कल अपने प्रश्न के लिए भी याद दिलाना," शिखर ने क्लास का समापन किया।

कुन्दन अपनी कुर्सी पर था। डायरी स्टडी टेबल पर उसकी प्रतीक्षा कर रही थी। उसके सामने सैमसंग गैलेक्सी में एक गूगल पेज दिखाई दे रहा था जिसमें उन तीन बन्दरों की तसवीर थी। कुन्दन उनके गहरे अर्थ की खोज में व्यस्त था।

वासू ने आकर टिप्पणी की, "कुन्दन, मैंने कभी नहीं सोचा था कि तुझे अपनी उन बकवास सी क्लासेज के लिए होमवर्क भी करना होगा और इस रात में हॉलीवुड सितारों की जगह बन्दरों की तसवीरें देखनी होंगी—हा-हा-हा!"

कुन्दन का दिमाग इन बन्दरों की पहेली को हल करने की धुन में वासू पर ज़्यादा ध्यान न दे पाया। लेकिन डायरी को अपने प्रिय कुन्दन के लिए वासू का हँसी उड़ाना अच्छा नहीं लगा। हालाँकि वह खुश भी थी—कुन्दन की शान्त और परिपक्व प्रतिक्रिया को देखकर।

# बेहतर नियति के लिए प्रयास

अहाना ने शिखर को अपने सवाल के बारे में याद दिलाया, "हालाँकि हमने यह समझ लिया है कि हम स्वयं अपने भाग्य के रचयिता हैं, पर क्या हम कुछ विस्तार से अपने भाग्य या नियति को अच्छा करने की विधि के बारे में बात कर सकते हैं?"

शिखर—"जैसाकि हम पहले बात कर चुके हैं कि हमारे कर्मों द्वारा हम अपना भाग्य बनाते हैं।"

रेयान—"हाँ, सर, जैसा कर्म, वैसा भाग्य।"

शिखर—"और हमारे कर्म हमारे अवचेतन से प्रभावित होते हैं।"

मौली—"मतलब जैसा अवचेतन, वैसा भाग्य?"

शिखर—"बिलकुल कह सकते हैं।"

अहाना—"तो हमें बेहतर भाग्य के लिए बेहतर अवचेतन चाहिए!"

बृन्दा—"और इसके लिए हमें अपने अवचेतन पर काम करना होगा।"

जैस्मीन—"हमें गरम दूध चाहिए और हमने उसे फ्रिज में रखा हुआ है तो क्या करना होगा?"

अहाना—"पहले दूध को फ्रिज से बाहर निकालेंगे। फिर इसे आँच पर रखेंगे।"

ध्रुव ने कहा, "पहला कदम दूध को और अधिक ठंडा होने से रोकने के लिए है और दूसरा कदम ठंडे दूध को गर्म करने के लिए है। थर्मोडायनमिक्स में ये दोनों कदम एक दूसरे के ठीक विपरीत हैं।"

शिखर—"हाँ, ध्रुव, इसी तरह बेहतर या सकारात्मक अवचेतन के लिए हमें अपने अवचेतन में आने वाले नये डेटा की ज़िम्मेदारी लेनी होगी। नकारात्मक डेटा को आने से रोकना होगा। और इसमें पहले से संगृहीत नकारात्मक विश्वास,

इरादों, विचार, आदतों और भावनाओं जैसे डेटा को सकारात्मक डेटा से बदलना होगा।"

मौली—"मतलब, सकारात्मक डेटा से अवचेतन को भरपूर करना होगा।"

शिखर—"लेकिन एक बात और, कभी-कभी हमारे पास नये नकारात्मक डेटा को आने से रोकने और पहले से संगृहीत नकारात्मक डेटा जैसे गलत आदतों को बदलने के लिए पर्याप्त शक्ति नहीं होती। इसलिए, हमें कभी-कभी नकारात्मक डेटा के बारे में चिन्ता किये बिना बस सकारात्मक डेटा को अवचेतन की तरफ आने देना चाहिए। समय के साथ ये सकारात्मकता हमें पर्याप्त शक्ति देगी कि हम नकारात्मक विश्वास, इरादों, विचार, आदतों और भावनाओं को हटा पाएँ।"

"सर, हमने जाना था कि हमारे मन तक आने वाले अधिकतर डेटा हमारे परिवेश व आसपास के संसार से प्रभावित होते हैं। लेकिन हम अपने परिवेश को तुरन्त कैसे बदल सकते हैं?" ध्रुव ने पूछा।

शिखर ने समझाया, "हो सकता है कि हम तुरन्त अपना सारा परिवेश नहीं बदल सकें, लेकिन कम से कम हम कुछ हद तक इनपुट चुनना शुरू कर सकते हैं, जो वांछनीय है। याद है, ध्रुव, यहाँ हमारा चेतन मन नायक बन जाता है?"

"'अपने चेतन मन के द्वारा ही आप अवचेतन तक पहुँच सकते हैं। आपका चेतन मन द्वार पर कुली है, चौकीदार है। यह चेतन मन ही है, जिसकी तरफ अवचेतन अपनी लगभग सभी छापों के लिए देखता है[25]," जैस्मीन ने रॉबर्ट कोलियर के एक उद्धरण की मदद से इसे स्पष्ट किया।

"टेलीविज़न और समाचार-पत्र कभी-कभी हमारे अवचेतन में काफी नकारात्मक कूड़ा करकट भरते हैं। डकैती, बलात्कार, हत्या जैसी घटनाएँ सीधे तौर पर हमसे सम्बन्धित नहीं हैं, लेकिन ये हमारे अवचेतन पर अपने नकारात्मक प्रभाव के कारण हमें नुकसान पहुँचाती हैं," मौली ने जोड़ा।

"लेकिन अगर हम इन घटनाओं को सोशल मीडिया या ख़बरों में नहीं देखेंगे, तो हम सतर्क कैसे होंगे?" रेयान ने जानना चाहा।

इस पर मौली ने जवाब दिया, "रेयान, क्या हमें वास्तव में इन सम्भावनाओं को जानने के लिए उन्हें कई बार देखने की आवश्यकता है?"

कुन्दन ने अपनी बात सामने रखी, "अरे दोस्तो, सोशल मीडिया पर चर्चा छोड़ दो। यह स्वयं में हानिकारक नहीं है। यह हम पर निर्भर करता है कि हम इसके द्वारा क्या देखना चुनते हैं।"

"हाँ, हम इसका या किसी भी गैज़ेट का उपयोग कैसे करते हैं," अहाना ने पूरा किया।

"हमारे दिमाग में जा रहे इनपुट की गुणवत्ता के बारे में हमें सतर्क और चौकस रहना है। हम अपने दोस्तों को और जिस प्रकार के गाने हम सुनना पसन्द करते हैं, उन दोनों को अपनी इच्छा से चुन सकते हैं, और सोशल मीडिया के माध्यम से कम गुणवत्ता वाले इनपुट को सीमित करने का निर्णय ले सकते हैं। हम समाचार-पत्रों से बच सकते हैं—खास कर सुबह में, जब हमारा दिमाग एक ब्लॉटिंग पेपर की तरह सब कुछ अवशोषित करने के लिए तैयार होता है। हम होशपूर्वक अपने दिमाग में मनचाहा विचार रख सकते हैं। हमारे पास विकल्प हैं," जैस्मीन ने समझाया।

"बिलकुल, जैसे कि हमने पहले समझा था। इसीलिए हमारे बड़े कहते हैं कि अच्छी किताबें पढ़ा करो, अच्छे लोगों की संगति करो," रेयान ने कहा।

शिखर—"मुझे लगता है कि अब हम समझ सकते हैं कि गांधी जी के बन्दर इतने प्रसिद्ध क्यों हैं!"

हर किसी ने मुस्कराकर उन तीन बन्दरों की सादगी और प्रतिभा पर सिर हिलाया।

"गांधी जी के तीन बन्दर हमें जो सबक सिखाते हैं, वह वास्तव में महत्त्वपूर्ण है," ध्रुव ने कहा, "बुरा मत देखो, बुरा मत सुनो, बुरा मत बोलो।"

"और बुरा मत सोचो, बुरा मत करो," जैस्मीन मुस्कराई।

"अच्छा बोलो, अच्छा देखो, अच्छा सुनो, अच्छा सोचो और अच्छा करो," कुन्दन की बुलंद और स्पष्ट आवाज़ गूँज उठी।

"और, जल्द ही हम देखेंगे कि हमारा संसार कैसे बदल गया!" शिखर ने कहा।

"हम्म," कुन्दन ने स्वीकार किया।

ध्रुव—"लेकिन सर, मान लीजिए, अगर किसी कारण से हम अपने परिवेश और उससे आने वाले इनपुट को बदल नहीं सके, तो क्या तब भी हम अवचेतन में सकारात्मक डेटा का आना ही सुनिश्चित कर सकते हैं?"

शिखर ने सवाल की सराहना की और कहा, "ठीक है, मान लेते हैं कि हम अपने परिवेश में हो रही कुछ घटनाओं को बदलने में असमर्थ हैं, तो क्या यह वास्तव में इतना मायने रखता है?"

जैस्मीन—"यह बहुत ज़्यादा मायने नहीं रखता दोस्तो।"

"वह कैसे?" ध्रुव ने पूछा।

शिखर—"हमारे अवचेतन में आए किसी भी इनपुट से विश्वास का निर्माण केवल और केवल हम पर निर्भर करता है। एक तरह का डेटा अलग-अलग विश्वास पैदा कर सकता है। यह इस बात पर निर्भर करता है कि हमारा चेतन मन आने वाले डेटा को कैसे देखता और ग्रहण करता है। क्योंकि सकारात्मक या नकारात्मक भावनाओं को जोड़ना हमारे चेतन मन पर निर्भर करता है।"

"क्या हम इसके विषय में विस्तार में बात कर सकते हैं?" रेयान जानना चाहता था।

जैस्मीन—"हाँ, रेयान, हमने अपने बड़ों से सुना होगा—'अपना सर्वश्रेष्ठ करो और बाकी ऊपर वाले पर छोड़ दो, क्योंकि सब कुछ हमारे अच्छे के लिए ही होता है' या यह कि 'जो हुआ, वह भी कल्याणकारी, हितकर और शुभ था; जो हो रहा है, वह भी कल्याणकारी है, और जो होगा, वह भी कल्याणकारी ही होगा'।"

शिखर—"इस तरह के विश्वास आने वाली किसी भी परिस्थिति में सकारात्मक भावनाओं को जोड़, अवचेतन मन में उस परिस्थिति को एक सकारात्मक डेटा के रूप में जमा करते हैं। मेरे बचपन की एक घटना बताता हूँ। मेरे पिता की तनख्वाह सीमित थी और पैसे की कमी के कारण हमें अक्सर समस्याओं का सामना करना पड़ता था। मैं लगभग ग्यारह साल का था जब एक दिन मेरी माँ राशन खरीदने बाज़ार गईं। मुझे उन दिनों गुलाब जामुन खाने का बहुत शौक हुआ करता था और माँ ने मुझसे वादा किया था कि वह इसे बनाने के लिए सामान लाएँगी। दो घंटे के बाद वह खाली हाथ लौटीं—बिना गुलाब जामुन के सामान के साथ। सोच सकते हो कि क्या हुआ होगा? मेरी माँ उस दुकान पर गई थीं जहाँ वह हमेशा जाती थीं। उन्होंने दुकानदार को ज़रूरी सामान की लिस्ट दी। उन्होंने उस दुकानदार के पास से पिछले महीने उधार सामान लिया था। और इस समय उनके पास लगभग उतना ही पैसा था जिससे वह पुराना बकाया चुका सकती थीं। या तो वह यह उधार वाली बात भूल गई थीं या फिर उन्होंने सोचा होगा कि पिछले उधार के बावज़ूद कुछ सामान तो वह ला ही पाएँगी। लेकिन दुकानदार ने पैसे रखकर उन्हें खाली हाथ ही लौटा दिया। जब मुझे इस बात का पता चला तो मैं दुखी हो रोने लगा और गुस्से में सोचने लगा कि मेरे पिता की ईमानदारी के कारण होने वाली सीमित आय ही सारी समस्याओं का कारण है। मेरे गुस्से को देख मेरी माँ ने मुझे पास बैठाकर समझाना शुरू किया कि 'अगर हम जीवन में कुछ समस्याओं का सामना करते हैं तो यह कोई बड़ी बात नहीं। अपने चारों ओर देखो, बहुत कम लोग हैं जो तुम्हारे पिता की तरह

ईमानदार हैं। क्या यह गर्व की बात नहीं? और, पैसों का क्या! असली धन तो तुम हो मेरे। तुमको आत्मनिर्भर होना होगा। एक ऐसा व्यक्ति बनना होगा जिस पर तुम्हें स्वयं गर्व हो। पैसा अपने आप तुम्हारे पास आएगा। और, यह घटना हमें सिखाती है कि कोई भी अप्रिय बात हो जाए तो धीरज व हिम्मत का दामन हमें थामे रखना है,' और फिर माँ थोड़ा मुस्करा दी थीं, 'और यह भी कि जहाँ तक हो सके, उधार नहीं लेना चाहिए।' उनके इन शब्दों ने मेरी विचार-प्रक्रिया को तुरन्त बदल दिया। वही स्थिति जो यह विश्वास पैदा करने वाली थी कि 'ईमानदारी से काम नहीं चलता' ने एक विपरीत धारणा बनाई कि 'ईमानदारी अस्थायी दर्द दे सकती है लेकिन यह दर्द मुझमें धीरज व हिम्मत सहित कई शक्तियों को भी विकसित कर सकता है'।"

जैस्मीन—"और यह विश्वास अपने साथ अच्छी भावनाएँ जोड़ अवचेतन में बस गया।"

शिखर—"हाँ, जैस्मीन, मेरी माँ ने मुझे कभी भी अपना होमवर्क पूरा करने के लिए नहीं कहा, कभी भी परीक्षाओं की तैयारी के लिए मुझ पर दबाव नहीं डाला, लेकिन मेरे बचपन के दिन उन यादगार, मखमली, स्नेहपूरित शामों से भरे हुए हैं, जिनमें उनकी मधुर शान्त आवाज़ मेरे कानों में गूँजती—'तुम्हें वह होना है जिस पर तुम स्वयं गर्व कर सको।' उस समय तक तो शायद मुझे 'गर्व' शब्द का वास्तविक अर्थ भी नहीं पता था।"

रेयान—"सर, मुझे दो भाइयों की कहानी याद आ रही है। उनके पिता बहुत शराब पीते थे। जब वे भाई बड़े हुए, तो उनमें से एक बेहद शराब पीने लग गया और उसने इसका कारण बताया, 'मैं अपने पिता की वजह से ऐसा हूँ। मैंने बचपन से उन्हें पीते देखा है, और इसलिए, मैंने भी पीना शुरू कर दिया।' दूसरा भाई शराब पीने के बिलकुल खिलाफ था। उसके अनुसार, 'मुझे अपने पिता की वजह से शराब से नफरत है। मेरे पिता मन के बहुत अच्छे हैं, लेकिन शराब पीकर वह अपने होशोहवास खो देते हैं। तो, मैं शराब को हाथ भी कैसे लगा सकता हूँ'?"

शिखर—"दोनों ने एक स्थिति के अलग-अलग पहलू देखे। एक ही स्थिति ने अलग-अलग दिशाओं में विचार-शृंखलाओं की शुरुआत की और अलग-अलग विश्वासों का निर्माण किया और इसलिए, वे अलग-अलग नियति में बदल गए।"

ध्रुव—"नेपोलियन हिल ने बहुत सही कहा है कि 'मन जो भी सोच सकता है और विश्वास कर सकता है, वह प्राप्त कर सकता है'[26]।"

"इसलिए, अगर हम अपने चेतन मन को प्रशिक्षित कर सकते हैं तो यह एक

फिल्टर या गार्ड के रूप में अनुकूल रूप से कार्य करेगा। हमें बस अपने परिवेश और अपने चेतन मन में विचार-प्रक्रियाओं के बारे में जागरूक होने की आवश्यकता है। हमारे अन्दर की सकारात्मकता किसी भी स्थिति में सकारात्मक भावनाओं को स्वत: ही जोड़ देगी," रेयान ने कहा।

मौली—"मैंने अब तक अपनी माँ की सीख पर अमल करने की बहुत कोशिश की। वह कहा करती हैं कि किसी भी अप्रिय घटना के बाद अफसोस करने की बजाय यह देखो कि इस घटना से हमने सीखा क्या। यह हमारा ध्यान दर्द की नकारात्मकता से हटाकर सबक सीखने की सकारात्मकता में बदल देगा। अब आज की बातों से मिली समझ, मुझे माँ की कही बात को सुन्दर तरीके से मेरे जीवन में अनुसरण करने में मेरी मदद करेगी।"

" 'थ्री इडियट्स' फिल्म का 'ऑल इज़ वेल' भी यही कहता है। इसमें भी किसी स्थिति को सकारात्मकता में बदलने की शक्ति है," अहाना भी आगे आई।

"कई बार, हम सकारात्मक सोचने की कोशिश करते हैं क्योंकि हम इसके बारे में हमेशा से सुनते रहे हैं और फिर भी, जब स्थिति आती है, हम सकारात्मकता बनाए नहीं रख पाते। सर, कुछ ऐसा कीजिए कि यह सकारात्मकता हमारी फितरत बन जाए!" कुन्दन के स्वर में हल्की मायूसी थी।

शिखर ने कहा, "हाँ, कुन्दन, तुम बहुत सही कह रहे हो। हमें इसके लिए कुछ करना चाहिए। अच्छा, बताओ, हममें से कितने लोग इस बात से सहमत हैं कि हमें हमेशा सकारात्मक रहना चाहिए—चाहे स्थिति कितनी भी खराब क्यों न हो?"

"सर, हम इससे सहमत हैं। यह कई दार्शनिकों द्वारा ढेरों बार कहा गया है। और इसे नकारने का कोई कारण नहीं है।" एक कोरस सा कमरे में गूँज उठा।

शिखर—"क्या इस बात को हम अपने दैनिक जीवन में किसी उदाहरण द्वारा साबित कर सकते हैं कि सकारात्मक सोच किसी भी स्थिति में सबसे अच्छा या एकमात्र तरीका है?"

"इसमें साबित क्या करना सर? हमें सकारात्मक सोचना चाहिए तो चाहिए, बस!" रेयान ने कहा।

"लेकिन मैं इसका व्यावहारिक उपयोग देखना चाहता हूँ। सकारात्मक सोच का महत्त्व हम सदा से सुन रहे हैं। पर इसे अवचेतन की गहराई में बसाकर, हम सबकी आदत बनाने के लिए प्रैक्टिकल ही हमारी मदद कर सकता है। कोई उदाहरण

या परिस्थिति सोचो जो सिद्ध करे कि सकारात्मक सोच ही हमारे जीवन जीने का एकमात्र बेहतर तरीका है और नकारात्मक सोच कभी भी एक विकल्प नहीं होना चाहिए। तो यह अभ्यास हम सबको अपने आगे के जीवन की हर परिस्थिति में सकारात्मक सोच रखने में मदद करेगा," शिखर ने सुझाव दिया।

"क्योंकि जो सबक हम सतही रूप से सीखते हैं, उसे हम अपने जीवन में लागू नहीं कर पाते हैं। इसीलिए, यदि सकारात्मक सोच का अभ्यास पूर्व मान्यताओं या प्रभावी तर्कों द्वारा समर्थित नहीं है, तो यह हमारे अवचेतन में प्रवेश नहीं करेगा। यह हमारे चेतन मन में थोड़े समय के लिए ही रहेगा और फिर वहाँ से भी खो जाएगा," जैस्मीन ने कहा।

ध्रुव—"और, हम इसे अपनी जीवन की स्थितियों में लागू नहीं कर पाएँगे।"

जैस्मीन—"इसीलिए कई बार सुनने के बावज़ूद कि हमें सकारात्मक सोच अपनानी चाहिए, हम इसे अपने जीवन में अपना नहीं पाते।"

ध्रुव—"तो सर, हमें सकारात्मक सोच अपनाने के पीछे का तर्क, कारण या कोई उदाहरण बताएँ!"

"यह हम सभी के लिए एक असाइनमेंट है। ढूँढ़ने की कोशिश करना। वैसे भी हमें एक साथ लगभग तीन सप्ताह हो चुके हैं, इसलिए हमें यहाँ सीखे गए पाठों को व्यावहारिक रूप से लागू करने में सक्षम होना चाहिए। यदि नहीं, तो इन सत्रों को जारी रखने का कोई फायदा नहीं। बेहतर होगा कि इस बैच को समाप्त कर दिया जाए," शिखर ने अप्रत्याशित स्पष्टवादिता के साथ कहा।

"जैस्मीन—"योग का अभ्यास शुरू करते हैं। दोस्तो, हम कल मिलेंगे। क्लास समाप्त हुई।"

सभी लोग साइलेंट मोड में चले गए थे। खिलखिलाती मुस्कान जो एक चेहरे से दूसरे चेहरे पर उछलती थी, कहीं गायब हो गई थी। वे आपस में बात करना भी भूल गए। शिखर के इस रूखे व्यवहार से जैस्मीन अवाक् रह गई। हालाँकि उसने सोचा कि ऐसा कुछ ज़रूर है जिस पर उसका ध्यान नहीं गया। उसने इन्तज़ार करने का फैसला किया क्योंकि उसने शिखर का इस प्रकार का स्वभाव पहले कभी नहीं देखा था।

रेयान ने चुप्पी तोड़ी और कहा, "हो सकता है कि सर गम्भीर हों और मैं व्यक्तिगत रूप से इन क्लासेज़ को समाप्त नहीं करना चाहता। मुझे लगता है कि हमें इसका उत्तर खोजने के लिए एक साथ अपने प्रयास करने चाहिए। इसलिए

अगर किसी के दिमाग में कुछ आता है तो आपस में बात करने के लिए व्हाट्सएप ग्रुप बना लेते हैं।"

उन्होंने ग्रुप बनाया और अपनी दैनिक दिनचर्या के लिए चले गए।

हाई टी-ब्रेक चल रहा था। कुन्दन और उसके बैच के साथी ज़ोर-ज़ोर से बात कर रहे थे।

"ये तो बस बातें हैं, इनका हकीकत से कोई लेना-देना नहीं है," अर्णव ने कुन्दन के पैकेट से मुट्ठी भर आलू भुजिया लेते हुए कहा, जो अपने दोस्तों की बात सुनने में व्यस्त था।

इरफ़ान ने भी हल्दीराम की आलू भुजिया का पैकेट खोलते हुए कहा, "यह सच है यार कि सकारात्मक सोच ही हमारे जीवन जीने का एकमात्र बेहतर तरीका है। मैं इसे स्वीकार करता हूँ।"

"मुझे पता है, लेकिन इसका कोई उदाहरण या इसके पीछे का तर्क या कारण बता यार, कि हमें सकारात्मक सोच का अभ्यास क्यों करना चाहिए?" कुन्दन उसी बात पर अड़ा रहा।

"हमें 'क्यों' की खोज क्यों करनी है इडियट!" वासू ने चाय की चुस्की ली। बातचीत अधूरी रही।

कुन्दन ने अपनी डायरी से बात की। आज डायरी ने भी कुछ नहीं कहा। यहाँ तक कि वह भी नहीं चाहती थी कि इस स्तर पर कक्षाएँ समाप्त की जाएँ।

# सकारात्मक सोच : जीने का बेहतर तरीका

कुन्दन सुबह छह बजे ही पहुँच गया—समय से पूरे आधे घंटे पहले। वह नहीं जानता कि इतनी जल्दी क्यों आ गया था। शायद वह इस जगह के साथ कुछ और वक्त बिताना चाहता था। वह जगह, जहाँ उसने पहली बार जीवन को समझना और सही मायनों में जीना शुरू किया। उसने उसके साथ हॉल में प्रवेश कर गई माटी की सोंधी गंध को महसूस किया और दीवार पर लगे शीशे के सामने मैट पर बैठ गया। कुछ देर तक वह अपने ठीक हुए दाहिने हाथ को देखता रहा। उसका अन्तर्मन यह स्वीकार नहीं कर पा रहा था कि सब कुछ आज बीच में ही समाप्त होने वाला है। उसका दिल मस्तिष्क को रोज़ से ज़्यादा रक्त पंप कर रहा था। वह यह समझना चाहता था कि यह छोटा, सरल और साधारण दिखने वाला स्थान उसे क्या दे रहा था? वह इस पल को उस बुरी सम्भावना के बारे में सोचे बिना जीना चाहता था जिसकी कुछ घंटों बाद आशंका थी।

बहुत दिनों बाद उसे किसी जगह से इतना गहरा रिश्ता महसूस हुआ था। उसकी आँखों के सामने उसके स्कूल का आखिरी दिन आ गया। उसने तब अपनी भावनाओं को बड़ी मुश्किल से नियंत्रित किया था। स्कूल से उसका तेरह साल का बन्धन था, पर इस जगह से कनेक्शन तो एक महीने से भी कम का था।

कुन्दन चाहता था कि पाठ्यक्रम अन्त तक चलता रहे। इन क्लासेज से मिलने वाली समझ के हर एक हिस्से के बारे में जानने की उसकी इच्छा तीव्र हो गई थी। वह उस रास्ते की मंज़िल तक पहुँचना चाहता था जिसे उसने अनजाने में अकस्मात् ही शुरू कर दिया था। वह यहाँ चल रहे कोर्स को पूरा करना चाहता था। उसने अपनी आँखें बन्द कर लीं और धीरे से फुसफुसाया, "मैं यह कोर्स पूरा करना चाहता हूँ... मैं यह कोर्स पूरा कर रहा हूँ।"

हॉल में पूरी तरह सन्नाटा था। कुन्दन वहाँ मैट पर था लेकिन हॉल में कोई नहीं था।

पता नहीं कैसे, लेकिन उसे अच्छा लगने लगा था। उसे लगा कि उसका मन शान्त हो गया है, मानो कुछ मिनट पहले उसके दिमाग में चल रहे तेज़ गति वाले विचारों और भावनाओं के टेलीविज़न चैनल को किसी ने बदल दिया हो!

थोड़ी देर बाद उसके शान्त चेहरे पर एक निर्मल मुस्कान तैर गई। उसकी आँखें उज्ज्वल हो चमक उठीं। जैसे ही कुन्दन ने घड़ी देखने के लिए अपनी आस्तीनें मोड़ीं, उसकी आँखें वोक्सवैगन टैटू पर टिक गई थीं, जो अब लगभग मिट सा गया था—केवल इसका बीच वाला हिस्सा शेष था, जो उसे अद्‌भुत रूप दे रहा था। कुन्दन अभिभूत था।

फास्ट ट्रैक अपनी सामान्य गति से टिक-टिक कर रही थी, लेकिन शायद कुन्दन के लिए समय रुक सा गया था।

घड़ी में सुबह के साढ़े छह बज गए थे। अहाना ने दूसरों के साथ दाखिल होते हुए 'हैलो कुन्दन' कहा। कुन्दन ने यह भी ध्यान नहीं दिया कि अहाना ने उसके कंधे पर पल भर को हाथ रख दिया था।

जैस्मीन ने, और फिर शिखर ने प्रवेश करते हुए सुप्रभात कहा। सभी ने विनम्रता से जवाब दिया लेकिन कुन्दन अपने टैटू से कुछ खरोंचकर मिटाने और शायद उसे एक अलग रूप देने की कोशिश में लगा हुआ था।

आते ही शिखर सीधे कल के सवाल पर आ गए।

सबसे पहले रेयान ने कोशिश की; उसके बाद ध्रुव, फिर मौली और अहाना ने। लेकिन कोई भी शिखर को ज़्यादा मना नहीं पाया। उन सभी ने कमोबेश एक ही बात कही और वास्तव में उसी बयान को बार-बार दोहराते रहे। शिखर ने जैस्मीन को कम्प्लीशन सर्टीफिकेट और फीडबैक फॉर्म के लिए कहा।

जैस्मीन ने शिखर को अचरज भरी निगाहों से देखा कि आख़िर हो क्या रहा है।

"सर, मैं कुछ कहना चाहता हूँ," कुन्दन ने अपना टैटू देखा और खड़ा हो गया, "सर, मुझे पता है कि यह क्लासेज़ खत्म होने वाली नहीं हैं। यह पाठ्यक्रम के अन्त तक जारी रहेगी।"

सब उसे देख रहे थे लेकिन कुन्दन शिखर की तरफ देख रहा था।

"सर, आपने हमें ऐसी बातें सिखाई हैं जो हमने पहले न कभी महसूस की थीं, न ही कल्पना की थीं और अब हमें एहसास हुआ कि वे सच हैं। आप उन चन्द

लोगों में से हैं जिन्हें मैं बिना किसी ईर्ष्या के अपना आदर्श मान सकता हूँ। सर, आपने जिस धैर्य और तर्कसंगतता के साथ हमारे बचकानेपन और ज़िद को सँभाला, वह कोई साधारण बात नहीं है," उसने आगे कहा, "आप ही हैं जिन्होंने हमें खुद पर विश्वास करना सिखाया है। यह आपकी बुद्धिमत्ता और प्रभाव है जिसने हमें सोचने का एक नया तरीका शुरू करने के लिए मजबूर किया। आप हमारे जीवन में एक बिलकुल नई शुरुआत के कारण हैं।"

"यह ठीक है, लेकिन यह हमारी मदद कैसे करेगा?" शिखर ने उसी शान्त भाव से कहा।

"सर, हम कितने भी बुरे हों और कल के प्रश्न का उत्तर न भी मिले तो भी आपकी बुद्धि, मनोदृष्टि, सोच और समझ का व्यक्ति अपने छात्रों का हाथ कभी नहीं छोड़ेगा," कुन्दन ने जवाब दिया, "परिस्थितियाँ आज की तुलना में बदतर हो सकती हैं, लेकिन आपकी बुद्धिमत्ता और जैस्मीन के समर्थन में हमारा विश्वास हमें यह सोचने के लिए मजबूर करेगा कि सबसे खराब परिस्थितियों में भी कुछ सकारात्मक पहलू है। हम यहाँ या कहीं भी रहें, इस अद्भुत तथाकथित सुबह की क्लास से दूर, लेकिन आप दोनों हमें सकारात्मकता की तलाश करने के लिए मजबूर करेंगे, जो कि जीवन की किसी भी स्थिति में स्वाभाविक रूप से मौज़ूद है," कुन्दन ने कहा, "और यही कारण है कि मुझे विश्वास है कि यह बैच बिना किसी परेशानी के या यह कहना बेहतर होगा कि यथासम्भव अपने उत्कृष्ट रूप में, अपने गंतव्य तक पहुँच जाएगा।"

हर कोई मंत्रमुग्ध सा कुन्दन को देख रहा था।

शिखर कुन्दन की ओर देख मुस्करा पड़े, "दोस्तो, व्यावहारिक जीवन में सकारात्मकता का बेहतर उदाहरण यह रहा।"

अपने साथियों के खाली चेहरों को देखकर कुन्दन ने आगे कहा, "जब हम किसी समस्या सी दिखने वाली परिस्थिति में फँसते हैं, तो हमें लगता है कि हम अन्धकार में खोते जा रहे हैं। मन डूब रहा है। हम खुद को उदास और कई नकारात्मक कारकों से घिरे हुए पाते हैं। जैसे ही हम इन नकारात्मक कारकों के बारे में सोचना शुरू करते हैं, वे हम पर पकड़ बनाने लगते हैं। यह नकारात्मकता समस्या को और बढ़ा देती है। आखिरकार, यह दुष्चक्र हमें उस समस्या का समाधान खोजने और पाने से रोकता है।

"लेकिन अगर हम स्थिति में मौज़ूद सकारात्मक कारकों का पता लगाने का

प्रयास करके दुष्चक्र तोड़ते हैं तो परिदृश्य बदल सकता है। मान लीजिए कि हमें केवल एक-दो ही सकारात्मक कारक मिलते हैं, तो यह हमें निराशा से कुछ हद तक राहत देंगे। अगर हम अपना ध्यान सकारात्मक पहलुओं पर ही लगाए रहेंगे, तो वे हमारे मन को शान्त कर उसमें से भय, चिन्ता और सन्देह की नकारात्मक भावनाएँ हटा बुद्धि को विवेकपूर्ण तरीके से काम करने देंगे। यह हमें समस्या के समाधान की ओर ले जाएगा।"

कुन्दन ने इतनी सहजता से कहा कि अहाना को आश्चर्य हुआ कि क्या यह वही लड़का है, जो महीने भर पहले की सर्द अँधेरी रात में उसके कपड़े फाड़ रहा था?

"तो इसका मतलब है कि अगर हमें किसी समस्या से बाहर निकलना है तो भले ही हम सकारात्मक और नकारात्मक, दोनों पहलुओं को देखें, पर नकारात्मक बातों पर ध्यान देने के बजाय उनसे मात्र सीख ले लेने की कोशिश कर, नकारात्मकता से ऊपर उठ, हमारे मन को स्पष्टत: सकारात्मकता से भर लेना होगा। चूँकि हम अपनी समस्या को कम करना चाहते हैं, इसलिए उस स्थिति में नकारात्मक कारकों पर ध्यान देने से समस्या बढ़ेगी ही," मौली ने कुन्दन को देखते हुए अपने चेहरे पर प्रशंसा की मुस्कान के साथ कहा।

"और दूसरा, सकारात्मक सोच उस विशेष स्थिति को सकारात्मक भावनाओं से जोड़ देगी और तथाकथित नकारात्मक घटना को हमारे गहरे मन, अवचेतन में सकारात्मक डेटा के रूप में संगृहीत करेगी। यह भविष्य में एक अनुकूल भाग्य के रूप में परिणाम देगा," कुन्दन के चेहरे से लेकर स्वर तक में ओज ही ओज था।

कुन्दन के लिए सभी ने एक मुस्कान के साथ ताली बजाई।

"सर, हमें पता कैसे चलेगा कि हम सकारात्मक दिशा में सोच रहे हैं या नकारात्मक?" रेयान ने अपना सन्देह सामने रखा।

"हम इसे देख सकते हैं। जब हमारे मन में कोई विचार हो, तो उस समय हम कैसा महसूस कर रहे हैं, इसका सूक्ष्म विश्लेषण करें। यदि हम अच्छा और हल्का महसूस कर रहे हैं, तो हम वास्तव में सकारात्मक हैं। स्वयं और ईश्वर के साथ लयबद्ध हैं," शिखर ने रास्ता दिखाया।

"और, अगर मुझे अच्छा नहीं लग रहा है तो...?" ध्रुव का प्रश्न था।

"तो फिर, विचार की जाँच कर इसे तुरन्त सकारात्मक विचार में बदलना होगा, और इसे कुछ समय के लिए दोहराना होगा, जब तक कि हम अच्छा और हल्का महसूस न करें। इसे हर मूल विचार के साथ करें। समय के साथ हम देखेंगे

कि हमारी नकारात्मक सोच की आदत गायब हो रही है," शिखर ने समझाया।

जैस्मीन ने आगे कहा, "पहले मुझे ऐसा लगता था कि कुछ भी सुधार नहीं हो रहा है, लेकिन एक विशेष कहानी ने मुझे यहाँ सीखे गए अभ्यासों को जारी रखने के लिए प्रेरित किया। वह कहानी इस प्रकार थी—एक गुरु ने अपने शिष्यों की परीक्षा लेने का निश्चय किया। उन्होंने प्रत्येक को एक छलनी देकर उसमें पानी भरने को कहा। सभी शिष्यों ने कोशिश की और असफल रहे। सभी ने हार मान ली—बस, एक को छोड़कर, जिसने सोचा कि यदि गुरु ने उन्हें कोई कार्य दिया है, तो वह ज़रूर पूरा होने योग्य होगा। वह इसे बार-बार करता रहा। कार्य सरल था लेकिन उस कार्य को करने की निरन्तर दृढ़ता वास्तव में महत्त्वपूर्ण थी। उगता सूरज डूबने लगा लेकिन छात्र का विश्वास अटल था और अचानक, वाह! छलनी पानी से भर गई। गुरु द्वारा दी गई छलनी लकड़ी की बनी थी, समय के साथ लकड़ी फूल गई थी और छेद बन्द हो गए थे।"

"अभ्यास का केवल एक ही विकल्प है और वह है—'प्रेम और विश्वास के साथ निरन्तर अभ्यास'," शिखर ने जैस्मीन के समर्थन में जोड़ा।

कुन्दन ने दोहराया, "तो सबसे पहले हमें अपने दिमाग में प्रत्येक विचार की गुणवत्ता को जाँचना होगा।"

शिखर ने उत्तर दिया, "हाँ, यह 'जागरूकता (awareness)' है। हमें मन में आए हर विचार की जाँच कर असहज विचार को सकारात्मक और आरामदायक विचार में बदलना, फिर उस सकारात्मक विचार को बार-बार दोहराना होगा और अच्छा, शान्त, सहज महसूस करना होगा।"

जैस्मीन—"और फिर, इस 'जाँचने', 'बदलने', 'दोहराने', 'शान्त, सहज और अच्छी भावना महसूस करने' (feeling good) की प्रक्रिया का विश्वास के साथ बार-बार अभ्यास करना होगा।

"जैसेकि हम एक मैसेज टाइप करते समय कोई गलती होने पर गलत अक्षर या शब्द मिटाकर सही लिख लेते हैं," ध्रुव मुस्कराया।

शिखर—"उसी तरह अपने नकारात्मक या सीमित विश्वासों का पता लगाकर, प्राथमिकता के आधार पर उनकी सूची बनाकर, फिर एक-एक करके उन पर काम शुरू करना होगा। एक नकारात्मक धारणा को ठीक होने में कई दिन या सप्ताह भी लग सकते हैं।"

जैस्मीन ने स्पष्ट किया, "उदाहरण के लिए, यदि नकारात्मक धारणा यह है

कि मैं कंप्यूटर पर काम करना नहीं सीख सकता या नृत्य नहीं कर सकता या मैं सुन्दर नहीं हूँ—साथ में चिन्ता और भय की भावना मौजूद है, तो इसे सकारात्मक विचार में बदलें—जैसेकि मैं ब्रह्मांड में एक अद्‌भुत रचना हूँ। ब्रह्मांड की हर रचना अद्वितीय और सुन्दर है। मैं निश्चित रूप से कंप्यूटर सीख सकता हूँ या मैं नृत्य कर सकता हूँ या मैंने नृत्य का आनन्द लेना शुरू कर दिया है। तर्क सही और वास्तविक होना चाहिए—कुछ ऐसा, जिस पर आपका चेतन मन भरोसा कर सके, अन्यथा यह काम नहीं करेगा। और फिर इसे तब तक दोहराएँ, जब तक आप अच्छा महसूस न करने लगें।"

"सर, क्या आप क्लास खत्म करने के बारे में गम्भीर थे?" रेयान ने थोड़ी झिझक के साथ पूछा।

शिखर मुस्कराए, "रेयान, मैंने कभी क्लास खत्म करने के बारे में नहीं सोचा। मेरा सारा ध्यान एक कृत्रिम नकारात्मक स्थिति बनाने पर था।"

"लेकिन, अगर कुन्दन ने जवाब नहीं दिया होता, तो?" बनावटी गुस्सा दिखाते हुए अहाना ने पूछा।

शिखर—"यह कैसे सम्भव है? कुन्दन या तुममें से कोई भी जवाब कैसे नहीं देता? मैं अपने मन की गहराई में यह जानता था। मैं बस इतना चाहता था कि तुम सभी यहाँ की गई बातों को व्यावहारिक रूप से प्रयोग करना सीखो, ताकि जीवन भर इसके महत्त्व को याद रख सको।"

शाम की चाय पीने के बाद कुन्दन ने यश और इरफ़ान को सामान्य मैच प्रैक्टिस के कुछ समय पहले कोर्ट में आने के लिए कहा। कोर्ट पहुँचते ही कुन्दन को बारी-बारी से अपने दोनों हाथों से बॉल को ड्रिबल कर अलग-अलग तरीके आज़माते देख, यश और इरफ़ान, दोनों के आश्चर्य और खुशी का ठिकाना न रहा।

कुन्दन ने हँसती आँखों से उनका जवाब दिया और बॉल यश को पास कर दी। इरफ़ान से उसने यश को रोकने को कहा। यश के हाथों में बॉल बिजली की सी तीव्रता व गज़ब की खूबसूरती के साथ ड्रिबल हो रही थी। यश ने इरफ़ान को पार कर आसानी से एक बास्केट शूट कर लिया। कुन्दन ने उन्हें फिर से वही काम करने को कहा। यश दोबारा तेज़ी से ड्रिबल करते हुए इरफ़ान को पार कर बास्केट की ओर बढ़ा, पर यश द्वारा इरफ़ान को पार करने के सेकंड भर के भीतर ही कुन्दन बीच में आकर बॉल निकाल ले गया।

जब वे प्रैक्टिस कर रहे थे तो कोच और विक्ट्री विंग्स के अन्य सदस्य आ गए। सभी कुन्दन को कोर्ट में देख अचम्भित और उत्साहित थे।

कुन्दन ने यश को फिर से कोशिश करने के लिए कहा। वही प्रैक्टिस तीसरी बार, चौथी बार, पाँचवीं बार और ग्यारहवीं बार तक दोहराई गई, जब तक यश इरफ़ान और कुन्दन, दोनों को पार कर बास्केट लेने में सक्षम न हो सका।

उनके प्रयासों को देख कोच आनन्दित थे। उन्होंने सभी को बुलाया और कहा, "बहुत सही मेरे शेरो! बस, रंजीत का कुछ करना होगा।"

कुन्दन—"सर, मुझे पता है कि रंजीत हमारे लिए एक समस्या है लेकिन हर समस्या का समाधान होता है।"

अर्नव—"तो कुन्दन, तू बता कि तेरे दिमाग में चल क्या रहा है?"

"एक दिन के लिए रंजीत का अपहरण कर लें?" यश खिलखिलाया।

"यह भी एक अच्छा विचार है, लेकिन इससे ज़्यादा आसान और कानूनी तरीके भी हैं," कुन्दन हँस पड़ा, "हमें बस इतना करना है कि हम अपनी ताकत और सकारात्मक बिन्दुओं के बारे में सोचें।"

उदय—"लेकिन हमारे पास कोई इतना मज़बूत सकारात्मक बिन्दु है ही नहीं, जो रंजीत को सन्तुलित करने के लिए पर्याप्त हो। मैंने तुम सबको उस अपशकुन के बारे में बताया था।"

कुन्दन—"उदय, यार, हमारे पास बहुत सारी ताकतें हैं, जैसे देख—पहला, हमारे पास यश है जो खूबसूरती से ड्रिबल करता है। अभ्यास और सहयोग के साथ वह प्रतिद्वंद्वी टीम के दो डिफेंडर्स को आसानी से सँभाल सकता है। दूसरा, हमारे पास एक टीम है जबकि उनके पास केवल एक खिलाड़ी है और याद रखना कि मेस्सी अकेले अर्जेंटीना को फीफा विश्व कप जिता नहीं सकता। हमें रंजीत को खेलने से मना नहीं करना है; हमें बस उसे थोड़ा प्रतिबंधित करना है। और तीसरा, हम रंजीत को उनकी सबसे बड़ी कमज़ोरी बना सकते हैं।"

कोच—"कुन्दन, तुम सही कह रहे हो, हमारे पास हमारी अनूठी ताकत है। लेकिन हम रंजीत को उनकी कमज़ोरी कैसे बना सकेंगे?"

कुन्दन बोलने लगा और कोच सहित सभी उसे कोचिंग क्लास में बैठे छात्रों की तरह सुन रहे थे। उसने अपनी रणनीति के बारे में विस्तार से बताया।

# अवचेतन री-प्रोग्रामिंग : यह कठिन और थकाऊ काम करना क्या सार्थक है?

दिन की शुरुआत कुन्दन के सवाल से हुई, "सर, क्या हमारे नकारात्मक विश्वासों व भावनाओं का पता लगाना और उन्हें ठीक करना बहुत कठिन नहीं है? यह मुझे काल्पनिक लग रहा है। क्या हम इसकी सम्भावना और सार्थकता पर थोड़ा और बात कर सकते हैं?" वह गहराई से समझना चाहता था।

"हाँ, यह कठिन तो है," शिखर ने उत्तर दिया और जैस्मीन की ओर मुड़कर कहा, "जैस्मीन, क्या आपके पास कुन्दन के सवाल का कोई समाधान है—हमेशा की तरह?"

"क्यों नहीं सर?" यह कह जैस्मीन एक मिनट को रुककर दोबारा शुरू हुई, "कुन्दन, मान लो कि तुम्हारे अंकल अमेरिका शिफ्ट हो रहे हैं और तुम्हें मुम्बई के एक पॉश इलाके में स्थित अपने बँगले में रहने का प्रस्ताव दे रहे हैं। मगर वह बँगला पाँच साल पहले बनाया गया था और तब से बन्द है। क्या तुम यह प्रस्ताव अस्वीकार करोगे?"

"स्पष्टत: नहीं!" कुन्दन मुस्कराया, जैसेकि उसने जैस्मीन का मन पढ़ लिया हो!

"कुन्दन, शायद तुम समझ गए होगे कि मैं आगे क्या कहने जा रही हूँ!" जैस्मीन भी वापस मुस्करा दी।

कुन्दन—"जैस्मीन, आप कहते रहो, आप इसे बेहतर तरीके से समझा सकती हो।"

जैस्मीन ने आगे कहा, "हम उस बँगले में हर तरफ धूल की कल्पना कर सकते हैं। क्या तुम वहाँ शिफ्ट होने से पहले इसे साफ नहीं करोगे?"

"हम निश्चित रूप से बँगले को साफ करेंगे, और शिफ्ट होने के बाद भी उस पर काम करना जारी रखेंगे। हमें फर्नीचर और अन्य चीज़ों को सेट करना होगा और इसे लगातार साफ करना होगा," अहाना का चेहरा उसकी आवाज़ के साथ साथ गुलाबी होता जा रहा था, जैसे कि वह बँगला उसे ही मिल गया हो—किसी के साथ रहने के लिए, शायद कुन्दन के साथ!

जैस्मीन—"हमारे अवचेतन को भी हमने लम्बे समय से नज़रअन्दाज़ किया है। अनजाने में हमने उसमें गन्दगी भर दी है।"

शिखर—"विश्वास जो परम सत्य का खंडन करते हैं या हम कह सकते हैं, जो हमारे सच्चे स्व या सर्वोच्च चेतन ऊर्जा के साथ लयबद्ध नहीं हैं, हमारे अवचेतन में गन्दगी की तरह हैं, जिनके परिणामस्वरूप प्रतिकूल भावनाओं और विचारों के आवेग उत्पन्न होते हैं।"

"घबराहट, भय, ईर्ष्या और डिप्रेशन जैसी प्रतिकूल भावनाएँ?" अहाना बीच में बोल पड़ी।

"और, चिन्ता जैसे प्रतिकूल विचार?" ध्रुव ने जोड़ा।

"साथ ही हमारे अवचेतन में निम्न गुणवत्ता वाले विश्वासों और भावनाओं के परिणामस्वरूप हमारी बुद्धि द्वारा लिये गए निर्णयों की गुणवत्ता कम हो जाती है," शिखर ने पूरा किया।

जैस्मीन—"निम्न गुणवत्ता वाली भावनाओं, विचारों और निर्णयों के इन सभी प्रतिकूल आवेगों का परिणाम निम्न गुणवत्ता वाले कर्मों में होगा।"

"इस तरह हमारे अवचेतन की गुणवत्ता हमारे कर्मों की गुणवत्ता निर्धारित करती है," कुन्दन ने दोहराया।

"और, हमारे कर्मों की गुणवत्ता द्वारा हमारे भाग्य की गुणवत्ता निर्धारित होती है," रेयान इसे और आगे ले गया।

"लेकिन सर, आपने हमें यह भी बताया है कि हमारे अवचेतन के सबसे गहरे हिस्से में प्रेम, ज्ञान, खुशी और आनन्द का डेटा है। यह सदा सर्वोच्च चेतना से जुड़ा रहता है," मौली ने कहा, जो अब तक मौन सब सुन रही थी।

"सही बात है मौली," शिखर ने सराहना की।

"जिस तरह हिमखंड का गहरा हिस्सा अथाह समुद्री जल से जुड़ा रहता है," ध्रुव ने याद किया।

"और यदि हमारे अवचेतन की गहराई में इतनी सकारात्मकता है तो यह

सकारात्मकता सम्पूर्ण सकारात्मक भाग्य में क्यों नहीं बदलती, है न मौली?" जैस्मीन ने पूछा।

"हाँ, जैस्मीन," मौली मुस्कराई।

"बिलकुल मौली, सबसे पुराना डेटा प्रेम, ज्ञान, खुशी, शुद्धता, शक्ति और आनन्द का ही है। इन्हीं सकारात्मक डेटा के कारण शायद जीवन की मूलभूत आवश्यकताएँ—जैसे हवा, पानी, धूप, माँ-बाप का स्नेह इत्यादि, हरेक इनसान को समान रूप से मिली हुई हैं। पर हाल में संगृहीत नकारात्मक भावनाएँ और सीमित विश्वास (limiting beliefs) हमारे अवचेतन में अवरोध का काम करते हैं, और हमारा भाग्य सम्पूर्ण सकारात्मक नहीं हो पाता," शिखर ने समझाना शुरू किया।

जैस्मीन—"हाँ, कोई भी विश्वास या भावना जो अपने आपमें या इसके अल्पकालिक या दीर्घकालिक प्रभाव के कारण परम सत्य का खंडन करती है, एक अवरोध या रुकावट के रूप में कार्य करती है।

"आइए, उदाहरणों के साथ समझते हैं," जैस्मीन आगे बढ़ी, "यदि हमारे पास कोई सीमित विश्वास है, जो अथाह शक्तिशाली और अत्यधिक सक्षम चेतन ऊर्जा के हमारे वास्तविक स्वरूप का खंडन करता है तो वह एक रुकावट के रूप में कार्य करेगा।"

ध्रुव—"चिन्ता, भय और अक्षमता की भावनाओं के साथ यह विचार कि 'मैं यह काम नहीं कर सकता', हमारे सच्चे शक्तिशाली स्वरूप का विरोधी है।"

रेयान—"खुद को दूसरों से बेहतर या खराब (superiority or inferiority complex) समझने की धारणा इस सच्चाई का खंडन करती है कि हममें से हर कोई एक ही चेतन ऊर्जा का विभिन्न रूप है।"

मौली—"प्रतिशोध, घृणा और क्रोध की भावनाओं के साथ यह विश्वास कि 'धार्मिक मूल्यों की रक्षा की जानी चाहिए, भले इसके लिए हिंसा तक का उपयोग क्यों न करना पड़े', हमारे प्रेम, शान्ति, सकारात्मकता और ज्ञान की वास्तविक प्रकृति के विपरीत है।"

अहाना—"मीठी-मीठी बातें करना ज़रूरी है। फर्क नहीं पड़ता कि हम किसी के बारे में सोचते क्या हैं, इस सत्य का खंडन करता है कि कर्म के विभिन्न स्तर हैं। यह इरादे और विचारों से शुरू होकर हमारे बोल और काम पर खत्म होता है। और कर्म के हर स्तर पर लयबद्धता आवश्यक है।"

"मान लीजिए, मैं मिस्टर एक्स को पसन्द नहीं करता, लेकिन मैं उनसे मिलने पर बताता हूँ कि मैं उन्हें पसन्द करता हूँ। यहाँ मेरे चेतन मन की वर्तमान विचार-प्रक्रिया अवचेतन मन में स्थित मेरे विश्वासों का खंडन करती है। यह अवचेतन के स्तर पर भ्रम पैदा करता है," रेयान ने व्यक्त किया, जो उसने समझा था।

जैस्मीन—"जब हम चालाकी और छल करते हैं या कहते कुछ हैं लेकिन करते कुछ और हैं, तो अवचेतन जो हर पल हमारे विचारों, शब्दों और कार्यों को रिकॉर्ड कर रहा है, भ्रमित हो जाता है, क्योंकि यह रिकॉर्ड किये गए सभी डेटा को सत्य मानता है। यहाँ यह दो विरोधाभासी चीज़ों को सत्य के रूप में दर्ज करता है। और अवचेतन से दो विपरीत दिशाओं में वाइब्रेशंस प्रसारित होने लगते हैं। यह बहुत सारे व्यर्थ विचार, चिन्ता, बेचैनी पैदा करता है जिसके फलस्वरूप जीवन में संघर्षपूर्ण परिस्थितियाँ और दुखद घटनाएँ हो सकती हैं।"

कुन्दन—"हम भ्रष्टाचार, बेईमानी और धोखाधड़ी में शामिल हो सकते हैं। हम कह सकते हैं कि यह आज की ज़रूरत है या हर कोई इसे कर रहा है। लेकिन, हम हमेशा अपने मन की गहराइयों में जानते हैं कि हम गलत कर रहे हैं। यह हमारे वास्तविक स्वरूप यानी प्रेम, शान्ति और खुशी के विपरीत चिन्ता, भय और अपराध की भावना पैदा करती है जो हमारे अवचेतन की गहराई में दर्ज होकर हमारे कर्मों, स्व और सर्वोच्च चेतन ऊर्जा के बीच लयबद्धता को तोड़ देता है। यह हमारे अवचेतन में रुकावटें पैदा करता है।"

जैस्मीन ने सभी की भागीदारी की सराहना की और आगे समझाया, "कभी-कभी हम इन भावनाओं से अवगत भी नहीं होते हैं। ये नकारात्मक विचार और भावनाएँ हमारे अवचेतन को भर देती हैं। बाह्य रूप से हमारे पास बँगला, अच्छा कैरियर, स्वास्थ्य, पैसा आदि सब कुछ होता है, और फिर भी, हम बिना किसी स्पष्ट कारण के चिन्तित और परेशान रहते हैं।"

शिखर ने आगे कहा, "यह हमारे अवचेतन मन में एकत्रित नकारात्मक डेटा की वजह से है। यह सर्वोच्च चेतन ऊर्जा, ईश्वर, पॉवर हाउस से हमारे अवचेतन की ओर ऊर्जा के उस प्रवाह को बाधित करता है, जो रुकावट न होने पर स्वतः हो सकता था।"

"जिस तरह पाइप लाइन में रुकावट पानी को बहने से रोकती है," ध्रुव ने उदाहरण दिया।

"जैसे अगर हम खिड़की बन्द रखेंगे तो सूरज की रोशनी कैसे आएगी? सत्य

जानने के बाद नकारात्मकता-रूपी रुकावटों का निरन्तर हटते जाना, हमारे मन की खिड़की खोल, सर्वोच्च चेतन ऊर्जा से शक्ति के प्रवाह द्वारा हमें समर्थ बनाता है, जैसे सूर्य का प्रकाश स्वाभाविक रूप से अँधेरे कमरे को रौशन कर देता है," कुन्दन के स्वर में कुछ असाधारण था।

शिखर—"ये रुकावटें ही हमारे दैनिक जीवन में प्रेम, ज्ञान और खुशी के गहरे डेटा की अभिव्यक्ति को रोकती हैं।"

"किसी बक्से में यदि सबसे नीचे हम पन्ना, नीलम, हीरे जैसे कीमती रत्न रख दें और ऊपर से फिर ढेर सारे पत्थर डाल दें तो रत्न कैसे नज़र आएँगे? ये पत्थर रत्नों द्वारा नीचे से निकल रही उज्ज्वल रोशनी को भी रोकेंगे," यह जैस्मीन थी।

शिखर मुस्कराए, "क्या हमें अब भी हमारे अवचेतन में मौज़ूद विश्वासों और भावनाओं की गुणवत्ता के महत्त्व के बारे में कोई अनिश्चितता है?"

"क्या अब हमें लगता है कि हमारे अवचेतन की सफाई का यह कठिन काम करना उचित है?" जैस्मीन ने अपनी उड़ती नज़र एक-एक कर सब पर डाली।

"इसका अर्थ है कि यदि हम अपने जीवन में अनुकूल परिवर्तन लाना चाहते हैं, तो हमें अपने निम्न गुणवत्ता वाले विश्वासों और भावनाओं का पता लगाना शुरू कर देना चाहिए। और फिर उन्हें सकारात्मक डेटा में बदलने के लिए दृढ़ हो जाना चाहिए, चाहे यह कितना भी कठिन क्यों न लगे," कुन्दन ने निष्कर्ष निकाला।

"एक बात हमेशा ध्यान रखना कि कठिनाई और मेहनत से हमें कभी भी डरना नहीं चाहिए," शिखर ने कहा, "नकारात्मकता से मुक्त, शुद्ध सकारात्मक अवचेतन वह दरवाज़ा या पोर्टल है जिसके द्वारा हम सर्वोच्च चेतना से बेहिसाब ऊर्जा प्राप्त कर सकते हैं। वास्तव में अपने अवचेतन द्वारा हम सभी चेतन ऊर्जा, सर्वोच्च या ईश्वरीय चेतना के स्तर पर परस्पर जुड़े हुए हैं—ठीक उसी तरह, जैसे अलग-अलग आइसबर्ग के समन्दर में डूबे हिस्से पानी के ज़रिये एक-दूसरे से मिलते रहते हैं या एक मोबाइल फोन इंटरनेट के ज़रिये अन्य मोबाइल फोन या कम्प्यूटर से जुड़ा होता है।"

"हमारे अवचेतन में नकारात्मक विश्वास और नकारात्मक भावनाओं की रुकावटों के कारण, हम ईश्वरीय चेतना व एक दूसरे के साथ अपने सम्बन्ध का अनुभव नहीं कर पाते हैं," ध्रुव ने चिन्तनशील स्वर में कहा।

"हाँ, ध्रुव, कनेक्शन शाश्वत है, लेकिन हम अपने ही द्वारा बनाई गई नकारात्मक

डेटा-रूपी रुकावटों की वजह से इस सत्य को महसूस नहीं कर पाते हैं," जैस्मीन ने दोहराया।

ध्रुव—"जैसे यदि हमारे पास स्मार्टफोन हो पर सिम कार्ड लगाने वाली जगह अवरुद्ध हो तो हम दुनियाभर के इंटरनेट से जुड़ नहीं पाएँगे।"

"बिलकुल हम बेहतरीन स्मार्टफोन हैं। फोन की स्क्रीन को हम चेतन मन का नाम दे सकते हैं और स्क्रीन के पीछे छिपा सारा का सारा प्रोग्रामिंग सिस्टम हमारा अवचेतन है, जो नज़र नहीं आता। रुकावटों के कारण सिम कार्ड लगाने वाली जगह अवरुद्ध है, जिससे स्मार्टफोन पूरी तरह काम नहीं कर पा रहा है, न इंटरनेट से जुड़ पा रहा है, न ही कोई ऐप काम कर पा रहा है। फोन की स्क्रीन भर देख पाते हैं हम, पर फोन के अन्दर के सारे प्रोग्राम सिस्टम अर्थात् हमारा अवचेतन अपनी पूरी क्षमता में कार्य नहीं कर पाता, न ही अन्य चेतन ऊर्जा या सर्वोच्च से सम्बन्ध का अहसास कर पाता है," जैस्मीन ध्रुव द्वारा दी गई उपमा से खुश लग रही थी।

मौली—"तो अब सवाल यह है कि अवरोधों और रुकावटों को हटाकर, हमारे स्मार्टफोन को पूरी तरह से काम करने के लिए अवचेतन को शुद्ध और सक्रिय कैसे किया जाए?"

"अवचेतन को शुद्ध और सक्रिय करने के लिए," शिखर ने मौली की ओर देखा और पल भर रुककर कहा, "ठीक है, मान लेते हैं, मौली एक मेडिकल कॉलेज की डायरेक्टर है, और कॉलेज के अस्पताल में कोई विवाद चल रहा है। समस्या पर चर्चा करने के लिए मौली ने अपने दो मुख्य अधीनस्थों, जैसे अपने अतिरिक्त निदेशक प्रशासन (एडीए) और अस्पताल के चिकित्सा अधीक्षक, के साथ एक बैठक बुलाई। मौली तक सभी फाइलें एडीए के माध्यम से आती हैं। वह हमेशा मौली के निकट सम्पर्क में रहते हैं व काफ़ी मुखर हैं। बैठक में उन्होंने अपने विचारों और दृष्टिकोण को काफ़ी स्पष्ट रूप से मौली के सामने रखा, जबकि चिकित्सा अधीक्षक लगभग चुप से रहे। लेकिन मौली की समझ के अनुसार अस्पताल में समस्या को हल करने के लिए चिकित्सा अधीक्षक अधिक सक्षम हैं। अब मौली, मेडिकल कॉलेज के डायरेक्टर के रूप में तुम क्या करोगी?"

"सर, चूँकि मेरे पहले अधीनस्थ ने अपने विचार साझा कर लिये हैं, मैं उनके द्वारा बताए गए बिन्दुओं को नोट कर लूँगी और फिर उन्हें शान्त रहने के लिए कहूँगी। और फिर दूसरे अधीनस्थ से बात करना शुरू करूँगी। मैं उन्हें समझाने की

कोशिश करूँगी कि समस्या को हल करने के लिए उनकी राय बहुत महत्त्वपूर्ण है और मैं उन्हें अपने विचार खुलकर व्यक्त करने की अनुमति दूँगी," मौली ने बिना रुके जवाब दिया।

शिखर—"शानदार मौली! केवल एक प्रश्न का उत्तर दो, तुम अपने पहले अधीनस्थ को चुप रहने के लिए क्यों कहोगी?"

मौली—"सर, यह स्पष्ट है, दो व्यक्ति एक साथ नहीं बोल सकते हैं। चूँकि मैं अपने दूसरे अधीनस्थ के विचार जानना चाहती हूँ, मैं नहीं चाहती कि पहले वाले की मुखरता इसमें बाधा बने।"

"सर, क्या आप हमारे अवचेतन को सक्रिय करने का तरीका बता रहे हैं?" कुन्दन ने उत्सुकता ज़ाहिर की।

"बिलकुल कुन्दन," शिखर ने जवाब दिया, "मुझे लगता है कि कुन्दन को जारी रखना चाहिए।"

कुन्दन—"पहला व्यक्ति, जिससे मौली अधिक परिचित है, वह उसका चेतन मन है और दूसरा है अवचेतन। और, अपने अवचेतन को सक्रिय करने के लिए हमें अपने चेतन मन को शान्त करने की आवश्यकता है।"

"तो, दोस्तो, चेतन मन का मौन हमारे अवचेतन को शुद्ध और सक्रिय करने की कुंजी है; मौन, बेशक शारीरिक स्वैच्छिक क्रियाओं और शब्दों के स्तर पर, लेकिन सबसे बढ़कर, विचारों के स्तर पर भी," जैस्मीन ने जोर दिया।

"जिस प्रकार हम योग-अभ्यास के दौरान शान्ति से एक जगह आरामदायक स्थिति में चुपचाप बैठ जब जैस्मीन की आवाज़ सुनते हैं, तो मन में चल रहे ढेर सारे विचार खुद-ब-खुद ही गायब होने लगते हैं," ध्रुव ने जैस्मीन की ओर देखा।

कुछ मिनटों बाद हॉल में जैस्मीन का स्वर सुनाई दे रहा था, "आज हम इस एहसास के साथ योग-मुद्राओं का आनन्द लेंगे, जैसेकि हम सब सागर-रूपी विशाल ब्रह्मांड में लहरों की तरह अलग-अलग हैं, लेकिन वास्तव में हम सभी एक दूसरे से जुड़े हुए हैं।"

कुछ पल बाद ही हॉल 'ओ३म्' की ध्वनि से सुशोभित था।

लेक्चर्स के बाद, कुन्दन के सुझाव के अनुसार, विक्ट्री विंग्स के खिलाड़ियों ने गेम

प्लान पर काम करना शुरू कर दिया। क्वार्टर फाइनल परसों होना था।

कुन्दन डायरी के साथ था—

'जैसे मेरा मोबाइल इंटरनेट से जुड़ा है, वैसे ही मेरा अवचेतन भी ईश्वरीय चेतना से जुड़ा है। मेरा ही क्यों, सबका अवचेतन ईश्वरीय चेतना से जुड़ा है। इस तरह हम सब वासू, इरफ़ान, मम्मा, डैड और अहाना ईश्वरीय चेतना के स्तर पर एक दूसरे से जुड़े हुए हैं। लेकिन मेरे अवचेतन में संगृहीत नकारात्मक डेटा मुझे इस कनेक्शन को भली भाँति महसूस नहीं करने देता। ईश्वरीय चेतना के साथ सम्बन्ध का अनुभव करने के लिए, मुझे अपने अवचेतन से नकारात्मक डेटा को हटा, उसे साफ और शुद्ध कर सक्रिय करना होगा।'

# अन्तर्ज्ञान

"सर, मौली के दूसरे अधीनस्थ ने आख़िर कहा क्या? मेरा मतलब है, हम अवचेतन को कैसे सुन सकते हैं? यह कुछ अजीब नहीं लगता?" कुन्दन ने अपनी उत्सुकता ज़ाहिर की।

"हाँ, कुन्दन, हम अवचेतन को सच में सुन सकते हैं। यह अजीब नहीं, पर अद्भुत ज़रूर है," शिखर का स्वर हमेशा की तरह शान्त और स्थिर था।

जैस्मीन ने पूछा, "क्या हममें से किसी ने इनमें से कोई कथन सुना है?—

> *कभी-कभी हृदय वह देख लेता है जो आँखों से अदृश्य होता है।*[27]
>
> —एच. जैक्सन ब्राउन
>
> *प्रार्थना में बिना हृदय के शब्दों से बेहतर है बिना शब्दों के हृदय होना।*[28]
>
> —महात्मा गांधी
>
> *संसार की सबसे अच्छी और खूबसूरत चीज़ें देखी या छुई भी नहीं जा सकतीं, उन्हें हृदय से महसूस किया जाना चाहिए।*[29]
>
> —हेलेन केलर
>
> *बुद्धि से अधिक समझदार हृदय है।*[30]
>
> —जे.जी. हॉलैंड।"

"यह क्या, शरीर में रक्त पम्प करने वाला हृदय देख या महसूस कर सकता है?" अहाना की मुस्कान इतनी मासूम थी कि वह एक पल के लिए सचमुच एक नन्हे बच्चे सी लग रही थी।

शिखर—"बिलकुल नहीं। हृदय जो रक्त पम्प करता है, वह केवल मांसपेशियों

से बना शरीर का एक अंग है। जब हम इस तरह हृदय की बात करते हैं, तो हम वास्तव में अवचेतन की बात कर रहे होते हैं।"

जैस्मीन—"अच्छा, सोचो, अगर हमारा कोई ऐसा दोस्त हो जो हमेशा हमारे साथ रहे, किसी भी परिस्थिति में हमें तत्काल या समय से पहले ही उत्कृष्ट सलाह दे, चाहे हम पूछें या न पूछें?"

ध्रुव—"ऐसा कौन हो सकता है—वह भी, जो समय से पहले ही उत्कृष्ट सलाह दे दे?"

शिखर—"दरअसल, हममें से हर एक के पास यह दोस्त है, हमेशा से साथ है—हमारा अवचेतन। यह बोलता है, बस, आवाज़ ज़रा धीमी है। अवचेतन की आवाज़ को हम अन्तर्मन की आवाज़ या अन्तर्ज्ञान कहते हैं। खराबी सिर्फ इतनी है कि अगर हम इसकी बात पर ध्यान नहीं देते हैं तो वह आवाज़ और धीमी कर बोलना बन्द सा ही कर देता है। हमें बाहरी आवाज़ों को सुनने की कोशिश में इस आन्तरिक आवाज़ को नज़रअन्दाज़ करने की आदत है। समय के साथ उसके प्रति हमारी लापरवाही के कारण उसकी आवाज़ इतनी धीमी हो जाती है कि हम उसे पहचान ही नहीं पाते।"

रेयान—"जैसे मौली के दूसरे अधीनस्थ, औरों के बोलते वक्त चुपचाप थे।"

जैस्मीन—"अबेला आर्थर कहती हैं—'इंट्यूशन, वह जानना या महसूस करना है, जो चेतन समझ से परे है'[31]।"

"सिल्विया क्लेयर के अनुसार—'अन्तर्ज्ञान (intuition) का अर्थ है इंट्यूशन (intuition)—एक आन्तरिक शिक्षक (inner tutor) द्वारा पढ़ाना'[32]," शिखर ने जोड़ा।

जैस्मीन—"जैसा कि हम जानते हैं, पानी में डूबे आइसबर्ग के भाग सा हमारा अवचेतन सागर-समान ईश्वरीय चेतना से जुड़ा हुआ है और इस प्रकार हम कह सकते हैं कि इंट्यूशन सर्वोच्च या ईश्वरीय चेतना द्वारा मार्गदर्शन है।"

"गज़ब! ईश्वर से मार्गदर्शन?" अहाना की आँखें खुशी और आश्चर्य से चमक रही थीं।

ध्रुव ने साझा किया, "जब स्टीव जॉब्स भारत से लौटे तो उन्होंने कहा था—'मैंने जो मुख्य चीज़ सीखी, वह इंट्यूशन है'[33]।"

"वास्तव में हमें सीखना नहीं है; बस, जानना है। अपनी भूली हुई शक्ति फिर से पहचाननी है," शिखर ने कहा।

"जिस प्रकार हनुमान जी ने 'रामायण' में जामवंत की मदद से अपनी शक्तियों का स्मरण किया था। वह एक श्राप के कारण अपनी अनन्त शक्तियों को बचपन में ही भूल चुके थे," अहाना ने याद दिलाया।

जैस्मीन—"इंट्यूशन का अनुभव आश्चर्यजनक है। कोई भी व्यक्ति चमत्कार कर सकता है, यदि अपनी अन्तर्मन की आवाज़ को समय से पहले ही पहचान लेता है और उसके अनुसार कार्य करता है।"

शिखर—"हमें दूसरों की बात सुननी चाहिए, लेकिन अन्तिम मार्गदर्शक हमारा आन्तरिक शिक्षक, अन्तर्ज्ञान, हमारी अन्तर्मन की आवाज़ होनी चाहिए।"

मौली—"मैं इस कहावत 'सुनो सबकी, करो अपने मन की' को पहले गलत, अहंकारमय समझती थी, पर यह तो बिलकुल सही है।"

कुन्दन—"हम अब धीमी हो चुकी इस 'आन्तरिक आवाज़' को पहचानें कैसे?"

जैस्मीन—"सिल्विया क्लेयर के अनुसार—'अन्तर्ज्ञान या इंट्यूशन कई तरह से हो सकता है, जैसे—अचानक सामने फ्लैश की तरह कुछ सुनाई या दिखाई देना, अन्तर्दृष्टि का आभास होना, भविष्य से जुड़ा कोई दृश्य स्नैपशॉट छवि की तरह नज़र आना, पहले से ही कुछ जानने का आभास होना, कोई सपना दिखाई देना जो भविष्य की किसी बात के बारे में हो। रीढ़ की हड्डी में एक सिहरन, जैसेकि कुछ हो रहा हो या हमसे कोई कुछ कह रहा हो'।"

शिखर—"बिलकुल जैस्मीन, और किसी निश्चित कार्य को करने के लिए एक आग्रह, प्रेरणा या झुकाव जैसे। जैसे किसी पुस्तक को पढ़ने या किसी व्यक्ति से बात करने के लिए हमें कोई सहज ही निर्देशित कर रहा हो और फिर, हमें इन स्रोतों से हमारे सवालों के जवाबों का मिल जाना।"

रेयान—"ढेरों मूवीज़ हैं जिनमें ऐसा कुछ देखा है मैंने।"

शिखर—"हाँ, रेयान, और क्या तुम्हें पता है कि हमें इंट्यूशन होता रहता है लेकिन हम इसे पहचान नहीं पाते हैं? तो कुन्दन, इंट्यूशन को पहचानने के लिए हमें अपने चेतन मन में लगातार आने वाले विचारों और इंट्यूशन के बीच के अन्तर को समझना होगा। चेतन मन के विचार तर्क और विवेक-बुद्धि द्वारा एक दूसरे से जुड़े होते हैं, उस समय इंट्यूशन हमारे दिमाग में मौज़ूद अन्य विचारों से अलग होता है। इसे अन्दरूनी भावना (gut feeling) कहा जाता है। हम विचारों की तुलना तालाब के पानी की सतह पर कंकड़ फेंकने से उत्पन्न तरंगों से कर सकते हैं। मान लेते

हैं, एक कंकड़ सफेद है और बाकी सारे नीले। सफेद कंकड़ से उठने वाली तरंग इंट्यूशन है, बाकी नीले वालों से चेतन मन के बाकी विचार। हमें सफेद कंकड़ से उठने वाली तरंग की पहचान करनी है। अब सवाल यह है कि हम यह कैसे करें?"

जैस्मीन एक सम्भावित समाधान के साथ आई, "एक तरीका यह है कि हम लगातार विशिष्ट कंकड़ों द्वारा उत्पन्न तरंगों पर अपना ध्यान केन्द्रित कर पहचान करें—यह पहचानना कि क्या विचार दिनचर्या का एक नियमित विचार है, अन्य विचारों से जुड़ा है, या अभी दिमाग में चल रहे सभी विचारों से अलग एक अन्दरूनी भावना के रूप में उत्पन्न हुआ है?"

जैस्मीन ने आगे कहा, "इसके लिए हमें खुद पर और अपनी इंट्यूशन की शक्ति पर विश्वास करना होगा। क्या हमने देखा है कि हम जब भी और जो कुछ भी करते हैं, हमारी अन्तरात्मा की आवाज़ हमेशा या तो उसे स्वीकार करती है या नकारती है? यदि हम इस आन्तरिक आवाज़ पर विश्वास करते हैं और उसे मानते हुए कर्म करते हैं तो समय के साथ यह स्पष्ट और ताकतवर हो जाती है और इसे पहचानना आसान होता जाता है। इसलिए, सबसे पहले तो हमें इस तथ्य पर विश्वास शुरू करना है कि हमारे पास किसी भी स्थिति में पूरी तरह से मार्गदर्शन करने के लिए इंट्यूशन-रूपी शक्ति है।"

शिखर—"बिलकुल जैस्मीन, और दूसरा एक तरीका है—नीले कंकड़ की संख्या को कम करना, विशेष रूप से व्यर्थ के विचार। अगर पानी शान्त और बिना तरंगों के हो तो इंट्यूशन की विशेष लहर को पहचानना बहुत आसान हो जाएगा।"

"जैसे मौली ने अपने पहले अधीनस्थ को शान्त बैठने को कहा था। पर इसे हम करें कैसे?" अहाना ने पूछा।

"विचारों को शान्त करने के लिए हमें अपने शरीर और फिर चेतन मन को स्थिर करना होगा। हम अपने चेतन मन को कुछ आसान सी तकनीकों से शान्त कर सकते हैं, जिन पर हम आगे बात करेंगे," शिखर ने समझाया।

सोने से पहले कुन्दन फिर अपनी डायरी के साथ था—'मैं अपने अवचेतन के अवरोधों को दूर करने के लिए तैयार हूँ। इसके लिए मैं अपनी अन्तर्मन की आवाज़ सुनने और ईश्वरीय चेतना के साथ स्वयं को लयबद्ध रखने की ज़िम्मेदारी लेता हूँ। यह मेरे अवचेतन में रुकावटों को दूर कर मेरे मन को शुद्ध करने में मदद करेगा।

'कुन्दन, प्रकाश आने के लिए तैयार है—बस' रुकावटों को मिटा दो।'

*कबीरा मन निर्मल भया, जैसे गंगा नीर।*
*पाछे लगे हरि फिरहि, कहत कबीर कबीर॥*

कुन्दन को कबीर की ये प्यारी पंक्तियाँ मिलीं जिसमें वे कहते हैं—'जब मन सन्देह या नकारात्मकता से मुक्त शुद्ध, शान्त और निर्मल हो जाता है, जैसे गंगा नदी का शुद्ध जल, तब ईश्वर हर कदम पर उस व्यक्ति के साथ होते हैं।'

# दिन-प्रतिदिन के काम में अच्छा महसूस करें

यह एक और नया दिन था और क्लास एक नये स्तर पर जाने के इन्तज़ार में थी।

ध्रुव—"सर, हमने यह तो समझ लिया कि हमें अपने अवचेतन को सकारात्मकता से भरपूर करना है, पर सर, इसे भी करने के कुछ आसान तरीके बताइए?"

शिखर—"इसके लिए हमें अपने दैनिक जीवन में कुछ सूक्ष्म बदलाव करने होंगे। अच्छा, ध्रुव, दिन भर में ऐसे पल ढूँढ़कर बताओ, जब तुम्हें दिली खुशी महसूस होती है?"

ध्रुव—"जब हम किसी की मदद करते हैं, तो हमें अच्छा लगता है।"

अहाना—"हम दूसरों के साथ स्नेहपूर्ण सम्बन्ध रखते हैं तो भी हमें अच्छा लगता है।"

"ये पल हमारे अवचेतन को सकारात्मकता से भर देते हैं। ये सभी सुखद क्षण हमारे अवचेतन के लिए और साथ में, हमारे शरीर के लिए अत्यन्त स्वास्थ्यप्रद होते हैं," जैस्मीन ने स्नेह भरे स्वर में कहा।

"जैस्मीन, बीच में टोकने के लिए माफ करना, पर मुझे क्लेव बैकस्टर का प्रयोग तो याद है कि हमारा डीएनए भावनात्मक परिवर्तन पर प्रतिक्रिया व्यक्त करता है। क्या हम इस पर और विस्तार से बात कर सकते हैं कि अच्छा महसूस करना हमारे शरीर के लिए किस प्रकार स्वास्थ्यप्रद है, जिससे हम इसे बेहतर रूप में अपने दैनिक जीवन में अपना पाएँ?" रेयान उत्सुक था।

"रेयान, हॉर्मोंस के विषय में सुना है? मुझे लगता है, मौली ज़रूर हमें बता सकती है कि हॉर्मोंस क्या होते हैं," शिखर ने पूछा।

"हाँ, सर, हॉर्मोंस हमारे शरीर में एंडोक्राइन ग्लैंड से निकलने वाले रासायनिक

सन्देशवाहक होते हैं। वे हमारे विभिन्न अंगों को यह बताकर कि क्या करना है और कब करना है, शरीर के कार्यों को नियंत्रित करते हैं," मौली ने उत्तर दिया।

शिखर—"और किसी हॉर्मोन का स्राव नियंत्रित कैसे होता है?"

मौली—"हमारे मस्तिष्क में हाइपोथैलेमस और पिट्यूटरी ग्रंथि अधिकांश हॉर्मोंस के स्राव को नियंत्रित करती हैं।"

जैस्मीन—"कुन्दन, तुम एमबीबीएस के तीसरे वर्ष में हो, है न? क्या तुमने हॉर्मोंस के किसी उदाहरण के बारे में पढ़ा है?"

कुन्दन—"कॉर्टिसोल एक हॉर्मोन है।"

"हाँ, कॉर्टिसोल को फाइट और फ्लाइट हॉर्मोन या स्ट्रेस हॉर्मोन कहा जाता है क्योंकि यह तनाव की स्थिति में निकलता है। रक्त-शर्करा को बढ़ाता है। यह अचानक यदा-कदा होने वाले संकट का सामना करने के लिए ज़रूरी होता है। ऐसा ही एक हॉर्मोन एड्रीनलीन भी है," मौली ने समझाया।

शिखर, "बहुत खूब मौली! पर यदि स्ट्रेस के रूप में यह संकट ज़्यादा समय तक बना रहे तो?"

मौली—"तो सर, यह शरीर के लिए अप्रत्याशित रूप से हानिकारक हो सकता है। बहुत से अंगों के काम और प्रतिरक्षा तंत्र को बुरी तरह कमज़ोर कर सकता है।"

जैस्मीन—"लगातार मानसिक तनाव—जैसे अवसाद, चिन्ता और भय महसूस करना; शारीरिक तनाव—जैसे डाइटिंग, नींद की कमी, शराब का सेवन, और कैफीन पेय—जैसे कॉफ़ी, चाय, और कई कार्बोनेटेड कोल्ड ड्रिंक बड़ी मात्रा में।"

"नकारात्मक सोच की आदत और तनावग्रस्त होने से हमारे रक्त में कॉर्टिसोल का उच्च स्तर होने लगता है, जो बदले में कब्ज़, अनिद्रा, वज़न बढ़ना, मधुमेह, हृदयरोग, हड्डियों का कमज़ोर होना और सीखने, एकाग्रता व स्मृति सम्बन्धित समस्याओं का कारण बनता है," मौली ने आगे बताया।

"ऑक्सीटोसिन नाम का भी एक हॉर्मोन है। इसे 'एंटी स्ट्रेस हॉर्मोन' या 'आलिंगन हॉर्मोन' (cuddle hormone) कहा जाता है," जैस्मीन ने एक और उदाहरण दिया।

"हाँ, जैस्मीन, यह वह हॉर्मोन है जो एक महिला में तब निकलता है जब वह माँ बनती है। यह हॉर्मोन हमारे व्यवहार में करुणा और देखभाल की भावना को प्रकट करता है," मौली आज अपने सबसे अच्छे रूप में थी।

"यहाँ तक कि हमारे प्रियजनों को गले लगाने से भी यह निकलता है," जैस्मीन ने कहा।

"मुझे अच्छा लगता है जब मैं अपने प्यारे डायमन, एक डालमेशियन के साथ टहलने जाता हूँ, शायद उस समय भी यह हॉर्मोन निकलता है," रेयान ने मुस्कराते हुए कहा।

"क्यों नहीं, और यह ब्लडप्रेशर को भी सही रखता है और हृदय के प्रति सुरक्षात्मक है। यह हमारे शरीर की उपचार शक्ति (healing power) को बढ़ाता है और उम्र बढ़ने के प्रभाव को कम करता है। शान्तिपूर्ण, सन्तुष्ट और अच्छा महसूस करने की गहरी भावना का अनुभव करना हमारे लिए बेहतर है, क्योंकि यह हमारे शरीर में ऑक्सीटोसिन को बढ़ाने और कॉर्टिसोल को कम करने में मदद करता है," मौली ने निष्कर्ष निकाला।

शिखर—"तो, आत्मा मन:शक्ति के माध्यम से अपने सारे काम करती है। हमारी मन:शक्ति हमारे शरीर को विभिन्न सन्देशवाहकों, जैसे तंत्रिकाओं (nerves) और हॉर्मोंस आदि के माध्यम से संचालित करती है।"

अहाना—"हमारे मन की गहराई में भावनाओं की गुणवत्ता इन सन्देशवाहकों को प्रभावित करती है, जो बदले में हमारे शरीर को प्रभावित करते हैं।"

"योग के दौरान जैस्मीन शब्दों के बीच जो विराम लेती है, वह मुझे बहुत अच्छा महसूस कराता है। अब मैं उस विराम का महत्त्व समझ सकता हूँ," रेयान प्रशंसा में मुस्कराया।

मौली—"हम सबने थायरॉइड से सम्बन्धित बीमारियों, डायबिटीज़ या पीसीओडी के बारे में सुना होगा। कई बार लोग कहते हैं, क्या करें, जब से हमारा थायरॉइड गड़बड़ाया है या डायबिटीज़, पीसीओडी हुआ है, तब से हमारा वज़न बढ़ गया है। हॉर्मोन के विषय में जानकारी हमें यह बताती है कि हॉर्मोंस हमारे लिए काम करते हैं। हम मास्टर हैं, न कि हॉर्मोंस के गुलाम।"

कुन्दन—"ये हमारे हाथ के उपकरण हैं।"

ध्रुव—"हमें उनका उपयोग अपने तन और मन के लाभ के लिए करना चाहिए।"

जैस्मीन—"जब मैं इन क्लासेज़ में शामिल हुई थी, और यहाँ बताई गई तकनीकों का अभ्यास करना शुरू किया, तो समय के साथ मुझे अनोखी अनुभूतियाँ होने लगीं। हर समय आनन्द का अनुभव होने लगा। सत्य जानने से पहले, जब भी

मैं कुछ खाती थी, तो मैं केवल अपना पेट भरती थी। अब, जब मैं वही चीज़ खाती हूँ, तो उसका स्वाद और खुशबू मुझे और मेरे अवचेतन को भरपूर करता है। अब जो सन्तुष्टि मुझे मिलती है, वह पहले कभी नहीं होती थी। भोजन का पूरा आनन्द लेने के लिए, मैं खाने के दौरान चुप रहना चाहती हूँ। कुछ सुनना या देखना नहीं, खास कर, टेलीविज़न या कोई वीडियो।"

"मेरे दादा जी को कभी मैंने भोजन करते समय बात करते नहीं देखा। अगर उन्हें कभी कुछ चाहिए होता, चाहे वह चपाती हो या दाल, वह अपनी हाथों से इशारा करते," अहाना ने प्यार से याद किया।

शिखर—"क्योंकि अगर खाने के दौरान हमारा ध्यान कहीं और होता है, तो हम भोजन के स्वाद को ठीक से अनुभव नहीं कर पाएँगे। और जो भोजन हमारे अवचेतन को सन्तुष्टि और आनन्द से भरने वाला था, वह ऐसा करने में विफल रहेगा। इसलिए, जब हम कुछ भी खाएँ, तो दो क्षण को हमें भोजन की ओर मुखातिब हो, इसके प्रति दिल से आभार व्यक्त करना चाहिए। महसूस करना चाहिए कि यह भोजन शुद्ध और शक्तिशाली होकर हमारे शरीर और दिमाग को शक्ति देने वाला है।"

"हर बार खाना खाने से पहले मेरी दादी ईश्वर को भोजन अर्पित करती हैं। मैं उन्हें चिढ़ाया करता था, 'दादी माँ, तुम बहुत पुराने ज़माने की हो।' लेकिन मुझे आज पता चला कि वास्तव में उनका दृष्टिकोण कितना आधुनिक था!" कुन्दन ने अविश्वसनीय स्वर में कहा, "मैंने कभी नहीं महसूस किया था कि ईश्वर को भोजन अर्पित करने का कोई वैज्ञानिक आधार भी हो सकता है।"

"मैं भी ऐसा कुछ करना चाहती थी लेकिन मैं अक्सर भूल जाती हूँ," अहाना ने मासूमियत आँखों में लिये कहा।

इस पर शिखर ने पूछा, "अहाना, क्या तुम्हें हमारी पहली मुलाकात याद है?"

अहाना—"हाँ, सर, क्यों नहीं!"

"तुमने मुझसे कहा था कि तुम्हारी बहन तुमसे दस साल छोटी है, और..." शिखर ने पल भर रुककर अहाना की ओर देखा।

अहाना मुस्करा दी, "और, जब मैं बचपन में बहन के जन्म से पहले माँ से शिकायत किया करती कि मेरे साथ खेलने वाला, बातें करने वाला कोई नहीं है, तो वह मुझसे कहतीं कि 'ईश्वर को अपना दोस्त बना लो, उनसे अच्छा कोई दोस्त नहीं हो सकता।' और समय के साथ मैंने ईश्वर से बातें कर अपनी हर बात उनसे बाँटना शुरू कर दिया।"

"तो, ईश्वर तुम्हारे दोस्त हैं! ज़रा सोचो कि अगर तुम्हारा सबसे अच्छा दोस्त तुम्हारे साथ खाने की मेज पर हो, तो क्या तुम अपने से पहले उसको खाने के लिए पूछना भूल जाओगी?" शिखर ने पलकें गिरा फिर उठाते हुए पूछा।

"धन्यवाद सर, मुझे यह विचार देने के लिए!" अहाना खुश थी।

"भोजन करते समय, भोजन के माध्यम से प्राप्त स्वाद, सन्तुष्टि और तृप्ति को महसूस करें, यह हमारे अवचेतन को भरपूर करेगा। अब, जब हम खाएँगे, तो यह चमत्कार करेगा," शिखर ने आश्वासन दिया।

"दोस्तो, जापान के मिस्टर इमोटो[34] ने 'जमते हुए पानी में बर्फ के क्रिस्टल की सूक्ष्म संरचना पर इरादों, विचारों और शब्दों के प्रभाव का अध्ययन किया,'" जैस्मीन ने अपने 'S3' पर एक गूगल पेज खोला।

मौली—"वाह, पानी हर जगह है—भोजन में भी, मानव शरीर में या पृथ्वी पर।"

रेयान—"और, यह आश्चर्यजनक है कि पानी हमारे विचारों, शब्दों और इरादों के अनुसार अपना रूप बदला करता है।"

जैस्मीन—"इसी तरह हमारे दैनिक जीवन में अन्य बहुत से पल हो सकते हैं जब हम हमारे अवचेतन को भरपूर कर सकते हैं।"

"मेरी आँखों के सामने अब भी वो बचपन के सुनहरे पल हैं जब मेरे मम्मी-पापा मुझे सुबह उठते ही सीने से लगा लिया करते थे," अहाना के स्वर में एक भीनी सी खुशबू मिली मिठास थी।

"'मुन्ना भाई एमबीबीएस' की जादू की झप्पी के जैसे!" कुन्दन के चेहरे पर बड़ी सी मुस्कान तैर गई थी।

ध्रुव—"ढेर सा कडल हार्मोन भी निकलता होगा।"

"और बदले में, हमारे शरीर को स्वस्थ और सुन्दर बनाता होगा," रेयान ने याद दिलाया।

मौली—"जब एक माँ अपने बच्चे को अपनी छाती से लगा दूध पिलाती है या लोरी गुनगुनाकर सुलाती है, तो वह अपने लाडले के अवचेतन को अथाह प्यार और सुरक्षा की भावना से भर देती होगी।"

शिखर—"यह अत्यधिक प्रभावी है क्योंकि जब हम नींद की खुमारी में पूरी तरह डूब सोने जा रहे होते हैं या फिर नींद से जग रहे होते हैं, तो दोनों ही स्थितियों में कुछ पलों के लिए हमारा अवचेतन अत्यन्त प्रभावी रूप से बातों को ग्रहण करता है—बिलकुल ब्लॉटिंग पेपर की तरह और चेतन मन उस समय लगभग शान्त,

निष्क्रिय और शिथिल होता है।"

जैस्मीन—"इसी तरह नहाते समय भी अगर पानी की एक-एक बूँद को हम ईश्वर का वरदान समझकर आनन्दित अनुभव करते हैं तो यह हमारे अवचेतन को शान्ति और आनन्द से भर देगा।"

अहाना—"और हमारे जीवन में शान्ति और आनन्द देने वाली घटनाएँ होने लगेंगी।"

"यह बेतुका लग सकता है, लेकिन मेरे दिमाग में एक सवाल आ रहा है..." ध्रुव ने हिचकिचाते हुए कहा।

"संकोच मत करो, ध्रुव! मन में कोई सवाल रखना मत। जब जी चाहे, पूछ लिया करो। हर सवाल मेरे लिए एक सा महत्त्वपूर्ण है," शिखर ने गर्मजोशी से जवाब दिया।

ध्रुव—"मैं सोच रहा था कि क्या आज की जीवन-शैली के साथ यह सब महसूस करने के लिए समय निकालना सम्भव है? हमारा जीवन बहुत व्यस्त है, जैसे हम किसी दौड़ में भागे चले जा रहे हों...!"

"एक थकाऊ, अन्तहीन लगने वाली चूहों सी दौड़!" कुन्दन ने जोड़ा।

"सही कह रहे हो, इन दिनों हमारा जीवन बहुत व्यस्त हो गया है। मन को इधर-उधर भटकाने के लिए ढेरों आकर्षण हैं," शिखर ने स्वीकार किया, "अच्छा, एक बात बताओ, क्या हम हर दिन नहाने और टॉयलेट जाते हैं?"

सभी ने एक स्वर में माना कि वे सब ऐसा करते हैं, हर रोज़।

"और ध्रुव, तुम? इतना व्यस्त होने के बावज़ूद भी?" शिखर ने चुटकी ली।

"सर, आप मेरी टाँग खींच रहे हैं। मैं अपने सवाल को लेकर संजीदा था," ध्रुव ने मायूस से चेहरे से कहा।

शिखर—"मैं भी उतना ही संजीदा हूँ ध्रुव। मैं सिर्फ इतना चाहता हूँ कि एक बार हम अपनी दिनचर्या देखें। हम अपने शरीर को साफ करने के लिए नहाते हैं। हम अपने शरीर से कचरा निकालने के लिए शौचालय जाते हैं, नहीं तो यह विषाक्त हो जाएगा। कैविटी से बचने के लिए हम अपने दाँतों की नियमित सफाई करते हैं।"

रेयान—"मैं एक शर्ट खरीदने में घंटे भर से अधिक समय लगा देता हूँ।"

"हमें अपने शरीर को आराम देने के लिए निश्चित रूप से प्रयास करना चाहिए, लेकिन साथ ही हमें कुछ ऐसा भी करना चाहिए जो हमारे सच्चे स्व की बेहतरी के लिए भी आवश्यक हो," शिखर ने कहा।

जैस्मीन—"अपने मेल को रोज़ाना देखना या अपने सॉफ्टवेयर को अपडेट और वायरस से बचाने के लिए समय-समय पर इसकी जाँच करना महत्त्वपूर्ण है। लेकिन, क्या अपने सच्चे स्व के लिए भी कुछ करना उतना ही महत्त्वपूर्ण नहीं है? इसके लिए बस थोड़ी सी समझ और अभ्यास की आवश्यकता होती है।"

रेयान—"इस बात से हम इनकार नहीं कर सकते कि हम व्हाट्सएप, फेसबुक, ट्विटर या इंस्टा पर बहुत समय लगाते हैं। मुझे लगता है, उससे ज़्यादा समय नहीं लगेगा शायद।"

"हमारे पास अपने और अपने जीवन के लिए सर्वश्रेष्ठ चुनने का विकल्प है। आज की हमारी जीवन-शैली का असर देख और अपनी प्राथमिकताओं के अनुसार हमें निर्णय लेना चाहिए। कुछ भी असम्भव नहीं है!" शिखर ने दृढ़ता से कहा।

"और यदि कर सको तो मेरा विश्वास करो, हम अपनी जीवन-शैली में थोड़े से बदलाव से अपने जीवन में बहुत बड़ा फर्क ला सकते हैं। वही ताज़गी जो छह से आठ घंटे की नींद से प्राप्त होती है, चार से पाँच घंटे की नींद से प्राप्त की जा सकती है। कल्पना करो कि हमें कितना अतिरिक्त समय मिल सकता है!" जैस्मीन मुस्कराई।

"कभी-कभी, मैं वास्तव में बेवजह की बातों में आवश्यकता से अधिक समय देता हूँ। असल में, मैं फोन पर चैटिंग में बहुत समय बर्बाद करता हूँ। यह फिर से हमारी पसन्द और प्राथमिकताओं का मामला है। सर, हम आगे बढ़ते हैं, मुझे इस विषय की गहराई में जाना है," ध्रुव ने स्वीकार किया।

कुन्दन के मन में भी एक सवाल आकार ले रहा था। उसने पूछ ही लिया, "भारतीय संस्कृति प्रथाओं और कर्मकांडों से भरी हुई है। क्या ये भी हमारे अवचेतन मन को मज़बूत करने के लिए हैं?"

"निश्चित रूप से! किसी भी समुदाय में, कोई भी अनुष्ठान मूल रूप में हमारे मन की सकारात्मक प्रोग्रामिंग के उद्देश्य से विकसित किये गए थे," शिखर ने उत्तर दिया।

कुन्दन ने आगे कहा, "और, विभिन्न धर्मों के विरोधाभासी अनुष्ठानों के बारे में क्या?"

"कई बार विभिन्न सम्प्रदायों के विरोधाभासी अनुष्ठान अवचेतन में समान विश्वास पैदा करते हैं। तो, यह अनुष्ठान नहीं है जो मायने रखता है, बल्कि वे विश्वास हैं जो ये अनुष्ठान हमारे अवचेतन में बना रहे हैं," शिखर ने स्पष्ट किया।

कुन्दन—"हाँ, सर! अब बातें स्पष्ट हैं।"

जैस्मीन—"अवचेतन और विश्वास प्रणाली का जादू हमारे पूर्वजों को पता था। उन्होंने इस समझ का इस्तेमाल सरल कृत्यों को बड़े प्रभावों से जोड़कर किया। उन्होंने इसे अपनी जीवन-शैली में मिश्रित कर लिया।"

मौली ने कहा, "मेरी सासू-माँ के अनुसार यदि हम किसी गाय को पहली रोटी देते हैं तो इससे परिवार में सुख, शान्ति और समृद्धि की वृद्धि होती है।"

"इसलिए, जब भी वह गाय को रोटी देती हैं, तो परिवार में सुख और समृद्धि के बारे में उनका विश्वास मज़बूत होता है," शिखर ने पुष्टि की।

जैस्मीन—"यह सब अवचेतन को प्यार, शान्ति और खुशी से भरने में मदद करता है।"

"कभी-कभी, हम अनुष्ठानों को महत्त्व देते हैं, लेकिन उन अनुष्ठानों के उद्देश्य को पूरी तरह से भूल जाते हैं, और शायद तब यह 'रूढ़िवाद' हो जाता है," मौली ने अपना मत रखा।

शिखर—"बिलकुल मौली, इसीलिए हमें 'रूढ़िवाद' और हमारे अवचेतन को मज़बूत करने के लिए बनाए गए तरीकों के बीच अन्तर करना होगा।"

कुछ समय बाद वे योग करने लगे।

क्लास खत्म हो गई थी लेकिन कुन्दन, ध्रुव और अहाना विचार-विमर्श में व्यस्त थे। रविवार का दिन था और शायद किसी को वापस जाने की जल्दी नहीं थी। कुन्दन अहाना से बात कर रहा था—वही अहाना, जिसे लगभग एक-डेढ़ महीने पहले वह मात्र छू भर लेने को बेकरार था, लेकिन आज आप चाहें तो भी उनके चारों ओर हवा में कोई वासना नहीं सूँघ सकते।

हॉस्टल जाते वक्त जब कुन्दन क्लास में सीखी गई बातों के बारे में सोच रहा था, तो अचानक उसे लगा कि शायद उसका व्यवहार बदल रहा है; यह काफ़ी अजीब था कि वह एक लड़की, वह भी अहाना, को एक व्यक्ति समझ बात कर रहा था, न कि मात्र एक लड़की।

टर्मिनल परीक्षा की वजह से पिछला सप्ताह थोड़ा उबाऊ था।

लेकिन रविवार की शाम तक नीरस मेडिकल लाइफ पर बास्केटबॉल का जादू छाने लगा था। क्वार्टर फाइनल कुछ ही पलों में शुरू होने वाला था और पिछले कुछ

मैचों में विक्ट्री विंग्स के प्रदर्शन ने एक उम्मीद जगाई थी कि शायद इसमें अभी भी चिंगारी बाकी है। ऐसा लग रहा था कि पूरा परिसर, विशेष रूप से स्टेडियम के आसपास का क्षेत्र, किसी कॉलेज फेस्ट की महक से सराबोर था।

मैच शुरू हुआ। रंजीत के साथ बीएमटी यूनिवर्सिटी ने अधिकांश बास्केट को स्कोर करते हुए अगुवाई ली और बड़े ही पेशेवर रूप से हमले का समन्वय किया। लेकिन विंग्स ने लीड को दस से आगे नहीं जाने दिया, जैसी कि उन्होंने योजना बनाई थी। हाफ टाइम तक विंग्स आठ अंकों से पीछे चल रही थी।

जब सेकेंड हाफ शुरू हुआ तो विंग्स ने ऐसा माहौल बना दिया था कि बीएमटी यूनिवर्सिटी की टीम पूरी तरह से रंजीत पर निर्भर नज़र आ रही थी।

दूसरे हाफ में, योजना के अनुसार, अर्नव और उदय रंजीत को हर स्थिति में रोक रहे थे। अर्नव रंजीत के साथ साथ था और जब भी रंजीत विंग्स कोर्ट में प्रवेश करता था, तो उदय, रंजीत को रोकने में अर्नव की मदद के लिए तैयार रहता। इस प्रकार विंग्स रंजीत के हमलों को रोक पाने में सक्षम दिखाई दे रही थी, हालाँकि यह भीड़ के लिए काफ़ी हद तक अप्रत्याशित था।

अब विंग्स के तीन खिलाड़ियों को बॉस्केट तक पहुँचने के लिए बीएमटी के चार खिलाड़ियों को पार करना था क्योंकि अर्नव और उदय रंजीत को रोकने में व्यस्त थे। तीन फॉरवर्ड खिलाड़ी यश, इरफ़ान और विशाल ने यश को आधार बना, बेहतरीन समन्वय के साथ हर बार एक अलग नये कदम के साथ बीएमटी के बचाव क्षेत्र में प्रवेश किया। कोच की मदद से, पिछले दो दिनों में उन्होंने तीस से अधिक तरीकों का अभ्यास किया था, जिसमें तीन खिलाड़ी चार डिफेंडरों को भेद सकते थे और इस तरह खेल को अपने पक्ष में कर सकते थे।

जब तक बीएमटी यूनिवर्सिटी विंग्स के रणनीतिक खेल का जवाब खोज पाती, विंग्स को बीस अंक की बढ़त मिल गई थी। और अन्ततः विंग्स ने पचहत्तर साठ के अन्तर से गेम जीत लिया।

# अवचेतन री-प्रोग्रामिंग

क्लास भरी हुई थी और हर कोई उत्सुकता लिये आँखों से प्रतीक्षा कर रहा था। शिखर ने शुरू किया, "गुड मॉर्निंग दोस्तो! क्या अब हम कुछ हद तक यह महसूस कर रहे हैं कि पूरा का पूरा ब्रह्मांड ऊर्जा का एक सागर है, और हम उसकी लहरें। ये लहरें कितनी भी अलग-अलग दिशाओं में क्यों न उठें, कितनी भी दूर क्यों न लगें, गहराई में एक दूसरे से जुड़ी हुई हैं। लहरों की तरह हम एक दूसरे की ओर बढ़ने और एक दूसरे से मिलने के लिए स्वतंत्र हैं। मैं, लहर-रूपी चेतन ऊर्जा, अपने चारों ओर भौतिक और चेतन ऊर्जा की लहरों को आकर्षित करने में सक्षम हूँ।"

कुन्दन—"और इस तरह, मैं अपने आसपास का संसार बनाता हूँ।"

"हाँ, कुन्दन, चलो, थोड़ा रिवीज़न करते हैं," शिखर बोल रहे थे, "मुझ चेतन ऊर्जा तक कोई भी इनपुट या जानकारी आने पर चेतन मन, जो कि फिल्टर या सुरक्षा गार्ड की तरह काम करता है, के द्वारा पिछले अनुभव और ज्ञान के अनुसार विश्लेषण किया जाता है। इसके अनुसार, एक निष्कर्ष निकालकर उसमें एक भावना जोड़ी जाती है। और एक नये विश्वास के बनने या पिछले किसी विश्वास के मज़बूत होने की प्रक्रिया होती है। अवचेतन मन इस विश्वास को एक तथ्य या सच्चाई के रूप में स्वीकार कर हमारे कर्मों को प्रभावित करता है। इस पर प्रकृति के नियम कार्य करते हैं और अवचेतन मन में स्थित तथ्यों के अनुसार भौतिक और चेतन ऊर्जा हमारी ओर आकर्षित हो, उसके अनुरूप परिस्थितियों और घटनाओं को वास्तविकता में घटित करते हैं। यह हमारा भाग्य कहलाता है।"

कुन्दन एक-एक शब्द जैसे खुद में सोख रहा था, "सुरक्षा गार्ड अर्थात् चेतन मन के कारण हमारी सतही सकारात्मक सोच वास्तविकता में नहीं बदल पाती।"

जैस्मीन—"हमारा चेतन मन पिछले अनुभवों के अनुसार हमारे विचारों का विश्लेषण करता है। अगर मैं पहली बार किसी गायन प्रतियोगिता में भाग लेने वाली हूँ, तो बस, बाथरूम में गाना गाने तक सीमित होने के नाते, प्रतियोगिता जीतने के बारे में मेरी सकारात्मक सोच मेरे चेतन मन को झूठी व नकली लगती है। यह काफ़ी हद तक सम्भव है कि यह सुरक्षा गार्ड, मेरा चेतन मन, जीतने से सम्बन्धित विचारों को अस्वीकार कर दे। मेरा चेतन मन मुझसे कुछ इस तरह कहेगा कि 'तुम जीतने के बारे में सोच भी कैसे सकती हो? यह असम्भव है'।"

"लेकिन हमारे अतीत को बदलना भी तो सम्भव नहीं है। तो, चेतन मन के होते हुए हमारे अवचेतन में अपना मनचाहा सकारात्मक विचार कैसे पहुँचाया जाए?" रेयान का सवाल सर्वथा उचित था।

शिखर—"दो तरीकों से चेतन मन को समझाया जा सकता है—एक यह कि हम नई जानकारी के समर्थन में साक्ष्य इकट्ठे कर उसे सच की तरह साबित कर दें। दूसरा यह कि हम ऐसे तर्क ढूँढ़ें जो कहीं न कहीं नई जानकारी को हमारे अवचेतन में स्थित पूर्व विश्वासों से जोड़ दे।"

अहाना—"लेकिन सर, दोनों में से कोई भी आसान नहीं है।"

"हाँ, अहाना, पर एक अन्य तरीका भी है, जो आसान होने के साथ साथ ज़्यादा प्रभावशाली भी है। याद है, हमने अवचेतन को सक्रिय करने के लिए चेतन मन को शान्त करने की बात की थी? इसमें बस हम अपने चेतन मन को उतना शान्त कर लेते हैं जिससे चेतन मन की विश्लेषण की शक्ति काम न कर पाए, या कह सकते हैं कि चेतन मन बायपास हो जाए और अवचेतन हमारे विचारों को सीधे ग्रहण कर उन्हें सत्य के रूप में अंकित कर ले," शिखर ने आगे कहा, "और जैसाकि हम पहले भी बात कर चुके हैं कि जब हमारा चेतन मन सक्रिय होता है, तो अवचेतन शान्त हो, चेतन मन द्वारा प्रस्तुत डेटा को रिकॉर्ड करने में व्यस्त रहता है। जब हमारा चेतन मन शान्त और निष्क्रिय हो जाता है, जैसे नींद में और गहरे विश्राम में, तब हमारा अवचेतन कई महत्त्वपूर्ण कार्य करता है, जैसे—रिकॉर्डेड डेटा को अच्छे से व्यवस्थित करना। मतलब, हमारा अवचेतन नींद का उपयोग प्राप्त जानकारी को यादों और विश्वास के रूप में दर्ज करने में करता है। विश्वास, जिसे अवचेतन सत्य मानता है, उसके अनुसार वाइब्रेशंस कायनात में भेजता है। सर्वोच्च चेतन ऊर्जा से जुड़ पूरी मन:शक्ति को सशक्त करता है।"

जैस्मीन—"इसीलिए शायद नींद में जो सपने हम देखते हैं, वह कई बार दिन

की घटनाओं के साथ सम्बन्धित होते हैं। प्रसिद्ध नींद शोधकर्ता डॉ. जॉन बिगेलो के अनुसार—'हमारे सोने का मुख्य कारण यह है कि आत्मा का श्रेष्ठ हिस्सा अमूर्त रूप में हमारे उच्च स्वरूप से एकजुट हो ईश्वर की बुद्धिमत्ता और पूर्वदृष्टि में सहभागी बन जाता है'[35]।"

"क्या आपने कभी ईईजी[36] पढ़ा या देखा है?" मौली सामने आई, "यह मस्तिष्क की गतिविधि का एक विद्युत ग्राफ है। जब हम तेज़ गति से सोचते हैं, तो हमारा मस्तिष्क भी बहुत तेज़-तेज़ तेरह से तीस हट्र्ज़ पर कंपन करता है, जिसे बीटा तरंग कहते हैं। इस अवस्था में हमारा चेतन मन सक्रिय होता है। आराम की स्थिति में, आँखें बन्द करने पर, एक कुछ धीमी आठ से तेरह हट्र्ज की आवृत्ति के साथ अल्फा तरंग हावी होती है। इस स्थिति को मन की अल्फा अवस्था कहा जाता है।"

मौली ने आगे बताया, "थीटा तरंगें और ज़्यादा धीमी, चार से आठ हट्र्ज की होती हैं, जो बच्चों में आसानी से मिलती हैं और वयस्कों में उनींदेपन के दौरान मौज़ूद होती हैं। वे ध्यान के दौरान भी दिखती हैं। चार हट्र्ज से कम की डेल्टा तरंगें बहुत छोटे बच्चों में सामान्य रूप से, और बड़ों में गहरी नींद और गहन ध्यान के दौरान मौज़ूद होती हैं। ईईजी साबित करता है कि अलग-अलग स्थिति में हमारा दिमाग अलग-अलग तरह से कंपन करता है।"

"बहुत खूब मौली!" शिखर ने आगे कहा, "और मस्तिष्क के सही ढंग से काम करने के लिए सभी तरंगों में सन्तुलन आवश्यक है।"

"यही कारण हो सकता है दोस्तो, जब हमारी नींद रात में टूट जाती है या किसी वजह से नींद नहीं मिल पाती, तो हम बेहद थका हुआ और चिड़चिड़ा महसूस करते हैं," रेयान ने कहा।

शिखर—"मस्तिष्क की बीटा-तरंगों के साथ घंटों के सक्रिय काम के बाद, कम तीव्र मस्तिष्क तरंगों की आवश्यकता होती है। यह चार से आठ घंटे की नींद, गहरे विश्राम, अच्छे शान्त संगीत सुनने या लगभग पन्द्रह से तीस मिनट के ध्यान द्वारा प्राप्त किया जा सकता है। थीटा और डेल्टा स्थिति में हमारा चेतन मन लगभग निष्क्रिय रहता है, और हमारा अवचेतन प्रभारी होता है। इस अवधि में, अवचेतन अपने संगृहीत विश्वास और भावनाओं पर काम करता है...।"

"अवचेतन में डेटा की गुणवत्ता के अनुसार भाग्य को आकार देने में," कुन्दन ने पूरा किया।

"हाँ," जैस्मीन ने कहा, "यदि अवचेतन में संगृहीत डेटा नकारात्मक है, जैसे

चिन्ता और भय, तो दिमाग की थीटा और डेल्टा अवस्थाएँ इसका उपयोग उन स्थितियों को बनाने में करेंगी जो चिन्ता और भय का कारण बनती हैं।"

"इसी तरह, अगर अवचेतन में संगृहीत मान्यताएँ और भावनाएँ प्यार, तृप्ति और सन्तुष्टि की हैं, तो यह उसी के अनुसार स्थितियाँ पैदा करेगा," कुन्दन ने याद किया।

"इसलिए, हमारे अवचेतन में खुशी, तृप्ति और सन्तुष्टि से भरपूर विश्वास और भावनाएँ होनी चाहिए," अहाना ने दोहराया।

रेयान—"यह, फिर से, हमें याद दिलाता है कि हमारे अवचेतन में जा रहे डेटा की जाँच करना और उनका ध्यान रखना आवश्यक है।"

"जब हमारे माता-पिता या शिक्षकों ने हमें ईमानदारी, प्यार और सच्चाई के बारे में सिखाया, तो हमने सोचा कि वर्तमान परिदृश्य में ये नैतिक शिक्षाएँ बेकार हैं," कुन्दन ने सोचते हुए कहा।

"यह हमारी गलती नहीं थी कुन्दन। असल में, हम हमारे मन और कायनात के काम से अवगत नहीं थे," शिखर ने शान्त स्वर में जवाब दिया।

"तो, अब क्या हम अपने अवचेतन मन को री-प्रोग्राम करने के लिए तैयार हैं? यह इतना मुश्किल भी नहीं है, मेरा विश्वास करो!" जैस्मीन ने बहुत ही करुणामय स्वर में सभी का उत्साहवर्धन किया।

"हम सब सर्वशक्तिमान ईश्वर की रचना हैं, उनकी सन्तान हैं। 'मास्टर सर्वशक्तिमान' हैं। हमारे लिए सब कुछ सम्भव है, अगर हम इसे करना चाहते हैं तो," शिखर ने तेजोमय मुस्कान के साथ कहा।

"बॉब प्रॉक्टर फिल्म 'सीक्रेट' में कहते हैं—'यदि आप इसे अपने मन में देख सकते हैं, तो आप इसे अपने हाथ में पकड़ सकते हैं'[37]।" ध्रुव ने बताया।

शिखर—"चलो, तैयार हो जाओ दोस्तो, अपनी सोच और कार्यों में सकारात्मक बदलाव देखने के लिए। तैयार हो जाओ देखने के लिए एक अद्‌भुत बदलाव खुद में, अपने परिवेश में और अपने संसार में।"

जैसे ही कुन्दन और इरफ़ान अपने मरीज़ों की हिस्ट्री लेने के लिए टीबी वार्ड में दाखिल हुए, उन्होंने देखा कि एक मरीज बहुत ज़्यादा बीमार था। वह ठीक तरह साँस भी नहीं ले पा रहा था। वह बेड नम्बर अठारह, फेफड़ों की टी.बी. का मरीज था, जो कुन्दन को आवंटित था।

वे दोनों जूनियर डॉक्टरों के साथ उस मरीज़ को बचाने की जद्दोजहद में लग गए और आखिरकार मरीज को कुछ राहत मिली।

हॉस्टल जाते समय उन्हें एहसास हुआ कि जल्दबाज़ी में दोनों ट्यूबरकुलोसिस से अपनी सुरक्षा के लिए ज़रूरी मास्क तक पहनना भूल गए थे।

इरफ़ान—"कुन्दन, क्या समय के साथ इतना बदला जा सकता है कि एक दिन पैसा डॉक्टर के लिए रोगी के जीवन से ज़्यादा महत्त्वपूर्ण हो जाता है?"

"उम्मीद करता हूँ कि हम इस तरह नहीं बदलेंगे," कुन्दन की आवाज़ फरवरी की शाम की मीठी ठंडक में गूँज रही थी।

# मन की अल्फा अवस्था

"सर, हम अवचेतन की री-प्रोग्रामिंग पर बात कर रहे थे। कैसे करेंगे हम इसे?" अहाना ने शुरुआत की।

शिखर—"हमारे अवचेतन की री-प्रोग्रामिंग तब आसान है जब हमारा चेतन मन शान्त और स्थिर हो, पर यह पूरी तरह से निष्क्रिय नहीं हो। जैसाकि मौली ने बताया कि यह मन की अल्फा अवस्था है। अल्फा अवस्था हमारे चेतन मन और अवचेतन मन को जोड़ने वाला चैनल या प्रवेश-द्वार है। यह बहुत महत्त्वपूर्ण है, क्योंकि चेतन मन पूरी तरह से निष्क्रिय नहीं होता है, यह बस शान्त होने लगता है और अवचेतन सक्रिय होने लगता है। हम इस अवस्था का उपयोग अपने अवचेतन की री-प्रोग्रामिंग के लिए कर सकते हैं। इस अल्फा अवस्था में, हम चेतन मन को पूर्व प्रशिक्षित कर, इसके शान्त होने के बावज़ूद कुछ भी सोच सकते हैं। जो कुछ भी हम चाहते हैं, महसूस कर सकते हैं। उदाहरण के लिए, एक वांछित नौकरी व पसन्दीदा कार की कल्पना कर सकते हैं, या हम गहरी शान्ति और ख़ुशी की स्थिति का अनुभव भी कर सकते हैं।

"ये चाहे हुए सभी विचार और भावनाएँ व्यर्थ विचारों की अनुपस्थिति में सीधे अवचेतन में संगृहीत हो जाएँगे—भले ही हमारी पूर्व मान्यताएँ उनका खंडन करती हों, क्योंकि चेतन मन इनका विश्लेषण करने के लिए पर्याप्त सक्रिय नहीं है।

"फिर, जब हम नींद या गहन ध्यान के दौरान, थीटा और डेल्टा मन की स्थितियों में जाते हैं, तो हमारा अवचेतन री-प्रोग्राम किये हुए डेटा पर काम करना शुरू कर देता है, और समय के साथ हम अद्‌भुत परिवर्तन देख पाते हैं," शिखर ने बताया।

कुन्दन ने यह सब एक ब्लॉटिंग पेपर की तरह सोख लिया और अधिक जानने

के उद्देश्य से पूछा, "यह अल्फा स्थिति प्राप्त कैसे की जा सकती है?"

शिखर—"सोने से तुरन्त पहले और जागने के ठीक बाद हमारा मन अल्फा स्थिति में स्वत: ही होता है। अभ्यास द्वारा इस स्थिति में हम ध्यान या मेडिटेशन के दौरान जा सकते हैं। सम्मोहन या हिप्नोसिस के दौरान भी मन अल्फा स्थिति में होता है। अल्फा स्थिति के दौरान हम कुछ तरीकों—जैसे दृढ़ कथनों यानी अफर्मेशंस, दृश्य पटल यानी विज़न बोर्ड और काल्पनिक मानसिक दृश्यों यानी क्रिएटिव विज़ुअलाइज़ेशन की मदद से अपने अवचेतन को री-प्रोग्राम करते हैं।"

"सर, कृपया विस्तार से बताएँ!" मौली जल्द से जल्द सब जान लेना चाहती थी।

शिखर—"दृढ़ कथन सावधानीपूर्वक पूर्वनिर्मित कथनों को दोहराने की एक प्रक्रिया है। यह दृढ़तापूर्वक वह कहना है जो भले ही इस समय हमारे भौतिक संसार में नहीं है, पर हमें वह वास्तविकता में चाहिए। इसे हम इस तरह कहते हैं कि यह पहले से मौज़ूद है या सच है, अर्थात् ये वर्तमान काल में होने चाहिए। ये कथन सकारात्मक और समझने में सरल भी होने चाहिए। यह उस व्यक्ति के लिए विशिष्ट और व्यक्तिगत होने चाहिए जो इसका उपयोग करने जा रहा है। उदाहरण के लिए, 'मैं अद्वितीय और खूबसूरत हूँ', 'प्रेम, खुशी और शान्ति मेरी ओर स्वत: आकर्षित होती है', 'सभी अच्छी चीज़ें सही समय पर मेरे पास आसानी से आ जाने के लिए ईश्वर, तेरा शुक्रिया', 'स्वास्थ्य, धन और सुख मेरी ओर स्वतंत्र रूप से प्रवाहित हो रहे हैं'।"

ध्रुव—"यह वास्तव में शक्तिशाली हो सकता है। मैंने एक वेब सीरीज़ देखी थी जिसमें एक आतंकवादी समूह इसी तरह के तरीकों का इस्तेमाल कर युवाओं का ब्रेन वॉश करता था। वे उन युवा लड़कों का उपयोग निर्दोष लोगों को मारने के लिए करते थे। उनके मन को इस हद तक नियंत्रित किया जाता था कि वे युवा आत्मघाती हमलावर के रूप में अपने जीवन तक का बलिदान करने के लिए तैयार हो जाते थे। वे हर हमले से पहले कुछ रटी हुई सी पंक्तियाँ दोहराते रहते थे, 'समय आ गया है शहीद होने का, शहीद कभी मरा नहीं करते'।"

जैस्मीन—"सच है। लोग किसी भी शक्तिशाली तकनीक का दुरुपयोग कर सकते हैं।"

"विज़न बोर्ड[38] हमारे लक्ष्य की तसवीरों और छवियों का एक कोलाज है। हम इसे रात-दिन देखकर, महसूस कर अपने अवचेतन को री-प्रोग्राम कर सकते हैं,"

शिखर ने प्रोजेक्टर पर विज़न बोर्ड के उदाहरण दिखाए।

"क्रिएटिव विज़ुअलाइज़ेशन में हम अपनी कल्पनाशक्ति द्वारा एक के बाद एक जुड़े हुए मानसिक चित्रों की एक शृंखला रचते हैं। इसमें हम अपने लक्ष्य या किसी घटना की हर छोटी से छोटी बात की कल्पना कर उस रचित मानसिक दृश्य को अपनी सभी इन्द्रियों से बार-बार महसूस करते हैं। कल्पना इतनी वास्तविक होनी चाहिए, जैसे कि हमारी आँखों के सामने वह घट रहा हो!" जैस्मीन ने समझाया।

"हमारा अवचेतन एक वास्तविक घटना और हमारे द्वारा रचित मानसिक दृश्य के बीच अन्तर नहीं करेगा। वह इस विज़ुअलाइज़ेशन और उससे जुड़ी भावनाओं को सत्य के जैसे संगृहीत कर उसे वास्तविक भौतिक घटना में बदलने के लिए उस पर काम करना शुरू कर देगा," मौली ने पूरा किया।

"विज़न बोर्ड एक मूवी के स्थिर पोस्टर की तरह है और क्रिएटिव विज़ुअलाइज़ेशन पूरी की पूरी थ्री डी मूवी," रेयान ने खिलखिलाते हुए कहा।

जैस्मीन—"हमने अपने अवचेतन के अवरोधों के बारे में बात की थी। क्या हम अनुभव करें कि इस तकनीक का उपयोग काफ़ी सरल और मज़ेदार तरीके से, हमारे अवचेतन में स्थापित अवरोधों को साफ करने के लिए कैसे किया जा सकता है?"

"ज़रूर जैस्मीन," कुन्दन, अहाना, ध्रुव, मौली, रेयान—सभी के स्वर मिश्रित थे।

जैस्मीन ने अपनी जादुई आवाज़ में शुरुआत की, "सबसे पहले, किसी भी अवरोध, जैसे चिन्ता या क्रोध, जैसी नकारात्मक भावना का चयन करें। हम कोई बुरी आदत या एक समस्या भी चुन सकते हैं। उदाहरण के लिए, हमारे शरीर का फालतू वज़न या ऐसी कोई भी चीज़ जिससे आप छुटकारा पाना चाहते हैं। हम अगर चाहें तो अपनी आँखें बन्द कर सकते हैं। तो अब मेरे शब्दों के अनुसार कल्पना करने और महसूस करने का प्रयास करते हैं।

"मैं एक खूबसूरत रंगबिरंगे हॉट एअर बैलून के सामने हूँ। यह आश्चर्यजनक रूप से विशालकाय है—लगभग दो मंज़िला इमारत की ऊँचाई से भी अधिक। इसके रंग इंद्रधनुष के समान अद्भुत हैं। मैं गर्म हवा की सेंक महसूस कर सकती/सकता हूँ। अब मैं तैयार हूँ अपने अन्दर की नकारात्मकता (चिन्ता, क्रोध, बुरी आदत, कोई समस्या या बॉडी फैट) को बाहर लाने के लिए। मैं इसे बैलून के बास्केट में डाल रही/रहा हूँ। मुझे हल्का महसूस हो रहा है। मैं नकारात्मकता के उस बोझ से मुक्त हूँ। मैं शान्त मन से इसे अपने से दूर जाने का आदेश दे रही/रहा हूँ... अलविदा! हॉट एयर बैलून ऊपर जा रहा है, और ऊपर... आसमान में बहुत ऊँचा। ईश्वर वहाँ

मेरी नकारात्मकताओं को गले लगाने के लिए हैं। ईश्वर का स्पर्श मेरी नकारात्मकता को चमकते तारों सी सकारात्मकता में बदल रहा है। तारे मुझ पर बरस रहे हैं। हर तारे का स्पर्श मुझे शान्ति और आनन्द से भर रहा है।"

"यह शिवलिंग पर धतूरा नामक पौधे के ज़हरीले फल समर्पित करने की रस्म का अनुकरण करने जैसा है," अहाना ने याद किया।

इस पर कुन्दन ने कहा, "लेकिन हम भूल गए कि यह रस्म हमें अपने अन्दर के ज़हर को सर्वशक्तिमान को सौंपने के लिए बनाई गई है, न कि मात्र किसी पौधे के फल-फूल तोड़कर चढ़ाने को।"

"बिलकुल," शिखर ने सराहना की, "लेकिन क्रिएटिव विज़ुअलाइज़ेशन के प्रभावी होने के लिए, हमें प्रत्येक विवरण की विस्तृत कल्पना करने का प्रयास करना चाहिए। और सबसे महत्त्वपूर्ण, उपरोक्त सभी अभ्यास कृतज्ञता और फील गुड फैक्टर के साथ नियमित रूप से किये जाने चाहिए। इस तरह कि उसमें हमें बेहद मज़ा आ रहा हो!"

"ताकि हमारा अवचेतन इसे एक वास्तविक घटना के रूप में ले। मैंने कहीं सुना है कि सचिन तेंदुलकर भी अपने क्रिकेट मैचों से पहले क्रिएटिव विज़ुअलाइज़ेशन का इस्तेमाल करते थे," ध्रुव ने जोड़ा।

"इन सभी विधियों का उपयोग अल्फा स्थिति के दौरान किया जा सकता है, जैसे सोने से ठीक पहले या जागने के तुरन्त बाद और विशेष रूप से मेडिटेशन या ध्यान के दौरान, जिसमें हम जब तक चाहें, अल्फा अवस्था में रह सकते हैं। सम्मोहन को छोड़ देते हैं, यह हमारे नियंत्रण से बाहर है, क्योंकि यह दूसरों पर निर्भर है," शिखर ने पूरा किया।

शाम की वार्ड पोस्टिंग के लिए कुन्दन टीबी विंग में दाखिल हुआ। वह अपने मरीज़ की केस हिस्ट्री को पूरा करने के लिए बेड नम्बर अठारह पर पहुँचा।

लेकिन बिस्तर खाली था। कुन्दन ने चारों ओर देखा कि शायद मरीज़ को किसी और बिस्तर पर शिफ्ट कर दिया गया हो। वह जानता था कि मरीज़ डिस्चार्ज होने की स्थिति में तो था नहीं।

पर कल कुन्दन और इरफ़ान के वार्ड से निकलने के करीब दो घंटे बाद मरीज की मौत हो गई थी। यह पहली बार था कि एक मरीज़, जिससे कुन्दन ने बात की

थी, उसकी मृत्यु हुई थी। कुन्दन किसी से बात करने के मूड में नहीं था, यहाँ तक कि अपनी डायरी से भी नहीं। लेकिन आदतन उसने लिखना शुरू कर दिया—

'हमारे विचार और भावनाएँ चेतन मन, जोकि सुरक्षा गार्ड की तरह काम करता है, द्वारा फिल्टर हो हमारा भाग्य बनाते हैं। चेतन मन के फिल्टरिंग प्रभाव को बायपास करने की कुंजी है—'अल्फा स्थिति'। मन की अल्फा स्थिति के दौरान—जैसाकि ध्यान में, सोने जाते और नींद से जगते समय—हम अपने अवचेतन को अफर्मेशंस, विज़न बोर्ड व विज़ुअलाइज़ेशन की सहायता से री-प्रोग्राम करते हैं।'

इन पंक्तियों को पा डायरी कुन्दन द्वारा अपनी बातों को सारांशित करने की उसकी बढ़ती क्षमता के लिए मन ही मन प्रसन्न हो उठी।

## हमारे मन और शरीर पर ध्यान का प्रभाव

"सर, अब तक विभिन्न अवधारणाओं और सिद्धान्तों के पक्ष में मिले वैज्ञानिक आधारों ने हमें उन्हें अपने अवचेतन में स्थापित करने में मदद दी है। क्या हमारे मन और शरीर पर मेडिटेशन या ध्यान के प्रभाव को भी साबित करने के लिए प्रमाण हैं?" ध्रुव ने थोड़ी झिझक के साथ पूछा।

"ज़रूर ध्रुव, जैस्मीन के पास जवाब है," शिखर हमेशा की तरह मुस्कराए।

"मेडिटेशन का हमारे मन और शरीर पर पड़ रहे प्रभावों को देखने के लिए कई अध्ययन किये गए हैं, और यह पाया गया है कि मेडिटेशन का अभ्यास हमारे शरीर में अच्छे रसायनों या हॉर्मोंस को बढ़ाता है और हानिकारक को कम करता है, जैसाकि हमने पहले बात की थी। ध्रुव, क्या तुम्हें उदाहरण याद हैं?" जैस्मीन ने पूछा।

ध्रुव—"कडल हॉर्मोन या ऑक्सीटोसिन?"

जैस्मीन—"यह मेडिटेशन के माध्यम से बढ़ता है।"

अहाना—"कॉर्टिसोल और एड्रीनलीन, स्ट्रेस हॉर्मोन?"

"मेडिटेशन इसे कम करता है," जैस्मीन ने आगे कहा, "उसी तरह, अन्य लाभकारी तत्त्व भी हैं जो मेडिटेशन के कारण बढ़ते हैं। एक डी-हाइड्रो-एपीएंड्रोस्टीरोन है, जिसे एंटी एजिंग हॉर्मोन भी कहा जाता है। यह दिल के लिए अच्छा है और इसमें कैंसर-रोधी गुण भी हैं। दूसरा सिरोटोनिन है, जिसे हमारे मूड पर पड़ने वाले सकारात्मक प्रभाव के कारण हैप्पीनेस या खुशी का हॉर्मोन कहा जाता है। ध्यान डोपामीन के स्वस्थ स्तर को भी बनाए रखता है। डोपामीन को फील गुड हॉर्मोन भी कहते हैं। यह मन को केन्द्रित करने की क्षमता के लिए भी ज़िम्मेदार होता है।"

"यह मेडिटेशन तो गज़ब है!" कुन्दन ने कहा।

"इतना ही नहीं, पिक्चर अभी बाकी है मेरे दोस्त! क्या और आगे जानना चाहते

हैं हम?" जैस्मीन ने अपने सामान्य स्नेहमय सुर में पूछा।

सबकी मुस्कराहट भरी 'हाँ' सुन जैस्मीन आगे बढ़ी, "क्या हममें से किसी ने कभी पीनियल ग्लैंड के बारे में सुना है?"

ध्रुव—"मैंने शायद इसके बारे में सुना है, किन्तु मुझे पक्का नहीं है।"

जैस्मीन—"कोई बात नहीं, मैं बताती हूँ। यह हमारी भौंहों के जंक्शन के पीछे कहीं हमारे मस्तिष्क के केन्द्र में एक छोटी सी ग्लैंड है।"

"आज्ञा चक्र का स्थान! पिछले साल ही जब मुझे चक्रों के बारे में पता चला, तो मैंने देखा कि अधिकांश चक्रों का स्थान हमारे शरीर की विभिन्न एंडोक्राइन ग्लैंड्स से मेल खाता है," मौली ने कहा।

शिखर ने मुस्कराकर अपनी सहमति दी।

अहाना—"यह हिन्दू पौराणिक कथाओं में शंकर जी की तीसरी आँख का स्थान है।"

जैस्मीन—"यह हमारे चेहरे पर दिखाई देने वाली भौतिक आँख नहीं है, बल्कि इसे आँख इसलिए कहते हैं क्योंकि इसके माध्यम से हम पराभौतिक घटनाओं को देख सकते हैं। हम इसे रडार मान सकते हैं। फ्रांसीसी दार्शनिक रेने डेसकार्टेस के अनुसार, "यह वह केन्द्र है जहाँ आत्मा और शरीर परस्पर क्रिया करते हैं। यह हमारे दिमाग की वह जगह है जहाँ से हमारे दिमाग का सबसे गहरा हिस्सा काम करता है।"

कुन्दन—"अगर यह एक ग्लैंड है, तो क्या यह कुछ स्रावित भी करती है?"

जैस्मीन—"यह मेलैटोनिन स्रावित करती है, जो नींद के लिए ज़िम्मेदार है। क्या किसी ने एंटी ऑक्सीडेंट गोलियों के बारे में सुना है?"

रेयान—"हाँ, एक बार मेरे डॉक्टर ने मुझे लिखी थी। उन्होंने मुझे बताया था कि एंटी ऑक्सिडेंट हृदय, त्वचा और इम्यूनिटी के लिए फायदेमन्द हैं। ये उम्र बढ़ने और कैंसर के प्रभावों को भी रोकती हैं।"

जैस्मीन—"मेलैटोनिन एक शक्तिशाली एंटी ऑक्सीडेंट और इम्यूनिटी बूस्टर के रूप में कार्य करता है। नींद को प्रेरित करके हमारे शरीर और मन को स्वस्थ करता है।"

जैस्मीन—"इसलिए, पीनियल ग्लैंड को कुछ शोधकर्ताओं द्वारा 'मास्टर ग्लैंड' भी कहा जाता है।"

अहाना—"यदि हमारे शरीर में एंटी ऑक्सीडेंट बनते हैं, तो हमें उन्हें दवाओं के रूप में लेने की आवश्यकता ही क्या है?"

जैस्मीन—"पीनियल ग्लैंड किशोरावस्था के बाद सख्त और एट्रोफिक हो धीरे-धीरे काम करना बन्द करने लगती है।"

रेयान—"क्यों?"

जैस्मीन—"इसके एट्रोफिक होने के कुछ ज्ञात कारण हैं, जैसे—प्रोसेस्ड और जंक फूड खाना, पानी या टूथपेस्ट में फ्लोराइड का इस्तेमाल और तेज़ रोशनी।"

ध्रुव—"तो, हमें इनसे बचना चाहिए?"

जैस्मीन—"अगर हम स्वस्थ और जवां रहना चाहते हैं।"

"और यदि किसी की पिनियल ग्लैंड अब तक एट्रोफिक हो चुकी हो तो?" रेयान का सन्देह जायज़ था।

शिखर—"तो, सबसे अच्छी बात यह है कि हम योग, प्राणायाम और मेडिटेशन के माध्यम से एट्रोफीड पिनियल ग्लैंड को फिर से कुछ हद तक जीवन्त कर सकते हैं।"

जैस्मीन—"ये तकनीकें पीनियल ग्लैंड की ओर ऑक्सीजन-युक्त रक्त के प्रवाह में वृद्धि करती हैं।"

"तो हम इसका अभ्यास क्यों नहीं करते?" ध्रुव काफ़ी हैरान और उतना ही दुखी लग रहा था।

मौली—"क्योंकि हम पूरा सच नहीं जानते हैं और अगर हमें थोड़ा पता भी है तो हमें लगता है कि यह योग इत्यादि हमारी पहुँच से बाहर है।"

रेयान—"हाँ, कुछ लोग सोचते हैं कि योग और ध्यान आम लोग, जिनका पारिवारिक जीवन है, उनके लिए नहीं है।"

ध्रुव—"मुझे लगता है कि यह बात लगभग बीस या तीस वर्षों पहले ज़रूर सही मानी जाती थी, लेकिन अब लोग योग के बारे में जागरूक हो गए हैं। हम सबने पार्कों में कई लोगों को सुबह योग व प्राणायाम करते हुए देखा होगा। यद्यपि मेडिटेशन अभी भी अछूता पहलू है।"

जैस्मीन—"योग और मेडिटेशन सहज तरीके से हमारे जीवन को बेहतर बनाते हैं। लेकिन उसे अनुभव करने के लिए हमें इसे करना पड़ेगा। कोई दवा तभी काम करेगी जब हम इसे कुछ समय के लिए नियमित रूप से लेंगे। अगर हमें राहत नहीं मिलती है, तो हम आसानी से इसे लेना बन्द कर सकते हैं। लेकिन प्रभावों का अनुभव करने के लिए हमें पहले इसे लेना ही होगा। और, मैं आपको गारंटी दे सकती हूँ कि इसके कोई दुष्प्रभाव नहीं हैं, यदि हम इसे योग्य प्रशिक्षक के गाइडेंस में करें।"

शिखर ने पूरी सहमति के साथ जोड़ा, "योग और ध्यान जीवन के हर पहलू में हमारे सम्बन्धों की बेहतरी के लिए हैं—चाहे वह रिश्ता स्वयं के साथ हो, परिवार के सदस्यों के साथ, हमारे सहयोगियों के साथ हो या पूरी दुनिया के साथ।"

"पर सर, मेरे बिलकुल शुरुआती ध्यान अभ्यास का अनुभव कुछ अलग था। मुझे लगने लगा था कि मेरा जीवन दुखों से भरा है और मेरे सोचने का ढंग बहुत खराब है। यह मेरे लिए हैरान कर देने वाला था कि यह विरोधाभासी स्थिति क्यों हो रही है। मैं ध्यान का अभ्यास कर रही थी और मेरा जीवन मुझे खराब दिख रहा था। यह मुझे परेशान करने लगा था। पर समय के साथ मुझे एहसास हुआ कि मैंने खुद को इतनी गहराई से पहले कभी नहीं देखा था। अब मुझे अपने अन्दर जमा गन्दगी के बारे में पता चल रहा था। शायद पहली बार मैं आत्मनिरीक्षण कर रही थी। इससे पहले मैंने अपने 'गिरेबान' में कभी झाँका ही नहीं था," जैस्मीन ने उस समय को याद किया जब उसने तुरन्त-तुरन्त ध्यान का अभ्यास शुरू किया था।

शिखर—"सच है जैस्मीन! जिस गन्दगी को साफ करना हो, उसका नज़र आना ज़रूरी है। किसी समस्या के समाधान के लिए उस समस्या की पहचान उसके समाधान की दिशा में पहला कदम है। पहचान के बिना कोई सुधार नहीं हो सकता।"

"हाँ, सर, जैस्मीन का अनुभव मुझे हिन्दू पौराणिक कथाओं के लिखे समुद्र-मंथन की याद दिला रहा है। मैंने सुना है कि मंथन के दौरान अमृत निकलने से पहले घातक ज़हर निकला था," अहाना ने साझा किया।

"हाँ, मेडिटेशन वास्तव में मेरे जीवन में समुद्र-मंथन की तरह रहा। इसने सबसे पहले मुझमें उपस्थित खराबियों का खुलासा किया और मुझे स्वयं में मौज़ूद अमृत को खोजने के लिए तैयार किया। मेडिटेशन के लाभों का अनुभव करने से पहले, मैंने अपने जीवन को दुखों से भरपूर पाया," जैस्मीन ने उत्साहपूर्वक कहा।

कुन्दन और उसके दोस्त आज मूड बदलने के लिए जूनियर छात्रावास में थे, जहाँ वे प्रथम वर्ष के छात्रों की रैगिंग में व्यस्त थे। कुन्दन ने उन्हें कुछ रचनात्मक करने के लिए कहा। उसका विचार इरफ़ान और अर्णव द्वारा अनुमोदित था।

तीन छात्रों ने गीत गाए।

एक ने शाहरुख खान की 'क... क... क-क-किरन' की नकल की।

अर्णव पाँचवें छात्र पर चिल्लाया।

"सर, क्या मैं एक कविता सुना सकता हूँ? मैंने इसे पिछले हफ्ते डिसेक्शन हॉल, डीएच में लिखा था, जब मैं एक महिला के शव का डिसेक्शन कर रहा था," उसने झिझकते हुए पूछा।

यश—"अबे, हॉस्टल में भी तू डीएच ले आया? इडियट, डीएच से बाहर आ!"

इरफ़ान—"यश, जो लिखा है, उसे पढ़ने दे न।"

"ठीक है, शुरू करो अपनी मूर्खता," यश ने उससे सख्ती से कहा।

'बर्थ पर लेटी हुई
वह
हाथों में लाल चूड़ियाँ
जो खनकती थीं एक दिन,
नाखूनों पर नेल पेंट
जो चमकते थे किसी दिन,
लेकिन आज खामोश, स्थिर
बर्थ पर लेटी हुई
वह
मेरे अध्ययन की मात्र एक सामग्री'

सभी ने पंक्तियों की गहराई की सराहना की।

# ध्यान

"सर, मैं अभी भी ध्यान या मेडिटेशन शब्द को महसूस नहीं कर पा रहा हूँ। यह सब मुझे सतही लग रहा है," ध्रुव ने एक बच्चे की मासूमियत और उत्सुकता के साथ पूछा।

शिखर—"मेडिटेशन हमारे अवचेतन तक पहुँचने की एक कोशिश है। हमारे अवचेतन को अवरोधों से साफ करने और उसे सकारात्मकता से भरने की एक विधि है। मेडिटेशन में हम अपने शरीर और चेतन मन को शान्त करते हैं। हमारा अवचेतन सक्रिय होने लगता है और 'मैं' आत्मा, सक्रिय अवचेतन के माध्यम द्वारा ईश्वरीय चेतना से जुड़ना शुरू कर देती हूँ। अफर्मेशंस हो या रचनात्मक विज़ुअलाइज़ेशन, मेडिटेशन के दौरान उपयोग किये जाने पर इनके प्रभाव कई गुना तक बढ़ाए जा सकते हैं।

"मेडिटेशन या ध्यान, अल्फा और थीटा स्टेट के दौरान, चेतन मन और अवचेतन के बीच का चैनल खोलता है। इस समय अवचेतन की सोच समझकर की गई री-प्रोग्रामिंग, रुकावटों को दूर कर, अवचेतन और ईश्वरीय चेतना के बीच कनेक्शन स्थापित करता है। परिणामस्वरूप ईश्वरीय चेतना से ऊर्जा का प्रवाह अवचेतन की ओर होने लगता है। इससे धीरे-धीरे हमारी इंट्यूशन की शक्ति निखरने लगती है। इंट्यूशन के मार्गदर्शन में कर्म और बेहतर होते जाते हैं। और इस तरह अवचेतन और भी शुद्ध होता जाता है।

"आखिरकार, निरन्तर अभ्यास से, एक ऐसी अवस्था आती है जब हमारा अवचेतन रुकावटों से लगभग मुक्त हो जाता है। तब अवचेतन ईश्वरीय चेतना के साथ पूरी तरह जुड़ जाता है और व्यक्ति ईश्वर के साथ एकाकार, जोकि मानव जीवन का अन्तिम लक्ष्य है।"

कुन्दन—"सर, योग और ध्यान में क्या अन्तर है?"

शिखर मुस्कराए, "योग शब्द का अर्थ है—'जुड़ना', 'मिलन' या 'एकजुट होना'। हम शारीरिक योग द्वारा अपने शरीर और साँसों को स्वयं से जोड़ते हैं, जबकि ध्यान स्वयं को चेतन व अवचेतन मन की मदद से उच्च चेतना, विशेषकर, ईश्वरीय चेतना से जोड़ना है। हम कह सकते हैं कि योग के दो पहलू हैं—भौतिक योग सिक्के का एक चेहरा है और दूसरा है पराभौतिक ध्यान। भौतिक योग शरीर में मौजूद ऊर्जा चक्रों को सक्रिय करता है और शरीर की शुद्धि में मदद करता है। यह शरीर और मन को अगले चरण, यानी ध्यान के लिए तैयार करता है। सरल शब्दों में, भौतिक योग हमारे लिए ध्यान को आसान बनाता है।"

जैस्मीन—"भारत वह देश है जहाँ योग—चाहे शारीरिक योग हो या ध्यान—की उत्पत्ति हुई है। इसे साधु-संतों की भूमि कहा जाता है। वे असंख्य हैं। कुछ को हम जानते हैं लेकिन कइयों को हम नहीं जानते। वे मौन में बन्द या आधी बन्द आँखों के साथ बैठे देखे जा सकते हैं। हम उन्हें उनके प्रेम, बलिदान और क्षमा के महान मूल्यों के लिए याद कर सकते हैं। लेकिन सबसे महत्त्वपूर्ण बात यह है कि वे लगभग निरन्तर ध्यान की अवस्था में, अपने वास्तविक स्व के करीब, यानी शुद्ध चेतना में बने रहते थे और परिणामस्वरूप ये महान मूल्य स्वत: ही उनमें प्रकट हो जाते थे।"

शिखर—"योग प्राचीन भारतीयों की जीवन-शैली में ही मौजूद था। गुरुकुल संस्कृति सभी छात्रों को सत्य का ज्ञान दिया करती थी, जो योग-युक्त जीवन-शैली के साथ बड़े होते थे। शारीरिक योग के पुनरुद्धार के लिए पतंजलि और बी.के. एस. अयंगर जैसे शिक्षकों का योगदान महत्त्वपूर्ण है। लेकिन यहाँ हम योग के दूसरे पहलू, ध्यान के बारे में बात कर रहे हैं, जिसे बुद्ध जैसे शिक्षकों ने संसार भर में फैलाने में मदद की।"

"तो ध्यान, भौतिक शरीर और चेतन मन के मौन के बाद, अवचेतन मन के माध्यम से, स्व और सर्वोच्च चेतना के बीच सम्बन्ध बनाने की प्रक्रिया है। यह भौतिक संसार और शरीर को भूल, मेरा और सर्वोच्च शक्ति का मिलन है," गहरा और शान्त स्वर था कुन्दन का।

रेयान—"सुनने में यह कितना मोहक है, लेकिन इसे करना कैसे है?"

जैस्मीन ने आगे कहा, "वास्तव में हममें से हर कोई अक्सर अनजाने में आधी प्रक्रिया से गुज़रता है। उदाहरण के लिए, जब भी हम किसी व्यक्ति, वस्तु, विचार या परिस्थिति के बारे में गहराई से इस कदर सोचने लगते हैं कि खुद में ही खो

से जाते हैं और अपने आसपास को भूल जाते हैं, तो हम अनजाने में अल्फा और थीटा अवस्था में चले जाते हैं। इस अवस्था के दौरान, हम जिस पर भी अपना ध्यान रखते हैं, वह हमारे अवचेतन में गहराई से दर्ज हो जाता है। इस अवस्था में, यदि हम कुछ बुरा सोचते हैं, अगर हम चिन्ता करते हैं, तो वह भी हमारे जीवन में सत्य के रूप में परिवर्तित हो जाता है।"

ध्रुव—"इसका मतलब है कि हम टेलीविज़न पर जो मार-धाड़ देखते हैं, उनका हम पर बहुत प्रभाव पड़ सकता है।"

जैस्मीन—"तब नहीं पड़ेगा यदि हम हर समय याद रखें कि हम एक टेलीविज़न शो देख रहे हैं और इससे भावनात्मक रूप से ज़रा भी न जुड़ें। पर होता इससे ठीक उल्टा है। बलात्कार, हत्या, हिंसा जो हम फिल्मों, धारावाहिकों, समाचार चैनलों में देखते हैं या अख़बारों में पढ़ते हैं, वह पानी में डूबते हुए कंकड़ की तरह हमारे भीतर चली जाती है। सबसे ज़्यादा प्रभावित बच्चे होते हैं, जो दुनिया का भविष्य हैं। और, हम आज पूरी दुनिया में इसके परिणाम देख सकते हैं।"

अहाना—"जैस्मीन, इसका मतलब है कि हमें अपने ध्यान के फोकस को जाँचना और संशोधित करना है। हमें अनजाने में क्षणिक, भौतिक वस्तुओं या कभी-कभी अवांछित चीज़ों की जगह शाश्वत सत्य पर ध्यान केन्द्रित करना है। तो हम बात कर रहे थे कि इसे करना कैसे है?"

"जैसे कि हमने बात की थी कि सबसे पहले हम शान्ति से एक जगह बैठ शरीर को ढीला, शिथिल छोड़ देते हैं। हम चाहें तो आँखें बन्द रख सकते हैं या खुली भी। फिर हम अपने चेतन मन में विचारों की उपस्थिति को कम कर उसे शान्त करते हैं। हम मौन होते हैं—हर स्तर पर, कार्यों, शब्दों और विचारों के भी स्तर पर। अर्थात् मौन भौतिक यानी शारीरिक और परा भौतिक यानी चेतन मन, दोनों स्तर पर होना चाहिए। यह मन की अल्फा अवस्था है जो अवचेतन से चेतन मन को जोड़ने वाला चैनल खोलती है। महान शिक्षकों द्वारा विभिन्न विधियों का प्रयोग कर अल्फा अवस्था शीघ्र प्राप्त करना सिखाया गया है," शिखर ने समझाया।

जैस्मीन ने आगे कहा, "कुछ शिक्षक भौंहों या माथे के बीच के बिन्दु पर ध्यान केन्द्रित करने का सुझाव देते हैं, जो हमारे सूक्ष्म शरीर के आज्ञा-चक्र से मेल खाता है। साँसों के आने-जाने को देखना, हाथ की मुद्राएँ पूर्ण मौन की स्थिति प्राप्त करने में सहायक होते हैं।"

"लेकिन सोचना बन्द करना कैसे सम्भव है?" ध्रुव असहमत था।

शिखर—"यदि हम मन में उठने वाले विचारों को बस देखना शुरू कर दें, उनका विरोध किये बिना या उनसे किसी भी भावना को जोड़े बिना, तो उनकी गति स्वतः ही धीमी हो जाती है। इसे करके देखना होगा। बस, थोड़ा अभ्यास चाहिए।"

"सर, भावनाओं को न जोड़ने से विचारों की गति कैसे धीमी हो सकती है?" रेयान ने पूछा।

रेयान—"ये भावनाएँ—जैसे चिन्ता, खुशी, दुख, ईर्ष्या इत्यादि—विचारों की तुलना में बहुत अधिक मज़बूत होती हैं। हमारे अवचेतन में भावनाओं का एक विशाल संग्रह है। जब हम किसी भी विचार के साथ भावनाओं को जोड़ते हैं, तो वे मज़बूत हो हमारे अवचेतन में पहले से एकत्रित भावनाओं और विचारों को तीव्रता से बाहर लाने में सक्षम हो जाते हैं। यह एक के बाद एक ढेरों विचारों और भावनाओं को उत्पन्न होने का एक लम्बा सिलसिला शुरू कर सकता है। इस प्रकार हमारे चेतन मन को व्यर्थ बातों से भर सकता है," शिखर ने समझाया।

"हमारे विचारों को हम जैसे मन की बहती नदी में एक-एक करके गिरते हुए पत्तों, हमारे मन की स्क्रीन पर एक फिल्म के दृश्य जैसे, या हमारे मन मंच पर प्रदर्शन करने वाले विभिन्न नाट्य कलाकारों की तरह समझ सकते हैं। हमें अपने विचारों को बिना किसी भी भावना का निवेश किये अलग होकर देखना है, बस। केवल साक्षी होना है, महसूस कुछ भी न हो। और, हम देखेंगे कि धीरे-धीरे हमारे विचार धीमे होने लगेंगे और अन्त में गायब हो जाएँगे। हमारा भावनात्मक लगाव विचारों के लिए भोजन की तरह है," जैस्मीन की आवाज़ में ध्यान की गहराई थी जिसने क्लास को शान्त वातावरण से भर दिया।

"मैंने सुना है कि कुछ शिक्षक विचारों को अच्छा विचार, बुरा विचार, व्यर्थ विचार या अन्य विचार के रूप में टैग करने का सुझाव देते हैं," मौली ने कहा।

"हाँ, मौली, हर उठते विचार पर ऐसा टैग लगाना हमारे दिमाग को जागरूक एवं व्यस्त कर देता है और उनके प्रति भावनाओं के जुड़ने को रोकता है," शिखर ने व्याख्या की।

जैस्मीन—"शुरू में इसमें समय लग सकता है। मास्टर बनने के लिए अभ्यास की आवश्यकता होती है। एक बार जब ध्यान की इस अवस्था को प्राप्त करना शुरू कर देते हैं तो यह आसान होने लगता है।"

अहाना अभिभूत थी और उसने इससे सम्बन्धित 'श्रीमद्भगवद्गीता' का एक उद्धरण साझा किया—"'जिस प्रकार वायुरहित स्थान में स्थित दीपक झिलमिलाता

नहीं है, उसी प्रकार एक योगी का अनुशासित मन परमेश्वर के ध्यान में स्थिर रहता है'[39]।"

"तो, हमें ध्यान में जाने के लिए शरीर और मन के सतही हिस्से—चेतन मन को मौन कर, अपने गहरे मन अवचेतन तक पहुँचना होगा," कुन्दन ने दोहराया।

"हम अल्फा स्थिति—जिसे सुपर लर्निंग स्टेट भी कहते हैं—तक पहुँच अभ्यास के साथ मन का मौन गहरा, और गहरा कर पाते हैं। समय के साथ यह विचारों से खाली होना शुरू हो जाता है—भले ही शुरुआत कुछ क्षणों के लिए हो। इसकी अनुभूति आनन्दमय है। यह है शुद्ध चेतना। कोई विचार नहीं, न ही कोई मन। केवल जागरूकता केवल आप... आत्मिक चेतना!" शिखर की गहरी चुंबकीय आवाज़ मनोरम थी, "इसके लिए हम मौन बैठ, अपने विचारों का बिना विरोध किये उन्हें देखते हैं। पहले विचार के जाने और दूसरे विचार के आने के बीच, विचार रहित पल के दौरान, शुद्ध चेतना को महसूस करते हैं। इस अवस्था में यथासम्भव लम्बे समय तक रहने की कोशिश करते हैं। इसके लिए विशिष्ट तरीकों से विचारों के उठने की दर को कम कर, शुद्ध चेतना वाले पलों की अवधि बढ़ाते हैं। अपने सच्चे स्व को महसूस करते हैं। इस अवस्था में हमारे मन के अवरोध स्वत: पिघलकर दूर होने लगते हैं। ज्ञान, जागरूकता, खुशी और आनन्द सहजता से हमारी तरफ बहने लगते हैं जो आगे पूर्ण विचारहीनता की स्थिति को प्राप्त करने में मदद करते हैं।"

शिखर ने आगे कहा, "शुरुआत में हमें लग सकता है कि इस अवस्था को कुछ सेकंड से ज़्यादा बनाए रखना थोड़ा मुश्किल है, पर धैर्य रखना दोस्तो, जल्द ही आप इसमें पारंगत हो जाएँगे।"

जैस्मीन—"शुरू में मैं एक समय में दो-तीन मिनट से अधिक ध्यान के लिए नहीं बैठ पाती थी। जैसे ही मुझे आनन्द का अनुभव होना शुरू होता, एक विचार मेरे मन में आया करता कि 'यह काफ़ी है; मुझे दूसरे काम के लिए उठना चाहिए।' लेकिन समय के साथ, मैंने पाया कि मन को रचनात्मक विचार देकर ध्यान की स्थिति को बनाए रखना आसान है। तो जैसे ही मेरा मन डगमगाने के कगार पर आता, मैं चेतन मन द्वारा कुछ पूर्व-निर्धारित रचनात्मक विचार दोहरा लेती। इस तरह, हम स्वयं अपने चेतन मन का उपयोग अपने अवचेतन को री-प्रोग्राम करने में कर पाते हैं। इसके लिए हम मौन बैठ, विचार रहित पल के दौरान शुद्ध चेतना को महसूस करते हैं। जैसे ही मन डगमगाने वाला हो, उसे एक रचनात्मक विचार

देते हैं या हम 'ओ३म्' का उच्चारण कर सकते हैं। भरपूरता, तृप्ति, प्रेम, सन्तुष्टि और आनन्द से सम्बन्धित रचनात्मक विचार, जिसका भारत में योग गुरुओं द्वारा अमल और अभ्यास किया गया। सांसारिक सुख—जैसे कार, घर या किसी भी वांछित वस्तु से सम्बन्धित विचार—यह योग और ध्यान के आधुनिक उस्तादों द्वारा अनुप्रयोग है। विचार को या 'म' अक्षर के बाद की शान्ति महसूस कर, बिना किसी विचार के, मौन की आनन्दमय स्थिति में रहते हैं।"

मौली—"स्वयं को शाश्वत चेतन ऊर्जा महसूस करना व शान्ति, प्रेम, पवित्रता, सुख और आनन्द युक्त विचार दोहराना—जैसे मैं अथाह शक्तिशाली, शुद्ध, शान्तिपूर्ण हूँ।"

"एक तरीका मुझे मेरे एक मित्र ने बताया था। मेरे लिए यह काफ़ी असरदार सिद्ध हुआ। मैं इसका उपयोग तब करती हूँ जब मैं अपने जीवन में उस स्थिति को, जो मुझे पसन्द नहीं है, एक अनुकूल स्थिति में बदलना चाहती हूँ," जैस्मीन ने जारी रखा, "मैं मौन बैठ, सर्वशक्तिमान का आह्वान करती हूँ। मैं उनके प्रति प्रेम और कृतज्ञता से अपने हृदय को लबालब भरती हूँ। फिर, मैं अपने मन की आँखों के सामने उस प्रतिकूल स्थिति का दृश्य ला कल्पना करती हूँ कि मैं अपने हाथ के डस्टर द्वारा अपने जीवन के ब्लैक बोर्ड से उस दृश्य को पूरी तरह मिटा रही हूँ। मैं उस वक्त प्रतिकूल स्थिति के मेरे जीवन से समाप्त होने से मेरे अन्दर बहने वाली शान्ति, सुकून और आनन्द को देर तक महसूस करती हूँ। इसके बाद मैं अच्छा महसूस करते हुए, मनचाही स्थिति के लिए एक विस्तृत विकल्प की कल्पना करना शुरू करती हूँ। अन्ततः मैं अपने जीवन में इस नई अनुकूल स्थिति के लिए सर्वशक्तिमान ईश्वर को धन्यवाद देती हूँ।"

रेयान—"बहुत खूब!"

शिखर—"अनुभवी साधकों ने कहा है कि अगर हम एक विशेष विचार पर मात्र सत्रह सेकंड ध्यान दे सकें, तो वह शक्तिशाली हो जाता है, और इसी तरह अगले हर सत्रह सेकंड इसे और अधिक शक्तिशाली बनाते हैं। शुद्ध विचार पर सत्रह सेकंड के गुणकों में ध्यान इसे मज़बूत बनाता है और यह चमत्कार करने में सक्षम हो जाता है।"

ध्रुव ने बहुत ही अनिश्चित और आश्चर्यजनक स्वर में पूछा, "क्या केवल सत्रह, चौंतीस या अड़सठ सेकंड के लिए किसी विचार पर विशुद्ध रूप से ध्यान केन्द्रित करना मुश्किल है...?"

शिखर ने अपनी सदाकालीन मुस्कान के साथ कहा, "चलो, एक प्रयोग करते हैं। बस, एक से दो मिनट के लिए किसी एक विचार पर ध्यान देकर देखते हैं। हमारी आँखें बन्द या खुली हो सकती हैं। हम किसी भी स्थिति, जैसे अपने लॉन में सफेद गुलाब पर ध्यान केन्द्रित कर सकते हैं या हम अपनी मनचाही कार चला सकते हैं। एक मिनट के मौन के बाद हम अपना अनुभव बताएँगे।"

चन्द पलों के लिए हवा में निःशब्दता छा गई।

रेयान—"मुझे गुलाब नज़र आ रहे थे, लेकिन दो से तीन बार खयाल आया कि क्या सर अब अगला निर्देश देने जा रहे हैं?"

मौली—"मैंने एक बार सबको देखने के लिए अपनी आँखें खोली थीं।"

ध्रुव—"मैंने अपनी ड्राइविंग के बीच में दो बार गुलाब देख लिये थे।"

कुन्दन—"मैं अपनी जैगुआर चला रहा था, लेकिन एक बार मैंने अपनी फास्ट्रैक देखनी चाही कि कितना समय बीता।"

"हमारा ध्यान अडिग होना चाहिए, एक पल के लिए भी कहीं भटकना नहीं चाहिए—यहाँ तक कि समय के बीतने पर भी नहीं। महज़ चन्द मिनटों के लिए भी एक बात पर ध्यान केन्द्रित करने के लिए अभ्यास की आवश्यकता है," जैस्मीन के स्वर में स्नेहमयी सख्ती थी, "समय के साथ, जैसे-जैसे हम ध्यान का अभ्यास करते हैं, मनचाही चीज़ें हमारी हकीकत बनती जाती हैं।"

ध्रुव के दिमाग की स्क्रीन पर एक डायलॉग कौंधा, " 'इतनी शिद्दत से मैंने तुम्हें पाने की कोशिश की है कि हर ज़र्रे ने मुझे तुमसे मिलाने की साजिश की है'।" और उसने फिल्म 'ओम शान्ति ओम' का डायलॉग शेयर किया।

रेयान ने अपनी चिन्ता भरी आवाज़ में पूछा, "क्या हम इस तरह से अपनी विनाशकारी, आपराधिक इच्छाओं और विचारों को भी वास्तविक बना सकते हैं?"

"सवाल जितना अच्छा है, जवाब देना उतना ही मुश्किल। मेरा जवाब शायद 'हाँ' है दोस्तो! जो कुछ भी हम अपने दिल की गहराई से चाहते हैं और उस दिशा में कार्य करते हैं, उसका वास्तविकता में बदल जाना निश्चित है," शिखर का जवाब था। उन्होंने आगे कहा, "लेकिन मेरे प्यारे दोस्तो, हम सभी शुद्ध चेतन ऊर्जा हैं और हमारा असली स्वरूप सृजनात्मक है। ईश्वर भी हमेशा रचनात्मक होते हैं। विनाश भी कुछ बेहतर रचने के लिए ही किया जाता है।

"अब, अगर मेरी इच्छा रचनात्मक है, तो मैं अपने सच्चे स्व और ईश्वर के साथ लयबद्ध रहूँगा और मैं फलता-फूलता रहूँगा। लेकिन, अगर मेरी इच्छा किसी

चीज़, किसी व्यक्ति को या खुद को नुकसान पहुँचाने की है, या दूसरे शब्दों में—जब हमारे विचार विनाशकारी होते हैं, तो हम अपने वास्तविक स्वरूप और ईश्वरीय शक्ति के खिलाफ काम कर रहे होते हैं।"

मौली—"उस नाव की तरह, जो नदी के प्रवाह के खिलाफ चलती है।"

"मेरे विनाशकारी विचार भी पूरे हो सकते हैं—बस, निर्भर करता है कि मैं कितनी गहराई से इसे चाहता हूँ और इसकी दिशा में कार्य करता हूँ। लेकिन, यह मेरी शक्तियों के नकारात्मक सन्तुलन का कारण बनेगा। और अन्त में, मैंने जो हासिल किया है, उससे कहीं अधिक खो दूँगा," शिखर ने पूरा किया।

"पराक्रमी योद्धा रावण और कंस की जीवनगाथा हमें सिखाती है कि कैसे एक विनाशकारी इरादे का परिणाम बर्बादी हो सकता है," जैस्मीन उदाहरण के साथ सामने आई।

"शुरुआत में ऐसा लग सकता है कि विनाशकारी विचार जीत रहे हैं लेकिन अन्त में, अच्छाई जीत जाती है," शिखर ने आश्वस्त किया।

"अगला प्रश्न है, हमें ध्यान या मेडिटेशन किस समय करना चाहिए?" ध्रुव जानने के लिए उत्सुक था।

शिखर ने सहानुभूतिपूर्वक कहा, "हमारे ऋषियों ने अपना पूरा जीवन ध्यान करते हुए बिताया। उनकी पूरी जीवन-शैली ही ध्यानपूर्ण थी। वे अपना दिन-प्रतिदिन का हर कार्य आत्म-चेतना में करते थे। हम देह अभिमान के अभ्यस्त हो गए, जिसका अर्थ है, हम खुद को केवल शरीर समझते हैं। ईश्वरीय चेतना को स्पर्श करने के लिए हम किसी भी समय ध्यान कर सकते हैं, जो भी समय हमें सबसे अच्छा लगे। लेकिन इसे अधिक प्रभावी और आसान बनाने के लिए हमें सुबह जल्दी, शाम को गोधूलि या सोने से ठीक पहले ध्यान करना चाहिए।"

जैस्मीन ने आगे कहा, "सुबह का समय सबसे अच्छा समय होता है, क्योंकि पूरे आसपास का वातावरण शुद्ध और शक्तिशाली होता है, जिसमें सर्वोच्च के अद्‌भुत स्पंदन होते हैं, जो मौन में बहते हैं और इसमें विघ्न डालने के लिए कोई अन्य तरंग नहीं होती।"

"सुबह में चेतन मन आम तौर पर कम सक्रिय होता है जिससे हमारे अवचेतन को सक्रिय करना काफ़ी आसान हो जाता है," शिखर ने कहा।

"स्ट्रेस हॉर्मोन, कॉर्टिसोल, भोर से तुरन्त पहले, लगभग चार बजे स्रावित होना शुरू होकर छह बजे से आठ बजे सुबह के बीच रक्त में इसकी मात्रा सबसे ज़्यादा

हो जाती है। इस समय के आसपास या ठीक पहले ध्यान करने से इसकी मात्रा का सन्तुलित रहना योग और ध्यान के लाभों के कारणों में से एक हो सकता है," मौली ने वैज्ञानिक तर्क दिया।

"हाँ मौली," शिखर ने मौली की बात मान आगे कहा, "हालाँकि, जब भी हम मौन हो शान्ति में बैठते हैं, हम सर्वोच्च ऊर्जा के सम्पर्क में आ जाते हैं। मौन या लयबद्ध ध्वनियाँ ही ब्रह्मांड का स्वर हैं। शोर या गैर-लयबद्ध भाषाई ध्वनियाँ हमारी पृथ्वी जैसे ग्रहों के कुछ क्षेत्रों में ही मौज़ूद हैं। शेष ब्रह्मांड मौन या संगीतमय है। प्रकृति के साथ खामोशी में बैठ, नदियों और पक्षियों की मधुर ध्वनि को सुनकर होने वाली शान्ति और आनन्द की अनुभूति अद्वितीय है।"

" 'सबसे महान क्षण शोर में नहीं, बल्कि हमारे जीवन के सबसे शान्त घंटों में'[40]।" जैस्मीन ने फ्रेडरिच नीत्शे के एक उद्धरण को साझा किया।

शिखर ने समझाया, "ध्यान की कई विधियाँ हैं। हम कोई भी चुन सकते हैं। आप मुकाम पर पहुँचने के लिए किसी भी सीढ़ी का उपयोग कर सकते हैं। ध्यान के विभिन्न तरीके एक ही शीर्ष, ईश्वरीय चेतना, सर्वोच्च शक्ति तक पहुँचने के लिए विभिन्न प्रकार की सीढ़ी के अलावा और कुछ भी नहीं हैं। आपकी अनुभूति सबसे महत्त्वपूर्ण चीज़ है। ध्यान के दौरान हम मौन बैठ चेतन मन को शान्त करते हैं। गहरे मन तक पहुँच विचारहीनता के दौरान शुद्ध चेतना महसूस करते हैं। इस अवस्था के दौरान इरादतन उत्पन्न किये गए और दोहराए गए विचार और भावनाएँ सीधे हमारे गहरे मन अवचेतन में जाते हैं और बदले में भौतिक वास्तविकता बन जाते हैं। लेकिन विनाशकारी विचारों को पूरा करने की कोशिश करना नदी के प्रवाह के खिलाफ नाव चलाने के समान है, जिसके परिणामस्वरूप अन्त में उस विनाशकारी विचारों वाले मनुष्य का पतन हो जाता है।"

फोरेंसिक लेक्चर में भाग लेने के बजाय, पूरा बैच पोस्टमार्टम देखने के लिए मोर्चरी में मौज़ूद था। पोस्टमॉर्टम शुरू होने वाला था। लगभग अठारह वर्ष की एक लड़की हल्के गन्दहले संगमरमर के चबूतरे पर लेटी हुई थी। वह एक सम्पन्न परिवार से लग रही थी। उसकी खूबसूरत भौंहें बता रही थीं कि वह कुछ ही दिन पहले पार्लर गई होगी। उसके पैरों के नन्हे बाल लगभग दस से पन्द्रह दिन पहले हुए वैक्स की कहानी कह रहे थे।

“क्या ऐसा नहीं लगता कि यह अभी सो रही है?” इरफ़ान कुन्दन के कान में फुसफुसाया।

“हाँ, जैसे कि मैं उसे आवाज़ दूँ और वह तुरन्त ही उठकर जवाब दे देगी!” कुन्दन जवाब में फुसफुसाया।

कुछ मिनटों के बाद उसका शरीर आगे-पीछे होने लगा। एक बड़ा आरीनुमा औज़ार उसके शरीर को काटने लगा था। मिष्ठी ने सहमकर कुन्दन की हथेली को अपनी ठंडी उँगलियों से जकड़ लिया था।

फोरेंसिक रिपोर्ट के अनुसार, उसके शरीर में ज़हर के अवशेष थे।

# ब्रह्मचर्य : एक मुद्दा

"मैंने सुना है कि योग के अभ्यास के लिए ब्रह्मचर्य आवश्यक है?" रेयान ने एक नया मसला उठाया।

जैस्मीन ने जवाब दिया, "दोस्तो, एक मान्यता यह है कि ब्रह्मचर्य मन के मौन को प्राप्त करने में मदद करता है। साथ ही, वह मन जो ध्यान के माध्यम से शान्त हो चुका हो, वह सेक्स और शराब सहित अन्य सांसारिक सुखों के बिना भी आनन्दित और स्थिर रह सकता है। दूसरी मान्यता के अनुसार, ब्रह्मचर्य से हमारी आन्तरिक ऊर्जा व्यय होने से बचती है जो अन्यथा सेक्स के दौरान नर्वस सिस्टम के अत्यधिक एक्टिविटी के कारण नष्ट हो जाती है। और, योगाभ्यास के दौरान, यही आन्तरिक ऊर्जा आत्मा की शक्ति में रूपान्तरित होती है। लेकिन ब्रह्मचर्य का पालन करना इतना भी ज़रूरी नहीं है कि यदि हम ब्रह्मचर्य का पालन नहीं कर सकते, तो हम योग या ध्यान का अभ्यास भी नहीं कर सकें।"

शिखर—"बिलकुल सही। मान लो, हमने अपनी किसी कमज़ोरी को छोड़ने का फैसला किया—चाहे कोई बुरी आदत हो, कॉफ़ी, शराब, या यहाँ तक कि ड्रग्स की लत हो, तो कभी भी उन्हें एक बार में छोड़ने की कोशिश न करें। सबसे पहले अपनी कमज़ोरियों के बारे में बिना सोचे-समझे किसी भी उपयुक्त तरीके का अभ्यास करके खुद को मज़बूत करें। बढ़ती शक्ति हमें अपनी कमज़ोरियों से बहुत आसानी से छुटकारा पाने में मदद करेगी। आने वाली सकारात्मकता स्थापित नकारात्मकता की जगह लेना शुरू कर देगी।"

"बस, विश्वास के साथ योग और ध्यान के अभ्यास को अपने जीवन में शामिल करना होगा। इस समय हम कहाँ खड़े हैं, इसकी परवाह बिना किये। जल्द ही आप अनुकूल बदलाव देखना शुरू कर देंगे," जैस्मीन ने हमेशा की तरह

प्रोत्साहन भरे स्वर में कहा।

मौली ने कहा, "कभी भी दवाएँ लेना सिर्फ इसलिए न छोड़ दें कि आप अपने डॉक्टर द्वारा बताए गए परहेज का पालन नहीं कर पा रहे हैं। अगर आप परहेज का पालन नहीं भी कर पाते हैं तो भी दवाएँ काम करेंगी। भले ही उनका असर थोड़ा कम हो।"

इसी सन्दर्भ में ध्रुव ने आचार्य रजनीश का हवाला देते हुए कहा, "ओशो ने भी कहा है कि प्रेम के दौरान हम ध्यान में जा सर्वोच्च शक्ति का अनुभव कर सकते हैं।"

"ध्यान हम और हमारे साथी के बीच गहरे प्यार और समझ विकसित करने में सहायक होगा। लेकिन जब तक हम और हमारा साथी ब्रह्मचर्य का अभ्यास करने के लिए मानसिक रूप से तैयार नहीं हो जाते, तब तक प्रणय-सम्बन्ध जारी रख सकते हैं," जैस्मीन ने समझाया।

"ब्रह्मचर्य के लिए ज़बरदस्ती नहीं करनी चाहिए, क्योंकि जिसका भी प्रतिरोध किया जाता है, वह अधिक तीव्रता से वापस आता है। लेकिन, जब आप सर्वोच्च शक्ति से जुड़ जाते हैं और शान्ति तथा आनन्द महसूस करते हैं, तो ब्रह्मचर्य अपने आप आ जाता है," शिखर ने जोड़ा।

ध्रुव ने कहा, "हम खुशियों से भरे रहेंगे और बाहरी स्रोतों से आनन्द लेने की ज़रूरत नहीं पड़ेगी।"

शिखर ने स्पष्ट किया, "प्रणय-सम्बन्ध से प्राप्त सन्तुष्टि, ईश्वरीय चेतना के साथ हमारे सम्बन्ध से मिलने वाले शाश्वत आनन्द की एक झलक मात्र है। हमारा उद्देश्य खुद को सर्वोच्च चेतना के साथ लयबद्ध करना है, चाहे हम ऐसा कैसे भी करें। यह पूरी तरह से हमारा चुनाव है।"

रेयान—"कुछ दिन पहले मैंने एक कहानी पढ़ी थी। एक राजा नदी पार करना चाहता था। कई नावें थीं। वह सबसे अच्छी नाव चुनना चाहता था। तभी एक व्यक्ति आया, नाव ली और नदी में उतर गया। शाम को जब वह व्यक्ति अपना काम पूरा करके लौटा, तब भी राजा सबसे अच्छी नाव चुन रहा था।"

शिखर—"बिलकुल रेयान, सबक यह है कि क्या करना है, वह उद्देश्य अधिक महत्त्वपूर्ण है बजाय इसके कि कैसे किया जाए। कैसे किया जाए वह तरीका चुनने के लिए, हमें ज़रूरत से ज़्यादा समय बर्बाद नहीं करना चाहिए। कोई भी उपयुक्त तरीका हमारे लक्ष्य को छूने में हमारी मदद कर सकता है। बस, योजना बनाएँ और उस पर काम शुरू करें।"

जैस्मीन ने कबीर को उद्धृत किया, " 'कस्तूरी कुंडली बसे, मृग ढूँढे वन माही; ऐसे घट घट राम हैं, दुनिया देखे नाही।' जैसे मृग अपनी ही नाभि में स्थित कस्तूरी की सुगंध को जंगल में हर जगह खोजता है, वैसे ही लोग अज्ञानता के कारण, सांसारिक चीज़ों में आनन्द की तलाश करते हैं। वे नहीं जानते कि असीमित आनन्द का स्रोत वे स्वयं हैं।"

शिखर ने आगे स्पष्ट करने की कोशिश की, "कुछ लोग ब्रह्मचर्य और पवित्रता को एक समझ लेते हैं। पवित्रता का अर्थ है—जब कोई भी वस्तु अपने वास्तविक, शुद्ध और मौलिक रूप में होती है—बिना किसी मलिनता के। हम जो खाना खाते हैं, जो पानी पीते हैं और जिस हवा में हम साँस लेते हैं, वह सब शुद्ध होना चाहिए। हमें खुद को हर स्तर पर शुद्ध और पवित्र रखने का प्रयास करना चाहिए—शरीर के, रिश्तों-सम्बन्धों के, प्रेम-प्रसंग के, और सबसे बढ़कर अपने विचारों के स्तर पर। ब्रह्मचर्य शुद्धता का मात्र एक बहुत छोटा पहलू हो सकता है।"

" 'हमेशा विचारों, शब्दों और कर्मों के पूर्ण सामंजस्य का लक्ष्य रखें। हमेशा अपने विचारों को शुद्ध करने का लक्ष्य रखें और सब कुछ ठीक हो जाएगा'[41]," अहाना ने महात्मा गांधी को याद किया।

शिखर ने सहमति में कहा, "मैं फिर से दोहरा रहा हूँ कि कभी भी किसी पर कुछ भी ज़बरदस्ती करने की कोशिश न करें। यह काम नहीं करेगा क्योंकि परिवर्तन भीतर से शुरू होता है। किसी में कुछ भी बदलने के लिए स्वयं की आन्तरिक इच्छा आवश्यक होती है। इसलिए, व्यक्ति को प्रेरित करने का प्रयास करें लेकिन उसे कुछ भी करने के लिए मजबूर न करें। जैसाकि गांधी जी ने कहा था—'खुद वो बदलाव बनिए जो आप दूसरों में देखना चाहते हैं'[42]।"

रेयान ने बीच में कहा, "सर, लेकिन कभी-कभी गांधी जी की विचारधारा को व्यावहारिक परिस्थितियों में लागू करना बहुत मुश्किल हो जाता है।"

"जैसे कि? रेयान, मुझे एक उदाहरण दो, गांधी जी की बात छोड़ते हैं, लेकिन समाधान खोजने की कोशिश करते हैं जो व्यक्तिगत स्तर पर सम्भव हो!" शिखर ने अपना विचार रखा।

रेयान ने शुरू किया, "मेरे ऑफिस में, मैं अपना सारा काम लगभग समय पर पूरा करता हूँ। बावजूद इसके, मेरी हमेशा अपने बॉस के साथ बहस होती है। मैं उसके साथ एक अच्छा रिश्ता चाहता हूँ, लेकिन यह मुझे असम्भव लगता है। वह बहुत ही असभ्य व्यक्ति है। उसके अलावा, मुझे अपनी नौकरी से कोई समस्या

नहीं है और मैं अपनी नौकरी जारी रखना चाहता हूँ। इस स्थिति से उबरने के लिए मेरी नज़र में कोई समाधान नहीं है।"

शिखर—"रेयान, मैं तुमसे सहमत हूँ कि उस प्रकार के वातावरण में काम करना मुश्किल हो सकता है। लेकिन कोई समाधान निकल ही आएगा, विश्वास करो। जैसे नेल्सन मंडेला के अनुसार, 'जब तक काम पूरा नहीं हो जाता, तब तक वह हमेशा असम्भव लगता है'[43]।"

"चलो, हम पहले कुछ आधारभूत सिद्धान्तों को दोहराते हैं जो हमने अब तक समझे हैं। जैसे कि, सब कुछ एक ही चेतन ऊर्जा की अभिव्यक्ति है। इस प्रकार, प्रत्येक मनुष्य उसी सर्वोच्च चेतन ऊर्जा का प्रतीक है। हम सभी अपने अवचेतन के माध्यम से एक दूसरे से जुड़े हुए हैं। प्रत्येक व्यक्ति अद्वितीय है जैसाकि उसकी खास जीन रचना द्वारा सिद्ध है और व्यक्ति अपने पूर्व एकत्रित विश्वासों के अनुसार सोचता है। व्यक्तित्व में कोई भी परिवर्तन हमेशा आन्तरिक रूप से प्रेरित होता है। बाहर से कोई भी बलपूर्वक बदलाव करने की कोशिश परिवर्तन के प्रति प्रतिरोध में परिणित होगा।

"किसी के व्यक्तित्व में बदलाव दो तरीकों से हो सकता है—या तो किसी व्यक्ति में बदलाव की इच्छा दूसरों को देखकर पैदा हो सकती है; अर्थात्, किसी को बदलने के लिए हमें गांधी जी के सिद्धान्त का अनुसरण करना होगा, 'खुद वो बदलाव बनिए जो आप दूसरों में देखना चाहते हैं।' या फिर हम अपने अवचेतन के स्तर पर व्यक्ति के साथ संवाद कर सकते हैं और उसे सकारात्मक संकेत भेज सकते हैं, क्योंकि हम दोनों आपस में गहराई से जुड़े हुए हैं। हम इन सिद्धान्तों को लागू कर इनका असर देख सकते हैं," शिखर ने कुछ देर रेयान के चेहरे की ओर देखा और दोबारा शुरू किया, "रेयान, क्या सिद्धान्तों का प्रयोग कर अनुभव करने के लिए तैयार हो कि वो काम करते भी हैं या नहीं?"

रेयान—"मैं अपनी नौकरी नहीं छोड़ सकता, बॉस से नहीं लड़ सकता क्योंकि मुझे उसके साथ काम करना है। मुझे लगता है, मुझे प्रयोग करना चाहिए, क्योंकि यही बेहतर होगा मेरे लिए। लेकिन करना क्या है सर?"

शिखर—"पहले यह बताओ कि क्या तुमको तुम्हारे बॉस के बारे में कोई अच्छी बात याद है?"

रेयान—"बहुत मुश्किल है, सर!"

शिखर—"कोई भी खासियत, घटना या कोई अनुभव याद करने की कोशिश करो।"

रेयान—"वह एक अच्छा एडमिनिस्ट्रेटर है।"

शिखर—"ओके... और कुछ?"

रेयान—"हम्म, मुझे एक घटना याद है। करीब दो साल पहले मुझे डेंगू हो गया था। मैं बहुत परेशान था क्योंकि मुझे अपनी यूनिट का सालाना प्रेजेंटेशन तीन दिन में देना था। मेरा बॉस अस्पताल आया और उसने कहा, 'तुम्हारे पूर्ण रूप से स्वस्थ होने के पश्चात् कार्यालय में मिलते हैं।' मैंने झिझककर प्रेजेंटेशन के बारे में पूछा। उसने मेरा कंधा थपथपाया और कहा, 'किसी चीज़ की चिन्ता मत करो, मैं हूँ न—यहाँ चीज़ों को मैनेज करने के लिए! तुम बस जल्दी से ठीक हो जाओ'," रेयान का गला रुँध सा गया।

शिखर—"वास्तव में अच्छा है यह तो। अब मुझे बताओ, क्या तुम अपने बॉस के साथ अपनी गहमा-गहमी सच में खत्म करना चाहते हो?"

रेयान—"बिलकुल, सर।"

शिखर—"फिर रेयान, मुझे तुम्हारे दिन भर में से दस मिनट का समय चाहिए, लगभग एक महीने के लिए। क्या तुम इसके लिए तैयार हो?"

रेयान—"चौबीस घंटे में केवल दस मिनट? बिलकुल सर।"

शिखर—"ठीक है, फिर ध्यान से सुनो। ये दस मिनट हैं जब तुम बिस्तर पर होते हो—सोने से ठीक पहले पाँच मिनट और जागने के ठीक पाँच मिनट बाद तक। कल्पना करो कि तुम्हारे बॉस तुम्हारे सामने हैं। तुम चाहो तो अपनी आँखें बन्द रख सकते हो। एक पल के लिए अस्पताल की घटना को याद करो और उनके प्रति कृतज्ञता की भावना से अपने हृदय को भर लो। उन्हें दिल की गहराइयों से धन्यवाद दो। उनके प्रशासनिक गुणों के लिए उनकी सराहना करो। नींद आने तक उनके बारे में अच्छा महसूस करते रहो। सुबह जब आँख खुले तो फिर से पूरी प्रक्रिया को दोहराना, इसमें मात्र कुछ मिनट ही लगेंगे। और फिर, अपने नियमित काम के लिए उठना। लगभग एक महीने तक इस प्रक्रिया को दोहरा फिर मुझे अपना अनुभव बताना," शिखर के स्वर में आत्मविश्वास था, "यह और कुछ नहीं बल्कि किसी अन्य व्यक्ति को, जैसा वह है, वैसा स्वीकार करने की प्रक्रिया है । यदि हम उन्हें वैसे ही स्वीकार करते हैं, जैसे वे हैं, तो वे भी सकारात्मक प्रतिक्रिया देंगे।"

सब निःशब्द सुन रहे थे। कुन्दन के शब्दों से वह निःशब्दता टूटी, "यह बहुत आसान और सरल लगता है।"

शिखर मुस्कराए, "हाँ, यह सरल दिखता है, लेकिन है बहुत शक्तिशाली। यह चमत्कार कर सकता है। हमको केवल तकनीक जानने और लगातार इसका अभ्यास करने की आवश्यकता है। रेयान, मुझे प्रभाव बताना याद रखना।"

शिखर—"तो किसी चीज़ या इनसान को बदलने के लिए हमें सकारात्मक विचारों का स्पंदन देना होगा। व्यक्ति या स्थिति के बारे में अच्छा महसूस करना होगा। किसी ऐसे कारण की तलाश करना होगा जो व्यक्ति या स्थिति के बारे में अच्छा महसूस करने के लिए तार्किक रूप से उचित हो। कुछ समय के लिए परिणामों के बारे में सोचे बिना अच्छे इरादे से इसे जारी रखना। यह हमारे अवचेतन में उस व्यक्ति से जुड़ी पूर्व मान्यताओं की सकारात्मक अनुकूल री-प्रोग्रामिंग करेगा। हम अपने परिवार और परिवेश में एक स्वस्थ परिवर्तन देखेंगे। हम महसूस करेंगे कि वातावरण अधिक शान्तिपूर्ण, खुशहाल और आध्यात्मिक हो रहा है।"

रेयान—"आध्यात्मिक वातावरण! आपका मतलब धार्मिक वातावरण?"

शिखर ने उत्तर दिया, "सबको क्या लगता है कि दोनों एक हैं या अलग-अलग? ठीक है, हम इस पर कल बात करते हैं।"

अगले दिन सेमीफाइनल था। यह मैच विंग्स के लिए अहम् था। इतने स्मार्ट तरीके से क्वार्टरफाइनल मैच जीतने के बाद विंग्स एक बार फिर पसन्दीदा टीमों में से एक बन गई थी। कोच सर खिलाड़ियों के साथ मैच के लिए अभ्यास कर रहे थे।

# अध्यात्म बनाम धर्म

"आज हम आध्यात्मिकता और धर्म के बारे में बात करने वाले हैं," मौली ने कहा।

" 'अध्यात्म और धर्म, दोनों एक ही सर्वोच्च शक्ति या ईश्वर तक पहुँचने के मार्ग हैं। जैसे अलग-अलग स्रोतों से विभिन्न धाराएँ समुद्र में मिलती हैं, वैसे ही अलग-अलग प्रवृत्तियाँ, भले ही वे कितनी भी उल्टी सीधी दिखाई दें, सभी ईश्वर तक जाती हैं'[44]," जैस्मीन ने स्वामी विवेकानन्द के शब्द दोहराए।

"आध्यात्मिकता के बारे में थोड़ा विस्तार से बात करते हैं," कुन्दन की आँखों में उत्सुकता झलक रही थी।

शिखर—"आध्यात्मिक शब्द 'आधि' और 'आत्मा' के योग से बना है। भौतिक ऊर्जा या पदार्थ के पीछे छुपी हुई आत्मा या चेतन ऊर्जा को देख पाना ही आध्यात्मिकता है। यह एक ऐसी दृष्टि है जो दुनिया के विशुद्ध भौतिकवादी दृष्टिकोण से परे है।"

मौली—"हाँ, सर, अंग्रेज़ी में भी आध्यात्मिकता को स्पीरिचुएलिटी (spirituality) कहना इसे स्पिरिट अर्थात् चेतन ऊर्जा से सम्बन्धित बताता है।"

"जेम्स मार्टिन ने अपनी पुस्तक 'माय लाइफ विद द सेंट्स' में मदर टेरेसा के जीवन की एक घटना के बारे में लिखा है। एक आदमी ने उन्हें एक कोढ़ी के घाव को साफ करते हुए देखा और कहा, 'मैं यह काम दस लाख डॉलर में भी नहीं करूँगा।' मदर टेरेसा ने मुस्कान के साथ उत्तर दिया, 'और न ही मैं करूँगी।' फिर कुछ सेकंड रुककर उन्होंने कहा, 'लेकिन, मैं ईश्वर के लिए इसे खुशी-खुशी करूँगी।' उन्होंने उस कोढ़ी में ईश्वर को देखा," जैस्मीन ने कहा।

शिखर—"तो, आध्यात्मिकता जीवन जीने का वह नज़रिया है जिसमें हम अपनी

आँखों से भौतिक संसार को देखते हुए उसमें उपस्थित अदृश्य आत्मा या चेतन ऊर्जा को भी महसूस कर पाते हैं। हर वक्त इस अदृश्य तत्त्व की समझ या भान में रहना और सब कुछ सर्वोच्च शक्ति के साथ एक सम्बन्ध के एहसास के साथ करना आध्यात्मिकता है। आध्यात्मिकता वह समझ है कि हर कुछ, चेतन ऊर्जा, आत्मा का ही रूप है—चाहे वह कोई निर्जीव वस्तु हो, 'मैं' या कोई दूसरा प्राणी हो या सर्वोच्च सर्वशक्तिमान ईश्वर हों। सरल शब्दों में, हम आध्यात्मिक हैं यदि हम ईश्वर और उसकी हर रचना से प्रेम करते हैं—शुद्ध प्रेम, बिना शर्त प्यार।"

मौली—"जैसा कि कबीर जी ने कहा है—'पोथी पढ़-पढ़ जग मुआ, पंडित भया ना कोय; ढाई आखर प्रेम का, पढ़े सो पंडित होय'।"

अहाना—"मुझे लगता है, चौदह फरवरी को मनाया जाने वाला वैलेंटाइंस डे शारीरिक या रोमांटिक प्रेम के लिए नहीं है। यह सभी के लिए बिना शर्त आध्यात्मिक प्रेम की भावना को फैलाने के लिए है।"

"सर, और धर्म आपकी नज़र में क्या है?" रेयान ने पूछा।

शिखर—"धर्म संस्कृत के 'धृ' शब्द से बना है जिसका अर्थ है—'धारण करने योग्य'; अर्थात् धर्म वह गुण हैं जो इनसान को धारण करने या मानने चाहिए। यह आध्यात्मिकता प्राप्त करने में हमारी सहायता करने के तरीकों का एक संकलन है। धर्म कई हैं, लेकिन वे सभी सिखाते हैं कि सर्वोच्च शक्ति से कैसे जुड़ना है। कभी-कभी हम तरीकों में उलझ जाते हैं और सत्य, यानी अध्यात्म से दूर हो जाते हैं।"

"धर्म, प्रथाओं और विश्वासों का लोगों द्वारा, लोगों के लिए बनाया गया एक पूरा सिस्टम है। यह आध्यात्मिकता की अभिव्यक्ति के लिए एक मंच है," जैस्मीन ने कहा।

शिखर—"यदि कोई धर्म का शुद्ध रूप से पालन करता है, तो यह व्यक्ति को प्रेम, निष्ठा और जोश से भर देगा।"

रेयान—"लेकिन अगर हम धर्म के आधार पर अलगाव, भेदभाव और नफरत पैदा करते हैं, तो वही धार्मिक विश्वास हमें स्ट्रेस हॉर्मोन से भर देंगे।"

ध्रुव ने कहा, "मैंने कबीर की ये व्यंग्यात्मक पंक्तियाँ पढ़ीं हैं, 'हिन्दू कहे मोहे राम प्यारा, तुरक कहे रहिमाना; आपस में दोउ लरि लरि मुए, मर्म ना कोई जाना'।"

"विभिन्न धर्मों के लोगों ने अपना विशेष भगवान बनाया जिसके परिणामस्वरूप

उनके बीच संघर्ष हुआ। आध्यात्मिक बनने के लिए किसी धर्म की आवश्यकता नहीं है। यह सिर्फ एक समझ है, दृष्टिकोण है। कठिन तरीकों को याद रखने की कोई ज़रूरत नहीं है," शिखर ने सहमति में कहा।

अहाना—"मुझे भी कबीर जी का एक दोहा याद आ रहा है—'माला फेरत जुग भया, फिरा न मन का फेर; कर का मनका डार दे, मन का मनका फेर'।"

"विवेकानन्द कहते हैं, 'आपको अन्दर से बाहर की ओर बढ़ना होगा। कोई भी आपको सिखा नहीं सकता है; कोई आपको आध्यात्मिक नहीं बना सकता। आपकी अपनी आत्मा के अलावा कोई दूसरा शिक्षक नहीं है'[45]," जैस्मीन ने कहा।

शिखर—"हर धर्म की शुरुआत लोगों में आध्यात्मिकता विकसित करने के महान उद्‌देश्य से हुई, लेकिन समय के साथ उनमें से अधिकांश में परिवर्तन शुरू हो गया और वे भय, पाप और अपराधबोध पर आधारित होने लगे। हम ईश्वर से डरने लगे, ईश्वर की तथाकथित आज्ञा का पालन करने लगे, ईश्वर द्वारा अपने आपको दंड देने जैसी बातें करने लगे।"

"जबकि अध्यात्म प्रेम है—स्वयं के लिए, ईश्वर और कायनात की हर सृष्टि के लिए प्रेम। यह बिना शर्त प्यार है, मात्र स्वीकृति है—बिना किसी निर्णय के!" जैस्मीन ने कहा।

"फिल्म 'ओह माय गॉड' आध्यात्मिकता की वकालत करती है और धर्म की रूढ़िवादिता और व्यावसायिक रवैये की निन्दा करती है," ध्रुव ने जोड़ा।

जैस्मीन ने आगे कहा, "मदर टेरेसा के अनुसार, 'लोग अक्सर अनुचित और आत्मकेन्द्रित होते हैं। फिर भी उन्हें माफ कर दो। अगर आप दयालु हैं, तो लोग आप पर गलत मंशा का आरोप लगा सकते हैं। फिर भी दयालु रहो। अगर आप ईमानदार हैं तो लोग आपको धोखा दे सकते हैं। फिर भी ईमानदार रहो। अगर आपको खुशी मिलती है, तो लोगों को जलन हो सकती है। फिर भी खुश रहो। हो सकता है कि आपके द्वारा किया गया अच्छा कार्य कल लोगों को याद न रहे। फिर भी अच्छा करो। दुनिया को वह सर्वश्रेष्ठ दो जो आपके पास है। हो सकता है, यह काफ़ी न हो। फिर भी अपना सर्वश्रेष्ठ दो। क्योंकि देखो, अन्ततः, यह आपके और परमेश्वर के बीच है। यह आपके और लोगों के बीच कभी था ही नहीं'[46]।"

शिखर—"जब हमें सत्य का एहसास होता है, आध्यात्मिकता स्वतः ही प्रकट हो जाती है।"

जैस्मीन—"हम सभी एक ही चेतन ऊर्जा के विभिन्न रूप हैं। यह समझ धर्म और जाति-व्यवस्था के आधार पर भेदभाव के कारण उत्पन्न होने वाली सभी समस्याओं को समाप्त कर सकती है।"

ध्रुव—"हमारे मन की कार्यविधि को समझ मन को बेहतर रूप से नियंत्रित कर सकते हैं हम।"

अहाना—"अभ्यास से हम स्वयं को अन्तर्ज्ञान या इंट्यूशन का अनुभव करने के लिए प्रशिक्षित कर सकते हैं; हम ईश्वरीय चेतना के मार्गदर्शन से लाभ उठा सकते हैं।"

मौली—"सार्वभौमिक नियमों को समझना और लागू करना हमारे जीवन को हर तरह से भरपूर कर सकता है।"

कुन्दन—"सर, मुझे बीते हुए कुछ दिनों में बहुत सारे छोटे-छोटे टिप्स मिले हैं, जिन्हें मैं अपने जीवन में इस्तेमाल करने की कोशिश करूँगा। हो सकता है कि इसमें कुछ समय लगे, लेकिन मुझे पता है कि मैं अपने जीवन में एक बड़ा बदलाव कर पाऊँगा।"

अहाना—"मैंने हरित क्रान्ति और श्वेत क्रान्ति के बारे में सुना है। मुझे लगता है, आध्यात्मिक क्रान्ति हम सबकी ज़रूरत है।"

सेमीफाइनल मैच शुरू होने वाला था। कुन्दन आज वहाँ नहीं था, क्योंकि उसने पहले ही सभी को बता दिया था कि वह कुछ देर से आएगा। खेल ज़ोरदार तरीके से आगे बढ़ा और हाफ टाइम तक विंग्स दस अंकों के अन्तर से पीछे चल रहे थे। वे विपक्ष के डिफेंस को तोड़ने में सक्षम नहीं हो पा रहे थे।

खेल अन्तिम क्वार्टर में प्रवेश कर गया। खेल के आठ मिनट बाकी थे, विंग्स अभी भी सात अंकों से पीछे थे, तभी एक हारने वाले मैच के बीच में कुन्दन कुछ कागज़ों को हाथ में लिये कोच की ओर दौड़ते नज़र आया। अगले ही पल वह कोच को काग़ज़ों द्वारा कुछ बताता दिखाई पड़ा। पलक झपकते ही कोच ने टाइम आउट के लिए अनुरोध किया। उन्होंने यश और इरफ़ान को विशिष्ट निर्देश दिये। और यह क्या! पासा पलटता नज़र आया। यश और टीम के अन्य सदस्यों ने इरफ़ान को कवर देना शुरू किया और उसने अन्तिम तीन मिनट के खेल में तीन थ्री पॉइंटर्स हिट कर दिये और उन्होंने दो अंकों के अन्तर से मैच जीत लिया।

भीड़ के उत्साह और शोर ने दो लोगों के बीच की बातचीत पर ध्यान नहीं दिया जो अब भी अपनी सीटों पर बैठे थे।

कोच—"कुन्दन, तुमने कैसे जाना कि उनकी कमज़ोरी लम्बे शॉट्स के खिलाफ उनका बचाव है? मैंने भी उनके खेल के वीडियो देखे, लेकिन इस पर ध्यान नहीं गया।"

कुन्दन—"सर, मैंने केवल वे वीडियो ही नहीं देखे, जिनमें उन्होंने गेम जीते थे, जबकि एक वह वीडियो भी देखा जिसमें वे दो साल पहले कानपुर की एक टीम के खिलाफ स्पोर्ट्स एकेडमी, कानपुर में हुए मैच को हार गए थे।"

"वाह, कुन्दन, तुसी छा गए पुत्तर!" कोच ने कुन्दन का हाथ गर्मजोशी से पकड़ लिया था।

## विज्ञान और अध्यात्म

ध्रुव—"सर, जैसे कि हमने कल बात की, आध्यात्मिक दृष्टिकोण पर आधारित जीवन जीना हमें सत्य के करीब ले जा सकता है। पर क्या आपको नहीं लगता कि वास्तव में तो विज्ञान सत्य से जुड़ा है?"

"मनुष्य दो अलग-अलग धाराओं—विज्ञान और आध्यात्मिकता—की सहायता लेकर सत्य की खोज करता रहा है," शिखर ने उत्तर दिया।

जैस्मीन—"पिछली रात मैं अपने पति और बच्चों के साथ बैठी थी। बिजली कट गई थी। हम एक दूसरे को नहीं देख सकते थे, लेकिन मुझे पता था कि हम सब वहाँ थे। यह जानना आध्यात्मिकता है। मतलब आध्यात्मिकता है अदृश्य सत्य में विश्वास। फिर, जब रोशनी हुई, तो हम एक दूसरे को अपनी आँखों से देख सकते थे। यह प्रमाण विज्ञान है।"

इस पर शिखर ने कहा, "बिलकुल। विज्ञान और अध्यात्म, दोनों ही सत्य की खोज में लगे हुए हैं। विज्ञान साक्ष्य आधारित सत्य है, जिसका अर्थ है कि विज्ञान सत्य के उस हिस्से में विश्वास करता है जिसके लिए हमें प्रयोगों के माध्यम से प्रमाण मिलते हैं।"

जैस्मीन—"तो, हम कह सकते हैं कि विज्ञान द्वारा अनुभव किया गया सत्य किये गए प्रयोगों या उन साक्ष्यों तक सीमित है जिन्हें पाँच मानव इन्द्रियों के माध्यम से जाना जा सकता है। जब हम अधिक से अधिक प्रयोग और शोध करते हैं तो विज्ञान आधारित सत्य का विस्तार होता है। तो, यह पूर्ण नहीं है। विज्ञान, किसी भी समय, सम्पूर्ण सत्य का केवल एक अंश ही जानता है।"

"अध्यात्म पूर्ण सत्य में विश्वास है—चाहे वह देखा जा सके या अदृश्य हो। यह आत्मा, रूह, प्राण या चेतन ऊर्जा में विश्वास है। अध्यात्म जानता है कि पूरा

ब्रह्मांड परस्पर जुड़ी ऊर्जाओं से बना है, और शुद्ध चेतन ऊर्जा की अभिव्यक्ति है। इसलिए जहाँ विज्ञान की परिधि समाप्त हो जाती है, वहाँ भी आध्यात्मिकता का अस्तित्व बना रहता है," शिखर ने जैस्मीन के कथन को और अधिक सार्थक बनाते हुए जोड़ा।

"यद्यपि आध्यात्मिकता साक्ष्य बिना सत्य है, फिर भी क्या आप ईश्वर की उदारता, उसकी महानता की कल्पना कर सकते हैं? उनके पास हमारे जैसा कोई भौतिक शरीर नहीं है, इसलिए वह हमें यह सब बोलकर नहीं बता पाते," जैस्मीन ने आगे कहा, "उन्होंने हमें अपनी बात समझाने और एक झलक देने के लिए कई चीज़ें बनाई हैं। सूर्य सर्वोच्च ऊर्जा का प्रतीक है। सूर्य के बिना धरती पर जीवन सम्भव नहीं है, और शुद्ध चेतन ऊर्जा के बिना ब्रह्मांड का अस्तित्व सम्भव नहीं है।"

"छठ पूजा के दौरान उत्तर-पूर्वी क्षेत्र के भारतीय शुद्ध चेतन ऊर्जा के प्रतीक सूर्य की अराधना करते हैं," मौली ने जोड़ा।

"उन्होंने दिन और रात को जीवन में उतार-चढ़ाव दिखाने के लिए बनाया। रात को बनाकर, वह हमें यह एहसास दिलाना चाहते हैं कि दर्द और दुख के दौरान भी वह हमारे साथ मौज़ूद हैं। बस, हमें दिखाई नहीं देते, जैसेकि सूर्य ब्रह्मांड में होने के बावज़ूद रात में हमें दिखाई नहीं देता," शिखर ने कहा।

अहाना—"मेरा पसन्दीदा गीत—'तू न जाने आसपास है खुदा...' हमें यह बताने की कोशिश करता है।"

जैस्मीन—"सर्वोच्च चेतन ऊर्जा ईश्वर—आनन्द और प्रेम के सागर हैं। सोचो, हमारे कार्य कभी-कभी कितने गड़बड़ होते हैं, लेकिन फिर भी हमें जीने के लिए सूरज की रोशनी, साँस लेने के लिए ऑक्सीजन और रहने के लिए धरती मुफ़्त मिली हुई है।"

"क्या किसी को याद है, फिल्म 'बूँद जो बन गई मोती' का मुकेश जी की आवाज़ में बेहद अर्थपूर्ण गीत—'ये कौन चित्रकार है, ये कौन चित्रकार...'" अहाना की चहकती आवाज़ गूँजी।

"वास्तव में माता-पिता और बच्चों, शिक्षक-छात्र, पति-पत्नी और दोस्तों के बीच सांसारिक सम्बन्ध ईश्वर के साथ सम्बन्धों को सीखने, अनुभव करने और महसूस करने के लिए हैं। वह इस सीमित भौतिक दुनिया में हमें असीमित, सर्वोच्च, अर्थात् आध्यात्मिकता को समझने के लिए तरह-तरह के अनुभव कराते हैं," जैस्मीन ने समझाया।

"प्राचीन काल में लोग ईश्वर का अनुभव करने के लिए अपने सांसारिक सम्बन्ध तोड़ संन्यास ले लेते थे। मुझे लगता है कि सांसारिक सम्बन्धों में रहते हुए जीवन के प्रत्येक क्षण में ईश्वर को महसूस करना अधिक अद्भुत, हिम्मती और कमाल होगा," कुन्दन का स्वर गहरा था।

जैस्मीन—"कबीर जी के ये महान शब्द मेरे दिल को छू जाते हैं—'पूत प्यारो पिता को, गोहारी लगा धाय; लोभ मिठाई हाथ दे, आपन गया भुलाय।' पुत्र यानी चेतन ऊर्जा, आत्मा अपने पिता यानी सर्वोच्च चेतन ऊर्जा, ईश्वर, परमात्मा को जगह-जगह ढूँढ़ता फिरता है। और पिता अपने नन्हे बच्चे को परिपक्व बनाने को, कुछ आकर्षक मिठाइयाँ यानी सांसारिक सुखों का प्रलोभन अपने बेटे के हाथों में दे, खुद छुप जाते हैं।"

शिखर—"और भौतिक संसार में हमारा उद्देश्य देह अभिमान से चेतन ऊर्जा के भान तक पहुँचना, और फिर ईश्वरीय चेतना के साथ सम्बन्ध स्थापित करना है।"

"और, खुद को डॉक्टर या इंजीनियर होने तक ही सीमित नहीं रखना है," मौली ने टिप्पणी की।

"हमेशा जीवन में एक सन्तुलन या सामंजस्य चाहिए—चाहे वह चेतन ऊर्जा और भौतिक ऊर्जा के बीच हो, चेतन मन और अवचेतन के बीच या फिर विज्ञान और आध्यात्मिकता के बीच। दोनों पहलू ज़रूरी हैं, जब तक हम चेतन ऊर्जा या आत्मा, भौतिक ऊर्जा यानी शरीर में रहते हैं। वे एक दूसरे से दूर, अलग-अलग नहीं रह सकते, क्योंकि वे एक दूसरे के पूरक हैं," शिखर ने समझाया।

"महान कलाकार फ्रेदून रसौली ने चेतन ऊर्जा को हवा कहा और गुब्बारे को भौतिक ऊर्जा। हवा के बिना गुब्बारा बेकार है—रबर का एक टुकड़ा मात्र और गुब्बारे के बिना हवा बिना किसी आकार के अदृश्य है," जैस्मीन ने खूबसूरत उदाहरण दिया।

वासू कमरे में नहीं था। वीकेंड का दिन था, तो मेस शाम को बन्द थी। वासू और उसकी दोस्त देर रात मूवी देखने और मस्ती करने गए थे। कुन्दन कमरे में था। उसने अपना लैपटॉप ऑन कर एक डीवीडी लगा दिया। यह जैस्मीन द्वारा दी गई फिल्म सीक्रेट की डीवीडी थी।

मूवी खत्म हो गई। कुन्दन अपने बिस्तर पर लेटा छत के पंखे को घूर रहा था, जबकि उसकी नज़रें पंखे पर जमा गन्दगी और जाले से परे कहीं दूर टिकी थीं।

लगभग आधे घंटे तक छत या उसके परे देखने के बाद कुन्दन मुस्कराया, अंगड़ाई ले बिस्तर से उठ गया। उसने पौंड्स मेन एनर्जी चार्ज फेसवॉश निकालने के लिए अलमारी खोली। अलमारी पहले से थोड़ी बेहतर थी। कौंडम के मैनफोर्स स्ट्रॉबेरी पैकेट खिसियाए से लग रहे थे। उन्होंने पूछा, 'कुन्दन... अरे यार! तू कब कुछ करेगा? हम यहाँ बोर हो रहे हैं,' कुन्दन मुस्कराया और अलमारी बन्द कर दी।

उसने अपनी लाल रीबॉक चप्पल पहन रखी थी। आईने ने टिप्पणी की, 'कुन्दन, माना कि तू स्मार्ट और डैशिंग लग रहा है! लेकिन कम से कम टी-शर्ट तो बदल ले भाई!' लेकिन कुन्दन ने आईने से आगे बढ़, कमरे से बाहर निकल दरवाज़े को बन्द कर दिया।

कुन्दन कॉलेज के गेट के बाहर की सड़क पार कर सामने के एक रेस्तराँ में गया। उसने कोल्ड कॉफ़ी के साथ एक ग्रिल्ड सैंडविच ऑर्डर किया और मोबाइल पर मेल चेक करने लगा।

"सर, सिगरेट?" कुन्दन के जूनियर ने पूछा।

कुन्दन के 'नहीं' ने उस जूनियर को चौंका दिया। उसने पूछा, "सर, आप ठीक तो हो न? तबियत तो सही है न या कोई और बात? कोई दिक्कत हो तो बताना सर!"

कुन्दन मुस्कराया, अपने जूनियर और उसकी गर्लफ्रेंड के बिल का भुगतान किया। सैंडविच के रैपर और डिस्पोज़ेबल गिलास को वॉशबेसिन के बगल के कूड़ेदान में फेंक वह वापस अपने कमरे में आ गया।

'अध्यात्म अदृश्य सत्य में विश्वास है। विज्ञान साक्ष्य आधारित सत्य है।

चेतन ऊर्जा और भौतिक ऊर्जा के बीच, मन के चेतन और अवचेतन पहलू, विज्ञान और अध्यात्म के बीच में सन्तुलन व सामंजस्य होना चाहिए,' कुन्दन ने शिखर के शब्दों को अपनी डायरी में लिखा।

## शुरुआत कैसे करें?

ध्रुव—"सर, हम पहले-पहल ध्यान या मेडिटेशन के असर का अनुभव करने के लिए इसका अभ्यास कैसे शुरू करें?"

शिखर—"ध्यान के प्रभाव का अनुभव करने के लिए हमें इसको करके देखना होगा। सबसे पहले तो हमें यह मानना होगा कि ध्यान या मेडिटेशन कोई असाधारण और बड़ी बात नहीं है और हमें अपनी अब तक की दिनचर्या में अचानक बहुत ज़्यादा बदलाव करने की भी ज़रूरत नहीं है। अपने दैनिक जीवन में थोड़े से बदलावों के साथ हम इसका अनुभव करना शुरू कर सकते हैं। जैसेकि इन नन्ही युक्तियों से अपनी मदद कर सकते हैं। जब भी हम लेटे हों या अकेले बैठे हों, तो अपनी आँखें बन्द कर लें और बस, शान्त शिथिल होने का प्रयास करें। हम मद्धिम मधुर संगीत लगा सकते हैं। जब भी सम्भव हो, अपनी साँस को आते-जाते देखें। साँस द्वारा शरीर के हर हिस्से—नाक, गले, सीने, पेट में हो रहे सूक्ष्म स्पन्दनों को महसूस करें। गहरी साँस लें। हम इसे शुरू में बन्द आँखों से आज़मा सकते हैं। अपने रोज़ दिन के काम को करते हुए अच्छा महसूस करने की कोशिश करें। हर कार्य के दौरान सर्वोच्च के साथ एक सम्बन्ध का अनुभव करना शुरू करें।

"पार्टनर के साथ लव मेकिंग के दौरान स्पर्श की गर्माहट को महसूस करने की कोशिश करें। ऑर्गैज़्म पाने की जल्दी के बजाय स्वयं और अपने साथी के बीच बह रहे प्रेम, सन्तुष्टि और शान्ति के भाव को महसूस करने की कोशिश करें। एहसास करें कि हम दो नहीं बल्कि एक हैं। जैसेकि हम दोनों समुद्र की दो लहरें हैं जो अलग-अलग उठती हैं लेकिन एक हो जाती हैं। गहरे समुद्र जैसे ईश्वरीय चेतना के अथाह असीमित प्रेम, आनन्द और शान्ति को महसूस करने का प्रयास करें। हम इसका भी बन्द आँखों से एहसास कर सकते हैं।

"सोते समय कुछ अच्छा सोचना शुरू करें। अपने मन को अच्छी भावनाओं से भरें। सोकर तुरन्त उठते समय भी ऐसा ही करें। अपनी दिनचर्या शुरू करने से पहले अपने बारे में, संसार और ईश्वर के बारे में अच्छा महसूस करने के लिए पाँच मिनट का समय दें।

"थकान महसूस होने पर हम पॉवर नैप ले सकते हैं। झपकी से पहले अपने मन को शान्त होने का निर्देश दें। अपने दिमाग को बताएँ कि हम खुद को सर्वोच्च शक्ति से भरपूर करने जा रहे हैं, और अच्छा महसूस करें।

"हम अपने किसी ऐसे सफर को याद कर सकते हैं, जहाँ की प्राकृतिक सुन्दरता ने हमारे दिल दिमाग को तरोताज़ा कर दिया था। उस जगह को याद करते हुए वैसा ही महसूस करने की कोशिश करें। हम अपने मन की कल्पनाशक्ति का उपयोग किसी भी आदर्श मनोरम स्थान की कल्पना करने और उसकी खूबसूरती महसूस करने के लिए कर सकते हैं।

"हम कुछ पलों के लिए दीये की लौ पर ध्यान केन्द्रित कर सकते हैं, जिसे त्राटक कहा जाता है। लौ की मद्धिम रोशनी पर ध्यान पीनियल ग्रंथि की कार्यक्षमता को बढ़ाता है। इसका अभ्यास बचपन से ही किया जा सकता है। हम आज्ञा चक्र पर ध्यान का अभ्यास शुरू कर सकते हैं, जो कि पीनियल और पिट्यूटरी ग्रंथियों के स्थान है। इसके लिए हम आँखों का फोकस एक आन्तरिक बिन्दु पर लाने की कोशिश करते हैं, जो हमारी भौंहों के बीच से थोड़ा ऊपर होता है। हम वहाँ एक प्रकाशबिन्दु देख सकते हैं। हम अपना ध्यान अपनी साँसों पर भी रख सकते हैं या हम अपने चेतन मन का उपयोग रचनात्मक विचारों और दृश्यों को बनाने के लिए कर सकते हैं। शुरुआत में एक शान्त और साफ-सुथरा कमरा चुनना बेहतर होगा। योग-मुद्राओं के अभ्यास से अपने शरीर की भौतिक ऊर्जा को शुद्ध करते हुए हम ध्यान के किसी भी तरीके से अभ्यास शुरू कर सकते हैं जो हमें अपने लिए उपयुक्त लगे। समय के साथ, हम अन्य तरीकों का भी अनुभव कर सकते हैं," शिखर ने सुझाव दिया।

"ये विधियाँ हमारी मस्तिष्क-तरंगों को बीटा से अल्फा और डेल्टा की तरफ ले जाएँगी। ये हमारे शरीर में फायदेमन्द हार्मोन—जैसेकि सिरोटोनिन, डोपामिन और ऑक्सीटोसिन को बढ़ाएँगी। विशेष रूप से आज्ञा चक्र और त्राटक पर ध्यान, पीनेयल ग्रंथि के कार्य को पुनर्स्थापित करेंगे," जैस्मीन ने कहा।

शिखर—"हम एक नया सन्तुलन प्राप्त करना शुरू कर देते हैं। जल्द ही

अपनी एकाग्रता की क्षमता में वृद्धि होती देखते हैं। हम जीवन के हर आयाम में अपनी जागरूकता बढ़ती महसूस करते हैं। मन शान्त होते हुए भी अधिक जाग्रत होता है, जिसमें सकारात्मक भावनाएँ प्रवाहित होती हैं। हमारी रगों में एक ऊर्जा सी बहने लगती है, जो आनन्द के रूप में अनुभव होती है। समय के साथ हम अपनी इंट्यूशन की शक्ति से मार्गदर्शन प्राप्त कर इस राह पर स्वतः बिना किसी मेहनत के बढ़ने लगते हैं।"

क्लास खत्म हो चुकी थी।

मौली—"सर, मैंने सुना है कि आप आईआईटीयन हैं। फिर, आप इस तरह की गतिविधि के लिए समय कैसे निकाल पाते हैं?"

"हाँ मौली, मैं आईआईटी मुम्बई से हूँ। एक बार मेरे एक प्रोफेसर ने मुझे अपने साथ ध्यान सीखने के लिए आने को कहा। वह साठ साल की उम्र में इतने ऊर्जावान थे कि मैं उन्हें मना नहीं कर सका। मैंने सोचा, याददाश्त और एकाग्रता बढ़ाने के लिए इसे सीखते हैं। अभ्यास करने पर, मुझे ऐसा लगा कि यह जीवन जीने का एक बेहतर तरीका है। यह एक तकनीक है, जिसे कुशलता के साथ सीखा जाना चाहिए। यह शाश्वत सत्य पर आधारित है और इसमें हमारे जीवन के हर पहलू के साथ बेहतर सम्बन्ध बनाने के लिए हमें सक्षम करने की शक्ति है। जैसे-जैसे मैंने ध्यान का अनुभव करना शुरू किया, मेरी रुचि और ज़्यादा जाग्रत हुई और मैंने बुद्ध, महावीर और ओशो जैसे महान शिक्षकों द्वारा सिखाए विभिन्न प्रकार के ध्यान के बारे में जानने का प्रयत्न किया। विज्ञान का छात्र और इंजीनियर होने के नाते, हम हमेशा हर चीज़ के पीछे का 'क्यों' और 'वैज्ञानिक आधार' खोजने की कोशिश करते हैं। मैं जानना चाहता था कि क्या यह मात्र एक कला है या सोचने और जीने का ऐसा तरीका है जिसका कोई वैज्ञानिक प्रमाण भी है? क्योंकि मेरा विश्लेषणात्मक दिमाग तर्क और सबूत की भाषा को ही समझता है।

"जैसे-जैसे ध्यान के रहस्य मेरे सामने खुलते गए, मैं उसमें और अधिक लीन होता गया। मैं खुद को शाश्वत आनन्द के सागर में डूबा हुआ महसूस कर रहा था। सच मेरे सामने था। यह एक महान अनुभव था।

"फिर मेरे मन में आया कि क्यों न इसे सबसे बाँटा जाए—खास कर उन युवाओं के साथ जो कैरियर, खुशियों, सन्तुष्टि और अपनी असली पहचान से जुड़े ढेरों सवालों के बीच जूझ रहे हैं। मैंने इसे सरलीकृत, वैज्ञानिक तरीके से पहुँचाने की सोचा जिससे सत्य पढ़े-लिखे लोगों को तार्किक ढंग से समझ आ सके। हालाँकि

कभी-कभी मैंने महसूस किया कि शब्द, तर्क और प्रमाण मेरे अनुभव की अभिव्यक्ति करने में असमर्थ हैं। जैसाकि कबीर ने कहा—'अकथ कहानी प्रेम की, कहत कही न जाए; गूँगे केरी शर्करा, खाए और मुस्काए।' प्यार को अनुभव किया जा सकता है, इसे शब्दों से प्रकट करना कठिन है। जैसे कोई व्यक्ति जो बोल नहीं सकता, मिठाई चखने पर केवल मुस्करा पाता है।

"जब मैंने इस पाठ्यक्रम को आकार देना शुरू किया और इसके लिए इंटरनेट पर खोज की, तो मुझे लगा कि बहुत सी चीज़ें या इसी तरह की बातें पहले से ही लिखी और समझाई गई हैं। इससे कुछ समय के लिए मेरा उत्साह कम हो गया, लेकिन अगले ही पल मुझे एहसास हुआ कि इसके बहुत सारे सकारात्मक पहलू भी हैं। एक तो यह कि मेरी सोच भी सही रास्ते पर है, तभी दूसरों ने भी इसका अनुभव किया है। दूसरी बात कि मैं अपने दोस्तों को यह आधारभूत सच्चाई वैज्ञानिक दृष्टिकोण के साथ अवगत कराने में मदद करना चाहता हूँ। और यह कभी भी उतना पर्याप्त नहीं होगा जितना कि ज़रूरत है। नये प्रयासों के लिए हमेशा जगह होगी। जैसाकि महान दार्शनिक मार्सेल प्राउस्ट ने कहा है—'खोज की वास्तविक यात्रा नये परिदृश्यों की तलाश में नहीं है लेकिन नई आँखों में है।'[47]

"इस कोर्स को चलाने का मेरा उद्देश्य अपने दोस्तों को यह एहसास दिलाना है कि हम सभी शुद्ध, शक्तिशाली, आनन्दमय, सुन्दर, शाश्वत चेतन ऊर्जा हैं और यदि आवश्यक हो, तो हम दुनिया में किसी भी वांछित भौतिक वस्तु को प्राप्त कर सकते हैं।

"हम चेतन ऊर्जा हैं, मानव शरीर लिये हुए एक आत्मा, न कि आत्मा लिये हुए एक मनुष्य।"

जैस्मीन—"जैसाकि एक फ्रांसीसी भूविज्ञानी, टेइलहार्ड डी चार्डिन ने कहा—'हम आध्यात्मिक अनुभव वाले मानव नहीं हैं। हम एक मानवीय अनुभव वाले आध्यात्मिक प्राणी हैं'[48]।"

"केवल जागरूकता की आवश्यकता है, सत्य को जानने की ज़रूरत है। मैं अपनी इन पार्ट टाइम क्लासेज से काफ़ी खुश हूँ। तुम जैसे युवाओं के साथ इन विषयों पर चर्चा करना मुझे आनन्द और सुकून से भर देता है। युवा इस संसार का भविष्य हैं। और, अगर मेरे शब्द तुम लोगों को एक नई शुरुआत करने के लिए, एक कदम भी आगे बढ़ने के लिए प्रेरित कर पाए, तो यह वास्तव में मेरे लिए एक बड़ी बात होगी," शिखर ने अपनी बात पूरी की।

रेयान—"मैं देश में किसी भी समस्या के लिए सरकार को दोष देता था। लेकिन अब मुझे लगता है कि देश हम जैसे लोगों से बना है। अगर मैं खुद को नहीं बदल सकता, तो पूरे देश को बदलना कैसे सम्भव है?"

जैस्मीन—"हाँ, सरकार एक संस्था है जिसके पास शक्ति है लेकिन इसका प्रभाव बाहरी चीज़ों पर ही पड़ सकता है। सरकार नियम थोप सकती है, लेकिन हमें खुद को और अपने राष्ट्र को महान बनाने के लिए स्वयं बदलना होगा। एक देश एक सरकार से कहीं अधिक है। देश के लोग, खास कर युवा, एक राष्ट्र की जीवन-रेखा हैं। अगर हम थोड़ा सा बदलाव कर सकें तो बहुत कुछ बदल सकता है। कहते हैं कि अगर एक अरब चालीस करोड़ की आबादी सिर्फ एक कदम सकारात्मक दिशा में चलती है, तो देश एक अरब चालीस करोड़ अरब कदम आगे बढ़ जाएगा।"

रेयान—"असहाय होकर जीने और दूसरों को दोष देने के बजाय, अब मैं सशक्त महसूस कर रहा हूँ और मुझे लगता है, मैं ज़रूरत के अनुसार खुद कुछ कर सकता हूँ।"

"हाँ, यह समय की माँग है, अन्यथा बुरी ख़बरों को रोकना बहुत मुश्किल होगा जो हम रोज़ सुनते हैं, जैसे—धोखाधड़ी, डकैती और हत्याएँ," मौली की आवाज़ में दुख का स्पर्श था।

अहाना—"यह थोड़ा अजीब लग सकता है, लेकिन जैसाकि हमने पिछले कुछ हफ्तों में महसूस किया है कि वास्तव में नियम-कानून और दंड-प्रणाली की कोई आवश्यकता ही नहीं है। बस, जागरूकता और ज्ञान की ज़रूरत है।"

"क्योंकि हम सभी शुद्ध, शक्तिशाली और शाश्वत चेतन ऊर्जा हैं। हमें सिर्फ मार्गदर्शन की ज़रूरत है। एक नन्हा सा मार्गदर्शन हमारी राह रौशन कर देगा। अगर एक बार हमें सच्चाई का एहसास हो गया, तो हम अपने आप ही सही रास्ते की ओर बढ़ जाएँगे," जैस्मीन ने कहा।

कुन्दन मुस्कराया और पैंतालीस डिग्री हाथ घुमाकर फिर से अपने टैटू को देखा...।

"सर, मैं अपने टैटू के इस हिस्से को पर्मानेंट करवाऊँगा। यह मुझे आपकी अनुपस्थिति में भी सकारात्मक सोचने के लिए प्रेरित करेगा।"

शिखर—"मैं भले तुम्हें दिखूँ या न दिखूँ, लेकिन मैं हमेशा तुम्हारे और मेरे सभी छात्रों के साथ रहूँगा," शिखर ने एक मुस्कान के साथ कहा, "और, यदि

तुम चाहो, तो मैं तुम्हें अपने गुरु के बारे में बता सकता हूँ। तुम जब चाहो, उनसे मार्गदर्शन ले सकते हो।"

मौली—"हम धन्य होंगे सर!"

कुन्दन—"मैं वास्तव में आपके गुरु से मिलना चाहता हूँ।"

शिखर—"तुम उन्हें जानते हो। ईश्वर, सर्वोच्च चेतन ऊर्जा मेरे गुरु हैं। वह सर्वोच्च शिक्षक और मार्गदर्शक हैं। ईश्वर के साथ एक मज़बूत सम्बन्ध बनाने की कोशिश करना। जैसाकि अहाना की माँ उससे कहती थीं कि ईश्वर को दोस्त बनाओ, वह तुम्हारे सबसे अच्छे साथी हो सकते हैं।"

अहाना—"मेरे पिता वास्तव में एक अच्छे इनसान हैं, लेकिन उनकी सबसे बड़ी कमी है, उनका शराब पीना। कई बार मैंने अपने घर की छोटी सी बालकनी में अपनी माँ को चुपचाप खड़े देखा है। एक बार मैं अपने आप को रोक नहीं सकी; उस समय, मैं लगभग दस साल की थी। मैं बालकनी में गई और उनसे पूछा कि वह क्या कर रही हैं?" उन्होंने शान्त स्वर में जवाब दिया, 'मैं ईश्वर से बात कर रही हूँ। तुम्हें पता है, वह मेरे सबसे अच्छे दोस्त हैं।' मैं समझ नहीं पाई, इसलिए मैंने पूछा, 'लेकिन उनसे बात कैसे कर सकती हैं, माँ?' उन्होंने अपनी मीठी आवाज़ में गाना शुरू कर दिया, 'तेरा साथ है तो मुझे क्या कमी है, अँधेरों से भी आ रही रोशनी है।' जब भी उनका धैर्य डगमगाने लगता तो वह यह गीत गाने लगतीं। और समय के साथ, मैंने भी ईश्वर के साथ सब कुछ साझा करने की आदत डाल ली," अहाना ने कहा।

## फाइनल मैच

मैदान मुख्य अतिथि, खिलाड़ियों, समर्थकों और अन्य उन सभी लोगों से खचाखच भरा हुआ था जिन्हें फाइनल मैच देखने के लिए सीट मिल पाई थी।

कमेंटेटर ने शहर के प्रसिद्ध लखनऊ स्पोर्ट्स कॉम्प्लेक्स का प्रतिनिधित्व करने वाले तीन बार के चैंपियन 'गोल्डन वॉरियर्स' के प्रवेश की घोषणा की। यह टीम पूरे टूर्नामेंट में एक भी मैच नहीं हारी थी। इसने हर उस टीम को हराया था जिसने इसे चुनौती देने की कोशिश की थी। स्थानीय अख़बारों ने लगभग इसे अजेय घोषित कर ही दिया था।

अब विक्ट्री विंग्स के प्रवेश की बारी थी। वे दाहिने कंधे की ओर दो समानान्तर ग्रे धारियों वाली अपनी सफेद जर्सी में जॉगिंग करते कोर्ट के केन्द्र की ओर बढ़े। थोड़ी देर बाद वे इस तरह खड़े थे कि कुन्दन बीच में और उसके पीछे दोनों ओर पाँच पाँच सदस्य विक्ट्री विंग्स को एक विराट श्वेत पक्षी का रूप दे रहे थे, जो आकाश छूने की चाह में अपने पंख खोल रहा था। पर वास्तव में उनकी धमनियों में दौड़ते हुए एड्रिनलीन को वे ग्यारह सदस्य ही महसूस कर सकते थे। यह एड्रिनलीन शिकार को निर्दयता से मारने के लिए विंग्स को पंजे फैलाते हुए बाज़ में बदलना चाहता था।

खेल शुरू हुआ। जैसाकि कुन्दन और इरफ़ान ने एक शाम पहले योजना बनाई थी क्योंकि वे जानते थे कि गोल्डन वॉरियर्स अन्य शौकिया टीमों की तरह नहीं है। वे खेल के हर आयाम में बेहतर थे—चाहे वह डिफेंस हो या अटैक, या खेल की गति को नियंत्रित ही क्यों न करना हो।

इस टीम को हराने का एकमात्र तरीका पैटर्न रहित शैली में 'आउट ऑफ द बॉक्स गेम' खेलना था। कुन्दन और इरफ़ान ने आधी रात तक एनबीए के कुछ

वीडियो देखे थे और विंग्स की जीत को दिलोदिमाग और आँखों में बसा एक दूसरे को शुभ रात्रि कहा था।

आज कुन्दन और इरफ़ान ने कोच और यश के साथ मिलकर जैक को शामिल करने का फैसला किया था। वह छह फीट चार इंच लम्बा और थोड़ा भारी भरकम था, लेकिन इसके बावज़ूद बेहद तेज़ और लचीला था। उसका गोरा एंग्लो इंडियन रंग किसी के भी साथ फ्लर्ट करने के लिए तुरुप का इक्का था। न केवल लड़कियाँ बल्कि महिलाएँ भी जैक के प्रति अथक रूप से आकर्षित महसूस किया करती थीं। लेकिन विपरीत लिंग को सँभालने में उसकी विशेषज्ञता के अलावा, वह उन कुछ लोगों में से एक था जो केजीएमसी के चिकित्सा उपकरणों से ज़्यादा बास्केटबॉल पसन्द किया करते थे। वह प्रतिद्वंद्वी को रोकने के लिए अपनी ऊँचाई का ज़बरदस्त इस्तेमाल किया करता था और लम्बे पास देने की गज़ब की क्षमता थी उसमें। कुन्दन के अनुसार, जैक वारियर्स के फॉरवड्र्स के खिलाफ एक ढाल सिद्ध होगा। इसके अलावा, क्योंकि कुन्दन मैच खेल रहा था, विंग्स एक माहिर डिफेंडर को वहन कर सकता था।

हालाँकि योजना ने अच्छी तरह से काम किया लेकिन फिर भी यह वॉरियर्स की सटीकता को तोड़ने के लिए पर्याप्त नहीं था और हाफ टाइम ब्रेक तक स्कोर बराबर था।

कोच ने अपनी टीम को प्रेरित किया कि वे अभी भी लड़ने की स्थिति में हैं। लेकिन उन्हें पता था कि ऐसी स्थिति में उनकी टीम मैच जीतने वाली नहीं है। अधिक से अधिक, वे एक ड्रॉ या उससे भी बदतर हासिल कर सकते हैं, मतलब उन्हें हार तक का सामना करना पड़ सकता है। क्योंकि सामने वाली टीम इतनी मज़बूत थी कि वह अन्तिम कुछ सेकंड में भी बढ़त ले सकती थी। हाफ टाइम तक बराबर का स्कोर कभी भी खतरनाक साबित हो सकता था।

हाफ टाइम के बाद खेल और उग्र होता दिख रहा था, जैसेकि बास्केटबॉल मैच न होकर कोई स्ट्रीट फाइट हो! हर सम्भव कोशिश के बाद विंग्स टीम किसी तरह पाँच अंक की बढ़त बनाए रखने में सफल थी। पर तभी अन्तिम तीन मिनट में गोल्डन वॉरियर्स ने टाइम आउट माँगकर एक खिलाड़ी को बदल दिया।

इरफ़ान—"वे आखिरी तीन मिनट में क्यों रिप्लेस कर रहे हैं?"

कोच—"भगवान जाने, इनके दिमाग में क्या चल रहा है! लेकिन वे इतनी आसानी से हार नहीं मानने वाले हैं।"

“लेकिन यह बन्दा है कौन? बास्केटबॉल खिलाड़ी जैसा तो लग नहीं रहा! लम्बाई कम और भारी ज़्यादा दिख रहा है!” नये खिलाड़ी को देखकर यश ने कहा।

कोच—“मुझे लगता है कि इसका नाम सक्षम है, लेकिन हमारे पास अभी उसके बारे में सोचने का समय नहीं है। हमें अपने खेल पर ध्यान देना चाहिए। हमारे पास अभी भी पचासी-अस्सी की बढ़त है। और हम इस गेम को जीत सकते हैं। याद रखना, वॉरियर्स कैप्टन विजय को बास्केट के आसपास भी न फटकने देना।”

विजय न केवल वॉरियर्स का बल्कि इस पूरे टूर्नामेंट का शीर्ष स्कोरर था। हालाँकि उसके नाम ने सत्तर के दशक की फिल्मों के बच्चन साहब की याद दिला दी, लेकिन नाम और उसकी लम्बाई के अलावा, उनके बीच बहुत अधिक समानताएँ नहीं थीं। बिग बी की तरह आकर्षक लगने की जगह बास्केटबॉल हाथ में लिये वह सब पर हावी होता हुआ और असल में विनाशकारी सा लग रहा था। उन्नीस साल की उम्र में छह फीट दो इंच की लम्बाई के साथ वह बॉल को उतनी ही तेज़ी से ड्रिबल कर रहा था, जितना एक रेसर हज़ार सीसी स्पोर्ट्स बाइक को सँभालता है। उसने किसी कंप्यूटर प्रोग्रामर की तरह खेल को नियंत्रित कर रखा था। आम तौर पर वह अपने विरोधियों से एक कदम आगे रहना पसन्द करता था और ऐसा करने में सक्षम भी था। यहाँ यह उल्लेख करने की आवश्यकता नहीं है कि वह लखनऊ के अब तक के सबसे होनहार बास्केटबॉल खिलाड़ियों में से एक था।

स्टॉप वॉच फिर से शुरू हुई क्योंकि रेफरी ने वारियर्स को साइड थ्रो के लिए बॉल दी। विजय ने पास ले लिया और काफ़ी तेज़ी से ड्रिबल करना शुरू कर थ्री पॉइंटर लाइन को पार कर गया। इरफ़ान ने विजय को रोकने के लिए मैन टू मैन डिफेंस तोड़ सक्षम को अकेला छोड़ दिया क्योंकि वह जानता था कि जैक उसे रोकने के लिए था।

योजना अनुसार विजय ने जानबूझकर बॉल को पूरी ताकत से सक्षम के पास फेंक दिया। सक्षम ने बॉल को ड्रिबल किया। यश और कुन्दन रिबाउंड लेने के लिए प्रमुख क्षेत्र में पहुँचे, क्योंकि वे जानते थे कि सक्षम काफ़ी छोटा था और जैक द्वारा आसानी से अवरुद्ध किया जा सकता था।

लेकिन अजीब बात हुई कि विजय ने रिबाउंड लेने का प्रयास नहीं किया। वह बस पूरे परिदृश्य को देख रहा था और उसकी योजना का निष्पादन होने का

आनन्द ले रहा था। अगले कुछ सेकंड में जैक और सक्षम, दोनों कोर्ट के बाहर साइड बेंच के पास लेटे दर्द में कराह रहे थे। रेफरी ने खेल रोक दिया और दोनों खिलाड़ियों को घायल घोषित कर दिया।

लेकिन कोच सर, कुन्दन, इरफ़ान और दर्शकों सहित कई अन्य लोगों ने देखा था कि सक्षम ने अपनी कोहनी जैक की पसलियों में घुसा दी थी। लेकिन वे दोनों एक तरह से ही तड़प-तड़पकर चीख रहे थे और रेफरी ने फाउल के लिए विंग्स की अपील को खारिज कर दिया।

रेफरी ने दोनों टीम के कोच से घायल खिलाड़ियों को बदलने के लिए कहा। विंग्स को इसका खामियाज़ा भुगतना पड़ा क्योंकि उनके पास इस मैच के लिए जैक जितना कोई और योग्य खिलाड़ी नहीं था। जबकि, वॉरियर्स ने अपने पहले वाले खिलाड़ी को पुनः वापस ले लिया और इस प्रकार खेल के अन्तिम दो मिनट तीस सेकंड खेलने के लिए अपने सर्वश्रेष्ठ पाँच खिलाड़ियों को शामिल कर लिया।

खेल फिर से शुरू हुआ। कुन्दन और उसकी टीम जब तक समझ पाती, वारियर्स ने स्कोर को पचासी-चौरासी तक कर लिया। सरल शब्दों में, विंग्स ऐसी स्थिति को सँभालने के लिए तैयार नहीं था जहाँ उनके सर्वश्रेष्ठ पाँच में से एक नहीं खेल रहा हो।

केवल एक मिनट बचा था और बॉल वारियर्स के पास थी। कोच ने टाइम आउट के लिए कहा।

"आखिरी एक मिनट बचा है, स्कोर बोर्ड को मत देखो। बस, इन साठ सेकंड को खेलो, ताकि वे तुम्हारे जीवन के सबसे यादगार साठ सेकंड बन जाएँ!" कोच ने काफ़ी हद तक 'चक दे इंडिया' के कोच की तरह से कहा।

कुन्दन फर्श को घूर रहा था। वह जानता था कि उसकी टीम एक और मिनट के लिए बढ़त बनाए रखने के लिए बहुत तेज़ी से अंक खो रही थी। लेकिन उसका हृदय यह मानने को तैयार नहीं था कि वह उपविजेता बनने जा रहा है। वह आखिरी एक मिनट में मैच को अपनी टीम के पक्ष में बने रहने की हर सम्भावना के बारे में सोच रहा था।

इरफ़ान ने कुन्दन का कंधा हिला, उसके चेतन-अवचेतन में चल रहे विचार-मंथन को विराम दिया, "कुन्दन, क्या तुम्हें पानी चाहिए?"

कुन्दन ने बिसलेरी बोतल की जगह सीधे इरफ़ान की आँखों में देखा और

कहा, "क्या तुझे आखिरी बास्केटबॉल वीडियो याद है जो हमने सोने से पहले देखा था?"

इरफ़ान—"हाँ, वह एनबीए फ्रेंडली मैच मुझे याद है।"

रेफरी ने खेल को आखिरी एक मिनट के लिए फिर से शुरू करने का संकेत दिया।

कुन्दन ने इरफ़ान से कहा, "उस वीडियो को रीप्ले करो और मैच के आखिरी कुछ सेकंड में कोर्ट के बीच में रहना।" और दोनों कोर्ट में दाखिल हो गए।

खेल शुरू हुआ। वारियर्स ने विजय के द्वारा बॉल को ड्रिबल करते हुए केन्द्र में आगे बढ़ाया और विंग्स के किसी भी खिलाड़ी द्वारा उसे रोक पाने से पहले ही तेज़ी से पास किया। उन्होंने विंग्स पर घरेलू भीड़ के बढ़ते दबाव और घटती बढ़त का फायदा उठाया। विजय ने फ्री थ्रो लाइन को पार किया और शूट करने के लिए उछला। साथ ही यश भी बास्केट को रोकने के लिए उछला पर बॉल को टैप करने के व्यर्थ प्रयास में विजय के हाथ पर दे मारा। रेफरी ने इसे फाउल घोषित किया। कोच ने अपने लड़कों को मैच बचाने के लिए लगभग हर सम्भव कोशिश करते देखा, लेकिन उनका चैंपियनशिप ट्रॉफी का सपना टूटने सा लगा था, क्योंकि वॉरियर्स को दो फ्री शॉट्स दिये गए थे। ज़ाहिर है, वे इन शॉट्स को मिस नहीं करने वाले हैं क्योंकि उनके पास टीम में विजय था।

विजय ने बॉल हाथ में ले कुन्दन पर अपनी शैतानी मुस्कान भरी निगाह डाली। वह धीरे-धीरे चला, जैसे वह जानबूझकर देरी करना चाह रहा हो! शायद वह अधिक से अधिक समय बिताना चाहता था और फिर उसने अतिरिक्त अंक प्राप्त करने के लिए अनावश्यक जोखिम उठाए बिना दोनों फ्री शॉट बनाए और विंग्स के खिलाफ स्कोर पचासी-छियासी बना दिया।

फाइनल के केवल पन्द्रह सेकंड शेष होने के कारण, केवल एक और नियोजित प्रयास किया जा सकता था।

अर्णव ने साइड थ्रो लिया और बॉल कुन्दन को दी, जो कोर्ट के बाईं ओर खड़ा था। जैसे ही कुन्दन के पास बॉल पहुँची, उसने सेकंड भर को कोर्ट के दूसरी तरफ बास्केट और उसके सामने खड़े नौ खिलाड़ियों को देखा। उसने अपने बायें हाथ से ड्रिबल करना शुरू किया। वारियर्स के एक डिफेंडर को आसानी से पार कर लिया और थ्री पॉइंटर लाइन के पास जाना शुरू किया। कुन्दन को आगे बढ़ता देख विजय मैन टू मैन मार्किंग से इरफ़ान को छोड़ कुन्दन की ओर बढ़ा। इरफ़ान

को एक पल के लिए समझ नहीं आया कि क्या हो रहा है, लेकिन अचानक कुन्दन की बातें और एनबीए वीडियो उसके दिमाग में कौंध गया, उसकी आँखें चमक उठीं और वह कोर्ट के बीचोबीच पहुँचने के लिए दौड़ा। कुन्दन ने विजय की आँखों की ओर देखा और बॉल को इरफ़ान की तरफ फेंक दिया। इरफ़ान ने मिड कोर्ट पर बॉल को पकड़ा और शूट करने के लिए पलटा।

पूरा मैदान कोच के साथ खड़ा हो गया क्योंकि उन्हें पता था कि इरफ़ान लम्बी शूट द्वारा स्कोर करने में दक्ष है। अनायास ही सबने फिंगर क्रॉस कर ली। इरफ़ान ने निशाना साधा और शॉट लगा दिया।

लेकिन, जैसे ही बॉल इरफ़ान के हाथ से बास्केट की तरफ गई, कोच का उत्साहित चेहरा मायूस हो गया; जबकि उसी पल विजय की शैतानी मुस्कान और चौड़ी हो गई। निश्चिंत हो उसने चैन की साँस ली, जैसे कि कुछ ही सेकंड बाद टूर्नामेंट ट्रॉफी उसके हाथों में होने वाली है, और उसने मन ही मन सोचा कि बास्केट की ओर दौड़कर बॉल रोकने की कोई आवश्यकता नहीं है।

सबकी फैली हुई आँखें लुढ़कती बॉल पर स्थिर थीं, और जैसेकि स्थिर था सब कुछ, बस बॉल उस स्थिर हवा में आगे बढ़ रही थी।

शूट के बाद इरफ़ान ने आँखें बन्द कर ली थीं और वीडियो याद करने की कोशिश करने लगा। वह उम्मीद कर रहा था कि उसने सब कुछ सही ढंग से किया है, क्योंकि वह जानता था कि प्रोजेक्शन में थोड़ी सी गड़बड़ी का मतलब विंग्स की हार होगी।

बॉल लक्ष्य से थोड़ी दूर बास्केट के बाईं ओर जाने लगी और जॉर्जियंस ने निराशा में अपना चेहरा ढंक लिया और समझ गए कि कोच के चेहरे पर कुछ क्षण पहले ही निराशा के बादल क्यों मँडराने लगे थे, क्योंकि जैसे ही इरफ़ान ने बॉल फेंकी थी, कोच जान गए थे कि बॉल लक्ष्य से दूर थी।

बहुत कम लोग थे जो अब भी कोर्ट की तरफ देख रहे थे। उनमें से एक थी अहाना, जो बास्केटबॉल की एबीसीडी नहीं जानती थी, लेकिन कुन्दन के निमंत्रण पर मॉर्निंग क्लास के अन्य सदस्यों के साथ यहाँ आई थी। उसे मैच की परवाह नहीं थी, लेकिन कुन्दन की हर हरकत को वह कुछ अलग ही भावना से देखती थी—कुछ इस तरह कि उसे खुद भी पता नहीं था। एक और इनसान था जिसने कुन्दन को बाईं ओर से बास्केट की ओर दौड़ते हुए देखा, वह था विजय। पल भर को उसने देखा कि बॉल कहाँ थी और कुन्दन कहाँ। जब तक वह प्लॉट समझ

पाया, तब तक बहुत देर हो चुकी थी। कुन्दन पहले ही छलाँग लगा चुका था और विजय की पहुँच से बाहर था। हालाँकि विजय ने कोशिश की, लेकिन कुन्दन के दाहिने हाथ ने विजय को रोक लिया और बायें हाथ ने काफ़ी ऊपर पहुँच बॉल के बोर्ड से टकराने के तुरन्त पहले उसकी दिशा मोड़ बास्केट में बिजली की गड़गड़ाहट की तरह पटक दिया।

रेफरी की अन्तिम सीटी बजते ही स्कोर बोर्ड लगभग यांत्रिक रूप से सत्तासी-छियासी हो उठा।

# आगे बढ़ते रहें

सुबह के छह बजकर उनतीस मिनट हो रहे थे जब कुन्दन क्लास में पहुँचा। हैरानी की बात है कि दरवाज़ा अब तक पूरा खुला नहीं था और लाइट्स भी बन्द थीं।

मौली हमेशा समय पर आती है, वह अभी तक क्यों नहीं आई? समय तो हो चुका है, कुन्दन ने सोचा। लेकिन उसने मौली की सफेद स्विफ्ट डिज़ायर और रेयान की यामाहा RX 100 को अपार्टमेंट की पार्किंग में खड़े देखा था।

जैसे ही कुन्दन ने थोड़ी झिझक के साथ दरवाज़ा खोला, उसके चेहरे पर कई मोबाइल फोन के फ्लैश इस तरह चमक उठे कि वह चौंक गया। उसके सामने क्लास के बाकी सभी छह लोग खड़े थे। अहाना और मौली एक चार्ट पेपर पकड़े हुए थे, जबकि शिखर और जैस्मीन सहित बाकी ताली बजा रहे थे, जिससे पूरा वातावरण संगीतमय हो रहा था। कुन्दन ने चार्ट देखा, जिसमें एफबी प्रोफाइल से ली गई उसकी तसवीरों का एक कोलाज था और साथ ही फाइनल मैच जीतने के बाद यश द्वारा अपलोड की गई तसवीरों में से एक तसवीर थी जिसमें सारे खिलाड़ियों के बीच ट्रॉफी लिये कुन्दन था। उस पर करीने से लिखा शीर्षक था—'गर्व है हमें तुम पर, कुन्दन!'

कुन्दन को इसकी उम्मीद नहीं थी। भीगी पलकों से उसने कहा, "बहुत शुक्रिया! यह क्लासेज़ ही कल की जीत का कारण हैं," उसे मुस्कराने में थोड़ा समय लगा।

"भीगी पलकों में कुन्दन कुछ कम हैंडसम लगता है, है न! लेकिन हमें कैसे भी मैनेज तो करना ही है," जैस्मीन ने कुन्दन को प्यार से छेड़ा।

सबके साथ कुन्दन और अहाना भी हँस पड़े। अहाना, जिसके अन्दर कुन्दन की आँखों में आँसू देख भावनाओं का अजीब उफान उठ रहा था।

"आओ दोस्तो, अब बैठते हैं," शिखर ने अपनी करिश्माई आवाज़ में शुरुआत की, "जब हम आत्म-परिवर्तन की यात्रा शुरू करते हैं, तो सर्वश्रेष्ठ बनने की उम्मीद में दूसरों के साथ अपनी तुलना कभी न करें। यह भी हमारी अज्ञानता का ही हिस्सा है। और साथ ही, अगर परिस्थिति आने पर आप स्थिर नहीं रह पाए तो हार मत मानना। हो सकता है, खुद की बेहतरी के इस सफर के दौरान आप एक या दो बार असफल हो जाएँ, लेकिन ऐसा एक भी उदाहरण याद करना, जब आपने अनुकूल प्रतिक्रिया दी हो।"

"लोग कह सकते हैं कि आपके अभ्यास का क्या लाभ? आप पहले ही की तरह प्रतिक्रिया दे रहे हैं। वे आपसे अपनी तुलना भी कर सकते हैं, और यह भी कह सकते हैं कि वे खुद को बेहतर बनाने के लिए कोई भी अभ्यास न करने के बावज़ूद, आपसे बेहतर हैं। वे हो भी सकते हैं आपसे बेहतर इस वक्त। वे सीढ़ियों के बीच में हो सकते हैं और आप सबसे नीचे हो सकते हैं," जैस्मीन ने कहा।

शिखर—"लेकिन, हमेशा याद रखना कि हमारी कमियों ने ही हमें अपने वास्तविक स्वरूप की खोज करने के लिए प्रेरित किया है।"

"हमारी कमियों का दिव्य उद्देश्य!" ध्रुव ने सुकून भरी मुस्कान के साथ कहा।

"धीरज रखना मेरे प्यारे दोस्तो। अपने प्रयासों को जारी रखना और वह दिन दूर नहीं जब आप खुद को सीढ़ियों पर काफ़ी ऊपर पाएँगे," शिखर ने उत्साह से कहा, "हमने यहाँ कुछ तथ्यों पर तर्क और सबूत की मदद से विचार-विमर्श किया है, ताकि आपको सच्चाई की एक झलक मिल सके। क्योंकि मुझे लगता है, किसी भी कार्य को अंज़ाम देने के लिए तीन तरीके हैं—पहला, आस्था के साथ पहले से विकसित विधियों का बार-बार अभ्यास। दूसरा, उन तथ्यों को समझना जिन पर पूर्व विकसित विधियाँ आधारित हैं। तीसरा और सबसे अच्छा तरीका है—तथ्यों को समझ उनके सार का बार-बार अभ्यास करना।

"अगर हम पहला रास्ता चुनते हैं, तो अभ्यास शुरू करना आसान होता है। लेकिन इसके लिए कुछ बुनियादी ज़रूरतें हैं—विधियों का स्रोत उत्तम और उन्हें बताने वाला गुरु सिद्ध होना चाहिए। हमारा विश्वास अटल और उसमें भ्रांति के लिए कोई जगह नहीं होनी चाहिए। हमको ऐसी कुरीतियों से बचना होगा जो तथ्यों की जानकारी न होने के कारण समय के साथ विकसित हो सकती हैं।

"दूसरा रास्ता चुनने पर शुरुआत में थोड़ा समय लग सकता है। तथ्यों को समझने से ज्ञान और जागरूकता आती है। यह अभ्यास करने के लिए कारण और

प्रेरणा देता है। लेकिन, अगर हम इसका अभ्यास नहीं करते हैं, तो यह ज्ञान मात्र बनकर चेतन मन में ही रह जाता है और कुछ समय बाद भुला दिया जाता है।

"और, यदि हम तीसरे के लिए जाते हैं, जो समझ के बाद दृढ़ निश्चय के साथ अभ्यास करना है, तो हम अपनी आवश्यकताओं के अनुसार स्थापित विधियों को सही रूप में संशोधित कर सकते हैं। यह हमें अनुभव प्रदान करेगा जो आगे अभ्यास को प्रेरित करेगा। जिज्ञासु व स्वनिर्मित व्यक्ति के लिए यह तरीका सर्वोत्तम सिद्ध होता है।"

जैस्मीन—"हम यहाँ तथ्यों को समझने में आपकी मदद करने के लिए हैं। पर आपको दृढ़ निश्चय के साथ उनका अभ्यास करना होगा।"

"यह लोकोक्ति कितनी सही है, इनसान को एक मछली देकर आप उसे एक दिन के लिए खिलाते हैं। इनसान को मछली पकड़ना सिखाएँ और आप उसे जीवन भर के लिए खिलाते हैं[49]," मौली की आवाज़ आभार से भरपूर थी।

"दिलचस्प..." ध्रुव ने पलकें झुका सहमति जताई।

"मुझे आशा है कि यह आपको अपने जीवन के प्रति एक नया नज़रिया बनाने में मदद करेगा। यह आपको स्वयं सच्चाई की तलाश करने के लिए प्रेरित कर सकता है," शिखर ने कहा, "हमारे चेतन मन को समझाने के लिए तर्क और प्रमाण आवश्यक हैं। यह वह मार्ग है जो आपको आत्मविकास की सीढ़ियों के पहले चरण अर्थात् ज्ञान तक ले जा सकता है। लेकिन याद रखें, खुद को तर्क और सबूत तक ही सीमित न रखें।"

अहाना—"तो, 'सत्य का ज्ञान' पहला कदम है, और दूसरा कदम इसका 'अभ्यास' है?"

शिखर—"हाँ, पहले सत्य को जानना और समझना है और फिर उसका निरन्तर अभ्यास कर आत्मसात करना है।"

जैस्मीन—"क्या आपको वह दुष्चक्र याद है? यदि अवचेतन अधिक सकारात्मक नहीं है तो भावनाएँ, विचार और कल्पनाएँ अधिक सकारात्मक नहीं होंगी। बुद्धि से निर्णय कम सकारात्मक होंगे। कर्म और उसके अनुसार अवचेतन में कर्मों की छाप कम सकारात्मक होगी। पुनः अवचेतन अधिक सकारात्मक नहीं होगा और यह दुष्चक्र चलता रहेगा। ज्ञान हममें जागरूकता और बुद्धिमत्ता पैदा करता है, जो इस दुष्चक्र को तोड़ता है और हमारी बुद्धि द्वारा सर्वोत्तम विकल्प चुनने में मदद करता है।

"अब उसी अवचेतन जिसमें भावनाएँ, विचार और कल्पनाएँ अधिक सकारात्मक नहीं थे; ज्ञान, जागरूकता और बुद्धिमत्ता आने से बुद्धि के माध्यम से सर्वोत्तम निर्णय सम्भव होंगे। कर्म सकारात्मक होंगे व अवचेतन में कर्मों की छाप सकारात्मक होगी। समय के साथ अवचेतन अधिक सकारात्मक होता जाएगा।"

जैस्मीन ने आगे कहा, "हमें ज्ञान प्राप्त करके उसका अनुभव करने के लिए अपने दैनिक जीवन में इसका अभ्यास शुरू करना होगा, तब सत्य हमारे अवचेतन में आत्मसात हो हमारे जीवन में प्रतिबिम्बित होने लगेगा। मतलब, यह हमारे चेतन प्रयासों के बिना अर्थात् बिना हमारी कोशिश और मेहनत के हमारे इरादों, भावनाओं और व्यवहार के माध्यम से प्रदर्शित होना शुरू हो जाएगा। इस तरह सत्य के प्रकाश में री-प्रोग्राम हुआ हमारा अवचेतन हमें ज़िन्दगी की ऊँचाइयों तक ले जाता है। हम ईश्वर के साथ एक होते जाते हैं। यह अनुभूति ही हमारा लक्ष्य है।"

शिखर—"यदि कोई व्यक्ति केवल ज्ञान इकट्ठा करने और विचारों पर चर्चा करने में व्यस्त रहता है, और उसका अभ्यास और अनुभव नहीं करता है, तो यह सम्भव है कि वह अपेक्षित लक्ष्य तक नहीं पहुँच सके।"

कुन्दन—"इसीलिए कहा गया है कि एक आदर्श शिक्षक को अपने छात्रों को अपने आचरण से प्रेरित करना चाहिए। और आप उन सभी में श्रेष्ठ हैं जिनसे मैं आज तक मिला हूँ।"

शिखर ने एक मुस्कान के साथ आगे कहा, "आज हमने एक महीना पूरा कर लिया है। तो दोस्तो, आधिकारिक तौर पर यह हमारे पाठ्यक्रम का आखिरी दिन है।"

"सर, क्या आप उन परिवर्तनों को बताना चाहेंगे जो आपने अपने जीवन में महसूस किये हैं, जब से आपने अपने आपको जानने की यात्रा शुरू की?" अहाना ने अनुरोध किया।

"क्यों नहीं!" शिखर ने हौले से हँसकर कुछ सेकंड के ब्रेक के बाद शुरू किया। उन्होंने कहा, "मैं अपने पुराने गलत विश्वासों, जिन्हें मैंने अपने पिछले अनुभवों से विकसित किया था, को काफ़ी हद तक बदल पाया—जैसेकि मेरी खुशी बाहरी दुनिया पर निर्भर है, मुझे इसे हासिल करना होगा। अब मुझे एहसास है कि सुख-शान्ति मेरे भीतर ही है। जिस प्रकार अन्धकार केवल प्रकाश का अभाव है, उसी प्रकार चिड़चिड़ाहट, क्रोध और तनाव मेरे द्वारा अपने आन्तरिक सुख और शान्ति को पहचानने का अभाव है।

"मेरी दूसरी पुरानी मान्यता थी—जीवन में हर मनचाही चीज़ पाना सम्भव नहीं। अब मुझे पता है कि हम हर चीज़ जो चाहते हैं, पा सकते हैं अगर हमें विश्वास है कि हम उसे पा लेंगे। बस, लेश मात्र भी सन्देह नहीं होना चाहिए। जैसाकि पवित्र बाइबल कहती है—'मैं तुमसे सच कहता हूँ, यदि तुम्हारे पास राई के दाने जितना छोटा भी विश्वास है, तो तुम इस पहाड़ से कह सकते हो—यहाँ से वहाँ खिसक जाओ, तो वह खिसक जाएगा'[50]।"

"सर, आप मुस्करा क्यों रहे हैं?" कुन्दन ने उत्सुकतावश पूछा।

"मैं मुस्करा इसलिए रहा हूँ कुन्दन, क्योंकि सत्य जानने के बाद हमारी चाहतें ही बदल जाती हैं; भौतिक वस्तुएँ, जैसे—पैसा और बँगला, सब होकर भी उतना महत्त्वपूर्ण नहीं रहता जितना सुकून और आनन्द से भरपूर सादा जीवन," शिखर ने विनम्रता से उत्तर दिया और जैस्मीन से पूछा, "जैस्मीन, क्या आप अपने अनुभव बताना चाहोगी?"

जैस्मीन ने भी उसी विनम्रता से जवाब दिया, "क्यों नहीं सर, मेरे भी पुराने विश्वास काफ़ी हद तक बदल गए हैं, जैसे पहले मुझे लगता था, कुछ लोग इतने बुरे होते हैं कि उनके बारे में अच्छी भावना रखना सम्भव नहीं। पर अब मैं समझ सकती हूँ, सब एक ही शुद्ध चेतन ऊर्जा के विभिन्न रूप हैं। विविधता की इस दुनिया में सोचने, व्यवहार और कार्य करने की हर सम्भावना एक सर्वव्यापी नियम है, जैसे फिल्मों में अभिनेता नायक या खलनायक के रूप में अलग-अलग भूमिका निभाते हैं। लोग गलत नहीं होते। जो काम वे करते हैं, वह भले ही गलत हो। सभी को हमें वैसे ही स्वीकार करना है, जैसे वे हैं और उनके लिए मन में शुभकामनाएँ रखने का प्रयास भी करना है।

"मेरा एक और गलत विश्वास था कि आज की दुनिया में हमें बहुत अच्छी तरह से बात करनी आनी चाहिए—भले ही हम उस चीज़, व्यक्ति या मामले के बारे में बुरा सोचते हों। लेकिन अब मुझे पता है कि इरादे और भावनाएँ शब्दों की तुलना में तेज़ी से और अधिक प्रभावी ढंग से काम करते हैं। वे शब्दों की तुलना में अधिक शक्तिशाली ऊर्जा हैं।

"जब मुझे एहसास होने लगा कि मैं कौन हूँ; दर्द, कमी, खोखलेपन और शून्यता का अहसास गायब होने लगा। खोखलेपन की यह भावना मेरी हर नकारात्मकता—चाहे गुस्सा, दर्द, तनाव या जलन हो—का कारण थी। पूर्णता की भावना गज़ब की है।

"कुछ समय पहले, जब कोई मुझसे कुछ बुरा या गलत कहता था, तो मैं आम तौर पर अपना आपा खो गुस्सा करने लगती थी और यदि मैं अपने गुस्से को रोकने की या दबाने की कोशिश करती, तो आँसू निकलने लगते थे। उन्हें रोकना मेरे लिए असम्भव होता। लेकिन अब जब वैसी स्थिति आती है, जो पहले मेरे भीतर बड़ी भावनात्मक उथल-पुथल पैदा कर दिया करती थी, तो न के बराबर फर्क पड़ता है। अगर मेरे सामने वाला व्यक्ति सही कारणों से मुझसे नाराज़ है, तो मैं शान्ति से अपनी गलतियों को स्वीकार करती हूँ और उन्हें सुधारने के लिए उन पर काम करना शुरू कर देती हूँ। और, जब व्यक्ति किसी गलत कारण से क्रोधित होता है, तो मैं मन में दोहराती हूँ—हे ईश्वर, इस व्यक्ति को सद्‌बुद्धि दो और उससे आने वाले तीखे तीरों जैसे शब्दों की गर्मी मुझे छुए बिना ही वापस चली जाती है।

"अब भी, कभी-कभी मैं परेशान हो जाती हूँ, लेकिन वह अशान्ति दिनों तक रहने की अपेक्षा, जैसेकि पहले हुआ करती थी, कुछ मिनटों या घंटों के लिए ही बनी रहती है। तो दोस्तो, मुझे अपने आपमें बहुत सुधार करना है। मैंने पहला कदम लगभग छह साल पहले उठाया था जब मैंने शिखर सर की इन क्लासेज़ को ज्वाइन किया था। और दो साल पहले, मैंने सर से अनुरोध किया कि मुझे इस पाठ्यक्रम का एक अभिन्न अंग बना दें ताकि मैं इसे पार्ट टाइम कर सकूँ और लगातार खुद पर भी काम कर सकूँ। मेरी कोशिश अभी जारी है।

"मैं अब एक बेटी, पत्नी, माँ, एक शिक्षक और एक शिक्षार्थी के रूप में अपनी सभी भूमिकाओं को प्यार से पूरा कर रही हूँ, न कि केवल कर्तव्य या ज़िम्मेदारी के रूप में। यह अनुभव कमाल है। यह जीवन को सुन्दर बनाता है; सच में इसका हर पल खूबसूरत हो गया है।

"बातें तो बहुत सी हैं, लेकिन फिर कभी। अभी मैं सर्वशक्तिमान ईश्वर और शिखर सर के प्रति अपना आभार व्यक्त करना चाहती हूँ कि अन्ततः उनकी मदद से मुझे अपने लक्ष्य का एहसास हो सका। वह लक्ष्य है—परम सत्य का एहसास करना, उसके अनुसार जीवन जीना। सर्वशक्तिमान के साथ एक मज़बूत सम्बन्ध बना हर्षित, मग्न, चैन से रहना और फिर, दूसरों को भी प्रसन्नचित्त रहने के लिए प्रेरित करना," जैस्मीन की आवाज़ में एक सुकून सा था।

शिखर ने जैस्मीन को सराहना भरी नज़रों से देखा और फिर मौली की ओर मुखातिब हुए, "हाँ, मौली, मुझे लगता है कि तुम कुछ कहना चाहती हो?"

मौली ने कहा, "हाँ, सर, मैं बताना चाहती हूँ कि किस प्रकार हमारी अज्ञानतावश

अनजाने में उत्पन्न कुछ विचार हमारे जीवन को प्रभावित कर सकते हैं। कुछ साल पहले, मैं चिन्ताओं, दर्द और नकारात्मक विचारों से भरी लड़की थी। जब मेरी शादी हुई तो मैंने ज़िन्दगी को नये नज़रिए से देखना शुरू किया। मेरे पति के जीवन जीने के तरीके ने मुझे जीवन के प्रति एक नई, अधिक सकारात्मक दृष्टि विकसित करने के लिए प्रेरित किया। लेकिन यह जीवन और परिवार के प्रति लगाव, मोह और असुरक्षा के भाव भी साथ लाया। इस असुरक्षा ने मेरे मन में एक विचार उत्पन्न किया और अपनी अपरिपक्वता के कारण मैंने माँ वैष्णो देवी के सामने एक निवेदन किया—'मुझे अपने पति और बच्चों से कभी अलग मत करना माँ! मैं मानसिक आघात सहन नहीं कर पाऊँगी। उसके स्थान पर, मुझे कोई भी शारीरिक आघात चलेगा। सर्जन होने के नाते, मेरे हाथ स्वस्थ होने चाहिए, इसलिए मेरे पैर में कोई भी तकलीफ एक अच्छा विकल्प हो सकता है।'

"लगभग दो साल पहले, मैं अपनी ओपीडी में बैठी मरीज़ देख रही थी और एक दुबली-पतली युवती अपना चेकअप कराने आई। उसकी कोई सन्तान नहीं थी। उसके लम्बे घने बाल बेहद आकर्षक थे। मैंने उसकी जाँच की और पता चला कि उसे टीबी यानी ट्यूबरकुलोसिस है। मेरे दिमाग में एक विचार आया कि ट्यूबरकुलोसिस इंफेक्शन की वजह से लोग पतले हो जाते हैं, लेकिन बालों के विकास को यह शायद ही प्रभावित करता है। इसका इलाज भी है। और दोस्तो, पिछले साल मुझे मेरे बायें पैर के तलवे में एक अल्सर हुआ, जिसके लिए मुझे एटीटी (एंटी ट्यूबरकुलर ट्रीटमेंट) लेना पड़ा।

"यहाँ हमने सीखा कि हमारे विचार ही हमारी भौतिक वास्तविकता बनते हैं। मेरे पैर का अल्सर इसका प्रमाण है। इसलिए, रचनात्मक और सकारात्मक विचारों पर फोकस रखना ही बेहतर विकल्प है।

"अभी कुछ आठ महीने पहले हमारे डिपार्टमेंट में फैकल्टी की कमी हो गई थी। मेरे पैर में चोट होने के बावज़ूद मुझे बहुत मेहनत करनी पड़ी। मैंने रूटीन काम के अलावा तीस घंटे—सुबह नौ बजे से अगले दिन दोपहर तीन बजे तक—की दस ड्यूटी की। मैं रात भर सर्जरी करती। सब कुछ ठीक-ठाक चला। जब मुझे थकान लगती, मैं पहले सीखे हुए तरीकों के अनुसार ध्यान की कोशिश करती, और काफ़ी हद तक फिर से तरो-ताज़ा हो जाती।"

शिखर—"बिलकुल मौली, ईश्वरीय चेतना के साथ हमारा सम्बन्ध ज़रूरी नहीं कि हमारे जीवन में चुनौतियों को कम कर देगा, लेकिन निश्चित रूप से हम

उनका सामना आसानी से, प्यार से, मानसिक या शारीरिक रूप से कुछ कम थके कर सकेंगे।"

इस पर कुन्दन ने कहा, "मुझे कल इंटरनेट पर ब्रायन ट्रेसी का एक दिलचस्प विचार नज़र आया—'हर स्थिति में कुछ सकारात्मक खोजने का खेल खेलो। आपकी भावनाओं का पचानवे प्रतिशत इस बात से निर्धारित होता है कि आप अपने साथ हुई घटनाओं को लेते कैसे हैं'[51]।"

ध्रुव—"मैं पिछले रविवार की एक घटना बताता हूँ। मेरा छोटा भाई दोपहर में कभी नहीं सोना चाहता। मैंने उसे अपने साथ एक छोटी झपकी लेने के लिए मना लिया, पर उसने मुझसे वादा लिया कि मैं उसे साढ़े चार बजे बैडमिंटन खेलने के लिए जगा दूँ। हम बेडरूम में सो रहे थे। सोते हुए मैंने अपने बरामदे की दीवार घड़ी को साढ़े चार का समय दिखाते हुए देखा, घड़ी की सुई साढ़े चार पार कर रही थी, और मैंने एक स्पष्ट बीप टाइप आवाज़ सुनी। यह निश्चित रूप से एक सपना नहीं था, क्योंकि मैंने अपनी दीवार घड़ी का केवल एक ही दृश्य देखा था। आश्चर्यजनक बात है कि उस वक्त मैंने खुद को जागने की तुलना में अधिक सजग महसूस किया था। मैं तुरन्त पलंग से उठा और दीवार घड़ी देखने के लिए बाहर आया। शाम के साढ़े चार बजे थे। पहली बार मुझे ऐसा अनोखा अनुभव हुआ था।"

अहाना ने भी अपना अनुभव बाँटा, "बचपन से ही मुझे दूध उबालते समय गैस नॉब को धीमे कर छोड़ने की आदत है। जब तक दूध उबलता है, मैं अन्य काम करने लगती हूँ। इस चक्कर में अक्सर दूध गिर जाता था। लेकिन पिछले वीकेंड जब मैं घर गई थी, फिर से गैस बर्नर पर दूध रखकर अपने कमरे में कुछ करने लगी। अचानक मुझे गैस बर्नर पर रखे दूध की याद आई और मैंने अपनी बहन से कहा कि भाग के देख तो, दूध उबल गया क्या? दूध बस उबलकर गिरने ही वाला था। और, उसने हँसते हुए कहा, 'वाह दी, आज तो दूध बच गया! क्या दूध ने आपको बताया कि यह उबलकर गिरने ही वाला था?' क्या यह मेरा अवचेतन था जिसने जाकर उबलते दूध को देखा या यह दूध की चेतना थी जिसने मुझसे बात की, मुझे नहीं पता? बस, मुझे लगा कि दूध उबल रहा है, और ऐसा पहली बार एकदम टाइम पर लगा।"

अब कुन्दन की बारी थी, "मैंने भी विचारशक्ति के साथ प्रयोग किया। पिछले हफ्ते मेरे कैंपस में मोबाइल नेटवर्क कुछ गड़बड़ था। परसों मैं कोच सर से बात

करना चाहता था। कई बार कोशिश करने के बाद भी कॉल नहीं लगी। मैं दो घड़ी शान्त बैठा और अपने आपसे कहा कि मैं कोच सर से बात करने वाला हूँ, और मैंने कॉल मिलने वाले आइकन को छुआ और अपने मोबाइल स्क्रीन पर चमकने वाले हरे सिग्नल, जो यह दर्शाता है कि कॉल कनेक्ट हो गई है, की कल्पना करना शुरू कर दिया। और, जैसे ही मैंने अपने मोबाइल फोन की स्क्रीन देखने के लिए अपनी आँखें खोलीं, मेरे आश्चर्य की सीमा नहीं थी। कॉल वास्तव में मिल गया था और मैं कोच सर से बात कर पाया। फिर, मैंने इसे कुछ और बार आज़माया और सफल रहा, सिवाय जब मैं इसे अपने रूममेट वासू को दिखा रहा था। मुझे समझ में नहीं आ रहा है कि क्यों? मुझे लगता है कि थोड़ी सी चिन्ता और अहंकार मेरे विचार और उसकी अभिव्यक्ति के बीच आ गए, जिससे वह अशुद्ध हो गया; और मैं असफल रहा।"

"बहुत खूब! मुझे एक ऐसी ही घटना याद है जो लगभग दस साल पहले हुई थी। उन दिनों हमारे पास वाई फाई सेवाओं का लाभ उठाने के लिए प्रीपेड नेट कनेक्टर हुआ करता था," शिखर ने कहा, "मुझे एक ज़रूरी ईमेल भेजना था और मेरा प्रीपेड नेट कनेक्टर त्रुटि दिखा रहा था, जिसका मतलब था कि मुझे इसे रिचार्ज करना था। मैंने नेट रिचार्ज करने वाले बन्दे को कॉल किया, लेकिन उसने फोन नहीं उठाया। मैंने विज़ुअलाइज़ेशन की इसी तकनीक की कोशिश की; आश्चर्यजनक रूप से, मेरा नेटवर्क कनेक्शन मिल गया और मैं मेल भेज सका। शाम को मैंने नेट रिचार्जिंग वाले को कॉल किया कि रिचार्ज का पेमेंट कर सकूँ क्योंकि मुझे लगा कि शायद मेरी मिस्ड कॉल देखकर उसने मेरा इंटरनेट कनेक्शन रिचार्ज कर दिया है। लेकिन अजरज हुआ मुझे जब जवाब आया कि उसने रीचार्ज नहीं किया था। मैंने तुरन्त अपना लैपटॉप खोला। नेट कनेक्टर फिर से वही त्रुटि दिखा रहा था।

"और भी कई अद्‌भुत अनुभव हैं। तीन दिनों से लगातार बारिश हो रही थी। मैंने आकाश की ओर देख यूँ ही कहा, 'यार, कुछ धूप दिखाओ, बहुत हुई बरसात।' करीब तीस से पैंतीस मिनट ही बीते होंगे कि सुनहरी धूप के साथ आसमान साफ हो गया," शिखर ने अपनी बात पूरी की।

रेयान ने अर्ल नाइटिंगेल को उद्धृत किया, "'जितनी अधिक तीव्रता से हम किसी विचार या लक्ष्य के बारे में महसूस करते हैं, उतना ही निश्चित रूप से यह विचार हमारे अन्दर गहरे अवचेतन में जाकर, हमें इसके पूर्ण होने के मार्ग पर ले जाएगा'[52]।"

शिखर—"अनुभव कई हैं, लेकिन हमें उन्हें अपने जीवन में स्वयं ही महसूस करना होगा।"

"एक घटना मेरे सहकर्मी के साथ हुई, जिसने मुझे बहुत प्रेरित किया, इसलिए मैं इसे शेयर करना चाहती हूँ। मैं उसका नाम नहीं लूँगी," जैस्मीन ने कहा, "आज भी मुझे उसकी बातें याद हैं। उसने कहा था, 'वह मेरे जीवन का सबसे बुरा दौर था। मेरे बेटे का एक दोस्त मेरे यहाँ पढ़ाई के लिए आया करता था। वह बहुत अच्छा लड़का था, काफ़ी बुद्धिमान भी था। उसके लिए मेरे मन में बहुत ममता थी। लेकिन धीरे-धीरे, मैंने देखा कि उसका व्यवहार थोड़ा अजीब हो रहा था। मुझे नहीं पता था कि उसने मुझसे वह प्यार क्यों माँगा जो एक माँ के प्यार से अलग था। क्या यह उसकी किशोरावस्था के कारण था कि वह इस तरह से मेरी ओर आकर्षित हो रहा था? वह अपनी पढ़ाई पर ध्यान देना बन्द कर रहा था। मैंने उसे डाँटा, और उसे चेतावनी दी कि मैं उसके माता-पिता से बात करूँगी। उसके आँसू बहने लगे और उसने मुझे अपने माता-पिता से कुछ भी नहीं बताने के लिए कहा। उसने मुझसे कहा कि वह वास्तव में खुद को बदलना चाहता है। और यह कि वह जानता है कि यह गलत है लेकिन वह इस भावना से मुक्त नहीं हो पा रहा है। उसने बताया कि इस कारण वह खुद को चोट पहुँचाने का प्रयास भी कर चुका है। अजीब स्थिति थी। मुझे नहीं समझ आ रहा था कि क्या करना चाहिए। मैं इसे अपने पति या किसी दोस्त के साथ भी शेयर नहीं कर पा रही थी। मैंने सोचा, यह बात मेरे सुखी परिवार को बर्बाद कर देगी। मैं पूरी तरह से तनावग्रस्त और उदास थी। मेरे जीवन में ये उथल-पुथल कुछ हफ्तों तक चली। तब मुझे शिखर सर से ध्यान के बारे में पता चला। उनके बताए अनुसार, मैंने ईश्वर को अपनी समस्या के बारे में विस्तार से बताया, जिस प्रकार मैं अपने सबसे अच्छे दोस्त से बताती। घंटों मेरे आँसू बहते रहे। मैं अपने जीवन में कभी इतना नहीं रोई। लेकिन जल्द ही मुझे एहसास हुआ कि निकले आँसुओं ने मेरे दिल के भारीपन और पीड़ा को कुछ हद तक दूर कर दिया है। मैंने हल्का और बेहतर महसूस किया। सबसे पहले मैंने उस किशोर को माफ किया। मैंने उसे वैसे ही स्वीकार किया, जैसे वह था। फिर, मैंने उसे शान्ति के वाइब्स भेजने शुरू किये। मैंने इसे कई दिनों तक जारी रखा। उसे इसके बारे में कुछ भी नहीं बताया। पर मैंने देखा कि धीमे-धीमे मेरे प्रति उसका रवैया कुछ बदलने लगा है। फिलहाल, अब वह बिलकुल मेरे बेटे की तरह है'," जैस्मीन ने बताया।

रेयान—"उनके अनुभव ने हमें सिखाया कि अच्छे इरादों के साथ हम एक भी शब्द बोले बिना दूर से भी किसी को भी ठीक कर सकते हैं। मैं अपने बॉस के साथ सम्बन्ध सुधारने के लिए इस तकनीक का उपयोग शुरू कर चुका हूँ।"

"यानी लगभग हर लड़ाई को हमारे सर्वोत्तम इरादों और प्रयासों से सुलझाया जा सकता है," कुन्दन ने कहा, "हमारे सारे प्रयासों को लड़ाई की तुलना में अच्छे वाइब्स को प्रसारित करने में लगाना समझदारी है।"

"हाँ, सच! यह समझ दुनिया को रहने के लिए खूबसूरत बना देगी," शिखर सहमत हुए।

"तो दोस्तो, अगले कुछ मिनटों में जो कुछ हमने यहाँ सीखा, उसके सार को दोहरा लेते हैं।" शिखर जैस्मीन को कम्प्लीशन सर्टिफिकेट का निर्देश दे कमरे से बाहर चले गए।

वे सब भावुक हो गए। उन्होंने एक दूसरे को प्यार से गले लगाया।

मौली ने कहा, "पता ही नहीं चला, यह एक महीना कब बीत गया!"

"मुझे लगता है, जो इनसान यहाँ से अभी जाएगा, वह वही नहीं है जो एक महीने पहले यहाँ आया था," ध्रुव ने खुद को आईने में देखते हुए कहा।

"मैं घड़ी को रोकना चाहती हूँ। मैं वास्तव में नहीं चाहती कि क्लासेज़ समाप्त हो जाएँ," अहाना की आँखों में आँसू थे।

कुन्दन ने थोड़ी देर अहाना को देखा और कहा, "मुझे उतनी ही खुशी भी हो रही है कि मुझे मेरे जीवन के बारे में वो बातें करने का मौका मिला जो मैंने पहले कभी नहीं की थीं।"

कुन्दन ने मार्कर उठाया और बोर्ड की ओर मुड़ा। कुछ देर बाद कुन्दन के साथ सभी लिखने में व्यस्त हो गए।

कुछ समय बाद शिखर कमरे में आए और कुन्दन को बोर्ड पर लिखते देख चार्ट को विस्तार से बताने को कहा।

कुन्दन ने शुरू किया, "सर, मैं यहाँ अपने सभी दोस्तों का प्रतिनिधित्व करने के लिए हूँ, जिसमें जैस्मीन और आप भी शामिल हैं।

"पहला कदम है—सत्य का एहसास कि हम एक शुद्ध, सकारात्मक, शक्तिशाली, शान्त चेतन ऊर्जा हैं। हमारे चारों ओर का संसार अन्य चेतन और भौतिक ऊर्जा से मिलकर बना है। हमारा शरीर और मन एक उपकरण मात्र है,

जिसकी मदद से 'मैं', 'चेतन ऊर्जा', कर्म करता हूँ और संसार का अनुभव करता हूँ। सर्वशक्तिमान परमेश्वर, सर्वोच्च चेतन ऊर्जा हमारे मार्गदर्शक हैं। वे हममें से प्रत्येक से बहुत अधिक प्रेम करते हैं।

"दूसरा कदम है—स्वस्थ रहना। योग से अपने शरीर, ध्यान से अपने मन और ईश्वर को अपना सबसे अच्छा दोस्त बनाकर स्वयं चेतन ऊर्जा को स्वस्थ, शुद्ध और मज़बूत रखना।

"तीसरा कदम है—अपना लक्ष्य तय करना और सारे लक्ष्य एक कागज़ पर लिख लेना। यह अस्थायी या अल्पकालिक हो सकते हैं, जैसे—प्रतियोगी परीक्षा में चयनित होना, बँगला या कार पाना, किसी के साथ अच्छे सम्बन्ध बनाना या लगभग टूटे हुए रिश्ते को एक मज़बूत बंधन में बदलना। यह स्थायी हो सकता है, जैसे—हमेशा शान्तिपूर्ण, आनन्दित और खुश रहना।

"चौथा कदम है—लक्ष्य के प्रति गहरी ज्वलंत इच्छा विकसित करना। यदि आप वास्तव में लक्ष्य चाहते हैं तो यह स्वाभाविक होगा, लेकिन उसे और तीव्र करें।

"पाँचवाँ कदम है—मन की अल्फा अवस्था में जाना। स्वाभाविक रूप से, सोने से ठीक पहले और जागने के तुरन्त बाद। प्रयत्न द्वारा ध्यान के दौरान या हिप्नोसिस में।

"छठा कदम है—अल्फा अवस्था के दौरान अवचेतन मन की प्रोग्रामिंग करना। दिन में कम से कम दो बार। अपने आपको वांछित स्थिति में कल्पना करें, जैसे कि यह पहले ही हो चुका है। आनन्द, सन्तुष्टि और शान्ति महसूस करें। सर्वोच्च शक्ति के प्रति प्रेम और आभार महसूस करें।

"सातवाँ कदम है—लक्ष्य प्राप्त करने के लिए हर सम्भव प्रयास करना—उन अवसरों को पकड़ने को, जो आपके अवचेतन एवं ईश्वरीय चेतना ने रचे हैं।

"आठवाँ कदम है—समय देकर विश्वास रखना और उपर्युक्त प्रक्रिया को प्रेमपूर्वक, दृढ़तापूर्वक करते रहना।

"नवाँ कदम—चमत्कार का अनुभव करना है।"

" 'चमत्कार उनके साथ होता है जो उन पर विश्वास करते हैं'[53]," अहाना ने बर्नार्ड बेरेनसन को उद्धृत किया।

"ध्यान एक अभ्यास है। हमें केवल पहली बार धैर्य रखने की आवश्यकता है और फिर जब हम चमत्कार होते देखेंगे, तो इस राह पर खुद-ब-खुद हमारे कदम बढ़ उठेंगे। याद है, जब हमने साइकिल, बाइक या कार चलाना सीखना शुरू किया

था, पहले कुछ दिन बहुत कठिन थे। शायद हमारे मन में यह खयाल भी आया होगा कि हम इसे सीख नहीं पाएँगे," जैस्मीन ने कहा।

"लेकिन यदि हम हार न मानें और अभ्यास जारी रखते हैं, तो जल्द ही वह दिन आएगा जब हम सुनेंगे, 'मुन्ना तो राइडर बन गया!'" शिखर ने कहा।

रेयान—"क्योंकि, अभ्यास ही इनसान को उत्कृष्ट बनाता है। अगर हमारे पास यह मानने के लिए पर्याप्त तथ्य हैं कि कुछ हमारे लिए अच्छा है, तो हमें उन्हें अपने जीवन में शामिल करने का फैसला करना चाहिए।"

जैस्मीन—"लेकिन मान लो, यदि मैं ड्राइविंग सीखने के लिए महीने भर में एक बार ड्राइविंग क्लास लेती हूँ, तो क्या मेरे लिए राइडर बनना सम्भव होगा? नहीं! मेरे दोस्त, उसके लिए शुरुआत में निरन्तर अभ्यास की आवश्यकता है।"

"अपनी योजनाओं को बनाने और इन योजनाओं या लक्ष्यों को प्राप्त करने के लिए क्या करना चाहिए, यह तय करने के लिए सबसे अच्छे तुम स्वयं हो। मेरी शुभकामनाएँ सदैव तुम सबके साथ होंगी," शिखर ने कक्षा का समापन किया।

कुछ देर बाद दो जोड़ी पाँव शिखर सर के अपार्टमेंट के सामने की सड़क पार कर रहे थे। चन्द मिनटों के मौन के बाद, अहाना ने कहा, "तुमको बास्केटबॉल के मैदान पर खेलते हुए देखना अद्भुत था। तुम्हारा जीतना और ट्रॉफी अपने हाथ में थामे देखकर बहुत अच्छा लगा।"

"मुझे भी खुशी है कि मैं जीवन-रूपी खेल को खेलने और जीतने का हुनर सीखना शुरू कर सका। और इसका श्रेय उस इनसान को जाता है जिसके साथ करीब दो माह पहले मैंने हद से ज़्यादा ज़्यादती की थी। वह इनसान मेरे जीवन में इस सुन्दर परिवर्तन का कारण है। लेकिन मुझे नहीं पता कि उसने मुझे माफ किया है या नहीं!" कुन्दन ने अहाना की आँखों में देखते हुए कहा।

"कुन्दन, तुम दो महीने पहले भी मेरे सबसे अच्छे दोस्त थे और आज भी हो," अहाना ने मुस्कराते हुए कहा, "और दोस्ती में नो सॉरी, नो थैंक्यू।"

## जॉर्जियंस मीट

"सर, हम पहुँच गए," ड्राइवर के शब्दों ने कुन्दन को 'बीते कल' से 'आज' में लौटा लिया था। वह कल, जो लगभग बाईस साल पुराना था, लेकिन उस कल में सब कुछ इतना स्पष्ट और यथावत् था, मानो उस अतीत और वर्तमान के बीच केवल कुछ कदमों का ही फासला हो!

कार कॉलेज के गेट पर पहुँच चुकी थी।

"हाँ, डेविड, यहीं रोक दो कार," कुन्दन ने जवाब दिया, "तुम घर जा सकते हो। मैं लौटते समय कैब ले लूँगा।"

डेविड ने कार रोक दी और काले जैगुआर का चमकता हुआ दरवाज़ा खोला। लेकिन उसको कुन्दन की बात अटपटी लग रही थी।

"सर, क्या आप वाकई में गम्भीर हैं?"

"हाँ, डेविड, अपनी छुट्टी के मज़े लो। मोबाइल ज़रूर ऑन रखना। मैं बुलाऊँगा तुम्हें, अगर मुझे तुम्हारी ज़रूरत पड़ी।"

कुन्दन ने पैर कार से बाहर निकाला और डेविड ने रजत चाँदनी सा अरमानी कोट हैंगर से निकाल कहा, "सर, क्या मैं आपको ऑडिटोरियम तक छोड़ दूँ?"

कुन्दन जल्दी में नहीं था। उसने अपने आसपास का जायज़ा लिया। काफ़ी कुछ बदल चुका था; सड़क के बीच में जो बड़ा सा घेरा हुआ करता था, वह और अधिक हरा और आकर्षक हो गया था। रेस्तराँ अभी भी सड़क के किनारे पर था, लेकिन रेनोवेट हो चुका था। सड़कें चौड़ी, चिकनी और काली थीं, जैसेकि उसकी काली जैगुआर को चुनौती दे रही हों!

लेकिन जैसे ही उसने एक गहरी साँस ली, उसके कान में हवा की खुशबू ने धीरे से फुसफुसाकर कहा, 'देखो न कुन्दन, मैं वही हूँ, बिलकुल नहीं बदली। वैसी

ही, जैसी तुम मुझे कई बरस पहले छोड़कर गए थे।'

उसने अपने हाथों और पैरों को तानकर एक मुस्कान के साथ अंगड़ाई ली, जैसेकि वह अपने विला के लॉन में हो! जैगुआर के चमकते खिड़की के शीशे में कुन्दन की जो छवि दिखाई दे रही थी, वह दो दशक पहले के युवा, लम्बे, आकर्षक कुन्दन से बहुत अलग नहीं दिख रही थी; शायद, उसने अभी-अभी दो दशक अंगड़ाई ले झाड़ दिये थे। उसने अपनी आस्तीन को बिना दो फोल्ड मैचिंग के मोड़ा, जैसाकि वह अपनी युवावस्था में किया करता था। मुड़ी हुई आस्तीन के नीचे से उसका टैटू नज़र आ रहा था—वही टैटू, जिसमें उसके पुराने वोक्सवैगन लोगो का मध्य भाग था, जो उस दिन शिखर सर की क्लास के बाद से नहीं बदला था। कुन्दन ने जैगुआर के शीशे में नजर आ रहे खुद के चेहरे में शिखर को मुस्कराते सा देखा।

डेविड से अपना कोट ले कुन्दन ने उसे दाहिने हाथ से अपने कंधे पर लटका लिया।

उसके काले घुँघराले बालों में कुछ एक चाँदी की रेखाओं जैसे सफेद बाल उसके चाँदी जैसे कोट के साथ अच्छी तरह से मैच हो रहे थे।

कुन्दन जैगुआर के शीशे में वापस मुस्कराया—शीशा, जिसे बॉस का कोट पहनने की बजाय कंधे पर डालना कुछ अजीब लग रहा था। कुन्दन ने डेविड को अलविदा कहा और आगे बढ़ गया।

वह कॉलेज के गेट के सामने था। वह गेट, जो आज भी उसके हृदय में धड़कता है। वह कुछ देर रुक गया था, शायद उसके प्रति आभार व्यक्त करने के लिए। कॉलेज के गेट ने भी बदले में उसे ऐसे गले लगाया, जैसे उसकी माँ उसे सीने से लगा लिया करती थीं।

पच्चीस साल पहले जब पहली बार मेडिकल कॉलेज के इस विशाल द्वार को देखा था, उस दिन से कहीं ज़्यादा प्यार और आत्मीयता उसे आज महसूस हुई थी। उस दिन उसके ठीक पीछे खड़े वासू की भोजपुरी लहज़े में कही गई टिप्पणी ने आज भी उसके होंठों पर मुस्कान ला दी, 'साला! इ गेट त हमका बुलंद दरवाज़ा लगत बा भाई।'

वहाँ खड़े गार्ड ने कुन्दन को सलाम ठोका, शायद चमकती जैगुआर को देखकर। ऑडिटोरियम की ओर बढ़ते कुन्दन की नज़र एक नवयुवक पर पड़ी।

वह कुन्दन की ओर ही आ रहा था; क्या वह कुन्दन नहीं था—पच्चीस साल पहले का कुन्दन? वही टी-शर्ट, वही ऐप्रेन और उसके ऊपर कंधे पर पड़ा काला

स्टेथेस्कोप! फिर से घड़ी अतीत की तरफ पलटने वाली थी कि कुन्दन ने एक आवाज़ सुनी—

"सर आपका ऑटोग्राफ प्लीज़, आपके उपन्यास पर!" वही युवक कुन्दन के सामने एक कलम और एक किताब पकड़े खड़ा था, "सर, मैं आपके जैसा बनना चाहता हूँ।"

कुन्दन ने मुस्कराती निगाहों से उसकी तरफ देखा और कलम काग़ज़ पर नृत्य कर अक्षर उकेरने लगी—

'तुम अपना उत्कृष्ट रूप होना
और तुम बहुत आगे जाओगे
ईश्वर तुम्हारे साथ है।'
—कुन्दन

उस लड़के ने कुन्दन के उन शब्दों को दो बार पढ़ा, शायद पूरी तरह से अर्थ समझने की कोशिश में, और एक सुकून भरी मुस्कान के साथ पुस्तक को बाँहों से थाम अपने सीने से लगा लिया।

दिसम्बर की सुबह की सुनहरी किरणें, किताब के कवर पर अंकित इन शब्दों पर दिव्य आशीर्वाद की तरह पड़, उन्हें प्रकाशित कर रही थीं—

**तलाश खुद की**

# टिप्पणियाँ

1. Everything is energy and that's all there is to it. This is not philosophy. This is physics. —अल्बर्ट आइंस्टीन
2. *न जायते म्रियते वा कदाचि, न्नायं भूत्वा भविता वा न भूयः।*
   *अजो नित्यः शाश्वतोऽयं पुराणो, न हन्यते हन्यमाने शरीरे॥* —श्रीमद्‌भगवतगीता, 2.20
3. https://digital.library.unt.edu/ark:/67531/metadc799065/m2/1/high_res_d/vol18-no4-215.pdf —माइकल सबोम (हृदय-रोग विशेषज्ञ)
4. The modern tradition of equating death with an ensuing nothingness can be abandoned. For there is no reason to believe that human death severs the quality of the oneness in the universe. —डॉ. लैरी डॉसी
5. https://www.researchgate.net/publication/242424836_Ian_Stevenson_and_Cases_of_the_Reincarnation_Type. —डॉ. इयान स्टीवेन्सन
6. Be careless in your dress if you will, but keep a tidy soul. —मार्क ट्वेन
7. *वासांसि जीर्णानि यथा विहाय, नवानि गृह्णाति नरोऽपराणि।*
   *तथा शरीराणि विहाय जीर्णान्य, न्यानि संयाति नवानि देही॥* —श्रीमद्‌भगवतगीता, 2.22
8. Try and penetrate with our limited means the secrets of nature and you will find that, behind all the discernible laws and connections, there remains something subtle, intangible, and inexplicable. —आइंस्टीन
9. *यावत्सञ्जायते किञ्चित्सत्त्वं स्थावरजङ्गमम्।*
   *क्षेत्रक्षेत्रज्ञसंयोगात्तद्विद्धि भरतर्षभ॥* —श्रीमद्‌भगवतगीता, 13:27
10. *मया ततमिदं सर्वं जगदव्यक्तमूर्तिना।*
    *मत्स्थानि सर्वभूतानि न चाहं तेष्ववस्थितः॥* —श्रीमद्‌भगवतगीता, 9:4
11. The world is the great gymnasium, where we come to make ourselves strong. —स्वामी विवेकानन्द
12. The mind is a beautiful servant but a dangerous master. —ओशो
13. Believe in yourself and all that you are. Know that there is something inside you that is greater than any obstacle. —सर क्रिश्चियन डी. लार्सन
14. The intuitive mind is a sacred gift and the rational mind is a faithful servant. We have created a society that honours the servant and has forgotten the gift. —अल्बर्ट आइंस्टीन
15. Come up, O lions, and shake off the delusion that you are weak; you are souls immortal, spirits free, blest and eternal; ye are not matter, ye are not bodies;

matter is your servant…All the powers in the universe are already ours. It is we who have put our hands before our eyes and cry that it is dark. —स्वामी विवेकानन्द

16. Choose a job you love, and you will never have to work a day in your life. —अज्ञात
17. Not forgiving is like drinking rat poison and then waiting for the rat to die. —ऐनी लैमॉट
18. Forgiveness is a virtue of the brave. —इन्दिरा गांधी
19. If you can't forgive and forget, then pick one and do it. —रॉबर्ट ब्रेल्ट
20. You can have anything you want if you will give up the belief that you can't have it. —रॉबर्ट एंथनी
21. The world has enough for everyone's need, but not enough for everyone's greed. —महात्मा गांधी
22. Change is inevitable, but personal growth is a choice. —बॉब प्रॉक्टर
23. As you sow, so shall you reap. —बाइबिल
24. God, give me the serenity to bear the things which I can't change, give me the courage to change the things which I can and, give me the wisdom to know the difference. —रेनहोल्ड नीबुहर
25. It is only through your conscious mind that you can reach the subconscious. Your conscious mind is the porter at the door, the watchman at the gate. It is to the conscious mind that the subconscious looks for almost all its impressions. —रॉबर्ट कोलियर
26. What ever the mind can conceive and believe, it can achieve. —नेपोलियन हिल
27. Sometimes the heart sees what is invisible to the eye. —एच. जैक्सन ब्राउन
28. It is better in prayer to have a heart without words than words without a heart. —महात्मा गांधी
29. The best and most beautiful things in the world cannot be seen or even touched, they must be felt with the heart. —हेलेन केलर
30. The heart is wiser than the intellect. —जे.जी. हॉलैंड
31. Intuition is knowing or sensing, that is beyond conscious understanding. —अबेला आर्थर
32. Intuition means in-tuition; an inner tutor or teaching. —सिल्विया क्लॅयर
33. The main thing I have learned is intuition. —स्टीव जॉब्स
34. https://thewellnessenterprise.com/emoto/ —मिस्टर इमोटो
35. The main reason we sleep is because, "the nobler part of the Soul is united by abstraction to our higher nature and becomes a participant in the wisdom and fore knowledge of the Gods. —डॉ. जॉन बिगेलो
36. EEG (मस्तिष्क की गतिविधि का एक विद्युत ग्राफ)
37. If you can see it in your mind, you can hold it in your hand. —बॉब प्रॉक्टर
38. VISION BOARD (लक्ष्य की तसवीरों और छवियों का एक कोलाज)
39. *यथा दीपो निवातस्थो नेङ्गते सोपमा स्मृता।*
    *योगिनो यत्चित्तस्य युञ्जतो योगमात्मन:॥* —श्रीमद्भगवतगीता, 6.19
40. The greatest moments, these are not our loudest but the quietest hours in our life. —फ्रेडरिच नीत्शे
41. Always aim for complete harmony of thoughts, words and deeds. Always aim at purifying your thoughts and everything will be well. —महात्मा गांधी

42. Be the change, you want to see in others. —महात्मा गांधी

43. It always seems impossible until it's done. —नेल्सन मंडेला

44. Spirituality and religion both are the pathways to the same Supreme Power or God. As diferent streams from diferent sources mingle in the sea, so do diferent tendencies, various though they appear, crooked or straight, all lead to God. —स्वामी विवेकानन्द

45. You have to grow from the inside out. None can teach you; none can make you spiritual. There is no other teacher but your own Soul. —स्वामी विवेकानन्द

46. People are often unreasonable and self-centred. Forgive them anyway. If you are kind, people may accuse you of ulterior motives. Be kind anyway. If you are honest, people may cheat you. Be honest anyway. If you find happiness, people may be jealous. Be happy anyway. The good you do today may be forgotten tomorrow. Do good anyway. Give the world the best you have and it may never be enough. Give your best anyway. For you see, in the end, it is between you and God. It was never between you and them anyway. —मदर टेरेसा

47. The real voyage of discovery consists not in seeking new landscapes but in having new eyes. —मार्सेल प्राउस्ट

48. We are not human beings having a spiritual experience. We are spiritual beings having a human experience. —टेइलहार्ड डी चार्डिन

49. Give a man a fish and you feed him for a day. Teach a man to fish and you feed him for a lifetime. —लोकोक्ति

50. I tell you the truth, if you have faith as small as a mustard seed, you can say to this mountain, 'Move from here to there' and it will move. —बाइबिल

51. Make a game of finding something positive in every situation, ninety five percent of your emotions are determined by how you interpret events to yourself. —ब्रायन ट्रेसी

52. The more intensely we feel about an idea or a goal, the more assuredly the idea buried deep in our subconscious, will direct us along the path to its fulfilment. —अर्ल नाइटिंगेल

53. Miracles happen to those who believe in them. —बर्नार्ड बेरेनसन